# ÉTUDE
## SUR
# LA CHINE

### ABRÉGÉ DE SON HISTOIRE
### SON ÉTAT PRÉSENT ET SON AVENIR

PAR

## L'ABBÉ GAINET

CHANOINE HONORAIRE DE REIMS

ANCIEN CURÉ DE CORMONTREUIL

CURÉ DE TRAVES

PRIX POUR LES NON-SOUSCRIPTEURS, 4 FR.

### BESANÇON
IMPRIMERIE ET LITHOGRAPHIE DE J. JACQUIN

GRANDE-RUE, 14, A LA VIEILLE-INTENDANCE

1881

ÉTUDE

SUR LA CHINE

# ÉTUDE

SUR

# LA CHINE

ABRÉGÉ DE SON HISTOIRE

SON ÉTAT PRÉSENT ET SON AVENIR

PAR

L'ABBÉ GAINET

CHANOINE HONORAIRE DE REIMS

ANCIEN CURÉ DE CORMONTREUIL

CURÉ DE TRAVES

---

BESANÇON

IMPRIMERIE ET LITHOGRAPHIE DE J. JACQUIN

GRANDE-RUE, 14, A LA VIEILLE-INTENDANCE

1881

## AVANT-PROPOS.

La Providence fournit aux esprits sérieux d'Europe un sujet unique de réflexions profondes sur l'humanité : c'est la Chine. Voilà un peuple, un monde, qui compose le tiers du genre humain ; à peine soupçonnait-on son existence au moyen âge ; on doutait encore de l'identité du royaume de Cathay du Vénitien Marco Polo et des autres voyageurs, et voilà que les missionnaires nous ont révélé une nation d'une civilisation avancée ; une nation ingénieuse, qui sait admirablement profiter et tirer parti des richesses que la nature a prodiguées sur son climat ; une nation qui se suffit à elle-même, qui n'a pas été dominée par les dangereuses et injustes ambitions de la conquête.

Mais l'étonnement redouble lorsque ces mêmes missionnaires, ces incomparables jésuites, qui auraient peut-être déjà converti cette nation sans un déplorable malentendu avec l'empereur Kang-hi, ces incomparables jésuites, dis-je, qui ont été des hommes de génie à la cour de Pékin en même temps que de saints apôtres, nous ont déroulé la longue série de l'histoire chinoise, histoire aussi distinguée par la dignité mâle de sa rédaction que par la certitude des monuments sur lesquels elle repose et la sévérité de la critique qui la discute. Nous allons en mettre les preuves sous les yeux du lecteur. Aucune nation païenne n'a pu nous offrir des annales aussi parfaitement suivies et offrant le même degré de certitude.

Quel attrait nouveau pour un philosophe et un moraliste que de contempler un peuple de cette importance, qui nous dévoile une civilisation spontanée, *sui generis*, civilisation qui n'a aucun modèle, aucune inspiration du dehors !

Les Chinois n'ont connu ni les Egyptiens, ni les Ninivites, ni les Babyloniens, encore moins les Grecs et les Romains. Les philosophes, les orateurs, les législateurs, comme les plus grands hommes de génie des pays occidentaux, leur étaient entièrement inconnus. Les Chinois ont suivi leur voie, selon la pente naturelle de leurs qualités spéciales et de leur goût, et cela depuis la grande dispersion du genre humain sur le plateau de l'Asie occidentale. A ce point de vue, l'étude de la Chine a un immense intérêt.

Cette étude touche non seulement à toutes les grandes questions soulevées spécialement dans notre siècle : l'unité de l'espèce humaine, l'époque de l'apparition de l'homme, les origines de la société, l'administration publique, les rapports entre le climat, le genre de vie, le travail, la nourriture, la longévité et la fécondité de notre espèce ; mais il y a un point de vue particulier plus important que les autres. Nous avons ici une occasion très précieuse de rechercher ce que la Chine a à nous apprendre sur la religion, sur son monothéisme si franc, surtout dans la plus ancienne partie de son existence ; sur son code de morale si rapproché de l'Evangile, sur le beau idéal qu'elle s'est fait de la perfection humaine, enfin sur les traditions premières qu'elle a conservées si fidèlement et qui, sur plusieurs points, sont en harmonie avec les grands faits bibliques du premier âge.

J'ai l'espoir d'avoir démontré que sur ces grandes

choses, la Chine devient pour ainsi dire une nouvelle démonstration de la vérité de la religion chrétienne, et une confirmation de la chronologie des principaux faits de son histoire.

J'avertis immédiatement que le jugement favorable porté sur la Chine au point de vue moral ne repose à vrai dire que sur la vie de ce peuple avant l'invasion du bouddhisme, il y a près de deux mille ans. Cette secte hideuse a abaissé le caractère chinois dans la masse du peuple. Depuis le moyen âge il n'y a plus que les lettrés et les disciples de Confucius qui soient monothéistes ; mais dans les trois premiers millénaires, la thèse que nous soutenons est inattaquable dans ce que nous affirmons de la morale et de la religion. On verra nos preuves.

J'ai commencé par chercher la solidité de la chronologie du Céleste-Empire ; suit un abrégé de son histoire, où j'ai mis en relief seulement les principaux faits qui expriment le mieux les causes et les effets des changements ou des révolutions qui ont atteint ce pays et qui, en résumé, sont les éléments sur lesquels s'exerce la philosophie de l'histoire.

On expose ensuite la constitution politique, l'administration et les ressources du pays, le budget des recettes et des dépenses, l'état de l'instruction publique, le commerce et les monuments littéraires qui ont le plus d'autorité et sont les principaux régulateurs de l'opinion publique, les mœurs et coutumes, enfin l'état ancien et présent des croyances religieuses et le peu de modifications qu'elles ont subies.

Dans les circonstances présentes, où la Chine est peut-être à la veille d'une guerre avec la Russie, on a dû montrer avec quelle facilité cette nation, préparée à cela par les jésuites du temps des PP. Ricci et de Verbiest, apprend à se servir des engins de guerre perfectionnés ; on verra qu'il n'est plus guère possible de se dissimuler que la question d'Orient se déplace et qu'elle se posera bientôt en Chine.

À la fin de cette Etude, lorsque le lecteur aura fait des comparaisons entre la Chine et l'Europe, mais spécialement entre ce pays et la France, j'entends la France telle qu'on la fait aujourd'hui, on verra que cette Chine, l'objet de nos dérisions, est composée de citoyens plus libres que chez nous, et que les plus dangereux Chinois ne sont pas à Pékin.

J'ai l'espérance que, sans y avoir consacré beaucoup de temps, le lecteur sera à même de porter un jugement sûr et équitable sur la Chine, parce qu'il reposera sur l'étude des monuments authentiques sérieusement interrogés. Heureux si, après tous les soins que j'ai pris pour être bref, je lui ai fourni l'occasion d'utiles comparaisons entre l'Orient et l'Occident, et des motifs de consolider dans son esprit les croyances générales et traditionnelles du genre humain.

Traves, le 21 novembre 1880.

GAINET.

Plus d'un lecteur pourra se demander comment on peut être informé en France avec quelque certitude de ce qui s'est passé en Chine, et comment on peut fournir une description si détaillée de sa législation, de son gouvernement, de son état scientifique, de ses mœurs et coutumes, de son caractère, etc.

Eh bien, que l'on se rassure, je vais donner seulement la liste des ouvrages que je possède dans ma bibliothèque privée, que j'ai étudiés à loisir et dont je donne le résumé très court au public.

1° *Histoire de la Chine*, par le père DE MAILLA, traduction de l'*Abrégé de l'histoire générale de la Chine,* préparée par les empereurs de la race tartare pour servir aux deux races. 13 vol. in-4°.

2° *Mémoires chinois*, par les missionnaires jésuites. 15 vol. in-4°.

3° *Description de l'empire de la Chine et de la Tartarie chinoise*, par le père DU HALDE. 3 vol. in-f°.

4° *China illustrata*, par le père KIRCHER. 1 vol. in-f°.

5° *OEuvres complètes du père Huc sur la Chine et la Tartarie*, 10 vol. in-12. — *Voyage en Chine*, avec un atlas.

6° *Les Annales de philosophie chrétienne*, 80 vol. in-12, contiennent de nombreux matériaux très utiles sur la Chine.

7° *Vestiges des dogmes chrétiens dans l'ancienne littérature chinoise*, par M. BONNETTY et M. PERNY, ancien vicaire général de la Chine, plus une étude spéciale sur les mœurs chinoises, par le même vicaire général (inédit).

8° *Voyage à Pékin et à Manille*, par M. DE GUIGNES, résident de

France en Chine, attaché au ministère des affaires étrangères, membre de l'Institut. 4 vol. in-12.

9° *Histoire de la Chine*, par M. PAUTHIER.

10° *Histoire de la Chine*, par CHAMPOLLION-FIGEAC.

11° D'ESCAYRAC DE LAUTURE, *Mémoires sur la Chine*, histoire, religion, gouvernement, coutumes. 1 vol. in-4°.

Presque tous les ouvrages qui précèdent sont illustrés par des gravures très soignées et par des cartes géographiques.

12° *Histoire universelle* des Anglais depuis le commencement du monde. 50 vol. in-4°.

13° *La Chine*, par l'abbé DAVID.

14° *Pékin et l'intérieur de la Chine*, par le comte Julien DE ROCHECHOUART, ministre plénipotentiaire.

15° *Lettres édifiantes*. 44 vol. in-18.

16° Collection de la *Propagation de la foi*.

17° *Histoire d'une ambassade russe à Pékin*.

18° Il y a un grand nombre d'articles fort intéressants dans plusieurs publications scientifiques et littéraires, comme dans la *Revue des Deux-Mondes*, la *Réforme sociale* de M. LEPLAY, ainsi que dans la collection des *Mémoires de l'Académie*.

On peut maintenant se rendre compte des sources où j'ai puisé.

Peut être aurais-je mieux fait de laisser pour la clôture l'abrégé de l'histoire. Connaissant mieux l'état moral et intellectuel du peuple, le lecteur aurait mieux compris la cause des événements.

# ÉTUDE
### sur
# LA CHINE

## CHAPITRE PREMIER.

### CHRONOLOGIE.

J'avais rassemblé des matériaux assez étendus pour offrir la physionomie générale de la Chine, et je me suis aperçu que le sujet principal ne pouvait être utilement traité qu'après avoir cherché la solution d'une question préliminaire, je veux dire la chronologie. Or, j'ai la conviction qu'aucune chronologie des peuples anciens ne peut être étudiée isolément d'une manière satisfaisante. Leurs titres demandent à être confrontés, et de la comparaison jaillit la lumière sur plusieurs points. Je serais tenté de faire à notre siècle un reproche : il se pique de juger tout au point de vue philosophique le plus étendu, et je vois bien souvent des spécialistes dans tous les genres qui veulent décider des questions les plus fondamentales par les données d'une seule science, lorsque ces questions relèvent du tribunal de plusieurs autres sciences. La vraie philosophie consiste à donner à nos jugements sur les choses graves une base aussi large que le permet notre faible entendement et souvent au prix de longues épreuves. Napoléon, à Sainte-Hélène, disait : « Pour être fort sur un point, il faut les avoir étudiés tous. » La division amène la perfection dans les arts mécaniques, mais, dans les productions mentales, l'esprit le plus universel seul arrivera à la plus haute perfection.

La question de chronologie étant vidée, nous serons plus à l'aise pour offrir le tableau de la Chine ancienne et moderne.

A l'exception du peuple hébreu, la Chine est la nation de l'univers qui possède ses annales dans l'ordre le plus parfait. Elle a eu de grands maîtres en histoire, qui ont soumis cette science aux règles d'une critique que nous pouvons appeler sévère ; je vais en fournir des preuves. Quel autre peuple possède, depuis de longs siècles avant l'ère chrétienne, un tribunal d'histoire composé d'hommes aussi savants que distingués par leur dignité et leur caractère moral ?

On ne sait pas assez en France que ce tribunal d'histoire ne fait sa rédaction définitive qu'à des intervalles fort longs : c'est après le changement de la dynastie régnante, de peur que les membres du tribunal ne soient soupçonnés de partialité. Le nombre des titulaires est assez considérable ; ils sont entretenus aux frais de l'empire ; les archives et les bibliothèques de l'Etat sont leur domaine spécial.

J'appelle surtout l'attention sur ce fait : pendant tout le temps que dure une dynastie, l'office des membres du tribunal ne consiste qu'à enregistrer les choses les plus remarquables et qui sont dignes d'être portées à la connaissance de la postérité; chacun est livré à sa conscience, à son appréciation personnelle, et, après avoir fait sa rédaction, il jette son carré de papier ou son rouleau sur chaque événement dans un coffre immense, inviolablement fermé. Lorsque la dynastie est éteinte, l'ouverture solennelle s'opère, on nomme des commissaires pour mettre en œuvre cette variété de matériaux.

Depuis les temps de Confucius, contemporain de Thalès, deux princes seulement ont eu la témérité de briser les sceaux des mémoires secrets sur leur compte. Le premier, Tsoui-chou, 518 ans avant Jésus-Christ, ayant appris que les historiens avaient consigné un scandale de sa vie, cassa le président du tribunal. Mais cette violation d'une espèce de loi d'Etat souleva l'opinion publique, et il dut subir non seulement la consignation à nouveau de sa faute, mais encore de la violence qu'elle avait provoquée.

Douze siècles après, l'empereur Taï-tsong, contemporain de Dagobert, demanda un jour au président du tribunal qu'il lui donnât communication des mémoires destinés à son règne. *Seigneur*, lui répondit le magistrat, *le tribunal écrit le bien et le mal avec une égale liberté, et aucun empereur n'a su ce que l'on disait de son gouver-*

*nement. Si on le lui montrait, on ne pourrait plus écrire que des éloges. Cette liberté,* continua-t-il, *est un frein capable de retenir en plusieurs occasions les princes et les ministres qui ne sont pas encore entièrement corrompus.
— Quoi !* répliqua le monarque, *vous me devez ce que vous êtes, et vous oseriez apprendre à la postérité mes fautes si j'en commettais ? — Prince,* dit le président, *je serais pénétré de douleur, mais ce n'est qu'à cet effet que l'histoire existe, et je dois même vous annoncer que la présente conversation a une telle importance que nous la ferons connaître aux générations futures.*

Voilà une exceptionnelle garantie pour la vérité de l'histoire.

Mais ce tableau a une ombre. L'an 213 avant Jésus-Christ, Ki-houang-ti ordonna l'incendie de tous les livres historiques, excepté de ceux qui concernaient la province de la naissance de ses ancêtres. Les ordres furent aussi rigoureusement exécutés qu'ils pouvaient l'être, et, un demi-siècle après, sous une nouvelle dynastie, on eut une peine infinie à recomposer le squelette de l'histoire ancienne.

Les livres dont la perte était surtout un sujet de désolation furent les livres sacrés portant le nom de King, le Chou-king surtout, parce que celui-là contenait la suite des événements des premiers temps et de la première dynastie, celle des Hia. Heureusement il se trouva un vieux lettré qui savait de mémoire les premiers chapitres et les plus importants du Chou-king. Plus tard on trouva caché dans un mur un texte plus long du même ouvrage, qui devint une preuve que l'on possédait authentiquement la plus grande partie du vénérable livre. C'est ce que nous pouvons appeler la Genèse des Chinois.

Nous verrons dans un autre chapitre que son enseignement moral peint, comme dans la Bible, la pureté et la dignité de la vie patriarcale.

Il était difficile d'anéantir complètement les monuments historiques dans un pays aussi vaste que la Chine, où les lettres ont été si heureusement cultivées depuis les âges les plus reculés.

Aussi le premier soin du fondateur des Hia fut de travailler avec un zèle actif et éclairé à la reconstruction des annales détruites ou mutilées. On rétablit le tribunal d'histoire, des commissions furent formées dans les provinces pour y recueillir tous les débris propres à reformer la chaîne historique. Les histoires particulières des provinces fournirent leur contingent. Le tribunal d'histoire et l'empereur comprirent bien quelle prudence et quelle critique il fallait apporter dans le choix des matériaux. Les œuvres historiques de Confucius, les commentaires des livres sacrés, dont plusieurs ont survécu, ce qui restait des anciens historiens les plus respectés, servirent de base et de criterium pour y adapter ce qui pouvait les compléter. On se sent consolé en voyant, dans les grands mémoires chinois des pères de la compagnie de Jésus, et dans l'Histoire du Père de Maillia, avec quelle sévérité, quelle perspicacité, ajoutons avec quelle habileté on a procédé à la revision générale des matériaux pour refondre la nouvelle histoire.

Je l'ai dit, avant l'incendie, le plus parfait des historiens est Confucius, c'est à lui qu'on doit la dernière édition, édition officielle, des Kings. Après l'incendie, le plus grand nom dans l'histoire est Sématsien. On l'a appelé le Tite-Live des Chinois ; c'eût été mieux de l'appeler le Tacite, car Tite-Live a justement été accusé d'avoir ajouté des fables à son histoire au détriment de la vérité. Voici un portrait de Sématsien d'après les pères Amiot, Cibot et autres :

« Les lettrés chinois n'ont qu'une voix pour dire que
» l'histoire de Sématsien est écrite de génie. Autant il
» est avare de paroles, autant il est fécond en pensées.
» Peu de mots lui suffisent pour raconter, discuter,
» peindre, appeler les réflexions ou insinuer ce qu'il ne
» dit pas, et les termes sont si heureusement choisis et
» assortis que personne n'approchera jamais autant de
» son style que lui-même a approché de celui des Kings.
» Ses portraits sont parlants et peignent un homme tout
» entier. » Nous voyons aussi par là quelle incomparable perfection ils admirent dans le style des Kings. Je ne sors pas de mon sujet. Faire ressortir la haute capacité et la dignité de l'historien, c'est affirmer l'authenticité de l'histoire et par suite de la chronologie, car les années des règnes sont soigneusement relatées.

Je vais donner, à mon avis, une preuve frappante du profond bon sens avec lequel Sématsien a composé son histoire après l'incendie. On a vu qu'il avait à sa disposition des matériaux immenses venus des provinces : le grand homme, après avoir tout comparé, a été si sobre et si circonspect dans le choix des faits, si sévèrement impartial pour rejeter les choses douteuses ou inutiles à la postérité, que toute la partie de son travail qui va de Fouhi jusqu'à la dynastie des Tchéou, contemporain de Samuel, le dernier des juges d'Israël, et qui renferme une longue période d'environ vingt siècles, est renfermée dans un seul volume. Il est vrai que l'histoire totale de Chine se trouve éditée officiellement dans six cent soixante-huit volumes que l'on peut voir à la bibliothèque nationale ; mais, nous dit le père Cibot, il faut en défalquer les commentaires, l'explication du caractère ancien et des traités particuliers sur les mœurs, les arts des différents âges, et la continuation du récit de Sématsien jusqu'au début de la dynastie régnante.

Voici un autre caractère de véracité et de bonne foi dans les rédacteurs de l'histoire chinoise, c'est qu'ils sont les seuls avec ceux du peuple hébreu qui aient eu la courageuse sincérité d'avouer dans leurs récits les choses humiliantes pour leur nation, les faits qui flétrissent la mémoire des princes et des grands de l'empire, la dégradation des mœurs de certaines époques, enfin toutes les fautes commises qui peuvent servir de leçon à la postérité.

Pour bien sentir la valeur de cette observation, que l'on veuille bien comparer cette imposante impartialité avec le langage puérilement orgueilleux des rois de Babylone, de Ninive, de Memphis et de Thèbes, sur les stèles, les monolithes et les cunéiformes. Ils parlent tous de leurs victoires avec un ton emphatique qui va jusqu'au ridicule. Les murs des palais égyptiens sont couverts de reliefs qui montrent des rois géants faisant des efforts surhumains pour accabler des troupes de pygmées, leurs ennemis. Ces écritures vous parlent de victoires gagnées, de peuples conquis, de dépouilles enlevées, de tributs imposés; jamais une allusion à une grande faute, à un crime commis.

Il n'y a qu'une seule histoire sur la terre qui soit, sur ce point délicat, encore plus franchement sincère que celle des Chinois, c'est la Genèse et le livre des Rois de Juda. Voilà la vraie histoire ancienne. Chez les autres nations de l'antiquité, il faut descendre jusqu'à Thucydide et à Polybe pour trouver le calme et l'impartialité. Aussi les autres peuples puissants de l'ancienne Asie occidentale ont produit de grands artistes, des guerriers plus farouches qu'habiles, excepté Cyrus, mais ils n'ont pas donné un grand historien.

Les choses se passaient bien autrement en Israël et même au Céleste-Empire. Moïse, à côté de la figure angélique de Joseph, met le fratricide de ses onze frères, la honte de Dina leur sœur, la perfide vengeance de ses frères, l'humiliante ingratitude du peuple dans le désert; Moïse apparaît avec ses propres faiblesses, avec sa touchante humilité, qui porte jusqu'au sublime la sincérité de l'historien. Dans les Rois, nous voyons la faiblesse d'Héli, la stupide tyrannie de ses fils. On voit sous les Juges la nation vingt fois soumise par sa faute au joug étranger. Enfin on voit le meurtre de David motivé par son adultère, et les indicibles humiliations de Salomon.

Encore une fois, l'histoire de la Chine seule nous donne un spectacle qui a quelque rapport avec cette incroyable franchise.

Voici encore un ordre de faits qui ajoute un nouveau degré d'autorité à l'histoire chinoise.

Lorsque, au vii⁰ siècle avant l'ère chrétienne, Confucius donna le dernier degré d'exactitude au texte des Kings, il prit un soin particulier à noter la date des éclipses de soleil qui y sont ensuite consignées. Le moment précis d'un certain nombre de ces phénomènes a été perdu dans l'incinération des volumes d'histoire de Ki-houang-ti ; mais on a retrouvé les dates de trente-six de ces éclipses, sur lesquelles les astronomes n'ont pu en découvrir que deux inexactement indiquées ; trente-quatre sont conformes aux calculs. Elles ont été vérifiées par les astronomes chinois, les européens et en particulier par le père Gaubil.

Remarquons que l'une de ces éclipses remonte à l'an 2159 avant l'ère chrétienne, au temps d'Abraham selon les Septante, sous le quatrième empereur de la première dynastie en Chine. Un autre de ces synchronismes est du viii⁰ siècle avant l'ère chrétienne.

Ce qui ajoute ici à l'importance du fait ordinaire, c'est que la première éclipse, qui remonte à vingt-un siècles, à l'origine de la nation, n'a pas été prévue par les astronomes, et l'empereur courroucé infligea des peines pour les punir de leur négligence ou de leur incapacité. Ce fait est resté gravé dans la mémoire de la nation et consigné dans toutes les histoires.

Il me semble que nous avons réuni assez de documents pour y asseoir une conclusion. Cette conclusion, c'est M. Fréret qui va nous la donner comme résumé de ses longs travaux sur ce sujet (*Mémoires de l'Académie*, t. XVIII, p. 290) :

« Réunissons à présent, dit-il, par un résultat abrégé,
» les principes et les dates discutés dans ce mémoire.
» On a vu : 1º que dans la chronique le Tsou-chou est le
» plus ancien monument qui donne une suite complète
» de la chronologie ; 2° que le Chou-king contient les
» dates des premières dynasties et que sa rédaction en
» est certainement contemporaine ; 3º on a vu les signes
» indubitables de la véracité et de la capacité des histo-
» riens ; 4° les caractères astronomiques et chronolo-
» giques qui accompagnent plusieurs de ces dates for-
» ment des démonstrations qui établissent la certitude
» de sa chronologie et la portent au plus haut degré où
» cette certitude puisse arriver. Cette chronique re-
» monte jusqu'au temps de Houang-ti, dont elle fixe
» le commencement en l'an 2455 avant Jésus-Christ,
» quelques années avant la naissance d'Abraham. »

Il est vrai que certains historiens chinois voudraient encore admettre quelques règnes avant Houang-ti, mais aucun des graves historiens ne les a admis. Selon les savants missionnaires européens, ce pourraient être des règnes plus réels qu'on ne pense, car ils seraient le souvenir des générations antédiluviennes, comme nous allons le voir chez les Chaldéens et les Egyptiens : les règnes des dieux avaient la même origine. Nous avons donc deux millénaires et demi pendant lesquels la nation chinoise a déployé sa longue carrière, qui dure toujours depuis bientôt 5,000 ans.

Voyons maintenant si les histoires des autres nations ont à nous fournir sur ce point des notions qui soient en harmonie avec ce que nous a appris la Chine.

Commençons par les Chaldéens ou les Assyriens, et ce n'est pas sans raison, car c'est de là, c'est-à-dire de cette région centrale qui s'appelait la Babylonie et la Bactriane, que partent toutes les lignes qui vont rayonner jusqu'aux extrémités du monde, en nous montrant les traces de la diffusion des arts, des sciences, des langues et des plus vieilles traditions.

Où se trouvent les documents pour l'histoire de Babylone et de Ninive? Il faut s'adresser à Hérodote, Ctésias, Callisthène, Apollodore, Alexandre, Polhystor, Abydène; aux géographes, à Diodore de Sicile, Théopompe, Nicolas de Damas, Josèphe l'Historien, Eusèbe de Césarée; la chronique Pascale, Paul Orose. Nous sommes loin de posséder les œuvres de tous ces auteurs, mais il faut rechercher avec soin les citations des ouvrages perdus dans Suidas, Photius, Josèphe, Eusèbe, Clément d'Alexandrie, et dans bien d'autres auteurs.

Les écrivains grecs songeaient seulement à plaire plutôt qu'à être exacts; mais leurs assertions servent souvent de contrôle utile. Il faut consulter les modernes qui ont commenté les anciens.

Enfin une nouvelle source pour cette histoire vient de

s'ouvrir dans les cunéiformes, et ils nous apportent un fait important pour la chronologie.

La chronologie assyrienne est certaine jusqu'au VIIIe siècle avant l'ère chrétienne.

Le canon de Ptolémée nous fait monter d'un pas sûr jusqu'à Nabonassar, contemporain de Joatham : il a rectifié tant d'erreurs.

Jusque-là, pas d'incertitude pour les temps. Or nous avons, pour remonter jusqu'à l'origine de la monarchie, deux échelles parallèles : la première, c'est la suite des rois d'Assyrie, que nous trouvons dans Eusèbe et le Syncelle d'une part, et l'autre dans les cunéiformes. Les auteurs anglais croient, avec fondement, que les Grecs ont emprunté leurs listes des rois d'Assyrie à Castor, qui a été le copiste de Ctésias. Il est vraisemblable que les Grecs auront suivi Bérose le Babylonien, mais en habillant les noms d'Assyriens à la grecque, comme je le ferais voir si je transcrivais ces noms, ce qui nous mènerait trop loin.

La liste d'Eusèbe compte trente-six règnes, comprenant douze cent quarante ans ; mais le Syncelle a quarante et un règnes qui, par une moyenne de trois par siècle, donnent treize cent quarante-neuf ans, jusqu'au règne de Sardanapale.

Quelques auteurs ont fait difficulté d'admettre cette liste, parce qu'elle remonte trop haut pour s'accorder avec la chronologie des rois de Juda, mais leur crainte est sans fondement, et nous allons avoir un monument nouveau qui lui donne raison. Vous avez pu avoir connaissance de la découverte de ruines à côté de Babylone : c'est l'emplacement de la tour de Babel. Sous les décombres, les fouilles ont fait reconnaître encore trois assises sur huit qu'avait primitivement le monument ; c'est notre consul de Place, avec des savants anglais, qui a fait cette découverte. Pour ôter toute incertitude, une inscription de Nabuchodonosor a été trouvée et interprétée par notre savant M. Oppert, aidé des assyrologues anglais. Cette inscription annonce que Nabuchodonosor a fait restaurer la tour de Borsippa, la tour des sept lumières. Il entre dans des détails considérables ; mais ce qui nous importe ici, c'est qu'il dit que l'on compte quarante-deux générations depuis sa restauration jusqu'à la construction de ce monument.

Quelle remarquable correspondance entre deux espèces de témoignages pour nous conduire à l'origine du royaume !

Ce n'est pas tout : voici une nouvelle découverte cunéiforme qui corrobore celle-là. On la rattache d'après les traditions à un événement peu antérieur, je veux dire le déluge universel. Le déluge est un des événements les plus profondément gravés dans la mémoire des peuples. J'en ai énuméré vingt-cinq qui, sous une forme ou sous une autre, confirment ce grand fait. Le déluge de Deucalion n'est qu'un déluge local, auquel les Grecs ont rattaché les circonstances du premier. Apollodore l'attribue aux crimes des hommes (liv. III, p. 110). Lucien, Platon et Ovide lui ont rendu son vrai caractère. Mais il eût été étonnant que les Babyloniens n'eussent pas des idées plus nettes. Aussi ce fait repose sur des monuments sérieux. Le récit du déluge se trouve dans les fragments de Bérose reproduits par Polhystor, Abydène, Eusèbe et d'autres encore. Or voilà en outre que les palais des rois d'Assyrie nous ont fourni un nouveau récit du cataclysme ayant une conformité encore plus grande avec celui de Moïse. Il est tellement conforme, qu'en plusieurs endroits il peut passer pour un commentaire fort naturel du texte sacré. Je ne reproduis pas ce texte si vivement intéressant ; je l'ai donné au public [1], et on le trouve dans plusieurs revues scientifiques.

Les quarante-deux générations accusées par Nabuchodonosor sont en harmonie avec les quarante et un règnes de Ctésias et de ceux qui les ont admis avec lui. En additionnant les sommes partielles entre Sardanapale et Nabuchodonosor jusqu'à l'ère chrétienne, on va un peu au delà de deux mille ans, ce qui s'approche du temps de Nemrod et de la dispersion des peuples, selon la chronologie hébraïque ; mais il peut se faire que les premiers règnes donnent des années en plus. En remontant, toutes les anciennes histoires fournissent de longs règnes, et nous nous trouverions en conformité avec la Chine comme avec l'histoire hébraïque selon les Septante. Un autre morceau de Bérose jette un nouveau jour sur cette question : c'est ce qu'il dit des patriarches antédiluviens, qu'il compte, comme dans la Bible, au nombre de dix.

---

[1] Dans l'*Accord de la géologie avec la Bible*, 2ᵉ partie.

Il appelle Adam Alorus et Noé Xiturus, il leur donne aussi de longs règnes, et, selon quelques-uns, beaucoup trop longs ; mais avec Suidas et en compagnie de Fréret, nous allons les ramener à la mesure qu'a donnée Moïse. L'historien chaldéen compte le temps par périodes qu'il appelle *saroi*, en grec, *sares*. Plusieurs savants ont tourné ces sares en ridicule, parce que quelques anciens ont cru faussement que Bérose prenait ces sares pour des périodes de trois mille six cents ans ; comme il y a cent vingt sares d'Adam à Noé, cela donnerait le chiffre de quatre cent trente-deux mille ans.

Les Chaldéens avaient deux périodes appelées sares, toutes deux composées de mois lunaires, l'une pour les usages civils, l'autre pour les astronomes. Ce sare est simplement nommé dans le Syncelle ; mais Suidas est entré dans un plus grand détail, surtout dans les éditions où tout le texte a été restauré sur les anciens manuscrits. J'ai l'édition de Cambridge, où le texte est incomplet, mais suffisant pour notre but.

Or, ce sare d'usage civil était une période de dix-huit ans lunaires intercalés ; en sorte que cent vingt de ces sares, comprenant le temps écoulé entre Adam et Noé, ou Alorus et Xiturus, donnent un total de deux mille deux cent vingt ans ; d'après les supputations de la Bible, selon les Septante, deux mille deux cent quarante ans. On le voit, il n'y a qu'une insignifiante différence de vingt ans.

Il est assez singulier, dit Fréret, qu'aucun de nos chronologistes modernes n'ait fait attention à cette évaluation des sares donnée par Suidas, quoiqu'elle leur fournît un dénouement simple pour se tirer de l'embarras où les jetaient les traditions chaldéennes.

Je ne cite, en témoignage de la chronologie des Assyriens, ni Justin avec Trogue-Pompée, ni Diodore de Sicile, tous conformes à Ctésias, et on peut dire aussi à Bérose, car, s'il avait différé avec ces auteurs, Eusèbe nous l'aurait marqué.

Quant à Hérodote, nous n'avons plus son *Histoire d'Assyrie*, et, dans son *Histoire générale*, il ne remonte pas aux origines et ne s'occupe pas de chronologie.

Tirons ici une première conclusion :

La chronologie chinoise nous fait remonter à l'an 2455 avant l'ère chrétienne, et celle d'Assyrie jusqu'à Belus, à 2322, en prenant les quatorze cent soixante années de la succession de Ctésias, les sept cent quarante-sept de l'ère de Nabonassar et cent quinze de Nabonassar à Sardanapale.

Comme ces chiffres sont en correspondance avec l'une des versions de l'Ecriture sainte, on peut dire que nous avons déjà, par trois nations des plus importantes, une base assez solidement établie pour la chronologie générale : la Chine, Ninive et Babylone, et surtout les Israélites.

Il n'y a qu'un mot à dire sur les Phéniciens. Hérodote, dans *Euterpe*, ch. 44, nous a conservé l'opinion des prêtres du temple d'Hercule, à Tyr, sur l'antiquité de cette ville. Avoir l'âge d'une capitale, c'est presque toujours avoir celle de la nation. Ils lui assurèrent qu'il y avait deux mille trois cents ans que le temple et la ville avaient été bâtis. Ajoutons à ce chiffre les quatre siècles et demi depuis Hérodote, et nous aurons deux mille sept cent cinquante ans jusqu'à l'ère chrétienne. Si les œuvres de Nicolas de Damas avaient été conservées, nous aurions sans doute de grandes lumières sur la Syrie et l'Assyrie. Josèphe lui a emprunté plusieurs fragments très utiles pour les règnes de David, de Salomon et les suivants, mais peu utiles pour ce que nous cherchons ici. Les Syriens n'ont pas eu la prétention d'être plus anciens que les Assyriens, et l'indication d'Hérodote nous maintient dans des bornes qui ne sont pas excessives. Je sais que Sidon a été l'aînée de Tyr. On doit en attribuer la fondation à Sidon, le fils de Chanaan, de la race de Cham. Ce nom même est une confirmation de la généalogie de la Bible.

En quelques mots seulement nous résumerons ce qu'il y a de sérieux dans la chronologie grecque. Deux monuments nous conduisent à Cécrops, le fondateur d'Athènes, les Olympiades et les marbres de Paros découverts par Arundel.

Les marbres de Paros nous montrent l'avènement de Cécrops à Athènes en l'an 1582 avant Jésus-Christ, et là où finissent les Olympiades, les temps sont continués par les marbres d'Arundel. Il faut convenir que ces précieux marbres donnent beaucoup de solidité à la liste des rois présentée par les différentes villes de la Grèce. Athènes, Thèbes, Sycione, chaque ville a eu autrefois ses historiens, dont les travaux sont perdus. Ce qu'il y a de plus incertain et de plus problématique dans ces vieux temps de la Grèce, qu'on a appelés fabuleux ou héroïques, atteint beaucoup moins la chronologie que les circonstances inadmissibles qui ont embelli et surchargé la vie des hommes illustres de cette époque. Ce que je dis ici n'est que le commentaire d'une ingénieuse expression de Bailly : *La mythologie est l'écorce d'un fruit dont l'histoire est le noyau.* Aussi les historiens Castor, Anticlès, Acusulas, Pausanias et d'autres encore ont fourni à Eusèbe et au Syncelle les listes des rois grecs qu'ils nous ont données et les chiffres que nous produisons.

Je ne m'arrête pas à savoir si Sycione est plus ancienne qu'Athènes. A cette longue distance de trois à quatre mille ans de nous, une probabilité qui ne dépasse guère un siècle laisse une sécurité suffisante au chronologiste.

Au delà des premiers rois d'Argos, d'Athènes et de Sycione, nous tombons dans une grande obscurité; mais n'abandonnons pas la trace des lueurs qui peuvent guider dans ce labyrinthe.

A la suite des recherches fructueuses de Petit-Radel, nous trouvons, en remontant plus haut, des restes de deux cents bourgades entourées de murs cyclopéens, en Grèce et dans la Grande-Grèce, des débris d'histoires orientales en concordance avec la Bible. Ils nous font souvenir que l'Asie Mineure et les îles ont été peuplées par Iavan, d'où vient le nom d'Ionie. Japhet était connu en Grèce. Elisa, l'aîné de ses enfants, se fixa en Elide et donna son nom à Elise, selon un grand nombre d'anciens comme de savants modernes, de même que Misraïm a donné primitivement son nom à l'Egypte. On le voit, en Grèce, rien n'annonce une antiquité exagérée ; elle reste même un peu au-dessous du niveau des peuples que nous avons étudiés plus haut.

Chose singulière, l'Egypte a plus de monuments à nous fournir pour son histoire : tout le monde, chez les anciens et chez les modernes, s'est occupé de sa chronologie, et encore aujourd'hui c'est un chaos pour la moitié présumée de sa durée.

Voici les différentes sources qui nous sont ouvertes :

La vieille chronique donnée par le Syncelle ;

Les dynasties de Manéthon, reproduites par Jules Africain et Eusèbe ;

Une autre chronique par Eratosthènes ;

La suite des rois d'Egypte par le Syncelle, puisée un peu à toutes les sources ;

Hérodote, Diodore de Sicile, l'époque des pasteurs par Flavius Josèphe, les polygraphes et les géographes grecs et romains, Plutarque, Platon, Clément d'Alexandrie et d'autres.

Sur ces données se sont exercés depuis deux siècles la plupart des savants d'Europe, depuis Marsham, Newton, jusqu'à MM. de Rougé, Mariette, Brugsch. Enfin, l'Egypte elle-même est devenue, depuis la découverte de Champollion, un immense musée où des milliers de monuments comparaissent comme témoins.

Sur tout cela je me hâte de donner la parole à la plus

grande autorité de notre temps sur ce sujet; c'est M. de Rougé :

« Il est nécessaire de faire connaître ici quelles sont
» les limites de nos connaissances à cet égard. Il serait
» inutile d'enregistrer, dans un aussi bref résumé, des
» chiffres qui ne ressortent pas de bases certaines ; là
» où il peut y avoir une foule de systèmes, il n'y a pas
» de véritable chronologie. Les Egyptiens n'ont adopté
» aucun cycle astronomique pour numéroter leurs
» années. On ne leur connaît pas non plus d'ère histo-
» rique. Ils ne dataient leurs monuments que par l'année
» du souverain régnant ; la moindre interruption dans
» les dates vicie toute la série... On a été trop porté,
» depuis quelques années, à considérer les chiffres de
» Manéthon comme infaillibles. En confrontant ses listes
» avec les monuments, on est revenu de cette idée...
» Les listes de Manéthon ont acquis de l'importance,
» en ce sens qu'on les a reconnues comme des docu-
» ments historiques émanant de source égyptienne ;
» mais les chiffres qui y sont annexés ne peuvent sou-
» tenir la critique... Aussitôt que le canon de Ptolémée
» n'a plus guidé ces faiseurs d'extraits, dès la vingt-
» sixième dynastie, la dernière avant l'invasion de Cam-
» byse, les inscriptions ont décelé une erreur de dix
» ans. Une seconde erreur, plus considérable, ressort
» avec évidence des inscriptions nouvelles de la tombe
» d'Apis, pour les temps qui précèdent Psammétique.
» Malgré ces erreurs, nous sommes encore dans la ré-
» gion des chiffres exacts ; mais c'est son dernier terme.

» En remontant encore, nous manquons de moyens
» pour vérifier les règnes des deux Sabacon, prédéces-
» seurs de Taraca. Les chiffres des listes paraissent trop
» courts. Nous entrons dans la région des corrections
» hasardées, dont les monuments ne nous citent pas
» l'exacte qualité ;... dès le viiie siècle l'erreur a déjà
» pris de grandes proportions.

» La vingt-deuxième dynastie nous donnerait un pré-
» cieux moyen de vérification dans la prise de Jérusalem
» par Scheschunk I$^{er}$, si la chronologie des livres des
» rois était mieux définie ; mais elle a de nombreuses
» difficultés.... A la vingtième dynastie égyptienne,
» l'erreur possible peut dépasser facilement un siècle.

» Comme nous l'avons déjà dit, *c'est toujours M. de
» Rougé qui parle*, le synchronisme de Moïse avec
» Rhamsès II, dix-neuvième dynastie, si précieux au
» point de vue historique, ne nous donne qu'une
» lumière insuffisante pour la chronologie, parce que
» la durée du temps des Juges n'est pas connue d'une
» manière bien certaine.

» On reste dans les limites du probable en plaçant
» vers 1500 Séthi I$^{er}$, et le commencement de la dix-
» huitième dynastie au xviiie siècle, mais on pourrait
» s'être trompé de deux cents ans.

» Nous voici remontés à l'expulsion des pasteurs.
» Nous n'entreprendrons plus même aucun calcul.
» Nous n'avons plus aucun moyen raisonnable de déter-
» miner l'âge des pyramides, témoins de la grandeur
» des premiers Egyptiens. Nous ne sommes pas mieux

» édifiés sur la durée du premier empire. » (Bonnetti, t. LI.)

Voilà ce que la science la plus avancée peut nous dire sur l'âge de l'Egypte. Pas plus que M. de Rougé, nous ne méconnaissons les brillants résultats des découvertes de M. Champollion jeune ; mais il n'est pas nécessaire pour cela de partager la confiance de son frère dans son *Histoire d'Egypte*, où il adopte toute la série la plus longue des rois avec une sécurité si peu justifiée.

Il paraîtra utile, je pense, que je fasse plus clairement ressortir les motifs de nos réserves et même les raisons positives que nous avons d'abréger considérablement cette série de 5887.

Nous sommes en présence de cinq abrégés d'histoire d'Egypte ou de listes de rois, tous en grave discordance.

D'abord nous n'avons plus le travail original de Manéthon, mais les deux copies discordantes d'Eusèbe et de Jules Africain : on y trouve des différences dans les noms des rois, dans les années de règne et dans les successions.

Nous ne nous y arrêtons pas, parce qu'au fond la somme totale n'a pas un fort grand écart. Mais Manéthon n'est pas seul. Il y a d'abord une vieille chronique qui ne donne à toute la série que deux mille quatre cent vingt-six ans depuis Ménès à l'ère chrétienne. Dans ce total, les quatorze premières dynasties n'emportent que quatre cent quarante-trois ans. Si on nous dit que cette période ne suffit pas pour déployer quatorze dynasties, nous répondons qu'elle est suffisante pour admettre des races de rois collatérales dans les principales capitales de la haute et basse Egypte.

Outre la vieille chronique, nous avons la table des rois d'un chronographe qui a sa valeur, c'est le Syncelle, un Byzantin du viiie siècle.

Ce moine si savant nous donne un abrégé de la chronologie totale qui ne monte qu'à deux mille sept cent soixante-seize ans, ce qui est en rapport presque concordant avec la vieille chronique : elle n'a qu'environ quarante ans de plus.

On a fait un reproche au Syncelle de s'être écarté de Manéthon ; mais il s'est rapproché de la vieille chronique. Et puis, on l'a vu, Manéthon n'est pas fort authentique. Ajoutons que le Syncelle vivait dans un temps où il avait encore tous les textes originaux à sa disposition ; il avait le droit de peser dans sa conscience les meilleures autorités. Cet écrivain ne manquait ni de bon sens ni d'un grand savoir.

Il est incontestable que ces deux autorités tiennent en échec les listes de Manéthon, que plusieurs anciens et modernes ont accusé de vouloir lutter d'antiquité avec les Babyloniens, à cause de l'adjonction des règnes antédiluviens admis par ceux-ci.

Nous avons encore l'abrégé chronologique d'un savant fort estimé, c'est Eratosthènes, qui donne la série des rois de Thèbes seulement, et les fait remonter jusqu'à Ménès, et il ne trouve qu'une somme de deux mille quatre cents ans avant Jésus-Christ. Il a cela surtout de remarquable, que la presque totalité des noms de rois diffèrent de tous les autres, ce qui augmente notablement la confusion au milieu de ces monuments disparates. Notez encore que sa liste des rois de Thèbes suppose les rois contemporains de Memphis et autres villes.

Inutile d'invoquer Hérodote : il n'a pas songé à faire une suite chronologique. Il n'en est pas de même de Diodore de Sicile : il a compté les générations et le nombre des rois ; il demeure dans la limite générale d'antiquité ; il remonte à deux mille cent trente-six ans. En sorte qu'au milieu de ces témoignages si nombreux, la série attribuée à Manéthon reste seule et comme égarée pour suivre son chiffre de cinq mille huit cent soixante-sept ; toutes les autres sont renfermées dans le troisième millénaire. Peut-être les monuments déchiffrés par la découverte de Champollion lui donnent-ils raison ; mais il n'en est rien. En voici la preuve : plus haut que la quatorzième dynastie, les monuments manquent, M. de Rougé nous l'a avoué, et ceux, en tout petit nombre, qui sont attribués à cette époque, n'ont point de termes de comparaison pour être fixés à une date.

Aucun monument rappelant des noms de rois ne dit : un tel monarque est d'une telle ou telle dynastie. Le mot dynastie est inconnu dans les déchiffrements.

Bien plus, même en descendant jusqu'aux dernières dynasties, on a peine à faire concorder les noms des stèles avec les listes de Manéthon.

L'Egypte n'a jamais connu d'ère ni de cycle qui encadre une série numérotée de rois. De tous les côtés on plonge dans la plus profonde obscurité. Bien plus, le nom même de dynastie ne nous est pas révélé dans les monuments découverts. Dans la table d'Abydos, qui contient une série de quarante rois, rien n'indique une séparation entre les dynasties. L'histoire écrite devait interpréter les monuments ; mais cette histoire écrite est perdue : nous n'avons que deux fragments sacrés originaux, le Livre de la grande science et du juste milieu.

Nous sommes donc naturellement amenés à examiner si les dynasties antérieures à la quatorzième ne sont pas collatérales, et si ces dynasties, qu'on désigne sous les noms de Memphites, Tanites, Diospolitaines, Eléphantines, Xoïtes, Bubastites, Saïtes, Mendésiennes, n'ont pas pris ce nom autrefois parce qu'elles ont régné dans les capitales qui leur ont donné leur appellation.

Nous n'allons pas contre l'avis de M. de Rougé. Tout à l'heure il nous disait « que dans la chronologie de ces premières dynasties on pouvait adopter différents systèmes. »

Les analogies nous disent qu'il en fut ainsi.....

Lorsque Abraham passa en Egypte, vers le commencement de la dix-septième dynastie, il n'y avait dans tout l'Orient que de petits royaumes. Ce patriarche, pour venger Loth, son neveu, se joignit aux quatre rois de la vallée Sylvestre pour combattre cinq rois, dont deux, ceux de Sennaar et des Alamites, devaient bien restreindre le royaume de Babylone, encore bien peu étendu. Un roi de ce temps était comme le maire d'un village, indépendant d'une autorité supérieure. On comptait neuf rois dans le pays de Chanaan au temps de Josué, et le livre de Josué nous dit que trente et un rois furent défaits par Moïse et Josué lui-même. En Grèce, dans l'Asie Mineure, du temps d'Homère, chaque ville avait son roi et ses troupes. Les hommes les plus versés dans la chronologie ancienne sont de cet avis : Marsham, Newton, Petau ; toute l'histoire ancienne en est un témoignage.

D'ailleurs, puisque les dynasties égyptiennes peuvent avoir été contemporaines sans qu'aucun monument vienne contredire cette opinion, le bon sens veut qu'on penche de ce côté par l'analogie de l'état général du monde, autant que par l'unanimité de la chronologie des autres grandes nations, dont aucune ne monte avec certitude au delà du troisième millénaire avant Jésus-Christ.

Qu'on nous explique d'ailleurs quels motifs ont eus Eratosthènes, l'auteur de la vieille chronique, et le Syncelle, pour biffer les anciennes dynasties et les ramener au niveau général, si ce n'est parce qu'ils pensaient qu'elles ne devaient pas être successives. Pourquoi le grave Eusèbe, après avoir rapporté tout au long les dynasties de Manéthon, a-t-il exclu les plus anciennes dans son propre canon chronologique ?

Les adversaires de cette opinion ont beau dire que les

pasteurs ont détruit les monuments qui feraient valoir leurs prétentions : les ruines restent, et les ruines ont leur langage. Est-ce que Cambyse n'a pas tout mutilé et renversé? et pourtant on peut voir quelles richesses historiques ont heureusement survécu. Sur la terre d'Egypte, les ruines mêmes sont impérissables. Il vaut mieux dire que par tout l'univers on ne trouve rien qui accuse une si haute antiquité. Passé une certaine époque, tout se tait dans le monde sur l'homme, tout annonce la date récente de son arrivée sur le globe.

On pourrait me dire que la pyramide de Gisez est un monument qui remonte fort haut. En effet, les plus habiles égyptologues en font une œuvre de la quatrième ou de la troisième dynastie; mais enfin elle ne porte pas sa date avec elle, et rien ne dirime la question.

Conclusion. Non seulement la chronologie chinoise se soutient par son propre poids et ses monuments; mais elle se trouve en harmonie avec la chronologie particulière des peuples anciens les plus éclairés et les plus avancés dans la civilisation. Elle a même sur eux l'immense avantage d'avoir conservé ses monuments historiques avec plus d'ordre et de soin, et d'avoir su leur appliquer une critique sévère et sensée que les autres peuples n'ont pu connaître et apprécier que plus de 1,500 ans après eux.

Mais les notions chronologiques qui précèdent ne sont-elles pas contredites par l'école géologique et d'archéologie préhistorique contemporaine, qui porte à des cent mille ans l'apparition de l'homme, et surtout par les transformistes, qui nous font descendre de la race simienne et qui demandent des siècles infinis pour nous faire descendre d'une *monère?*

Quelques mots suffiront pour montrer l'inanité de ces prétentions. Et d'abord l'histoire naturelle nous montre un abîme infini entre l'homme et le singe. Ce système blesse trop profondément le sens commun pour devenir une doctrine. Jamais on n'a vu la moindre étincelle de raison dans un singe. Il n'est pas même le mieux doué en instinct. Les sens et la dignité de l'homme le mettent incomparablement au-dessus de tout ce qui l'entoure dans le monde. L'univers reconnaît là son roi et son seul admirateur intelligent, et il est le seul qui comprenne l'univers.

Le singe n'est qu'un grimpeur qui n'est pas fait pour marcher : c'est un quadrupède que la nature a destiné à sauter de branche en branche. Voilà des milliers d'années qu'on l'observe. A-t-on remarqué que ses pattes de derrière se tournent en pieds pour favoriser sa marche, est-il moins hideux de nos jours et moins bestial que du temps d'Aristote? Nous voulons des faits! des faits! Qu'on nous montre la moindre apparence de modification de race depuis quatre mille ans. L'observation constante est pour l'immobilité des espèces.

Eckel, qui est assez excentrique pour convier les savants allemands à s'unir à lui pour mettre Dieu à la porte de l'univers, est un des plus ardents tenants du darwinisme; or, un jour il a cru trouver au fond de la mer une certaine matière d'apparence gélatineuse; il a proclamé, au nom de la science, la monère le point de départ de la vie, il l'a nommée *botybias*.

Mais sa belle découverte s'est évanouie sous l'analyse de M. de Lapparent : voilà le succès de l'athée Eckel.

Ces messieurs ont besoin, pour sauver leur système, d'une matière éternelle. Ici encore ils sont arrêtés tout court par les notions géologiques acceptées. Nous connaissons le commencement de la vie sur notre planète, elle date de la formation des terrains siluriens. Le centre igné de la terre coupe court aux autres conjectures. Notre planète est un astre éteint : dans sa forme ignée elle exclut la vie des plantes comme celle des animaux.

Nos adversaires ont-ils plus de succès sur le terrain de l'archéologie préhistorique, et les quelques débris de l'homme et de son industrie qu'ils étalent remontent-ils à ces cent mille ans qu'ils préconisent avec une apparence de confiance ?

Faisons d'abord une remarque importante. N'allez pas croire que tous les géologues du monde suivent l'école qui fait bon marché des données du plus ancien et du plus respectable monument écrit du monde, la Bible. Il n'en est rien. Il y a deux camps bien tranchés. Nous savons bien qu'à l'heure actuelle, en France, il n'y a pas de place dans les académies et dans les chaires officielles pour ceux qui respectent la religion et les bases sur lesquelles elle repose ; mais ce système, plus politique que scientifique, ne peut avoir le droit de changer la vérité en erreur.

Disons en un seul mot que dans ce procès contre la

Bible soulevé par les libres penseurs, il n'y a pas encore une seule pièce de conviction acceptée par tous les savants comme convaincante. Il n'y a jusqu'à ce jour que des pièces douteuses, et même quelques-unes suspectes; or, dans un débat qui s'élève à cette hauteur, qui veut donner un démenti aux historiens sérieux de toutes les nations, comme nous venons de l'établir dans le présent chapitre, il ne suffit pas de lancer quelques systèmes plus ou moins aventureux, qui ne reposent que sur des conjectures. Le journal scientifique *la Controverse*, dans son numéro du 1er février, page 262, cite très à propos un savant pris dans le camp qui nous est opposé : il rend parfaitement ma pensée.

Un savant libre penseur, dont la science indépendante ne contestera pas l'autorité, disait, il y a quelques années, avec une franchise dont il faut lui savoir gré :

« *On ne peut s'empêcher de sourire quand on voit avec quelle imperturbable assurance certains anthropologistes déclarent, en mettant le doigt sur tel ou tel crâne plus ou moins fossile, que ce crâne appartient à un individu de race ibérienne, celtique, protoceltique, phénicienne, romaine, etc., etc.; comme si les caractères cranioscopiques de ces diverses races étaient assez précis et assez bien connus pour que, dans l'état actuel de la science, on puisse prononcer à coup sûr de semblables oracles. On dit que les augures de l'antiquité ne pouvaient se regarder sans rire. Je m'étonne que certains anatomistes de notre époque ne fassent pas comme les augures. Ah ! si les hommes de l'âge de pierre ou de bronze pouvaient tout à coup revenir à la vie sous l'évocation de nos modernes Saüls, que de sanglants démentis ne donneraient-ils pas à nos livres les plus en vogue et les plus estimés!* » (Revue scientifique, t. V, page 369.)

Une des autorités les plus respectées dans ce débat est assurément le célèbre Lyell ; il a mis son puissant talent au service de la très haute antiquité de l'homme. Eh bien, peu de temps avant sa mort, arrivée, je crois, il y a deux ans, il a exprimé très loyalement des doutes qui ne permettent plus de le prendre comme un soutenant décidé de cette cause.

Les limites dans lesquelles je suis obligé de me renfermer ne me permettent pas d'entrer dans les détails et d'examiner même les principaux faits. Les lecteurs qui voudront porter un jugement éclairé sur les crânes d'Ingis, de Néanderthal, sur l'industrie humaine de Thenay et des cavernes, etc., peuvent lire avec fruit les solides articles que M. l'abbé Hamon, prêtre de l'Oratoire, a publiés dans la *Controverse*, et je me permets aussi d'indiquer ce que j'ai publié dans mon *Accord de la Bible avec la géologie*.

Je termine en citant un seul fait :

Le crâne de Néanderthal, dont on voulait faire un point de départ d'une race très ancienne et se rapprochant de la race simienne, ne sert qu'à jeter une grande confusion dans cette étude. En effet, il se trouve que des hommes qui ont vécu de notre temps ou à une faible antiquité, des hommes qui ont joué un rôle considérable dans le monde, ont laissé, dans la forme de leur crâne, des imperfections et des signes d'infériorité tout aussi caractérisés que celui de Néanderthal.

Citons Robert Bruce, le héros écossais, saint Mansuy, évêque de Toul au IV$^e$ siècle, de Kay-Lykke le Danois, le fils du maréchal de Boucher, le docteur Buffolini.

Après ces remarques sommaires, je crois donc que nous pouvons présenter avec confiance notre travail sur la chronologie générale et en particulier sur celle des Chinois, sans nous inquiéter des conjectures de nos géologues, trop souvent téméraires.

# ABRÉGÉ DE L'HISTOIRE DE CHINE.

### ÉPOQUE CONJECTURALE.

#### LES EMPEREURS AVANT YAO.

Aucun des historiens chinois n'a omis les empereurs qui ont précédé Yao jusqu'à Fouhi, et quelques-uns même ont encore ajouté quelques autres noms. Mais il faut remarquer qu'à dater de cette époque, la chronologie chinoise, toujours si sûre d'elle-même, se tait sur l'âge des empereurs comme sur le chiffre de la durée de leur règne.

Les faits généraux de l'histoire primitive vont nous donner une explication très naturelle de ces règnes et des incertitudes qui s'y rattachent. Les savants missionnaires qui les premiers ont approfondi l'histoire chinoise ont fait une conjecture aussi ingénieuse que juste, lorsqu'ils ont dit que c'étaient les noms des chefs de tribus qui gouvernaient la colonie qui s'avançait des terres de l'Amour après la dispersion des peuples, jusque vers l'extrême Orient, en suivant les plateaux moyens sous l'Himalaya et en traversant les autres plateaux jusqu'à cette partie de la Chine nommée le Chenk, qui passe pour avoir été peuplée la première.

Fouhi aura été le plus illustre et le plus instruit dans la succession de ces chefs de tribus, dans la longue pérégrination de ce peuple. Quelques savants se sont permis encore une autre conjecture. Je suis porté à croire avec eux que Noé, le second chef du genre humain, était dans cette colonie, et ce ne serait pas une chose absurde de dire que Fouhi était Noé lui-même.

Le respect profond qui s'est attaché à la mémoire de ce grand homme, l'habitude inviolable qui s'est perpétuée en Chine d'entourer de crainte et de vénération les vieillards et les pères et mères, trouveraient ainsi leur explication rationnelle dans ce fait, et ceci nous expliquerait pourquoi le tombeau de Noé est demeuré inconnu. Si ce patriarche était mort dans l'Asie occidentale on en aurait mémoire.

Les empereurs chinois nommés avant Fouhi peuvent très bien être les patriarches antédiluviens, et voilà pourquoi on ne trouve pas en Chine de monuments qui rappellent leur souvenir. Ce sont des ancêtres, et voilà tout.

Voici ce que je trouve dans les nouvelles *Annales de philosophie*, par M. de Savigny, de décembre 1880, p. 164, et j'y adhère complètement :

« Nous savons que les chronologistes ne sont pas d'accord sur l'époque précise de la vie de l'empereur Fouhi. Pour ce motif, quelques écrivains européens le rangent parmi les souverains mystiques de cet empire.

» Cette erreur, comme tant d'autres, se répète dans les livres modernes. Aucun Chinois ne met en doute l'existence de ce souverain. Ces divergences des chronologistes ne peuvent avoir aucune influence sur la réalité de l'existence de ce monarque chinois.

» Seulement il est important de remarquer que le souverain désigné sous le nom de Fouhi est, selon nous, un chef de famille ou de tribu, un éponyme des premières races, qui n'a probablement jamais régné dans la Chine actuelle.

» Il est le chef d'autres peuples que les Chinois, ainsi que le montre l'étude comparée des langues et de l'histoire des peuples antédiluviens.

» Cette double étude, faite avec impartialité et non point d'après les intuitions plus ou moins ingénieuses du génie personnel, amène de plus en plus la science de nos jours à constater avec autorité l'unité primitive du langage et celle de la race humaine. »

Le même écrivain a déjà fourni et fournira d'autres preuves de la communauté d'origine de la langue et de la source commune des sciences en Egypte et en Chine.

Il se fonde sur ce que nous savons des *koua* ou lignes droites et brisées de Fouhi, qui ont été une vraie écriture autrefois, comparées à une peinture égyptienne qui se trouve au musée de Vienne.

Nous reviendrons peut-être sur cette comparaison et d'autres explications du même auteur qui vont si bien à notre sujet.

Nous avons nous-même réuni, d'après Humboldt et bien d'autres auteurs, des signes nombreux et certains de cette unité d'origine; elle ressort particulièrement de cette considération, que les souvenirs des grands faits primitifs rapportés dans la Bible sont restés profondément gravés dans la mémoire de tous les peuples anciens. La création, la chute de l'homme, le déluge et la dispersion, voilà des marques certaines d'une communauté d'origine.

De Fouhi à Yao, on place six empereurs dont nous ne donnons que les noms, parce qu'on n'a que des notions vagues sur leurs règnes, qui ne demandent pas à être notés dans un si rapide abrégé.

Ce sont : Chin-nong,
Hoang-ti,
Chao-hao,
Tchuen-hio,
Kao-sin,
Tchi.

On conjecture qu'ils ont pu être les gouverneurs de leur nation pendant six ou sept siècles. On leur a attribué plusieurs inventions. Mais lorsqu'on voit Fouhi, qui leur est antérieur, annoncer une science assez approfondie pour trouver une langue écrite, cela ne suppose nullement que les hommes aient été jamais dépourvus des arts indispensables, ce qui est d'ailleurs contre nature.

---

ÉPOQUE CERTAINE DE CETTE HISTOIRE.

**YAO**, 8ᵉ empereur, a régné seul 72 ans, et 28 avec Chun, qu'il associa à l'empire. (2300 ans avant Jésus-Christ.)

Ce fut la quarante-unième année du cycle précédent que ce prince monta sur le trône : il est regardé comme le premier législateur de la nation, et comme le modèle de tous les souverains : c'est sur lui et sur son successeur que tous les empereurs jaloux de leur réputation tâchent de se former, et c'est encore maintenant faire le plus grand éloge d'un empereur de la Chine que de dire qu'il ressemble à Yao, à Chun.

La vertu, disent les historiens, lui était comme naturelle ; il était actif, laborieux, vigilant, d'une pénétration et d'une intelligence qui prévoyaient tout ; d'une modération et d'une équité qui maintenaient la vigueur des lois et en même temps les faisaient aimer ; n'employait jamais son autorité que pour procurer le bien à ses sujets ; d'une modestie égale à sa grandeur ; elle éclatait jusque dans les hommages que son rang lui attirait. Grande frugalité dans ses repas : il se contentait des viandes les plus grossières. Nulle magnificence dans ses meubles : son palais était dénué de tout ornement, et ses vêtements n'étaient que d'étoffes de laine pendant l'été, ou de peaux de cerf durant l'hiver. S'il arrivait quelque calamité publique, ou qu'un de ses sujets se fût rendu coupable de quelque crime, il attribuait ce malheur à son peu de vertu, ou il le regardait comme un châtiment du ciel, qui punissait sa négligence à bien instruire ses peuples. Il ne faisait jamais la visite de son empire qu'après avoir offert des sacrifices au souverain Maître du ciel ; ses sujets aspiraient au bonheur de le voir, et ils attendaient ce moment heureux avec la même impatience que les campagnes arides attendent la pluie. Enfin son règne fut si doux et si aimable, que ses sujets ne s'apercevaient presque pas qu'ils eussent un maître.

Les philosophes chinois ont coutume d'appuyer leurs maximes de morale sur la conformité qu'elles ont avec la conduite et les actions de cet empereur et de ses deux successeurs ; cette conformité, une fois prouvée, donne à leurs maximes une autorité contre laquelle il n'y a point de réplique.

Yao, qui se plaisait singulièrement à observer les astres, chargea deux habiles mathématiciens, l'un nommé Hi, et l'autre qui s'appelait Ho, d'examiner avec soin le cours de la lune et des astres, et de composer des instruments propres à ces sortes d'observations. Ce fut avec leur secours qu'il régla les douze mois lunaires, et qu'il rétablit les mois intercalaires qui revenaient sept fois dans l'espace de dix-neuf ans.

L'impératrice fut chargée du soin d'élever des vers à soie, et d'enseigner aux autres femmes la manière de fabriquer de meilleures étoffes que celles dont on usait auparavant.

Ce travail, au temps de son invention, était fort grossier, et c'est ce qui arrive toujours, surtout dans les arts, qui ne se perfectionnent que par l'expérience.

Ce prince mit un nouvel ordre dans l'administration des affaires de l'empire, par l'établissement de six tribunaux souverains tels qu'ils subsistent encore aujourd'hui.

La réputation de sa vertu et la sagesse de son gouvernement attirèrent dans ses Etats plusieurs des nations voisines ; ses sujets s'augmentèrent au point que ses provinces ne purent contenir tant d'étrangers, qui venaient s'y établir principalement à cause des eaux dont les terres basses étaient couvertes ; soit que cette inondation fût un reste du déluge universel, comme plusieurs le croient ; soit que quelque obstacle, interrompant le cours naturel des eaux vers la mer, forçât les rivières à sortir de leurs lits et à répandre leurs eaux dans tout le plat pays.

L'empereur prit le dessein de mettre à profit tant de terres submergées, et par là devenues inutiles à son peuple. Il donna à un officier nommé Kouen la commission de dessécher les campagnes, en procurant une issue aux eaux qui les fît couler dans la mer. Cet officier, ou négligent ou peu capable d'une entreprise dont il n'eût pas dû se charger, employa neuf ans à ce travail sans y réussir : sa négligence ou sa témérité fut punie de mort.

Yu, son fils, répara sa faute. Pendant treize ans d'un travail infatigable il vint à bout d'aplanir les montagnes, de faire rentrer de grands fleuves dans leurs lits naturels, de dessécher les lacs et les marais, de renfermer entre des chaussées plusieurs torrents rapides, et de partager les rivières en différents canaux qui aboutissaient à la mer. Par ce moyen il donna une plus grande étendue aux provinces et les rendit bien plus fertiles. On verra dans la suite qu'un service si important ne fut pas sans récompense.

Cependant Yao songeait à se donner un successeur,

et sans écouter les mouvements de la tendresse paternelle, il n'eut égard qu'aux intérêts de son peuple. Il découvrit un jour son dessein aux seigneurs de la cour. L'un d'eux lui représenta qu'il avait dans son fils aîné un prince aussi digne du trône qu'il était digne d'être son fils, et que les peuples ne manqueraient pas de respecter dans son sang des vertus héréditaires : *Je déteste autant ceux qui louent les méchants,* répondit Yao, *que ceux qui blâment les gens de bien ; je connais mon fils, sous de bons dehors de vertu il cache des vices qui ne sont que trop réels.* Cette réponse ferma la bouche à tous les seigneurs.

A quelque temps de là Yao fit venir un de ses ministres, en qui il avait le plus de confiance, par l'estime qu'il faisait de sa prudence et de sa probité, et voulut déposer entre ses mains sa couronne.

Ce sage ministre s'excusa de recevoir cet honneur, sur ce que le fardeau était trop pesant pour des épaules aussi faibles que les siennes, et en même temps il lui proposa un laboureur nommé Chun, que la vertu, la probité, la patience dans les plus dures épreuves, la confiance qu'il s'attirait de tous les gens de bien et une infinité d'autres excellentes qualités, rendaient digne du trône.

Yao le fit venir, et pour éprouver ses talents il lui confia le gouvernement d'une province. Chun se fit une si grande réputation de sagesse, de prudence, de modération et d'équité, qu'au bout de trois ans Yao l'associa à l'empire et lui donna ses deux filles en mariage.

L'empereur vécut encore vingt-huit ans, dans une grande union de sentiments avec le nouveau collègue qu'il s'était donné. Se voyant près de mourir, il appela Chun et l'exhorta à gouverner ses sujets en vrai père, et à se souvenir qu'il était plus pour les peuples que les peuples pour lui, et qu'un empereur n'est élevé au-dessus du reste des hommes que pour procurer leur avantage et prévenir leurs besoins. En finissant ces mots, il rendit le dernier soupir, à l'âge de cent dix-huit ans, laissant après lui neuf enfants. Tous les peuples, qui trouvaient en lui l'amour et la tendresse d'un père, le pleurèrent pendant trois ans.

Le Chu-king commence ainsi : « Si on jette d'abord des yeux attentifs sur l'ancien empereur Yao, voici ce qu'on en dit : Les services qu'il a rendus à la république s'étendent à tous les temps, à tous les lieux et à toutes les personnes. Il fut diligent, éclairé, poli et prudent, et ses vertus lui furent naturelles sans que la violence ou la contrainte y eussent aucune part. Il fut vraiment respectueux ; il sut être humble ; l'éclat de sa vertu a rempli tout l'univers. Il sut donner à la nature raisonnable tout l'éclat dont elle est susceptible, et ce fut pour lui un moyen d'établir l'amour réciproque dans sa famille. Il fit régner l'égalité et l'ordre parmi le peuple de l'Etat qu'il possédait en propre ; le peuple de son Etat ayant été par ses soins et son exemple éclairé des lumières de la droite raison, l'union et la concorde se répandirent dans tout l'empire. Quelle admirable conversion n'opéra-t-il point dans l'esprit de tous les peuples ? Ainsi la concorde fut générale. » Cet ancien texte, rapporté par Confucius, contient, comme on voit, un éloge abrégé, mais magnifique, d'Yao. Il exprime d'abord la vertu de ce prince, ensuite la pratique extérieure de cette vertu, et enfin les effets de cette vertu. Toute la philosophie de Confucius est renfermée dans ces principes, aussi vrais que simples. Les Chinois calculent le mérite de leurs monarques sur leur ressemblance plus ou moins grande avec Yao, Chun et Yu.

**CHUN**, 9e empereur, a régné seul 50 ans.

C'est la vingtième année de ce cycle que mourut Yao, et Chun commença l'année suivante à gouverner seul l'empire. Il est regardé, de même que Yao, comme l'un des législateurs de la nation. Aussitôt après la mort de l'empereur, Chun confia le gouvernement de l'Etat à ses ministres, et s'enferma dans le sépulcre de Yao pendant trois ans, pour se livrer plus librement aux sentiments de douleur que lui causait la mort d'un prince qu'il regardait comme son père. C'est de là qu'est venu l'usage de porter le deuil de ses parents pendant trois ans. Les historiens chinois attribuent l'élévation de Chun à la soumission et à l'obéissance qu'il eut pour ses parents; quoiqu'il ne reçût d'eux que de mauvais traitements, et que sa vie fût plusieurs fois en danger, il n'opposa que sa douceur à leur mauvaise volonté; et peu à peu, par son respect, par sa patience, il vint à bout de réformer leurs cœurs et de les rendre vertueux.

D'où les philosophes chinois tirent deux grands principes de morale: le premier, que quelque méchants que soient les pères et les mères, les enfants ne leur en doivent pas moins de respect et d'obéissance ; le second, qu'il n'y a point de si méchant homme qu'on ne gagne enfin par des bienfaits.

Chun, après avoir satisfait aux devoirs de sa piété et de sa reconnaissance envers Yao, se mit en possession du palais impérial, et reçut les hommages de tous les princes tributaires. Il trouva dans le palais quantité d'or et de pierreries : il fit faire une sphère, qui représentait les sept planètes, et il y employa les pierreries qui symbolisaient le mieux chaque planète. Il fit de nouvelles lois pour l'administration de son Etat, et ordonna que chacun des six tribunaux établis par son prédécesseur aurait des officiers subalternes pour l'aider dans ses fonctions. Il honora toujours de sa protection et de sa bienveillance les philosophes et les gens de lettres. Chaque année il visitait ses provinces, et dans chaque visite il récompensait ou punissait les princes tributaires avec une équité qui lui attirait l'estime et l'admiration des peuples.

Une de ses principales attentions fut de faire fleurir l'agriculture et de mettre l'abondance dans ses Etats : c'est pourquoi il défendit, sous des peines sévères, aux gouverneurs de détourner les laboureurs de leur travail et d'en exiger des corvées, toujours onéreuses et capables de ralentir leur ardeur pour la culture des terres. Il était également attentif à ne confier le gouvernement de ses sujets qu'à des personnes d'un mérite et d'une capacité éprouvés : enfin il fit plusieurs autres ordonnances dont la sagesse et l'équité l'ont fait regarder dans tous les temps comme un des grands hommes de la Chine.

Une de ces ordonnances paraîtra peut-être assez extraordinaire ; c'est celle qui permettait à chacun de ses sujets de marquer, sur une table exposée en public, ce qu'il aurait trouvé de répréhensible dans sa conduite. Il admit dans ses conseils six seigneurs, qui étaient des descendants de Tchuen-hio, et six autres qui étaient de la famille de Tico. On trouve dans le livre canonique appelé Chu-king, dont je donnerai le précis, des discours que quelques-uns des seigneurs firent à l'empereur sur les maximes d'un sage gouvernement.

L'année 54 de ce cycle il pensa à un successeur, mais il n'envisagea dans ce choix que le bien de ses peuples. Il préféra Yu à ses enfants, et il ne se porta à cette préférence que par l'idée qu'il s'était formée de la capacité et du mérite de ce grand homme, et en quelque sorte par reconnaissance du service qu'il avait procuré à l'empire en desséchant les terres qu'une inondation générale dans les pays bas avait rendues inutiles. Il vécut dix-sept ans depuis qu'il eut fait asseoir Yu sur son trône, et l'union fut si grande entre ces deux princes, qu'il ne parut jamais que l'autorité fût partagée. L'année dixième de ce cycle, Chun mourut âgé de cent dix ans, et fut enterré dans la province de Chen-fi.

### PREMIÈRE DYNASTIE, APPELÉE HIA,

*Qui compte dix-sept empereurs dans l'espace de 458 ans.*

**YU**, 1ᵉʳ empereur, a régné seul 10 ans.

L'année 11ᵉ du troisième cycle, c'est-à-dire l'année avant Jésus-Christ 2217, Yu ou Ta-yu gouverna seul l'empire, et tint sa cour dans la province de Chen-fi. Un des enfants de Chun, chagrin de voir un étranger sur le trône de son père, voulut remuer, mais il fut abandonné des grands et du peuple, et ses efforts ne servirent qu'à affermir davantage la couronne sur la tête de Yu, que son grand génie et ses vertus avaient rendu infiniment cher à la nation.

La connaissance qu'il eut de la nature des terres, par le soin qu'il prit d'en faire écouler les eaux, le mit en état de composer un excellent traité d'agriculture, où il enseigne la manière de cultiver et d'ensemencer les terres ; il en fit ensuite niveler les pentes et les hauteurs, pour donner du cours aux eaux vers les endroits qui en auraient le plus besoin.

Il partagea toute l'étendue de ses Etats en neuf provinces, et il fit faire neuf grands vases d'airain ; sur chacun de ces vases il fit graver la carte d'une province. Ces vases devinrent dans la suite très précieux, et l'on crut que la sûreté de l'Etat était attachée à leur conservation. Quiconque pouvait s'en saisir était comme assuré de la couronne. Elle devint héréditaire sous ce prince, de même que le sacerdoce, qui était déjà uni à la couronne et qui depuis ce règne y a été inviolablement attaché, car il n'y a que l'empereur qui puisse offrir des sacrifices, et il est défendu à tout autre, sous peine de la vie, de faire l'office de sacrificateur. C'était faire sa cour à l'empereur Yu que de lui donner des avis sur sa conduite, et il ne croyait point qu'il y eût d'occupation plus digne d'un monarque que de rendre la justice aux peuples. Pour cela il se rendait accessible à toute heure : afin qu'on pût facilement lui parler, il fit attacher aux portes de son palais une cloche, un tambour et trois tables, l'une de fer, l'autre de pierre, et la troisième de plomb, et il fit afficher une ordonnance par laquelle il enjoignait à tous ceux qui avaient à lui parler de frapper sur ces instruments ou sur ces tables, suivant la nature des affaires qu'on voulait lui communiquer. La cloche était destinée aux affaires civiles ; le tambour devait être frappé pour celles qui concernaient les lois et la religion ; la table de plomb servait aux affaires propres du ministre avec le gouvernement ; si l'on avait à se plaindre de quelque injustice commise par les magistrats, on frappait sur la table de pierre ; enfin, sur la table de fer lorsqu'on avait reçu quelque traitement trop rigoureux.

L'empereur recevait toujours avec bonté ceux qui venaient ou lui donner des avis ou implorer sa justice. On rapporte qu'un jour il quitta deux fois la table au son de la cloche, et qu'un autre jour il sortit trois fois du bain pour recevoir les plaintes qu'on venait lui faire. On trouve dans le livre canonique nommé Chu-king les instructions qu'il donna aux princes pour gouverner sagement leurs Etats, et les règles qu'il prescrivit dans la distribution des charges et dans la levée des impôts.

Il avait accoutumé de dire qu'un souverain doit se conduire avec autant de précaution que s'il marchait sur la glace; que rien n'est plus difficile que de régner; que les dangers naissent sous les pieds du monarque; qu'il a tout à craindre s'il se livre tout entier à ses plaisirs; qu'il doit fuir l'oisiveté, faire un bon choix de ses ministres, écouter leurs avis, et que quand il a pris une fois sagement une résolution, il doit l'exécuter sans le moindre délai.

Ce fut sous son règne qu'un nommé Yti inventa le vin chinois; c'est un breuvage qui se fait avec le riz; l'empereur n'en eut pas plus tôt goûté qu'il en témoigna du chagrin : cette liqueur, dit-il, causera les plus grands troubles dans l'empire. Il bannit de ses Etats l'inventeur de ce breuvage, et défendit, sous de grièves peines, d'en composer à l'avenir. Cette précaution fut inutile; on conserva le secret de composer cette liqueur, et elle fait encore maintenant les délices des tables chinoises.

**TIKI**, 2ᵉ empereur, a régné 9 ans.

Tout l'empire applaudit à un si digne successeur du grand Yu, et les peuples, trouvant dans le fils les mêmes qualités qu'ils avaient admirées dans le père, se consolèrent de la perte qu'ils venaient de faire.

Le commencement de son règne fut troublé par la

guerre que lui déclara un prince tributaire, qui traitait durement ses sujets et qui avait pris le dessein de rendre son autorité indépendante. L'empereur se mit à la tête de son armée, et avec le secours de six princes tributaires, il réduisit le rebelle et le mit hors d'état de causer du trouble.

Les peuples ne jouirent pas longtemps du bonheur qu'ils commençaient à goûter sous le gouvernement d'un si sage prince ; ils le perdirent l'année vingt-neuvième du cycle, et son fils

**TAI-KANG** lui succéda et régna 29 ans.

Il commença son règne par ériger plusieurs terres en principautés, qu'il partagea entre ses cinq frères, afin de diminuer la jalousie qu'ils pouvaient avoir de la préférence qu'on lui avait donnée sur eux. Mais ce fut là le seul trait de sagesse qui lui échappa pendant son règne.

Bien différent de ses prédécesseurs, qui étaient tout occupés du gouvernement de l'Etat, il en abandonna absolument le soin, pour se livrer avec fureur à la passion du vin et des femmes. Il passait les jours entiers dans les bois à poursuivre les bêtes fauves : ses chevaux et ses chiens désolaient les campagnes et ravageaient les moissons : ce fut un cri général de tout le peuple, que cette tyrannie réduisait au désespoir. Enfin les cris et les remontrances ayant été inutiles, la révolte devint générale.

Ce fut un de ses principaux officiers, nommé Y, qui entreprit de lui ôter la couronne. Il était à la tête des troupes, qui avaient toute confiance en lui : de concert avec les grands de l'empire, il se saisit de la personne du prince au moment où il était occupé à la chasse dans les forêts ; il l'envoya en exil et mit sur le trône son frère cadet, nommé Tchong-kang. Cette révolution, qui arriva la quarante-septième année du cycle, se fit fort paisiblement, et il ne se trouva personne qui prît les intérêts du prince dépossédé.

**TCHONG-KANG**, 4ᵉ empereur, a régné 13 ans.

On ne compte point, parmi les années du règne de cet empereur, toutes celles qui s'écoulèrent jusqu'à la mort de Tai-kang, son frère, parce que tant que ce prince vécut, Tchong-kang refusa de prendre le titre d'empereur.

Il y eut autant de prudence que de modestie dans cette conduite. Il craignit qu'un ministre qui avait eu assez d'autorité et de crédit pour détrôner son frère ne conçût un jour le même dessein à son égard. Néanmoins, comme il lui était redevable de la couronne, il trouva un expédient pour ne manquer ni à la reconnaissance qu'il lui devait ni à sa propre sûreté.

Il témoigna qu'il ne pouvait se passer des conseils d'un ministre aussi habile que l'était Y, et qu'il souhaitait l'avoir auprès de sa personne. Y donna dans le piège, et ne douta pas qu'il ne se rendît bientôt maître de l'esprit du prince, et que sous son nom il ne gouvernât l'empire. Cet emploi était incompatible avec celui qu'il avait de commander l'armée. Tchong-kang donna un emploi si important à Tchéou, officier habile et d'une fidélité à toute épreuve. Ce trait de prudence servit beaucoup à l'affermir sur le trône.

Y, s'apercevant dans la suite qu'il n'avait nulle part ni à la faveur ni à la confiance du prince, jura de s'en venger et d'éteindre la famille impériale ; il cacha néanmoins son ressentiment ; mais comme il ne lui était pas facile d'exécuter son projet tant que Tchéou serait à la tête des troupes, et que d'ailleurs il ne pouvait espérer de corrompre un si fidèle sujet, il s'efforça plusieurs fois de le rendre suspect au prince. N'ayant pu y réussir, il chercha, mais inutilement, le moyen de faire périr Tchéou.

Toutes ses tentatives furent vaines. Aussi il se borna à gagner sous main les grands de l'empire, et il eut l'adresse de s'insinuer par mille complaisances dans l'esprit et les bonnes grâces du prince héritier, jusqu'à ce qu'il eût la facilité de commettre sans aucun risque le crime qu'il méditait.

Tai-kang mourut sur ces entrefaites, la cinquante-huitième année du cycle, et ce fut alors que Tchong-kang prit le titre d'empereur.

La deuxième année de ce cycle, ou la sixième, comme d'autres l'assurent, il y eut une célèbre éclipse de soleil, au temps de la conjonction de cet astre avec la constellation nommée Fang. Deux astronomes qui avaient soin du tribunal des mathématiques, appelés Hi et Ho, furent punis de mort parce que, plongés dans le vin, ils n'avaient pu prédire cette éclipse et que, par une pareille négligence à supputer et à observer le mouvement des astres, ils avaient troublé l'ordre du calendrier, dont l'empereur leur avait confié le soin, ce qui est un crime digne de mort.

Il y en a qui croient (ce qui est vraisemblable) que ces mathématiciens favorisaient secrètement la trahison que le ministre Y tramait sourdement, et que c'est en partie pour cela qu'il leur en coûta la vie.

Tchong-kang mourut la treizième année du cycle, et Ti-siang, son fils, lui succéda l'année suivante.

**TI-SIANG**, 5ᵉ empereur, a régné 27 ans.

L'imprudence de ce prince fut la cause de sa perte ; il s'en fallut de peu qu'elle n'entraînât la ruine de toute sa famille.

Loin de suivre l'exemple de son père dans la conduite qu'il avait tenue à l'égard du ministre Y, en l'écartant de tout emploi qui donne du crédit, Ti-siang mit sa confiance dans un homme si dangereux ; elle alla si loin qu'il ôta le commandement des troupes à un fidèle serviteur nommé Tchéou, pour le remettre à Y ; c'était lui donner à courte échéance le souverain pouvoir, car il confia les premiers commandements sous ses ordres à ses créatures.

Han-ho, un de ses affidés dans la conspiration, conçut un double crime ; après s'être assuré de ses soldats, il commença par tuer Y à la chasse, et attira ensuite l'empereur et sa famille dans un guet-apens. L'impératrice seule échappa, et comme elle était enceinte, elle mit au monde un fils qui devint le vengeur de sa famille.

**HAN-HO,** usurpateur, a régné 40 ans.

L'impératrice, réfugiée chez des bergers dans les montagnes, y accoucha de Chao-kang, qu'elle éleva sans le faire connaître.

Cet enfant était déjà arrivé à l'âge mûr lorsque Han-ho en eut connaissance. Il le fit chercher, mais infructueusement. Il se réfugia chez un prince tributaire de l'empire, en qualité de domestique et comme fils d'un berger.

Le prince devina dans ce jeune homme une origine distinguée ; il le fit venir un jour et lui fit plusieurs questions sur sa famille avec une bonté qui attira sa confiance. Chao-kang ne crut pas devoir dissimuler qui il était : il fit ingénument le détail des malheurs de sa maison, dont la princesse sa mère l'avait parfaitement instruit. Le prince en était instruit lui-même ; il reconnut la vérité de son récit, embrassa tendrement Chao-kang, lui fit épouser sa fille, et pour dot lui donna une partie de sa principauté, où le jeune prince développa et fit connaître ses grandes qualités.

Le beau-père ne perdit point de temps, il écrivit aux principaux de l'empire qu'il savait être attachés à la dynastie déchue et qui détestaient le tyran. Il leur révéla l'existence du légitime successeur, et avec une grande facilité Chao-kang fut rétabli sur le trône de ses ancêtres, à la satisfaction universelle.

**CHAO-KANG**, 6ᵉ empereur, a régné 42 ans.

Son premier acte fut de poursuivre ceux qui avaient eu la plus grande part dans les complots de l'usurpateur contre sa famille. La mort des rebelles rétablit le calme et la tranquillité dans l'empire. Les lois reprenaient leur ancienne vigueur. L'empereur convoqua souvent les princes tributaires pour réformer les abus qui s'étaient glissés et mettre de l'ordre dans toutes les parties de l'Etat. Aussi les ordonnances d'un prince qui se montrait si assidu pour le bien général furent exactement observées, et les peuples vécurent satisfaits sous une si sage administration. Sa réputation lui attira même des ambassades des princes étrangers, et son règne fut aussi glorieux que paisible. Il mourut la quatrième année du cycle, et son fils Ti-chu lui succéda.

**TI-CHU**, 7ᵉ empereur, a régné 17 ans.

Ce règne ne présente rien de remarquable. L'autorité souveraine, si bien établie par le dernier empereur, et la réputation que le prince régnant s'était faite dans les armes continrent les princes, les grands et le peuple dans une parfaite obéissance. L'empire jouit d'une paix profonde, et il n'y eut personne qui osât le troubler. Seulement, du côté de la mer, il y eut quelques mouvements facilement réprimés. Ce prince mourut la cinquante-septième année du cycle. Son fils lui succéda.

**TI-HOAI,** 8ᵉ empereur, âgé de 26 ans : il régna 27 ans.

La paix, le bon ordre, qui régnaient dans l'empire l'avaient rendu si florissant que les nations voisines envoyèrent, l'année soixantième du cycle, des ambassadeurs vers le nouvel empereur pour se mettre sous sa protection, en s'obligeant à lui payer un tribut annuel. Il paraît par l'histoire que ces ambassadeurs vinrent par mer; l'art de la navigation était déjà connu à l'extrémité du continent asiatique.

L'oisiveté causée par les douceurs d'une longue paix amollit le cœur de ce prince et lui inspira l'amour des femmes, et il en devint l'esclave. Il passa le reste de sa vie enfermé dans son palais, au milieu de ses femmes et de ses eunuques, sans se montrer à ses peuples. Il se reposait sur ses ministres du gouvernement de l'Etat. Heureusement le peuple était meilleur que le prince. Son fils lui succéda.

**TI-MANG,** 9ᵉ empereur, âgé de 8 ans.

Ce règne fut assez semblable au précédent. Sans être corrompu comme son père, comme lui il se livra à l'oisiveté. Cependant il visita quelques parties de ses grands Etats et transporta sa cour vers le fleuve Jaune. Ti-sie, son fils, lui succéda.

**TI-SIE,** 10ᵉ empereur, a régné 16 ans.

Ce prince fut recommandable par son amour pour la

justice et par son attention à prévenir les troubles, à maintenir la paix dans ses Etats. Un témoignage rendu à sa haute sagesse, c'est que les souverains des nations voisines, qui s'étaient volontairement rendus tributaires, vinrent en personne lui rendre leurs hommages et se mettre, eux et leurs sujets, sous sa protection. Il les honora de quelques titres de distinction, pour récompenser leur fidélité.

**TI-POU-KIANG**, 11ᵉ empereur, a régné 59 ans.

La Chine a joui d'une paix profonde pendant les cinquante-neuf ans de ce règne, et, chose bien remarquable, l'histoire chinoise ne cite rien de notable pendant ce demi-siècle, pas un fait saillant. Quel sujet d'admiration pour l'Europe civilisée ! Deux mille ans avant l'ère chrétienne, elle peut contempler la nation chinoise jouissant d'une paix parfaite, tandis que le reste du genre humain était déchiré par les guerres des temps de Sésostris et des rois de Ninive et de Babylone. Lorsque l'Europe luttait avec peine dans son âge de pierre contre la rigueur de son climat et les bêtes féroces, à l'autre extrémité du monde vivait un peuple pacifique et sage, soumis à des lois fondées sur la morale universelle, et cette paix a pu durer deux siècles, à travers cinq règnes, sans être troublée un instant par des révoltes ou des mouvements de mécontentement au milieu de cet heureux peuple ; et cet empire était un empire immense, beaucoup plus peuplé, d'après tous les indices, que ne l'étaient les grands empires occidentaux de l'Asie.

Voilà une histoire facile à écrire. C'était la tranquillité de l'ordre, comme parle saint Augustin. Ce qui est long à raconter dans l'histoire, ce sont les guerres civiles, les crimes atroces des princes, les conquêtes sanglantes qui entraînent les incendies, les meurtres, la destruction des villes et l'esclavage des peuples ; mais les ères de bonheur et de calme se peignent par un seul mot : Le peuple était heureux sous des princes sages et prudents. L'Ecriture sainte a un mot incomparable pour peindre cette situation : Chacun était en paix sous son figuier.

La Chine, sans doute, aura ses longues époques de guerres civiles, mais quand on réfléchit à la difficulté de contenir cent millions de population, où il devait toujours y avoir quelque coin où éclataient les mécontentements, on peut à bon droit admirer la forte constitution morale de la Chine, qui a donné au monde tant de princes admirables et de longues époques de bonheur.

**TI-KIONG**, 12<sup>e</sup> empereur, a régné 21 ans.

A Ti-pou-kiang succéda l'usurpateur Ti-kiong, qui supplanta le neveu du précédent empereur. Son ambition le rendit injuste et dénaturé.

**TI-KIN**, 13<sup>e</sup> empereur, a régné 21 ans.

Il était le fils de l'usurpateur. Ses débauches le rendirent méprisable et odieux aux peuples. Les princes feudataires se liguèrent contre lui. Ils ne furent pas assez heureux pour le détrôner, mais à sa mort ils firent monter sur le trône le légitime héritier.

### KUNG-KIA, 14e empereur.

Ce prince semblait né pour le trône, où l'appelait sa naissance, mais il répondit mal aux espérances qu'il avait inspirées. Il abandonna le gouvernement à ses ministres, dont il ne sut pas même faire un bon choix. Ce fut un prince efféminé, corrompu par la débauche.

### TIKAO, son fils, et 15e empereur,

contribua avec lui à préparer la chute de sa dynastie.
Il en fut de même de

### TIFA, 16e empereur, qui régna 19 ans.

Il eut le malheur de donner naissance au plus méchant des hommes, qui fut Kié.

### KIÉ, 17e empereur, régna 52 ans.

Cet empereur, appelé Li-koué par de Mailla, est regardé comme un monstre de cruauté ; sa mémoire est exécrée à l'égal de celle de Néron en Europe. Il avait quelques belles qualités, avec une force de corps extraordinaire, mais ces qualités furent mises au service des vices les plus honteux et d'une cruauté féroce.
Voici quelques-uns de ses actes de barbarie. Il fit creu-

ser un étang, le fit remplir de vin, et ordonna que trois mille de ses sujets y fussent précipités.

Dans le fond de son palais, par l'ordre de l'empereur et de l'impératrice, qui l'égalait dans ses infamies, et en leur présence, on forçait des citoyens honorables à se livrer aux plus abominables débauches.

Ces violences et ces horreurs, qui ne faisaient que croître chaque jour, soulevèrent tous les ordres de l'Etat contre le tyran. D'un commun consentement, ils choisirent Tching-tong pour le mettre à sa place, et le forcèrent à lui déclarer la guerre.

Ce prince vertueux et désintéressé déclara qu'il n'avait aucun droit à la couronne, et que s'il prenait les armes, c'était seulement pour obliger l'empereur à rentrer dans le devoir. Son armée fut bientôt prête avec le contingent de tous les princes conjurés.

L'empereur, au milieu de la désaffection générale, ne put lever qu'une armée insuffisante et fut défait.

Dans cet abandon universel il eut recours à la dissimulation et à l'hypocrisie ; il feignit le repentir et fit des promesses.

A peine se sentit-il le maître, après que Tching-tong eut licencié ses troupes, qu'il se livra de nouveau à sa vie corrompue et tyrannique : il leva une armée contre Tching-tong, mais on vit alors ce que peut un prince détesté de ses sujets. Sur le champ de bataille tous les soldats se tournèrent contre lui. Il s'exila volontairement et finit dans l'exil une vie si affreusement déshonorée.

Ce fut son vainqueur qui, malgré lui, mais pressé par

des instances réitérées, fonda la seconde dynastie, dite des *Chang*.

### DEUXIÈME DYNASTIE.

#### TCHING-TANG, 1ᵉʳ empereur.

Il monta sur le trône en 1766 avant Jésus-Christ. Il donna l'exemple des plus hautes vertus par son désintéressement et la défiance de lui-même. Tous l'admiraient, lui seul se croyait incapable de soutenir un si pesant fardeau. Il assembla jusqu'à trois fois ses ministres et les grands de la cour, pour faire offrir à un autre plus digne la couronne qu'ils avaient placée sur sa tête.

Contraint de garder le pouvoir, il abrogea les lois cruelles de son prédécesseur, pour faire revivre celles des temps les plus prospères de l'empire.

Il y eut en ce temps une famine qui dura sept ans ; pendant cette longue calamité il s'efforça d'adoucir les souffrances de ses sujets ; il s'humilia devant le Très-Haut et lui adressa de ferventes supplications pour obtenir un temps plus prospère. Il est à remarquer que cette famine arriva l'an 1760 avant Jésus-Christ, et, en suivant la chronologie de Josèphe, il se trouve que le patriarche Joseph, étant dans la prison de Pharaon et prophétisant les sept années de stérilité, aurait dû avoir dix-sept ans lorsque ce fléau éclatait en Chine. Voilà une coïncidence fort remarquable et qui corrobore admirablement le fait biblique.

La mort de ce prince mit tout l'empire en deuil, car chacun avait perdu un père.

**TAI-KIA,** 2ᵉ empereur, a régné 33 ans.

Ce prince était le petit-fils de l'empereur défunt. Au lieu de marcher sur les traces de son grand-père, il tint une conduite tout opposée. Il fut ramené à la sagesse par un procédé dont on ne peut trouver d'exemple dans les annales d'aucun peuple. Y-yn, déjà premier ministre sous l'empereur précédent, s'était acquis une grande autorité dans tout l'empire. Il s'en servit pour montrer au nouveau monarque l'abus qu'il faisait de la puissance que le Ciel lui avait donnée pour le bien des peuples. Il lui rappela ensuite avec énergie les beaux exemples de ses prédécesseurs, dont le nom était en bénédiction, et la triste fin des princes qui s'étaient déshonorés en suivant une voie contraire.

Ce sage ministre comprit bientôt que ses avis ne produisaient aucun effet; il imagina un moyen héroïque pour arriver à ses fins, et tellement dramatique qu'il y a peu d'événements qui méritent mieux de fournir le sujet d'une puissante tragédie.

Il fit construire une maison près du tombeau de son père, et persuada au jeune empereur d'aller rendre certains devoirs funèbres aux mânes de son aïeul. Quand il y fut, il l'y tint renfermé comme dans une pénitencerie, et il allait très fréquemment lui faire sentir sa faute et lui montrer qu'il avait, dans la conduite sévère qu'il tenait envers lui, l'assentiment de tout ce qu'il y avait d'honnêtes gens dans l'empire chinois pour tenter une réforme dans sa conduite.

L'empereur, que l'éclat d'une si haute fortune avait aveuglé, eut le temps, pendant trois ans de détention, de faire des réflexions salutaires. Le ministre l'éprouva avec sa sagacité et sa connaissance du cœur humain, et dès qu'il fut persuadé que Tai-kia était revenu sérieusement à de meilleurs sentiments, il alla le chercher lui-même et le fit monter une seconde fois sur le trône d'où il l'avait fait descendre. Il le fit reconnaître par tous les Etats, qui unanimement comblèrent d'éloges et la docilité du prince, et la modération et la profonde sagesse du ministre. Voilà un fait qui révèle un des côtés du caractère chinois, et nous montre les ressources qu'on trouve dans cette nation.

Cet événement eut pour résultat de fournir à ce pays un règne long et glorieux. Les grands, qui avaient commencé à remuer, apportèrent leurs tributs.

Ajoutons pour l'éloge du prince que, bien loin de tirer vengeance de son dur mentor, il lui témoigna toute sa reconnaissance.

**VOTING**, 3ᵉ empereur, a régné 23 ans.

Ce prince fut l'héritier des vertus de ses aïeux comme il le fut de leur trône. Y-yn, le grand ministre, vivait encore, et il fit pendant huit ans les délices de ce nouveau règne.

Le fils du grand ministre consola le monarque et le pays de la mort de son père et continua ses bons services sous les règnes suivants.

C'est ce qui explique l'absence d'événements sous les règnes suivants de

**TAI-KENG** et de **SAO-KIA**,

qui furent des règnes paisibles.

**JON-KI,**

qui leur succéda au commencement du xviiie siècle avant Jésus-Christ, eut à lutter contre les tributaires.

**TAI-VOU,** 7e empereur, a régné 75 ans.

Voici un règne remarquable par sa longue durée et par sa tranquillité générale : il en devait être ainsi avec un tel empereur. Son zèle et son application à rendre la justice à ses peuples furent si grands, qu'il donnait tous les jours audience dès le grand matin et ne finissait qu'après avoir écouté tous ceux qui se présentaient.

Cet amour de la justice le fit adorer des peuples, et ils l'égalaient aux plus grands empereurs des âges passés. Tous les princes tributaires ne manquaient jamais aux assemblées qu'il convoqua ; ses ordonnances furent toujours exactement observées.

Parmi les lois qu'il établit ou qu'il fit revivre, il en est une qui ordonnait que dans chaque ville on fournirait à la subsistance d'un certain nombre de vieillards, et que cette dépense se tirerait du trésor public ; et cet usage se pratique encore aujourd'hui (1730).

Tai-vou mourut en 1567 avant Jésus-Christ, dans la province de Chonan, où il avait transporté sa cour.

**TCHANG-TING,** 8ᵉ empereur, a régné 13 ans.

Cette époque a laissé le souvenir des fréquentes inondations du fleuve Jaune. L'empereur fut obligé de changer le lieu de sa cour, qu'il tenait dans le Chen-si, près du terrible fleuve.

Son règne fut troublé par des peuples de la partie méridionale du fleuve Jang-se-tiang, qui faisaient des irruptions sur ses terres. Il châtia ces brigands et leur ôta l'envie de revenir exercer leurs déprédations.

Tchong-ting n'eut pas le temps de jouir de la tranquillité rétablie ; il mourut la huitième année du xivᵉ cycle.

**YAI-GIN,** 9ᵉ empereur, a régné 15 ans.

Ce prince se fit respecter et aimer de ses sujets. Il en fut ainsi de

**HOTAN-KIA,** 10ᵉ empereur, qui régna 10 ans,

et de

**TSOU-HIÉ,** 11ᵉ empereur, qui régna 19 ans.

Celui-ci sut distinguer un ministre éminent, Yen, et lui donner toute sa confiance. Il ne le quittait jamais, pour profiter sans cesse de ses conseils.

**TSOU-SIN,** 12ᵉ empereur, régna 16 ans.

Les frères de l'empereur voulurent monter sur le trône au préjudice de leur neveu, en prétextant qu'ils étaient d'un âge plus mûr. Ils commençaient déjà à se faire des partisans, lorsque le célèbre colao ou premier ministre Yen intervint et fit respecter le légitime héritier. Mais cet exemple de compétition eut des suites funestes, car pendant longtemps, à la mort des empereurs, l'ambition des princes du sang fit éclater des guerres civiles. Ainsi, à la mort de Tsou-sin,

**YOKIA**, 13ᵉ empereur, qui régna 25 ans,

usurpa la couronne au préjudice de son neveu, fils de son frère Tsou-sin.

Il voulut fixer la souveraine puissance dans sa postérité, mais ses précautions furent déjouées par l'adresse des légitimes héritiers.

**TSOU-TING**, 14ᵉ empereur,

sut faire valoir ses droits à la succession de l'empire. Mais ni lui ni ses successeurs ne surent rétablir l'autorité des lois, et la Chine tomba en décadence au milieu des guerres civiles suscitées par les prétendants. Il en fut ainsi encore sous

**NAN-KENG**, 15ᵉ empereur.

Son règne ne fut remarquable que par les agitations; disons de même de

**JANG-KIA**, 16ᵉ empereur *(nul)*.

**POUAN-KENG**, 17ᵉ empereur, a régné 28 ans.

Celui-ci, tout usurpateur qu'il était, sut si bien s'appliquer à réformer l'Etat, qu'il y réussit en remettant en vigueur les anciennes lois. Il se proposa pour modèle l'illustre empereur Tching-tong. Son règne fut heureux ; sa mort sans postérité rendit inutile pour lui une loi qu'il porta pour assurer la succession du trône à la ligne directe des descendants des empereurs.

**SIAO-SIN,** 18<sup>e</sup> empereur, 21 ans de règne.

Règne honteux, qui effaça le bien produit par le dernier gouvernement.

**SIAO-YÉ,** 19<sup>e</sup> empereur, 28 ans de règne.

Empereur vicieux ; hâtons-nous d'arriver au règne de

**VOUTING,** 20<sup>e</sup> empereur,

qui gouverna sagement pendant cinquante-neuf ans.

Ce prince devint le modèle des bons empereurs. L'histoire chinoise raconte des choses merveilleuses sur l'ardeur qu'il mit à chercher un excellent premier ministre. Il s'appelait Fou-yue.

Une preuve de la haute réputation de sagesse de cet excellent empereur, c'est que des princes voisins de ses Etats vinrent spontanément se ranger sous son obéissance et sa protection.

**TSOU-KENG,** 21<sup>e</sup> empereur, a régné 7 ans.

Il eut le bonheur de succéder à son père, qui avait établi un si bon ordre dans l'Etat qu'il fut facile de l'y maintenir.

**TSOU-KIA,** 22ᵉ empereur, a régné 34 ans.

Les belles qualités du père ne servirent qu'à rendre plus odieux son fils, qui était plein d'orgueil et de mépris pour ses sujets. Il se rendit odieux par d'abominables débauches.

Une conduite si honteuse occasionna divers mouvements dans l'empire. Les dérèglements de la cour, on l'a déjà vu plusieurs fois, produisaient toujours une impression fâcheuse sur le cœur honnête des populations chinoises. A ce mécontentement général on pouvait présager la chute prochaine de la dynastie.

Cette deuxième dynastie compte encore six empereurs que nous ne faisons que nommer, et tous ils contribuèrent par leur égoïsme et leur incurie à précipiter la chute de la dynastie des Chang. Ce furent :

| | | | | |
|---|---|---|---|---|
| **LIN-SIN,** | 23ᵉ empereur, | | 6 ans de règne. | |
| **KEN-Y-TING,** | 24ᵉ | — | 21 | — |
| **VOU-YÉ,** | 25ᵉ | — | 4 | — |
| **TAI-TING,** | 26ᵉ | — | 3 | — |
| **TI-YÉ,** | 27ᵉ | — | 37 | — |
| **TCHÉOU,** | 28ᵉ | — | 33 | — |

C'est sous Tchéou que se combla la mesure des crimes des empereurs et du mécontentement des peuples. Avec Tchéou l'orgueil, la fierté, le luxe, la débauche, la tyrannie, la cruauté, montèrent sur le trône. Méchant par lui-même, ce prince eut le malheur d'épouser la trop célèbre Takia, qui exagérait encore ses défauts. Malheur à ceux qui osaient faire des remontrances à l'empereur : on leur tranchait la tête, ils étaient jetés en prison, dépouillés, torturés. Quel honneur pour ce pays qu'il se soit trouvé un grand nombre de personnages qui ont tout bravé, et protesté au péril de leur vie, pour soulager leur conscience indignée. Un des oncles de l'empereur n'échappa à la mort qu'en feignant la folie. La Chine, dans cette circonstance, a fourni sa Lucrèce, plus vertueuse que celle de Rome. Une fille d'une grande beauté fut présentée à ce débauché malgré sa protestation ; mais elle mit une obstination si énergique dans ses refus que le féroce empereur changea son amour en fureur, fit hacher la jeune fille en morceaux, la fit cuire et la fit servir sur la table de ses parents, avec obligation d'en manger sous peine de mort.

Je fais grâce aux lecteurs des autres traits de cruauté de ces deux monstres, Tchéou et Takia. Il sortira de cette situation une grande leçon, que l'histoire doit enregistrer avec soin.

Tant d'inhumanité poussée aux derniers excès souleva enfin d'un bout à l'autre cet immense empire.

Tous les chefs de province, du nord au midi et de l'Inde jusqu'à la mer du Japon, se concertèrent et choisirent le plus sage d'entre eux pour lui offrir le titre et l'autorité d'empereur. Mais auparavant il devait se mettre à leur tête pour exterminer le tyran.

Ce vice-roi s'appelait Vou-vang. Il demanda du temps pour consulter le ciel, mais il continuait à faire ses préparatifs.

La constitution politique de la Chine était si robuste et établie sur des bases morales si puissantes, que pendant que la corruption régnait avec tant d'apparente impunité à la cour, les provinces donnaient de brillants exemples de la vertu la plus sublime.

Le père de Vou-vang, dont nous venons de parler, qui avait osé se lever publiquement contre le dérèglement de la cour, était le vice-roi d'un petit Etat. Il n'était pas seulement respecté par ses sujets et tendrement aimé, mais il était vénéré par tout l'empire, comme un modèle de toutes les vertus.

Sa douceur, son amour pour la justice, le soin qu'il prenait de faire élever les jeunes gens selon les plus belles maximes de la morale, le bon accueil qu'il faisait aux sages et aux philosophes, ce qui en attira un grand nombre à la cour, le plaisir qu'il prenait à les entendre, la préférence qu'il donnait aux gens vertueux et de mérite reconnu dans la distribution des emplois, le respect qu'il témoignait aux personnes de son rang plus avancées en âge que lui, enfin sa modestie, sa frugalité, son application aux affaires, toutes ces qualités lui acquirent une si haute réputation, que plusieurs princes ses égaux le firent l'arbitre de leurs différends.

On raconte que deux petits rois, qui étaient toujours en guerre au sujet des limites de leurs Etats, convinrent de s'en rapporter à la décision d'un prince distingué par tant de qualités. A peine furent-ils entrés sur ses terres qu'ils virent que les peuples se prévenaient les uns les autres par des témoignages réciproques d'amitié et par de bons offices. Personne n'osait toucher à ce qui tombait le long des chemins, parce que chacun disait que ces choses ne lui appartenaient pas; d'autres cédaient une portion de leurs terres à leurs amis pauvres, qui les ensemençaient et en faisaient la récolte jusqu'à ce qu'ils pussent acquérir le nécessaire.

Quand ils arrivèrent à la cour, ils furent surpris de la bonne intelligence qui régnait entre les grands. Ils n'aperçurent ni artifices, ni déguisement, ni intrigues.

A la vue d'un Etat si bien réglé, l'un d'eux dit à l'autre : Que venons-nous faire ici? Que pensera Vou-vang de nous et de nos contestations? et à l'instant même ils se hâtèrent de terminer leurs différends, et dès lors ils eurent l'esprit si pacifique, qu'au lieu de contester comme auparavant, c'était à qui des deux céderait le plus de terre à l'autre. Voilà donc le spectacle que sait donner la Chine, même sous les règnes les plus détestables. Il fallait que la vertu et les bonnes maximes y fussent en ce temps profondément enracinées depuis l'âge du patriarche dont nous parlerons.

L'abominable impératrice Takia avait reçu de la nature des pieds très petits, et tout le monde féminin de cette cour, où ne régnaient que l'esclavage et la servilité, s'efforça de montrer des petits pieds; on eut recours aux moyens violents qu'on emploie encore aujourd'hui pour obtenir ce genre de beauté si contraire à la nature.

Mais l'heure fatale avait sonné pour la race des Chang.

Vou-vang, le digne fils du célèbre personnage dont

nous venons de mentionner les mérites, se mit à la tête de l'armée formée par tous les grands de l'empire réunis.

L'empereur assembla ses troupes pour marcher contre les révoltés ; mais on vit alors ce que l'on a vu déjà plusieurs fois et ce qui fait honneur à la nation chinoise. A peine eut-on donné le signal du combat, que la plus grande partie de l'armée impériale posa les armes et se rangea sous les drapeaux de Vou-vang, où se trouvaient la justice et l'honneur. Lorsqu'un gouvernement foule aux pieds tous les principes de la morale, de la crainte de Dieu, de la justice, de l'humanité, et ne considère le genre humain que comme un esclave qui n'est au monde que pour servir aux infâmes plaisirs d'un tyran, le trône reste vacant, et on doit chasser l'usurpateur.

Malheur aux gouvernements égoïstes et fourbes qui cachent la tyrannie sous le faux nom de liberté et de progrès. A la fin le peuple se réveille et renverse les tyranneaux qui l'ont séduit par des promesses hypocrites.

### TROISIÈME DYNASTIE, LES TCHÉOU.

*Elle compte trente-cinq empereurs, depuis l'an 1137 avant Jésus-Christ jusqu'à l'an 300 avant Jésus-Christ.*

### VOU-VANG.

L'empire chinois devint sous ce grand homme aussi florissant, paisible et glorieux qu'il avait été affligé sous les derniers empereurs de la dynastie précédente, et particulièrement sous le dernier, de si honteuse mémoire.

Ce nouvel empereur commença son règne par offrir des sacrifices au Seigneur du ciel, selon l'usage, disent les historiens, et par rétablir les lois et les coutumes que son prédécesseur avait abolies autant qu'il avait dépendu de lui.

Voici ce que rapportent les historiens. 1° Il s'informa avec soin de toutes les injustices qui avaient été faites sous le règne précédent et s'appliqua à les réparer ; 2° il rendit la liberté à plusieurs gens de mérite qui avaient été jetés en prison parce qu'ils ne voulaient pas participer aux iniquités du prince ; 3° il fit venir à la cour Ki-tsou, l'oncle de Tchéou, qui, pour sauver sa vie, avait joué le personnage d'insensé. Il avait avec lui de fréquents entretiens sur l'astronomie, la politique et la science du gouvernement. Ses instructions ont en Chine une si haute autorité qu'elles ont été recueillies dans le livre sacré appelé le Chou-king. Et pour récompenser cet homme vénérable d'une manière digne de lui, il lui accorda le gouvernement de Corée en royauté presque indépendante, pour lui et sa postérité. 4° Il rétablit plusieurs illustres familles qui étaient presque entièrement dégradées et donna aux descendants des empereurs de petites souverainetés pour soutenir leur rang avec décence. Il dota aussi un grand nombre de ces princes, qui n'étaient coupables que d'avoir été les parents d'un méchant empereur. Voilà une attention délicate et un exemple de haute prudence, qui n'est pas toujours pratiqué par les princes chrétiens de notre Europe, qui oublient souvent les sentiments d'humanité qu'inspire l'Evangile.

Le bruit de la sagesse et de la générosité de l'empereur se répandit dans les pays les plus éloignés, et l'on vit bientôt dans la capitale plusieurs princes étrangers des pays les plus éloignés, qui avaient refusé de rendre hommage à Tchéou et qui revinrent sans contrainte payer leurs tributs.

La seconde année de son règne il tomba dans une affreuse maladie qui le mit aux portes du tombeau. Tout le monde était dans les alarmes. Le premier, Tchéoukong offrit dans le palais des sacrifices solennels pour la guérison de l'empereur, et au milieu de la solennité, levant les mains au ciel et d'une voix distincte, il offrit à Dieu sa propre vie pour racheter celle de l'empereur, si précieuse à l'Etat ; ce qui fut d'un grand effet dans l'empire, car, dès le lendemain, Vou-vang se trouva beaucoup mieux et recouvra bientôt la santé.

L'empereur fut si touché de cette action qu'il l'écrivit de sa propre main dans les registres secrets du palais, et il continua de gouverner son peuple avec la prudence d'un sage et la bonté d'un père. Son fils lui succéda.

**TCHING-VANG,** 2ᵉ empereur, a régné 37 ans.

La jeunesse de Tching-vang ne lui permettait pas de gouverner par lui-même ; Tchéou-kong, son oncle, le ministre éprouvé de son père, se trouva là à propos pour être son tuteur et son suppléant. Ce sage ministre mit le jeune prince dans des mains habiles pour achever son instruction, et prit soin de le former à la vertu.

On trouva le moyen cependant de calomnier ce grand ministre, et on le présenta comme disposant ses moyens pour supplanter son neveu. Le ministre finit par connaître les traits de la méchanceté du public, et il ne vit pas de moyen plus efficace de confondre ses accusateurs que de se retirer immédiatement pour mettre sa fidélité à l'abri des soupçons.

Le jeune prince, encore inexpérimenté, était ravi de cette retraite. Il se sentit délivré de sa tutelle, mais il comprit bientôt que la charge était plus lourde qu'il n'avait pu le prévoir. Une suite de mauvais succès le fit rentrer en lui-même.

Il fit apporter les registres secrets pour les consulter et l'éclairer dans ses embarras.

Il tomba sur l'endroit où son père avait écrit de sa propre main la générosité de cet oncle si injustement accusé ; il vit qu'il avait offert sa vie pour sauver celle de son père. Touché de reconnaissance, il eut honte de s'être privé si inconsidérément des services et des conseils de son oncle, et il le rétablit dans tous ses honneurs.

On rapporte que cet empereur se souvint qu'étant encore enfant, et jouant avec son frère cadet, il lui donna en riant les patentes d'une souveraineté, et il fut d'avis avec son colao de ratifier comme empereur ce qu'il avait promis comme prétendant.

L'empereur, devenu docile aux instructions de son premier ministre, gouverna l'État avec beaucoup de sagesse : il se fit par là une grande réputation. Le roi de la Cochinchine lui envoya des ambassadeurs avec des présents, pour le féliciter d'avoir au nombre de ses sujets un homme d'un aussi grand mérite que Tchéou-kong.

Lorsqu'ils eurent eu leur audience de congé, Tchéou-kong leur offrit un instrument qui d'un côté tournait toujours vers le nord et du côté opposé vers le sud, afin de mieux diriger leur route pour le retour. Cet instrument se nommait *Tchi-nan*; c'est le nom qu'on donne encore aujourd'hui à la boussole.

Tchéou-kong mourut à l'âge de cent ans; l'empereur le fit enterrer auprès du tombeau de son père et avec les mêmes honneurs.

Quelque temps après l'empereur tint ses états généraux, et ordonna que chaque prince dans ses Etats eût à réprimer l'usage immodéré du vin, comme étant la source d'une infinité de malheurs : il laissa la couronne à son fils.

**KANG-VANG,** 3e empereur, a régné 26 ans.

Cet empereur a mérité le beau nom de Pacifique, que lui a donné la postérité; il prit un soin particulier d'entretenir la paix au dehors comme au dedans de ses Etats. Ce nouveau Salomon profita de cette tranquillité pour s'appliquer tout entier à gouverner ses peuples avec douceur et à les rendre heureux.

Une de ses maximes était que la joie du prince dépendait de celle qui régnait parmi les sujets.

Il assembla souvent ses états, et de temps en temps il visitait lui-même ses provinces.

Sa principale attention fut de faire fleurir l'agriculture : il confia ce soin à un de ses ministres, nommé Tchaou-kong. Un vieux saule, sous lequel il était assis, lui servait de tribunal pour juger les différends qui naissaient entre les laboureurs, et ce saule, qu'on laissa mourir de caducité, devint célèbre dans la poésie chinoise comme le chêne de Vincennes chez nous. Ce prince nous rappelle donc en même temps et Salomon et saint Louis.

La bonne foi et la fidélité aux promesses étaient si exactement gardées, qu'on permettait aux prisonniers de sortir tous les matins pour aller labourer les terres, et le soir ils ne manquaient pas de rentrer en prison.

Le lecteur aura sans doute été frappé de la brusque transition de l'état déplorable de la Chine sous l'empereur Tchéou à l'état prospère et pacifique où elle reparut sous Vou-vang et les règnes suivants. Il sort de là un grand enseignement, c'est que l'autorité des principes de justice et d'honnêteté était bien affermie ; les mœurs de la majorité de la nation étaient si bien conservées, grâce à l'influence des livres sacrés et des solides maximes enseignées à la jeunesse, que le passage de quelques mauvais princes sur le trône ne suffisait pas pour changer l'opinion publique, sagement formée par les merveilleux empereurs qui avaient présidé à la formation de cette illustre nation.

### TCHAO-VANG, 4ᵉ empereur, régna 51 ans.

Une seule passion à laquelle ce prince s'était livré gâta ses plus belles qualités. Il aimait éperdument la chasse, et y consacrait le temps qu'il aurait dû employer à l'accomplissement de ses devoirs. Le dégât que ses chiens et ses chevaux faisaient dans les campagnes désespérait ses peuples. Leurs plus belles moissons étaient ravagées par une armée de chasseurs qu'il menait à sa suite.

Comme cette exaction se renouvelait chaque année, le peuple devint furieux. Le monarque ayant donné ordre de préparer des barques pour le passage d'une rivière, ses sujets en construisirent une destinée à l'empereur de telle manière qu'elle devait se briser un instant après avoir été chargée de passagers, et on vit la barque impériale sombrer au milieu du fleuve.

C'est sous son règne, dit-on, que naquit dans l'Inde le trop célèbre Fô, dont la triste secte empoisonna plus tard une si grande partie de la population chinoise.

### MO-VANG, 5ᵉ empereur, régna 55 ans.

Ses grandes qualités, son attention à rendre la justice, lui gagnèrent le cœur des peuples et firent oublier un faible de ce prince. Il avait la passion des chevaux et il en avait un très grand nombre à sa suite quand il visitait les provinces. Il était habituellement à cheval ou traîné par des chevaux magnifiques. Il se plaisait à étaler aux yeux des populations la magnificence de ses équipages. Quelques barbares des pays méridionaux ayant pris un air menaçant, il envoya une armée sous les ordres de Kao-fou, qui remporta sur eux une victoire complète.

Il s'enfla de ce succès et résolut de porter ses armes victorieuses contre les Tartares. Son gendre fit tous ses efforts pour l'en détourner; il lui dit que c'était bien assez de prendre le parti de la guerre lorsqu'on y était absolument forcé; que souvent les guerres les plus justes entraînaient des calamités aussi funestes aux vainqueurs qu'aux vaincus; qu'enfin un prince vertueux avait plus de penchant pour la paix que pour la guerre.

Ces sages remontrances furent inutiles. Il fit avancer une grosse armée sur les terres des Tartares. Mais ceux-ci, avertis à temps, se retirèrent dans le cœur de leur pays avec leurs richesses et leurs troupeaux.

L'armée chinoise ne trouva pas d'ennemis à combattre. Poursuivre un ennemi qu'on ne pouvait atteindre à travers des pays incultes eût été une nouvelle folie. Il fallut donc revenir sur ses pas. L'armée était brillante quand elle partit, mais elle était déjà délabrée au retour, après des marches longues et pénibles.

L'empereur se repentit de son imprudence. Heureusement cette expédition inconsidérée n'eut pas d'autres suites fâcheuses et son règne fut en général très heureux. Il avait pour maxime qu'un prince doit toujours être en garde contre deux choses : la surprise et la flatterie. Son fils lui succéda.

**KONG-VANG,** 6ᵉ empereur.

Ce prince commença mal son règne, par une action cruelle et déshonorante ; mais il sut la réparer immédiatement par une conduite pleine d'équité et de justice, ce qui est assez rare.

Il allait souvent se promener sur les bords du lac Mie. Quelqu'un eut la dangereuse pensée de réunir les plus belles filles de la contrée sur les bords du lac au moment de ses promenades. Il y en eut trois qui le touchèrent vivement. Ces jeunes personnes, s'étant aperçues du danger qu'elles couraient, cherchèrent leur salut dans la fuite. Comme elles ne paraissaient plus au lieu des promenades, dans un premier mouvement de colère il ordonna le massacre des habitants de cette localité.

Toute sa vie il se repentit et se reprocha cette action barbare. Le remords le fixa définitivement dans la voie de la vertu. Une suite continuelle de bonnes actions pleines d'équité et de modération effacèrent le souvenir de cette grande faute, et il mérita à la fin d'être mis au rang des bons empereurs.

**YÉ-VANG,** 7ᵉ empereur, a régné 25 ans.

Ce fut un empereur fainéant et nul ; ses ministres gouvernèrent comme ils voulurent un Etat qui suivait à peu près de soi-même un mouvement imprimé.

L'histoire ne se souviendrait pas de cet homme si

les partis n'avaient fait de sa nonchalance un sujet de raillerie.

**HIAO-VANG,** 8ᵉ empereur, a régné 15 ans.

Ce fut un usurpateur qui supplanta le frère du monarque défunt. Mais il eut tant d'adresse et de mérite qu'il se maintint tranquillement sur le trône.

Il eut un travers, ce fut la passion excessive des chevaux; son principal écuyer, qui excellait à dresser et à monter les chevaux, lui plut si fort qu'il en fit un gouverneur de province, et dans la suite cet homme de la lie du peuple deviendra, dans sa postérité, l'aïeul de la dynastie suivante.

**Y-VANG,** 9ᵉ empereur, a régné 16 ans.

Empereur méprisable : ses vices n'eurent heureusement que peu d'influence, car ils ne pouvaient se produire. Sa timidité et son incapacité étaient telles que, lorsque ses ministres venaient prendre ses ordres, il ne savait répondre, et jamais il ne put prendre sur lui de recevoir un ambassadeur.

**LI-VANG,** 10ᵉ empereur, a régné 51 ans.

Voici un long règne bien agité, uniquement parce que Li-vang s'écarta de la voie de la justice. Il était en même temps avare, prodigue, fier, entêté de son mérite, cruel.

Il accablait son peuple d'exactions pour amasser des richesses, et quand il les possédait, il les répandait avec profusion et sans discernement.

La misère du peuple devint extrême : de tous côtés on n'entendait que plaintes et gémissements. Il parut plusieurs manifestes populaires et menaçants contre l'empereur ; ces réclamations ne faisaient qu'irriter l'implacable monarque. Il faisait rechercher ceux qu'il soupçonnait de répandre ces écrits injurieux contre lui.

Il devint si soupçonneux qu'il s'imagina que tous les entretiens de ses sujets roulaient sur lui. Il eut la témérité de porter une loi pour défendre les conversations particulières. On voyait dans la capitale les habitants marcher dans les rues les yeux baissés, affectant de s'éviter.

Un de ses fidèles ministres, nommé Tchao-kong, lui fit de fréquentes remontrances sur la dureté de son gouvernement. Il alla jusqu'à lui dire qu'il n'était pas sur le trône pour faire des malheureux ; qu'il était plus facile d'arrêter un torrent que de retenir la langue des mécontents ; que les obstacles qu'on y oppose ne servent qu'à augmenter la violence ; que le silence forcé auquel il condamnait ses sujets annonçait quelque chose de plus terrible que la liberté de murmurer qu'ils avaient eue jusque-là.

C'était une prédiction. Peu de temps après, la population irritée fit une soudaine irruption dans le palais pour se défaire du tyran.

Au premier bruit du tumulte, Li-vang prit la fuite et sauva sa vie, mais toute sa famille fut massacrée par une populace désespérée.

Ici se présente un fait étrange et sublime en même temps. Le plus jeune des fils de l'empereur fut sauvé par les soins du fidèle ministre Tchao-kong. Il l'avait fait emporter secrètement dans sa maison pour le dérober à la vengeance du peuple. La précaution eût été inutile si la fidélité de ce ministre ne lui eût suggéré un expédient sans exemple pour conserver ce dernier rejeton de la famille impériale.

Le peuple fut averti qu'un fils de l'empereur avait échappé à sa fureur et qu'il était caché chez Tchao-kong. Il vint assiéger la maison du ministre et demandait avec menace le jeune prince, et déjà il allait briser les portes.

Tchao-kong, pour sauver la dernière espérance de la dynastie, prit la résolution presque surhumaine de livrer son propre fils du même âge. Ces furieux l'égorgèrent sur-le-champ, sous ses yeux mêmes. Quel rude combat dans le cœur de ce grand ministre entre l'amour paternel et l'amour de la patrie ! On ne sait d'abord si on doit le féliciter, mais quand on se rend compte des vues de ce grand homme, qui voulait conjurer les révolutions d'un interrègne et d'un changement de dynastie, son action prend les proportions d'un sublime admirable.

Cependant Li-vang traînait une triste vie dans l'exil ; malgré tous les efforts de Tchao-kong pour le faire rentrer, il ne put y réussir, et le trône resta vacant pendant quelques années.

**SAEN-VANG**, 11° empereur, a régné 46 ans.

Li-vang étant mort dans son exil, le ministre Tchao-kong avait préparé le peuple à reconnaître son fils, échappé au massacre de la famille impériale, et la mort tragique de son fils. Il fit connaître les grandes espérances que donnait ce jeune prince, et amena les grands et le peuple à le proclamer empereur.

Comme il était encore trop jeune pour gouverner, on associa à Tchao-kong un autre ministre également fidèle, pour être son tuteur et veiller à sa bonne éducation. L'élève fut digne de tels maîtres et fit de consolants progrès. Il en donna des preuves aussitôt qu'il fut en âge de gouverner. Il lisait l'histoire des premiers empereurs, qui lui offraient de si beaux modèles, et se réglait d'après leurs exemples et leurs maximes.

Le dérèglement de ses prédécesseurs avait éloigné de la cour les sages et les philosophes. Voyant qu'ils ne pouvaient ni par leurs discours ni par leurs conseils arrêter le cours de tant de désordres, ils s'étaient exilés eux-mêmes. Ils allèrent chercher dans les déserts et les montagnes un asile pour vaquer à l'étude de la sagesse. Le jeune empereur les rappela de leur solitude et les fixa auprès de sa personne par ses caresses et par ses libéralités.

Sa vertu rappela de même au devoir de l'obéissance tous ceux que la tyrannie de son père en avait écartés. Les princes tributaires se firent un plaisir de lui rendre leurs hommages et d'imiter ses exemples dans l'administration de leurs Etats, et par là tous les membres de l'empire furent dans la plus parfaite subordination.

Quelques nations du Midi s'étaient prévalues des désordres du dernier règne pour faire des incursions ; elles furent forcées de respecter les droits de l'empire et de se soumettre à ses lois.

**JEOU-VANG**, 12ᵉ empereur, régna 11 ans.

Jeou-vang était fils du prédécesseur. Il ne fut pas l'imitateur de ses vertus. Il commit au contraire de lourdes fautes, qui devinrent funestes au pays et lui attirèrent le mépris général.

Il aimait éperdument une concubine nommée Taossée, et cet amour l'aveugla à un point qu'il répudia l'impératrice, avec le fils qu'il avait eu d'elle, et qui était le légitime héritier de l'empire.

Ce prince déshérité se retira avec sa mère chez son oncle, qui avait une principauté dans la province de Chen-si.

L'empereur, tout absorbé par ses passions, ne goûtait cependant qu'à demi le plaisir de posséder Taossée, parce qu'elle était naturellement triste. Il avait recours aux moyens les plus singuliers pour lui donner des sujets de gaieté. Il eut la malheureuse idée d'en employer qui étaient vraiment d'un insensé, et qui devaient avoir et qui eurent de déplorables suites.

Il faisait alors la guerre aux Tartares occidentaux. Il

avait donné ordre aux soldats qu'aussitôt qu'ils apercevraient des feux allumés, ils prissent incontinent les armes et se rendissent auprès de sa personne.

Les soldats pensaient que l'ennemi était en présence et qu'ils avaient à faire leur devoir sur le champ de bataille. Il n'en était rien. Sa concubine trouvait très amusant de voir ces braves soldats, trompés dans leur attente, obligés de retourner honteusement dans leurs bivouacs. Cette manœuvre fut souvent renouvelée, et on s'imagine avec quel préjudice pour la discipline et quelle désaffection pour leur maître.

Il inventa d'autres moyens aussi ridicules qu'inconvenants.

Il voulut faire revenir à la cour son fils légitime, qui ne voulut rentrer que s'il était reconnu futur successeur. L'empereur déclara la guerre à son fils et à son frère; celui-ci, qui ne pouvait résister seul, eut la coupable pensée d'appeler les Tartares et de s'unir à eux.

L'empereur comptait sur ses soldats, il se trompa. Ils se souvinrent d'avoir été joués par lui et par sa concubine. Ils lâchèrent pied et s'unirent à l'oncle et aux Tartares. L'empereur fut tué.

Voilà où conduit une seule passion à laquelle on lâche la bride.

**PING-VANG,** 13° empereur, régna 41 ans.

Les Tartares avaient été introduits dans l'empire. Ils profitèrent du désordre que la mort de l'empereur avait causé parmi les troupes chinoises pour se livrer au pillage et s'emparer de quelques cantons.

Heureusement les chefs de provinces se coalisèrent et parvinrent à les chasser du territoire.

Mais ce ne fut pas la fin des maux. A la guerre extérieure succéda la guerre civile. Les rois de Tsin et de Ouei, qui s'étaient le plus distingués contre les Tartares, prétendirent qu'ils avaient un droit à devenir princes indépendants et refusèrent toute soumission et redevance au chef de l'Etat, qui les avait laissés seuls à combattre contre l'étranger ; un troisième se réunit à eux, et ainsi l'empire était déchiré en lambeaux. Voilà la suite des fautes de Jeou-vang et de son aïeul.

Ce triste exemple de la révolte des vice-rois des provinces se renouvellera plusieurs fois dans les deux siècles suivants.

**HOUAN-VANG**, 14ᵉ empereur, a régné 23 ans.

Le neveu de l'empereur défunt, Houan-vang, lui succéda. L'empire était dans le désordre que nous avons vu. Il eût fallu un génie extraordinaire pour dominer les difficultés du moment : quelque bien intentionné que fût le monarque, il ne put ramener les rebelles ni par la douceur ni par les armes. Il mourut en lâche, en laissant un triste héritage à un prince assez jeune encore, plus incapable que lui-même.

**TCHUAN-VANG**, 15ᵉ empereur, 15 ans de règne.

Aussi ce fut contre la volonté de son père et contre

le sentiment de plusieurs ministres que ce prince parvint à la couronne.

Le défunt empereur avait désigné comme plus capable le fils d'une de ses concubines, nommé Kéou. Mais un des principaux ministres ramena les esprits en faveur de l'héritier légitime.

Il représenta avec force que cette injuste préférence attirerait infailliblement une guerre civile et porterait de mortelles atteintes à une autorité qui n'était déjà que trop chancelante.

Le prétendant Kéou ne laissa pas que d'avoir des partisans. Mais cette conjuration fut découverte et étouffée.

Tchuan-vang gouverna assez bien la portion du pays qui lui était soumise, mais ne put ramener les indépendants.

**LI-VANG**, 16ᵉ empereur, a régné 5 ans.

**HOEI-VANG**, 17ᵉ empereur, a régné 25 ans.

Le premier de ces empereurs arriva au pouvoir en frustrant les neveux du prédécesseur, mais il était le parent du puissant vice-roi de Tsé et soutenu par lui.

Ce vice-roi augmentait de plus en plus sa puissance et en vint jusqu'à se donner le titre de Pâ, qui veut dire chef des gouverneurs des provinces. Evidemment le vrai souverain était éclipsé.

Hoei-vang, qui lui succéda, eut un règne tranquille dans les premières années. La paix fut troublée dans la suite par les entreprises des Tartares du nord. L'empereur eut recours au roi de Chen-si pour les chasser. Ce roi fut très habile et heureux dans cette guerre, ce qui ajouta à la confiance que lui donnait le chef de l'Etat, augmenta sa puissance à l'égal de celle de son maître, et il aurait cherché à le détrôner s'il n'eût craint les autres princes, ses égaux en titre.

C'est en ce temps que les Chinois signalent les premiers rois au Japon.

**SIANG-VANG**, 18ᵉ empereur, a régné 33 ans.

La Chine a eu une série de princes bons et habiles dans ce siècle. Celui-ci était encore jeune, et, du vivant de son père, il voyait avec impatience que le roi de Tsi ne mettait plus de bornes à son ambition. Dès qu'il fut sur le trône, il conçut le dessein de réprimer cet ambitieux ; ne pouvant le faire de vive force, il eut recours à l'adresse.

Cet ambitieux roi de Tsi avait trouvé le moyen, par les intrigues de son premier ministre, d'assembler chez lui tous les petits souverains qui relevaient de la couronne impériale. C'était une espèce de convocation des Etats, réservée cependant en droit à l'empereur seul. Son but était de gagner tous ces princes et de les engager à la fin à le reconnaître pour souverain.

Siang-vang profita du moment de cette réunion pour rendre le roi de Tsi suspect.

Il lui envoya un ambassadeur, homme habile à manier les esprits, avec des lettres de sa part à l'assemblée.

Or, le cérémonial prescrit qu'une lettre venant de l'empereur soit mise sur une table magnifiquement ornée et qu'on lui rende les mêmes honneurs qu'à la personne même du prince, avant qu'on en fasse l'ouverture. Cette cérémonie fut observée par tous les princes tributaires.

Il n'y eut que le roi de Tsi qui parut hésiter, et il aurait même refusé de donner cette marque de respect à son souverain, si son premier ministre ne lui eût fait sentir que son refus donnerait de la défiance aux princes assemblés, et, d'autre part, que dans son propre royaume il porterait atteinte à son autorité.

D'ailleurs le ministre ambassadeur de l'empereur était un homme habile à manier les esprits : cette marque publique de soumission fit une heureuse impression sur les princes, et le roi de Tsi prit la résolution d'ajourner ses projets de s'emparer du pouvoir souverain.

L'empire reprenait sa première forme. On goûtait le bonheur de la paix, mais elle fut troublée par le mécontentement du fils de l'empereur, nommé Cho-tai. Ce prince quitta la cour de son père et eut la maladresse de se retirer à la cour du roi de Tsi, d'une ambition si démesurée. Dans les mêmes circonstances un autre viceroi leva l'étendard de la révolte : heureusement que le roi de Tsi vint à mourir et que ses cinq enfants se firent la guerre pour la succession.

Mais le fils de l'empereur alla implorer le secours des Tartares, et il eut le triste succès de s'emparer de la capitale, de faire fuir son père et de se proclamer empereur. Siang-vang trouva de l'assistance chez les tributaires et revint avec une armée s'emparer de la capitale, défit l'armée tartare, et le fils paya de sa vie sa désobéissance.

    **KING-VANG,**    19ᵉ empereur, régna 6 ans.
    **QUAND-VANG,** 20ᵉ    —    — 6 —
    **TING-VANG,**    21ᵉ    —    — 21 —
    **KIAN-VANG,**    22ᵉ    —    — 14 —

Voilà quatre monarques que nous réunissons comme sous un même règne, parce que tous les quatre, sans se distinguer par des actions d'éclat, ont su gouverner avec prudence et sagesse et ramener les beaux jours de l'empire chinois. Heureux les princes qui méritent ce court mais précieux éloge !

    **LING-VANG,** 23ᵉ empereur, 27 ans de règne.

Ce prince vint au monde avec des cheveux et de la barbe. On le loue particulièrement de sa sagesse et de sa prudence. Au milieu des guerres continuelles que ses tributaires se firent, il eut le secret de maintenir également et son autorité et la tranquillité de ses sujets.

Le plus grand homme de la Chine et l'un des plus grands hommes de tous les temps naquit sous ce règne : ce fut le célèbre Confucius.

Sous ce règne le monde eut un exemple ravissant de désintéressement.

La mort du roi de Ou donna lieu à une contestation entre ses deux fils, qui est un exemple unique.

L'aîné, à qui la couronne appartenait par droit d'aînesse,

voulut la remettre à son cadet parce qu'il l'en croyait plus digne, et comme celui-ci refusait de l'accepter, il lui fit une espèce de violence, il le plaça sur le trône, le revêtit des ornements royaux et le salua comme souverain devant les grands de la cour.

Or, quelque temps après, ce modeste souverain sortit secrètement du palais, alla se cacher dans un désert, et ainsi l'aîné fut obligé, et par la retraite de son frère et par les prières de ses sujets, de porter une couronne pour laquelle il avait marqué un si généreux mépris.

**KING-VANG**, 24ᵉ empereur, 25 ans de règne.

L'histoire blâme cet empereur de sa négligence à suivre les affaires courantes, mais on eut un bel exemple d'excellente administration chez le vice-roi de Tching. Il choisit un premier ministre capable, et conjointement avec lui il réforma la cour en retranchant tous les abus. Il renouvela les anciennes lois établies par les meilleurs princes ; il partagea les terres avec égalité, et il mit tant de sagesse dans cette distribution, que les riches ne se plaignirent pas des retranchements faits en faveur des pauvres. Il décréta : 1° que les terres se partageraient en neuf parties égales ; la neuvième partie appartenait au domaine et était cultivée à frais communs.

2° La pêche était permise indifféremment à tout le monde dans les lacs et les étangs.

3° Les magistrats devaient faire une attention particulière aux veufs, aux vieillards qui n'ont point d'enfants, et aux orphelins, afin de les assister dans leurs besoins.

L'empereur mourut après vingt-cinq ans de règne, mais son fils ne put lui succéder, car il mourut après quelques mois : il laissait un fils en bas âge et un frère, ce qui donna lieu à deux factions. Les principaux de la cour se déclarèrent pour l'enfant. Les gouverneurs des provinces demandèrent le frère du défunt. On en vint aux armes et les partisans de l'oncle l'emportèrent.

**KING-VANG,** 25ᵉ empereur. régna 44 ans.

C'est sous ce règne que Confucius arriva à sa haute réputation. Il fut nommé premier ministre auprès du roi de Lou, sa province natale. Ses sages règlements changèrent en peu de temps la face de tout le pays. Il réforma les abus qui s'y étaient glissés, rétablit la bonne foi dans le commerce ; il apprit aux jeunes gens à respecter les vieillards et à honorer leurs parents jusque après leur mort. Il inspira aux personnes du sexe la douceur, la modestie et l'amour de la chasteté ; il fit régner parmi les peuples la candeur, la droiture et toutes les vertus civiles.

La pratique de la justice était si bien en honneur, que lorsque quelque objet était perdu, il était toujours rendu à son propriétaire. L'Etat tout entier était comme une famille bien réglée.

Ceux qui voudraient s'étonner de voir comme un reflet de la doctrine évangélique dans les mœurs qui s'établissaient sous l'influence de la morale de Confucius, n'ont qu'à lire ses traités et bien d'autres monuments de la haute antiquité chinoise ; ils reviendront de leur surprise.

Ce grand philosophe, plus parfait et plus pratique que les sages de la Grèce, était suivi quelquefois de plusieurs milliers de disciples.

Dans ce temps le roi de Tsi, voisin du royaume, fut assassiné par son ministre, qui sut saisir le souverain pouvoir.

Cet usurpateur comprit qu'il avait tout à craindre de son honnête voisin, si bien servi par Confucius qu'il résolut de le corrompre. Il lui fit présent d'une jeune personne extraordinairement belle, et séduisante encore par sa voix, son esprit et ses artifices. Elle avait ordre de mettre tout en œuvre pour s'emparer de l'esprit du roi de Lou.

Confucius mit tout en œuvre pour faire repousser par son maître un présent si pernicieux. La passion l'emporta, et le philosophe préféra se retirer d'une cour où il voyait la porte ouverte bientôt à toutes les passions. Il devint un apôtre dans ses voyages en prêchant partout la plus pure vertu. Il a laissé des ouvrages qui étonnent, comme ceux de Socrate, par le bon sens pratique, mais qui les surpassent par la pureté irréprochable de toutes ses maximes de morale. Ses disciples ont exagéré superstitieusement le culte que l'on doit aux ancêtres, ce qui a entraîné la postérité à tomber dans le même excès envers lui-même. On le regarde comme un demi-dieu.

**YAEN-VANG,** 26ᵉ empereur, régna 7 ans.

Si le règne de cet empereur eût duré plus longtemps, la Chine aurait vu refleurir les plus beaux moments de son ancienne histoire : du moins il commença à faire sentir aux tributaires trop indépendants la fermeté de sa main.

**TCHIN-TING-VANG,** 27ᵉ empereur, régna 28 ans.

Ce prince trouva l'empire presque rétabli dans sa splendeur, et il en maintint la dignité par sa sage direction.

Ce règne s'écoula paisiblement, mais à sa mort, ses trois fils, tous en âge de régner, se disputèrent sa succession.

L'aîné lui succéda, mais il fut assassiné par son frère trois mois après. Le dernier, sous prétexte de venger la mort de son frère, le fit mourir à son tour après quelques mois.

**KAO-VANG,** 28ᵉ empereur, 15 ans de règne.

On ne fit pas d'opposition directe à Kao-vang pour monter sur le trône qu'il avait ensanglanté. Mais on ne pardonnait pas à ce mauvais prince son action barbare ; aussi la plupart des princes tributaires en prirent prétexte pour lui refuser l'hommage dû au souverain.

Kao-vang avait encore un frère, qu'il éloigna par politique en lui donnant la souveraineté de Honan. C'est un de ses descendants qui sera l'empereur des Tchéou.

**GUEI-LIE-VANG**, 29ᵉ empereur, 24 ans de règne.

Avec cet empereur commence pour la Chine une ère dite du *siècle belliqueux*. Nous avons vu que pendant le vıᵉ et le vııᵉ siècle avant J.-C., la Chine avait déjà subi la même calamité. Au point où nous sommes arrivés, le lecteur a pu déjà se rendre compte que la plupart des commotions qui ont fatigué l'empire avaient leur source dans la trop grande mesure d'indépendance laissée aux vice-rois, aux gouverneurs des provinces, et lorsqu'il se présente un vice-roi capable, énergique et ambitieux, qui sait entraîner avec lui des voisins ses égaux, lorsque d'un autre côté les gouvernements de province sont à longue distance de la capitale, et cela au milieu d'un empire immense, il est facile de se rendre compte des fréquents mouvements dans les provinces. Il n'en reste pas moins acquis que si l'on considère la lourde charge d'un empereur chinois avec ses quinze provinces, dont chacune est plus grande que la France, il est difficile de s'expliquer qu'un seul homme puisse tenir seul les rênes d'un si vaste gouvernement, et on sent la nécessité d'abandonner une portion de la responsabilité aux vice-rois.

Mais l'étonnement redouble lorsqu'on voit cet immense empire durer depuis près de cinq mille ans avec sa forme primitive, son système de monarchie héréditaire, avec ses mêmes principes de gouvernement, avec sa religion et sa morale, avec son système financier, ses tribunaux et ses invariables mœurs et coutumes. Il faut convenir que les Chinois, leurs philosophes, leurs hommes d'Etat et leurs anciens patriarches, ont bien connu le cœur humain et les ressorts de notre nature, pour donner cette vigueur et cette pérennité à leur société.

Or, c'est sous le gouvernement de Guei-lie-vang que les vice-rois se laissèrent aller plus généralement à l'esprit d'indépendance et à se faire la guerre entre voisins, sans consulter le souverain de droit.

Il n'entre pas dans mon dessein de nommer les différents seigneurs qui, comme les nôtres au moyen âge, mirent des armées en campagne.

**NGAN-VANG**, 30ᵉ empereur, 26 ans de règne.

L'histoire ne rapporte de cet empereur que les années de son règne; elle ne parle que des démêlés entre princes secondaires.

Je ne cite qu'un entretien qu'eut le roi de Guei avec Ou-ki, son ministre, fameux général, qui déjà sous le règne précédent s'était distingué sous le roi de Ou.

Un jour que ce prince s'entretenait familièrement avec son général sur ses richesses et la puissance de son Etat, que la nature avait fortifié par des rochers inaccessibles, Ou-ki lui répondit qu'il se trompait fort s'il mettait sa confiance et sa sûreté dans ces rochers escarpés; que la force et la grandeur d'un Etat dépendent de la vertu de ses citoyens et de leur obéissance, comme de la sagesse et de l'application de celui qui gouverne. Ce même général se couvrit de gloire dans plusieurs expéditions militaires qu'il fit au nom de son roi.

L'influence dont Ou-ki jouissait à la cour fit ourdir une conjuration contre lui ; il sut s'en apercevoir et prévint ses adversaires en allant demander un asile à la cour du roi de Tsou, auquel il sut aussi rendre d'éminents services par ses grands talents militaires.

Ce n'est que pour soutenir la chronologie et l'ordre de succession que je donne les noms des empereurs suivants, qui ne furent que des monarques insignifiants. Car aucun n'a pu tenir le sceptre de l'empire et le faire respecter. Il y avait en réalité quinze rois et pas un empereur.

Ces princes sont :

**LIE-VANG,** 7 ans.
**HIEN-VANG,** 48 —
**CHIN-TSIN-VANG,** 6 —
**NGAN-VANG,** 59 —
**TCHEOU-KAIN,** 7 —

Ils régnèrent pendant cent vingt-sept ans.

Ce fut sous le règne de Ngan-vang que le roi de Tsi attaqua son empereur de vive force pour occuper son trône. Il y réussit, il prit le titre d'empereur ; mais comme il ne possédait qu'une fraction des provinces, ce ne fut que sous son successeur que la famille de Tchéou perdit l'empire.

### QUATRIÈME DYNASTIE, DES TSIN.

*Quatre empereurs durant 43 ans, vers 250 avant Jésus-Christ.*

**TCHUANG-SIANG-VANG**, 1ᵉʳ empereur, a régné 3 ans.

Ce prince se signala dans les commencements de son règne par l'irruption qu'il fit sur les terres du roi de Guei. Son armée gagna d'abord quelques batailles qui alarmèrent les autres princes ; ils jugèrent que non content de s'être rendu maître de l'empire, ce prince songerait encore à les déposséder de leurs Etats ; c'est pourquoi ils se joignirent au roi de Guei, et ils purent opposer deux cent mille hommes à l'armée victorieuse. Elle fut vaincue à son tour et forcée d'abandonner les terres conquises. Cette perte fut suivie de la mort de l'empereur.

**CHI-HOANG-TI**, 2ᵉ empereur, a régné 37 ans.

Si les chefs de provinces fussent restés unis, ils auraient forcé l'empereur à céder sa couronne. Mais Chi-hoang-ti fut assez habile pour profiter de leurs dissensions et il les vainquit les uns après les autres, et le système de cet habile et méchant homme fut, après chaque victoire, de faire mourir le roi vaincu et d'exterminer tous les mâles de la race royale.

Le roi de Han échappa à un si triste sort en prévenant le vainqueur. Il livra sa personne, ses troupes et ses Etats à l'empereur. Chi-hoang-ti le conserva auprès furent cependant retrouvés après la mort de ce cruel ennemi des lumières.

Sentant sa fin approcher, il désigna son fils aîné pour lui succéder, et écrivit une lettre qui lui était adressée, et que son cadet devait lui remettre avec le sceau de l'empire. Mais, à la mort de son père, ce cadet se fit soutenir par le premier ministre, qui se laissa gagner parce qu'en effet celui-ci était le plus capable.

**EUL-CHI,** 3ᵉ empereur, a régné 3 ans.

Ce prince, qui était tout à la fois et usurpateur et meurtrier de son frère, fit bien voir, dans le court espace de temps qu'il régna, combien il était indigne de la couronne.

Il avait pris pour colao ou premier ministre un fourbe qui était un terrible ennemi de sa race. Il lui donna un grand sujet de joie dans une de ses communications. « Comme la vie est courte, dit-il à son colao, je peux la rendre délicieuse et goûter sans obstacle tous les plaisirs capables de satisfaire les sens. — L'unique obstacle, lui dit le colao, vient de la part des ministres et des gouverneurs placés par votre père. Ils troubleront continuellement vos plaisirs par leurs remontrances. » Il fallait donc leur ôter leur emploi, et le colao n'eut garde de ne pas faire remplir ces mêmes fonctions par des hommes dévoués et capables de seconder ses sinistres projets. L'empereur suivit ces pernicieux conseils.

L'éloignement de ces hommes excita des murmures ;

d'ailleurs, pour suffire aux dépenses d'une cour licencieuse, il fallait aggraver les impôts. Enfin l'avarice, les cruautés et les mœurs corrompues de l'empereur mirent les peuples au désespoir, et jamais on ne vit de châtiment mérité suivre si promptement les désordres et le cynisme de l'immoralité.

Tout l'empire fut en feu et en anarchie, car le perfide colao déjouait tous les plans de défense de la cour par des trahisons et des avis secrets qui compromettaient son souverain, et enfin il le fit poignarder dans son palais.

Le ciel ménageait le même traitement à lui-même, sous le successeur de sa victime.

**ING-VANG,** 4ᵉ empereur, a régné 45 ans.

En montant sur le trône, Ing-vang découvrit que son père avait été victime de son colao et qu'il lui réservait le même sort. Il le fit poignarder dans ses appartements et délivra ainsi l'empire d'un monstre. Mais il n'était plus temps de consolider son trône. Son long règne se passa à combattre les chefs de province révoltés, et à la fin il succomba sous l'habileté guerrière de Lieou-pang.

### CINQUIÈME DYNASTIE, LES HAN.

**CAO-TSOU,** 1ᵉʳ empereur, a régné 12 ans.

*Auparavant Lieou-pang, roi de Tsin.*

Homme aussi habile dans la conduite des armées que fin politique, il ne lui manqua que de n'être pas usurpa-

La réputation des vertus de ce prince et la sagesse de son gouvernement firent une si forte impression sur les peuples éloignés, que ceux des pays de Chang-tong et de Quang-si s'offrirent à suivre ses lois et à lui payer tribut.

### KINGTI, 4ᵉ empereur, a régné 17 ans.

C'est par la douceur de son caractère et par sa clémence que cet empereur se distingua le plus. Il adoucit la rigueur des supplices dont on punissait les coupables. Il rétablit néanmoins les impôts sur l'agriculture, réduits de moitié par son père, par ce motif qu'étant redevenue florissante, il était juste qu'elle vînt dans une juste proportion au secours du trésor public.

A l'occasion d'une faute criante commise par son jeune fils, qui faisait son éducation à la cour avec plusieurs jeunes gens des tributaires, un de ceux-ci ayant été sa victime, le vice-roi son père se ligua avec plusieurs autres contre l'empereur. Celui-ci sut conjurer ce grand orage, mais il en coûta beaucoup de sang.

### VOUTI, 5ᵉ empereur, a régné 54 ans.

Vouti avait une rare réunion de brillantes qualités. Il commença par appeler à la cour les philosophes les plus distingués de son empire, afin de profiter de leurs conseils.

Il avait du goût pour la guerre, mais les conversations qu'il eut avec les sages qui l'entouraient l'en détournèrent. Il aimait la chasse, mais sans porter atteinte aux droits des propriétaires. Il chassait seulement dans ses parcs réservés.

Les princes tributaires, auxquels on avait accordé une certaine étendue de territoire, s'étaient arrondis d'une manière dangereuse : il réduisit le maximum de leur territoire à cent lys de terre en carré, lorsqu'il y en avait qui en possédaient plus de mille ; ordonna très habilement qu'à la mort des titulaires ces espèces de fiefs fussent divisés entre tous les enfants, et, lorsque les titulaires mourraient sans enfants, retournassent à l'Etat.

Plus qu'aucun autre souverain il remit les lettres en honneur, et s'efforça de réparer ainsi les funestes effets de l'absurde ordonnance de Chi-hoang-ti.

Les belles qualités de ce prince furent cependant un peu ternies par une inclination à la superstition, en particulier par sa confiance au breuvage d'immortalité.

Il vainquit les Tartares agresseurs en plusieurs batailles, dans une guerre bien conduite, qui ne chargea pas beaucoup son peuple.

**TCHAO-TI,** 6° empereur, a régné 13 ans.

Fils du précédent empereur, ce prince fit concevoir les plus belles espérances, et les réalisa par treize ans de bonne administration.

Voici quelques-uns de ses sages règlements.

Il établit, comme Charlemagne, des *missi dominici*, qui prenaient secrètement leurs renseignements dans les provinces, afin qu'aucun abus n'échappât à la connaissance souveraine. Il ordonna que dans les temps de disette les riches fissent une avance de grains aux pauvres cultivateurs, qui devait être rendue après la récolte.

**SUEN-TI**, 7ᵉ empereur, a régné 25 ans.

Il était d'un naturel doux, d'un accès facile à tout le monde, et grandement compatissant envers les malheureux ; il était constamment appliqué aux affaires de l'Etat.

Les lois anciennes, trop nombreuses, étaient devenues embarrassantes dans leur application et donnaient lieu à la chicane. Il les réduisit à un petit nombre, mieux coordonnées.

Il donna une grande preuve de sagesse en refusant d'aller châtier des tributaires indiens conquis à la Chine sous les règnes précédents. Quoiqu'il fût en état d'entreprendre cette guerre, il écouta le conseil de ses ministres, qui lui représentèrent que le sang de ses sujets était trop précieux pour être versé dans le but de conserver une province éloignée, difficile à garder et sujette à de fréquentes révoltes. Enfin, une des gloires de son règne fut qu'un roi tartare lui envoya des ambassadeurs pour lui offrir ses hommages et se déclarer son tributaire.

**YUENTI**, 8ᵉ empereur, a régné 16 ans.

Empereur parfait s'il avait eu le discernement des hommes et su choisir ses ministres.

Il fut l'ami des savants et leur protecteur. Il excella lui-même dans la culture des lettres.

Les qualités qu'il admirait le plus dans ses ministres, c'était la pureté de leur langage, la facilité de l'élocution, de s'exprimer poliment et avec éloquence. Il tenait peu compte de leur expérience et de leur jugement.

Il arriva ce qui arrive toujours et sous toutes les latitudes : ces grands et beaux parleurs remplirent la cour de factions et de cabales pour se perdre les uns les autres dans l'esprit du prince. Chacun de ces courtisans égoïstes et ambitieux s'était fait un grand nombre de partisans dans les provinces, et la guerre civile allait éclater lorsque l'empereur mourut.

Yenti, avec des intentions excellentes, avec un cœur de père et de la culture intellectuelle, fut bien loin de rendre son peuple heureux. Il avait des qualités, mais non pas celles du bon gouvernement.

**TCHING-TI,** 9⁰ empereur, a régné 26 ans.

La passion qu'eut ce prince pour le vin et les femmes le perdit. Après avoir ouï chanter une comédienne, il en fut tellement épris qu'il chassa l'impératrice légitime pour mettre la comédienne à sa place. Comme les grands de la cour lui firent de sérieuses remontrances de ce qu'il déshonorait la majesté du trône en faisant asseoir à côté de lui une femme de si basse extraction, il nomma le père de cette femme chef d'une province, ce qui fit redoubler les murmures des ministres, et alors il les fit tous égorger. Voilà le début de son règne, qui a été souillé par bien d'autres infamies qui le conduisirent à une mort prématurée. Dans sa jeunesse, Tching-ti donna de belles espérances : il aimait à méditer les livres Kings, que nous pourrions appeler les livres de la sagesse. La Providence mit dans sa maison même des occasions de revenir à de meilleurs sentiments, lorsque déjà il commençait à s'éloigner de la voie droite. Il se trouvait parmi ses concubines une femme aussi remarquable par l'élévation de ses sentiments que par sa beauté. Il la rencontra un jour dans les grands jardins de son palais. Il l'invita à venir prendre place dans sa voiture. Pon-tsiei, cette digne femme, s'en excusa modestement et fit cette admirable réponse : *Dans nos anciens tableaux on peint nos grands et nos célèbres empereurs environnés d'une troupe de sages et de gens habiles : on représente, au contraire, ceux qui ont perdu les dynasties des Hia, des Chang et des Tchéou au milieu de femmes qui leur faisaient mener une vie molle et voluptueuse, en les détournant du soin du gouvernement ; si je montais dans votre char, peut-être, sans le vouloir, fournirions-nous aux peintres de nos jours un sujet qui ferait beaucoup de tort à votre réputation dans les siècles à venir.*

Une leçon si bien donnée à un potentat qui en avait si besoin ne le fâcha pas ; mais il ne sut pas en profiter.

**HIAO-NÉGAITI**, 10° empereur, a régné 6 ans.

Il avait treize ans lorsqu'il prit les rênes du gouvernement, et il fit concevoir de grandes espérances. La douceur et la modération de son caractère, les plus beaux projets de réformes déjà conçus, étaient des garanties d'un règne heureux, mais il ne vécut que six ans sur le trône.

Néanmoins ce fut un règne réparateur des fautes du prédécesseur. Il fit une paix honorable avec les Tartares. C'est sous son règne que le rédempteur des hommes, Jésus-Christ, naquit à l'extrémité opposée de l'Asie.

**HIAO-PING-TI**, 11° empereur, a régné 5 ans.

Empereur à cinq ans, Hiao-ping-ti fut très imprudemment placé sous la tutelle de l'impératrice son aïeule. Son colao Vang-mang avait la confiance de la tutrice. L'ambition de cet homme ne savait pas reculer devant les crimes pour arriver à sa fin ; il fit périr son maître par le poison, et sa perfidie feignit une grande douleur.

Il ne fit mettre sur le trône

**JU-TSE-YNG,**

l'héritier naturel, que pour l'en faire descendre après trois ans, pour y monter lui-même.

**VANG-MANG**, usurpateur, a régné 14 ans.

Dès que cet usurpateur fut monté sur le trône, il s'empressa de faire un grand nombre de changements, pour s'y consolider. Il renouvela toutes les grandes magistratures et les grands commandements pour y placer ses créatures et les complices de ses crimes. Cela fait, confiant dans sa prudence et se croyant consolidé au sommet du pouvoir, il ne pensait plus qu'à jouir : mais les populations indignées ne pouvaient souffrir d'être gouvernées par un semblable scélérat. On se souleva de tous côtés ; l'heure de la vengeance avait sonné ; il y eut des guerres cruelles qui durèrent plusieurs années. A la fin, l'armée impériale fut battue, le palais pris et brûlé, l'usurpateur égorgé et son corps coupé en morceaux. C'était la justice du peuple, qui, comme il était souvent arrivé en Chine, exécuta ce mauvais prince : justice du peuple, dis-je, bien conforme à la justice divine. Quelle leçon pour plusieurs gouvernements européens, qui, sous le nom de liberté, exercent la tyrannie !

Il y eut pendant ce règne une année où les sauterelles étaient si nombreuses qu'elles obscurcissaient la lumière du jour et causèrent une grande famine.

**HOAI-YANG-VANG**, 13ᵉ empereur, a régné 2 ans.

Vang-mang avait éteint la branche directe de la dynastie : on prit pour lui succéder un descendant de

King-ti, quatrième empereur de cette série. On s'aperçut que c'était un mauvais choix ; on se hâta de prendre Vang-lang, qui n'avait pas plus de mérite, et on finit par choisir Quang-vouti, de la famille impériale, mais depuis longtemps réduit à l'état de simple laboureur. Toutes ces mutations occupèrent l'armée et le public pendant deux ans.

**QUANG-VOUTI**, 14ᵉ empereur, a régné 33 ans.

Ce prince consola la nation chinoise. Il avait d'abord été occupé aux travaux de la campagne avec le peuple, ce qui le rendait sensible à ses peines. Il était doux, affable, libéral et très affectionné aux gens de lettres. Il les fit chercher de tous côtés pour leur donner des fonctions honorables.

Il affecta une grande modestie dans ses habits, dans sa table, dans son palais. Il joignait à cela un air de popularité qui lui gagnait tous les cœurs.

Il visita son empire, et, en passant par son pays natal, il fit venir plusieurs cultivateurs de ses compatriotes et les admit à sa table. S'étant informé si un de ses anciens amis nommé Nien-quang, qui gagnait sa vie à pêcher, vivait encore, il l'envoya chercher, le reçut avec honneur, et passa toute la nuit à s'entretenir avec lui et à lui rappeler leurs aventures passées. Il employa douze ans à dompter quelques rebelles et à pacifier l'empire. Il fut clément envers les vaincus. L'empire fut heureux pendant le reste du règne sous un si bon empereur.

Voici un fait remarquable. Les annales chinoises rapportent que la vingt-huitième année du quarantième cycle, le dernier jour de la septième lune, il y eut une éclipse totale de soleil, et qu'elle parut avant le temps qu'elle avait été prédite. Cette éclipse correspond avec celle qui eut lieu à la mort de Notre-Seigneur, et dans un moment de l'année où les lois astronomiques n'en admettent point. Nous reviendrons sur ce fait indéniable, puisqu'on le trouve dans les monuments chinois [1].

**MING-TI**, 15<sup>e</sup> empereur, a régné 18 ans.

Les historiens louent la sagesse, la clémence et le discernement de ce prince. Il établit dans son palais une académie pour y former les enfants des seigneurs de son empire : les étrangers y étaient aussi admis, et souvent il assistait lui-même à leurs exercices. Il fit peindre les grands hommes qui s'étaient le plus distingués soit dans la paix, soit dans la guerre, et il en fit orner une de ses salles.

Le choix qu'il fit de la fille de l'un de ses plus grands généraux pour la déclarer impératrice fut applaudi. Cette princesse fut en effet, pour les personnes de son sexe, un modèle de retenue et de modestie. Elle s'interdit de porter des habits chargés de broderies, pour n'être pas, par son exemple, une occasion de ruine pour les classes inférieures.

[1] V. DU HALDE, in-f°, t. I, p. 394.

Le fleuve Jaune, qui par ses irruptions faisait d'immenses dégâts, fut contenu dans son lit par une digne puissante de dix lieues de longueur. 100,000 hommes étaient employés à cet immense travail.

Chose bien digne d'attention, à l'occasion d'un songe qu'il eut l'an 66 de l'ère chrétienne, Ming-ti crut voir un homme d'une figure gigantesque. Il se rappela le souvenir d'une parole qu'on avait entendu dire à Confucius, c'est que le Saint viendrait d'occident. Il en fut si frappé qu'il envoya des ambassadeurs aux Indes, pour y chercher la véritable doctrine qui y était enseignée.

Ces ambassadeurs s'arrêtèrent dans un lieu où l'idole de Foé était en grande vénération, et, menant des bonzes avec eux en Chine, ils y introduisirent cette secte impie, et, avec elle, la ridicule opinion de la métempsycose.

Tous les écrivains chinois blâment fort cet empereur d'avoir infecté l'empire d'une si détestable doctrine. Les missionnaires sont persuadés que le mot de Confucius, qui est vrai à la lettre, c'est que le Saint est Jésus-Christ, le Sauveur, qui était à l'occident, et Confucius, comme les rois mages, en a eu connaissance par une antique prophétie éloquemment marquée par un de nos prophètes : *Erit expectatio gentium*. Cette attente du Sauveur par les gentils s'est surtout révélée à Rome sous Auguste et Tibère [1].

---

[1] V. *la Bible sans la Bible*, II, III.

**TCHANG-TI,** 16ᵉ empereur, a régné 13 ans.

Le règne de ce prince fut pacifique, n'ayant été troublé ni par les guerres ni par aucune révolte. On attribue cette tranquillité à la réputation de sagesse et de probité qu'il s'était faite, à sa bonté pour ses peuples. Il diminua les impôts dans la mesure du possible.

On le loue de la protection qu'il accorda aux gens de lettres et de l'aversion qu'il avait pour le luxe et les dépenses inutiles.

Il mettait souvent devant les yeux de ses sujets la prudente économie des anciens, en proposant pour modèle leur sage conduite.

On a pu remarquer jusqu'ici combien les bons princes de la Chine avaient de goût et de zèle pour adresser des discours moraux à leurs peuples et leur rappeler les sages maximes contenues dans le Chou-king.

**HO-TI,** 17ᵉ empereur, a régné 17 ans.

Ce prince n'avait que dix ans en arrivant au pouvoir, et il mourut à vingt-sept, et pendant ce court espace de temps il rendit son règne fort illustre. L'impératrice mère a bien dirigé son pupille, et lui-même a suivi la route tracée. Il a su discerner les généraux capables, et s'en servir en étendant ses frontières jusqu'aux Indes. Quelques-uns même ont dit qu'il avait pénétré jusqu'au delà. Sans le savoir, il a donné à son pays et à ses successeurs un funeste exemple. Il mit les eunuques en si grande faveur qu'il leur confia des emplois très importants, ce qui fut une source de calamités et de corruption pendant de longs siècles ; coutume abominable qui prend sa source dans la multiplicité des concubines ; coutume contre laquelle un grand nombre de princes sages se sont efforcés de réagir sans succès durable.

**CHANG-TI,** 18<sup>e</sup> empereur,

n'a eu qu'un règne insignifiant d'un an.

**NGAN-TI,** 19<sup>e</sup> empereur, a régné 19 ans.

L'impératrice mère, étant tutrice de son fils de treize ans, eut l'idée de renoncer aux tributs et aux hommages de plusieurs principautés, fruit de conquêtes sous les règnes précédents. Elle crut prudent de resserrer les bornes de l'empire pour faciliter le bon gouvernement et éviter les guerres entre grands vassaux.

**CHEM-TI,** 20<sup>e</sup> empereur.

Chem-ti porta une loi qui fixait l'âge de quarante ans pour arriver à la magistrature, à moins d'un mérite exceptionnel bien reconnu.

Un chef de brigands tint en échec pendant quelque temps l'armée impériale.

**TCHONG-TI,** 21<sup>e</sup> empereur, a régné un an.

Ce prince mourut par le poison, après un règne éphémère d'un an.

**HOUAN-TI,** 22ᵉ empereur, a régné 21 ans.

Les magistratures devinrent vénales sous cet empereur. Les eunuques reparaissent. Ils firent cependant une bonne action en égorgeant le meurtrier du précédent empereur.

Voici un fait digne de mémoire. Dans une amnistie générale que l'empereur accorda, on ouvrit toutes les prisons et on rendit la liberté aux criminels. Un mandarin nommé Pouan, qui n'était coupable d'aucun crime, refusa de sortir, comme n'étant pas du nombre des criminels, et il dit qu'il ne s'en irait pas qu'on ne l'eût lavé de la faute qu'on lui avait imputée calomnieusement, car autrement il resterait confondu avec les scélérats. On revisa son procès et on reconnut son innocence.

Disette affreuse dans plusieurs provinces.

**SING-TI,** 23ᵉ empereur, a régné 22 ans.

Prince mauvais, prince dévoué aux eunuques.

C'était un esprit bizarre, où il y avait cependant du bon.

Voici quelques-unes de ses bizarreries. Il établit une foire dans les jardins de son palais, où l'on vendait toutes sortes de curiosités ; son plaisir était de voir ses concubines y mettre des enchères et en venir souvent aux querelles et aux injures avec les vendeuses.

Il se faisait un divertissement de se promener dans ses jardins, porté sur un char traîné par des ânes.

Comme la province imite la cour, les chevaux vinrent à vil prix, car chacun voulait se servir d'ânes.

Les eunuques ayant découvert une conspiration des grands de l'empire, Sing-ti fit mourir tous ceux qui y avaient trempé. Ce fait donne à comprendre la quantité de désordres et d'injustices qui furent commis sous cet empereur.

**HIEN-TI,** 24ᵉ empereur, a régné 31 ans.

Prince faible et stupide, qui laissa commettre autour de lui des désordres et des crimes sans nombre. Il creusa la tombe de sa dynastie.

### SIXIÈME DYNASTIE, NOMMÉE HEOU-HAN.

**TCHAO-TIE-VANG,** 1ᵉʳ empereur, a régné 3 ans.

Ce prince, qui méritait de vivre longtemps pour le bonheur de ses peuples, ne régna que trois ans. Son caractère principal était la gravité, la prudence, la fermeté du caractère, mais une fermeté tempérée par la prudence et la bonté. Il avait fait choix d'un excellent ministre nommé Co-seang, dont les bons services se prolongèrent jusqu'au règne suivant.

Voici un trait de cet empereur qui mérite d'être rapporté. Avant de mourir, il fit venir son fils, destiné au trône, avec son ministre, et, s'adressant à celui-ci, il eut la fermeté de lui dire : *Si mon fils refuse d'avoir la déférence qu'il doit à vos sages conseils, faites-le descendre du trône et régnez à sa place.*

On a dû remarquer que, malgré les désordres qui ont souvent régné dans ce pays, on y a souvent admiré les traits de la plus sublime vertu.

**HEOU-TI,** 2⁰ empereur, a régné 41 ans.

Tant que vécut le premier ministre aux mains duquel le jeune empereur avait été confié par son père, il se conduisit avec sagesse ; mais ce long règne fut ensuite bouleversé par l'ambition des grands vassaux, qui se firent la guerre entre eux, et enfin l'un d'eux s'attaqua à l'empereur lui-même. Ce fut le général du roi de Guei qui, après avoir supplanté son maître par la trahison de l'armée, devint le fondateur de la septième dynastie.

SEPTIÈME DYNASTIE, DITE DES TSIN.

**CHI-TSOU-VOU-TI,** 1ᵉʳ empereur, a régné 25 ans.

Il suffit de se rappeler à quelle profonde agitation la Chine avait été en proie sous les précédents règnes, pour comprendre qu'on ne pouvait tout d'un coup retrouver le calme.

Les chefs de principautés étaient trop peu accoutumés à se soumettre à l'autorité centrale pour ne pas la jalouser et chercher à empiéter les uns sur les autres ; c'est ce qui arriva. Mais Chi-tsou-vou-ti se montra si habile et si actif, qu'il finit néanmoins par rétablir la majestueuse unité de l'empire sous un gouvernement paternel.

Mais il commit une imprudence. Arrivé à la pacification générale, il licencia ses troupes et donna aux tributaires la pensée de remuer de nouveau.

### HOEI-TI, 2ᵉ empereur, a régné 17 ans.

Prince incapable, heureux dans les commencements de son règne, tant qu'il fut fidèle aux conseils prudents de ses quatre ministres.

Une femme jalouse et passionnée mit bientôt la cour et l'empire en combustion. C'était la seconde impératrice. Elle vint à bout de déposséder celle qui était en titre et de faire périr son fils par le poison. Cette femme barbare fut tuée à son tour, et tous ses partisans égorgés.

Sur ces entrefaites, plusieurs vice-rois essayèrent de se frayer le chemin du trône, et on peut s'imaginer avec quelles désolantes conséquences pour le peuple.

Il s'éleva dans ce temps une secte qui s'appelait du vide et du néant ; elle affectait des sentiments de force et d'insensibilité comme les stoïciens. Elle n'était qu'une ramification des sectes matérialistes antérieures. Ses adhérents cherchaient à suspendre les fonctions des sens. Il y a là une inoculation bouddhique.

Hoei-ti mourut par le poison, sans postérité, et les grands choisirent Hoai-ti pour successeur.

### HOAI-TI, 3ᵉ empereur, a régné 6 ans.

Nous allons trouver ici une suite d'années malheureuses. La faiblesse des empereurs, l'indépendance et les ambitions des petits souverains, mirent le désarroi dans l'empire. Aussi la brièveté des règnes seule indique les troubles et les révolutions, et tout cela correspond avec l'invasion du bouddhisme.

Ainsi, le roi de Liéou se souleva contre Hoai-ti et le vainquit ; il tua son fils et fit mourir l'empereur lui-même, après l'avoir forcé de le servir à table avec un vêtement d'esclave.

**MIN-TI**, 4ᵉ empereur, a régné 4 ans.

Ce prince eut un sort peu différent.

**YUEN-TI**, 5ᵉ empereur, a régné 6 ans.

Son règne, trop court, laissa respirer ses sujets. On ne sait rien de son successeur

**MING-TI**, 6ᵉ empereur.

**TCHING-TI**, 7ᵉ empereur,

lui succéda à l'âge de six ans. Aussi tous les vice-rois étaient en compétition pour arriver au trône.

**CANG-TI**, 8ᵉ empereur,

ne fit que passer, et l'impératrice mère fut tutrice de son fils.

**MO-TI**, 9ᵉ empereur, a régné 17 ans.

Prince excellent, qui commençait à apaiser l'Etat ; mais il vécut trop peu pour consolider son œuvre.

**NGAI-TI,** 10ᵉ empereur.

son successeur, ne régna que quatre ans.

**TI-YÉ,** 11ᵉ empereur, régna 5 ans.

Son premier ministre le vainquit et le renferma dans une citadelle.

**KIEN-VIN-TI,** 12ᵉ empereur. qui régna 2 ans.

le suivit. L'histoire se tait sur son compte.

**VOU-TI,** empereur du midi.

Deux empereurs, l'un du nord, l'autre du midi. Vou-ti vainquit son concurrent, mais il succomba sous les vice-rois. Son fils

**KONG-TI,** 14ᵉ empereur,

devint victime d'un aventurier, marchand de souliers, qui fonda la huitième dynastie, sous le nom de Song.

HUITIÈME DYNASTIE, LES SONG.
420 ans après Jésus-Christ.

**KOO-TSOU-VOU-TI,** 1ᵉʳ empereur.

Règne de deux ans.

**CHAO-TI,** 2ᵉ empereur, régna un an.

Victime du premier ministre.

### VEN-TI, 3ᵉ empereur,

Fils de Chao-ti, ce prince est le premier empereur qui mit en grande faveur les bonzes, prêtres de Bouddha. C'était diminuer le respect pour la doctrine des Kings.

Guerre d'abord heureuse contre l'empire du nord, puis revers épouvantables.

### VOU-TI, 4ᵉ empereur, a régné 11 ans.

Sans distinction, et cependant savant dans les lettres chinoises.

### FI-TI, 5ᵉ empereur, a régné un an.

Cruel, et victime de sa cruauté.

### MING-TI, 6ᵉ empereur, a régné 8 ans.

Cruel encore. Il fit mourir treize princes du sang royal. Il prépara lui-même la vengeance de ses crimes en élevant au ministère Sia-tao-tching, qui devait préparer la ruine de sa dynastie.

### TSANG-NGOU-VANG, 7ᵉ empereur.

Mauvais monarque, cruel. Il eut le même sort que son aïeul.

### CHUN-TI, 8ᵉ empereur, a régné 2 ans.

Sia-tao-tching, qui avait fait périr son père, l'immola et éteignit la race des Song. Il fonda celle des Tsi.

## NEUVIÈME DYNASTIE, LES TSI.

**KAO-TI,** 1ᵉʳ empereur, a régné 4 ans.

Il avait l'espérance, s'il avait régné dix ans, de faire en sorte que l'or ne serait pas plus précieux que la terre.

**VOU-TI,** 2ᵉ empereur, a régné 11 ans.

En son temps apparut un philosophe, Fan-tchin, qui attribuait tout au hasard et regardait les hommes comme des bêtes. Les disciples de Confucius se hâtèrent de condamner et de réfuter cette doctrine impie.

**MING-TI,** 3ᵉ empereur,

empoisonna deux princes, ses neveux, pour usurper l'empire ; l'histoire chinoise n'est qu'une succession de révolutions et de crimes à cette époque ; cependant le royaume chinois du nord restait paisible sous la direction de bons princes pendant quelques générations.

**HOEN-HEOU,** 4ᵉ empereur.

était le fils du cruel Ming-ti, et semblable à lui. Ce fut un prétexte pour un grand de la cour de se réunir à un vice-roi de Liang et de renverser l'empereur. N'osant pas encore monter sur le trône, il y mit le frère de l'infortuné Hoen,

**HO-TI,** 5ᵉ empereur,

qu'il immola un an après, et le scélérat Siao-yuen fonda dans le sang la

### DIXIÈME DYNASTIE, SOUS LE NOM DE LÉONG.

**KAO-TSOU-VOU-TI,** 1ᵉʳ empereur.

Il monta sur le trône usurpé chargé de crimes. Il eut bien la responsabilité de ses forfaits, car il avait d'ailleurs de grandes qualités ; actif, laborieux, vigilant, il expédiait promptement les affaires. Grand homme de guerre, comme quelques-uns de ses prédécesseurs, il eut la coupable faiblesse de se livrer aux bonzes, et adopta la stupide doctrine de la métempsycose, jusqu'à porter une loi qui défendait de tuer en sacrifice des bœufs ou des moutons, ordonnant qu'on leur substituât de la farine. Il porta la folie jusqu'à n'oser plus condamner les criminels, craignant d'immoler un être qui aurait autrefois joué un rôle important dans le monde. Cette impunité augmenta la licence.

Enfin il eut le sort qu'il méritait. Le roi de Honan l'attaqua et le vainquit. Il finit sa vie dans une prison et par la famine.

La Chine, sous ce règne comme sous les règnes précédents, fut un théâtre de guerres civiles incessantes, pendant lesquelles la population diminua sensiblement, comme on le verra dans le tableau spécial, et cette époque désastreuse se prolongea jusqu'au xiᵉ siècle. Champollion-

Figeac a remarqué avec raison que la secousse profonde que causa l'introduction du bouddhisme et de certaines sectes hardies a trop favorisé cet esprit révolutionnaire. Quelle leçon pour certains pays d'Europe !

**KIEN-VENTI-VEN-TI,**

son troisième fils, fut emporté par la révolution, la seconde année de son règne.

Tel fut aussi le sort de son frère, qui lui succéda,

**YUEN-TI**, 3ᵉ empereur,

et de son successeur,

**KUNG-TI,** 4ᵉ empereur.

En ce temps, l'empire du nord, un peu moins agité, essayait de se soustraire à la néfaste influence des bonzes en brûlant tous les temples de Bouddha.

ONZIÈME DYNASTIE, DES TCHIN.

**KAO-TSOU-VOU-TI,** 1ᵉʳ empereur,

arriva au trône après avoir assassiné le père et le fils, ses deux prédécesseurs. Il fut aussi un ami des bonzes. Son règne fut de trois ans.

**VEN-TI,** 2ᵉ empereur, a régné 7 ans.

Bon prince, instruit, dévoué et généreux. Il fit des réformes utiles.

**LING-HAI-VONG**, 3ᵉ empereur, a régné 2 ans.

Après deux ans d'exercice du pouvoir, son oncle le déposséda.

Un neveu de Kao-tsou-vou-ti lui succéda sous le nom de

**SUEN-TI**.

C'était un prince doux et lettré. Son premier ministre lui soumit toute la Chine.

Son fils,

**TCHONG-TCHING-KONG**,

ne se distingua que par ses débauches. Un vice-roi puissant du nord prit prétexte de son indigne conduite pour le dégrader et fonder la dynastie suivante.

DOUZIÈME DYNASTIE, LES SONG.

**KAO-TSOU-VEN-TI**, 1ᵉʳ empereur, a régné 15 ans.

Sous cet empereur les deux empires du nord et du midi furent réunis.

Il sut gagner l'estime et l'amour de ses sujets par son activité intelligente et son admirable tempérance.

C'est lui qui fit bâtir dans toutes les villes des greniers publics pour y recueillir des provisions pour les années de disette. Une portion des impôts venaient se concentrer en riz et en blé dans ces magasins.

Ce prince fut inexorable pour les juges corrompus. Chose digne de remarque, il fit une ordonnance aux savants de s'attacher, dans leurs compositions, à la solidité du raisonnement, et d'en bannir les fleurs et les vains raisonnements.

Il désigna son fils aîné pour lui succéder. Le second fils, pour s'en venger, tua son père et son frère pour arriver à la souveraine puissance.

**YANG-TI,** 2ᵉ empereur, a régné 13 ans.

Malgré ces forfaits, Yang-ti, une fois sur le trône, devint un empereur estimable. Il agrandit les greniers publics; il défendit au peuple de porter des armes, répara la grande muraille, à laquelle un million d'hommes travaillèrent. Il fit reviser et rééditer avec soin les ouvrages les meilleurs sur la guerre, la politique, la médecine et l'agriculture, et établit les grades de docteurs civils et militaires.

Il fit la guerre aux Coréens deux fois et avec succès, ce qui ne l'empêcha pas d'être assassiné à l'âge de trente-neuf ans.

**KONG-TI,** 3ᵉ empereur,

ne monta sur le trône que pour en descendre. Le meurtrier d'Yang-ti fut si épouvanté du luxe du palais, qu'il l'incendia comme une source de corruption pour les empereurs.

L'usurpateur fonda la treizième dynastie.

### TREIZIÈME DYNASTIE, LES TANG.

**CHIN-YAO-TI**, 1er empereur.

Il diminua la rigueur des supplices, modéra les impôts, et, avec ces sentiments, il est étonnant qu'il ait favorisé la doctrine matérialiste de Loo-kiem.

Il fut si actif et si prudent qu'il devint maître paisible de toute la Chine.

Il établit que d'une once de cuivre on ferait dix pièces de monnaie et eut celle qui a encore cours aujourd'hui.

Il abdiqua en faveur de son second fils.

**TAI-TSONG**, 2e empereur, a régné 23 ans.

390 prisonniers condamnés à mort furent mis en liberté pour aider les cultivateurs pendant une année de sécheresse ; mais ils devaient rentrer en prison après la campagne. Tous revinrent. L'empereur en eut tant de satisfaction qu'il les gracia tous.

**KAO-TSONG**, 3e empereur.

fut favorable à la religion chrétienne, comme on le voit par le monument de Si-nang-fou.

Il fut victime d'une impératrice corrompue qui lui succéda.

**VOU-HEOU**, usurpatrice.

Elle chassa son fils dans une petite souveraineté et persécuta la religion chrétienne.

**TCHANG-TSONG,** 4ᵉ empereur,

indigne du trône, se plongea dans les plaisirs.

**JAI-TSONG,** 5ᵉ empereur, a régné 2 ans.

N'a pas d'histoire.

**HIUEN-TSONG,** 6ᵉ empereur.

Règne remarquable. Il devint le restaurateur de sa famille, qui penchait vers sa ruine. Son beau naturel, son zèle pour le bien public, produisirent des effets admirables dans la première partie de son règne. Sous lui le christianisme respira et s'étendit, ainsi que sous les trois règnes suivants. Il combattit le luxe comme le fléau des bonnes mœurs. Un jour il se fit apporter les habits brodés d'or, les vases précieux de son palais, et les fit brûler devant lui, afin de faire sentir, par un exemple éclatant, le danger du luxe, des somptuosités superflues et ruineuses.

Il y avait trente ans que la Chine jouissait d'une paix universelle; mais elle fut troublée par sa faute. Il était environné d'eunuques, et la vérité n'arrivait plus jusqu'à lui. Une armée s'était formée contre lui sans qu'il le sût, et lorsqu'il vit le danger, il était trop tard.

**SO-TSONG,** 7ᵉ empereur,

son fils, fut mis sur le trône pendant la captivité de son père; mais, dès que la tranquillité fut rétablie, il le fit revenir avec tous les honneurs dus à son rang.

**TAI-TSONG**, 8ᵉ empereur, a régné 17 ans.

Il rendit son peuple heureux dans les premières années, grâce à la confiance qu'il avait placée dans ses habiles ministres.

Deux cent mille Tartares envahirent l'empire et mirent l'empereur en fuite.

L'empereur, avec le secours du célèbre Ko-tsou-y, revint habiter son palais. Le monument de Si-nang-fou fait l'éloge de ce ministre et loue sa libéralité. On en conclut qu'il a aidé les chrétiens et qu'il a contribué à élever un temple au vrai Dieu. On conjecture même qu'il avait embrassé le christianisme. A la fête de Noël, l'empereur envoya de précieux parfums à l'église, et des fruits de sa table aux ministres évangéliques.

**TE-TSONG**, 9ᵉ empereur, a régné 25 ans.

Les eunuques furent en faveur à la fin de ce règne.

**CHUN-TSONG**, 10ᵉ empereur, a régné un an.

Ce prince ne monta sur le trône que pour passer la couronne à son fils.

**HIEN-TSONG**, 11ᵉ empereur.

Prince d'une rare pénétration, bon administrateur, compatissant pour son peuple. Il eut la faiblesse de faire revenir comme relique un doigt de l'idole de Foé.

Le tribunal des rites réprima avec courage cet acte de faiblesse et dit hardiment que les restes exécrables de cette idole devaient être jetés au feu.

C'est un grand hommage rendu à la tradition patriarcale.

Il donna aussi dans la folie du breuvage d'immortalité de la secte du Tao.

Les eunuques s'en servirent pour l'empoisonner.

| | | |
|---|---|---|
| MO-TSUNG, | 12ᵉ empereur, | 4 ans. |
| KING-TSONG, | 13ᵉ — | 2 — |
| VEN-TSONG, | 14ᵉ — | 14 — |
| VOU-TSONG, | 15ᵉ — | 6 — |
| SUEN-TSONG, | 16ᵉ — | 13 — |
| Y-TSONG, | 17ᵉ — | 14 — |
| HI-TSONG, | 18ᵉ — | 15 — |
| TCHAO-TSONG, | 19ᵉ — | 16 — |
| TCHAO-JUEN-TSONG, | 20ᵉ — | 2 — |

Voilà neuf empereurs qui ont régné pendant le IXᵉ siècle et qui ne sont montés sur le trône que pour préparer la chute de leur dynastie. Cependant il y eut parmi eux des princes capables, tels que Tchao-tsong, Suen-tsong, Vou-tsong ; c'étaient des hommes de mérite et bien intentionnés ; mais il fallait une capacité exceptionnelle pour guérir l'empire d'une plaie qui le rongeait depuis longtemps : c'était la puissance des eunuques, qui se mettaient en travers de toutes les sages mesures, parce que toutes les gênaient, et, pendant les intrigues de palais, les peuples mécontents se soulevaient. Tchao-tsong fit mourir trois cents eunuques ; c'était trop tard pour la dynastie. L'absence de la loi salique a produit bien des révolutions en Chine; mais la loi salique était d'une application difficile, avec les centaines de concubines et de reines de second ordre.

Les écrivains sérieux de la Chine ont blâmé sévèrement Suen-tsong d'avoir introduit les sectaires du Tao au palais et d'avoir essayé du breuvage d'immortalité, et son successeur Y-tsong d'avoir apporté chez lui l'idole de Foé.

Le sûr moyen d'avoir une heureuse et longue vie, disait un ministre à ces princes, c'est de se rendre maître de son cœur, de réprimer ses passions et de protéger la vertu. C'était l'ancienne doctrine qui luttait contre les absurdes innovations.

### QUATORZIÈME DYNASTIE, LES HEOU-LEANG.

**TAI-TSOU**, 1ᵉʳ empereur, a régné 6 ans.

Durant les troubles des derniers règnes, plusieurs principautés se détachèrent du corps de l'empire, et chacun des souverains nouveaux gouverna son Etat à sa fantaisie; seulement, on rendait hommage à l'empereur. La cour impériale était dans la province de Honan.

Tai-tsou fut assassiné par son fils aîné, et il eut pour successeur son troisième fils.

**MOTI**, 2ᵉ empereur, a régné 10 ans.

Il était chef d'une principauté. Il vint avec son armée tirer vengeance du parricide, mais il fut vaincu par Tchouan-tsong. Celui-ci fonda la

###### QUINZIÈME DYNASTIE, LES HEOU-TONG.

**TCHOUAN-TSONG**, 1ᵉʳ empereur.

Ce prince avait les qualités d'un héros, mais le souverain pouvoir le corrompit.

**MING-TSONG**, 2ᵉ empereur,

fut élu par les grands. C'était un choix des plus heureux. Les historiens chinois font un grand éloge de ses qualités; aussi l'empire jouissait d'une grande prospérité au milieu d'une paix profonde. Il aimait les sages et recherchait leur commerce; il était surtout loué de sa piété envers le Dieu du ciel. L'histoire de la Chine nous apprend quel malheur c'est pour un peuple d'être conduit par des hommes impies et livrés à leurs passions.

Ming-Tsong et son successeur

**FI-TI**, 3ᵉ empereur,

furent rapidement victimes du gendre du défunt empereur.

Ils laissèrent la place à une nouvelle dynastie.

###### SEIZIÈME DYNASTIE, LES HÉOU-TSIN.

**KAO-TSOU**, 1ᵉʳ empereur, a régné 7 ans.

Kao n'était arrivé au souverain pouvoir qu'en appelant à son secours Leao-tong, chef des Tartares; mais le chef des Tartares, enhardi par ses succès, visait lui-même à la couronne chinoise, et pour le désintéresser dans cette prétention, Kao-tsou reconnut ses services en lui abandonnant seize villes de la province de Pétché-li, limitrophe de la Tartarie, avec promesse d'un présent annuel de trois cent mille pièces d'étoffes de soie. Cette imprudente donation augmenta d'abord la force réelle des Tartares, mais encore plus leurs prétentions, et cette faute fut plus fatale depuis la funeste introduction du bouddhisme. Cette amorce jetée à une nation aguerrie et entreprenante fut la source d'une infinité de guerres pendant quatre cents ans, jusqu'au xiiie siècle, et ce sont ces guerres, combinées avec d'autres malaises intérieurs, qui expliquent aussi la diminution de la population de la Chine, qui, au lieu d'augmenter selon la progression antérieure, avait subi une considérable diminution.

**TSI-VONG**, 2e empereur. a régné 4 ans.

Neveu du précédent, il eut à se défendre contre les Tartares. Il leur opposa le général Lieou-tchi-yuen, qui, avec un zèle affecté pour son maître, visait au trône. Par des lenteurs calculées il laissa arriver les ennemis jusqu'à la capitale, où l'empereur fut pris. Il eut l'humiliation d'accepter le gouvernement d'une province. Ce général devient la souche de la

### DIX-SEPTIÈME DYNASTIE, LES HÉOU-HAN.

Lieou-tchi-yuen prend le nom de

**KAO-TSOU,** 1ᵉʳ empereur, a régné 2 ans.

Le règne de ce prince n'est remarquable que par les ravages des Tartares dans le nord.

**YN-TI,** 2ᵉ empereur, a régné 2 ans.

Pendant que son général combattait victorieusement les Tartares dans le nord, les eunuques provoquaient une sédition où l'empereur fut tué. Le frère du défunt le remplaça et fut vaincu par le général.

### DIX-HUITIÈME DYNASTIE, LES HÉOU-TCHÉOU.

**TAI-TSOU,** 1ᵉʳ empereur, a régné 3 ans.

Il conféra le titre de roi à Confucius. On voulut lui représenter que ce titre était trop beau pour un sujet. « Vous vous trompez, dit-il, on ne saurait faire trop d'honneur à celui qui était le maître des rois et des empereurs. » C'était un hommage rendu à l'ancienne doctrine des Kings et à la pure morale des anciens.

Entrée des mahométans en Chine.

**CHI-TSONG,** 2ᵉ empereur, a régné 6 ans.

L'amour des sciences et les preuves que Chi-tsong avait données de sa bravoure et de son habileté dans l'art militaire l'élevèrent, comme par autant de degrés, jusqu'au trône. Mais, au comble de sa grandeur, il conserva toujours un caractère modeste, à ce point qu'il fit mettre dans son palais une charrue et un métier de tisserand, pour ne point perdre le souvenir de la condition et des pénibles travaux de ses ancêtres.

Dans un temps de disette, il fit ouvrir les greniers publics et ordonna qu'on vendît le riz à vil prix, que chacun paierait dans la suite comme il le pourrait. Les intendants des vivres lui représentèrent que les pauvres ne seraient jamais en état de payer : « Hé quoi ! répondit l'empereur, ignorez-vous qu'ils sont mes enfants et que je suis leur père ? A-t-on jamais vu un père abandonner son fils pressé de la faim, et le laisser périr s'il prévoit qu'il ne sera pas remboursé de ses avances ? » En même temps il fit fondre toutes les statues des idoles et en fit fabriquer de la monnaie, qui était devenue très rare.

Plusieurs des petits souverains qui avaient cessé depuis longtemps d'obéir aux empereurs, charmés de tout ce que la renommée leur apprenait des vertus de ce prince, se soumirent d'eux-mêmes à son autorité et rentrèrent dans le devoir de l'obéissance.

On lui avait présenté un mémorial sur les moyens qui pouvaient se prendre pour recouvrer les provinces et les principautés qui, dans les temps de troubles, s'étaient détachées de l'empire : il songeait à les mettre à exécution, lorsque la mort interrompit ses projets. Elle arriva la cinquante-sixième année du cycle et la trente-neuvième année de son âge. Son fils, qui n'avait que sept ans, nommé Kong-ti, lui succéda.

**KONG-TI,** 3ᵉ empereur,

n'a régné que quelques mois.

Chi-tsong, en déclarant son fils héritier de la couronne, l'avait mis sous la tutelle de son premier ministre Tchao-quang. C'était un homme habile, qui avait rendu de grands services à l'Etat. Les grands de l'empire, se défiant de la jeunesse du nouvel empereur, et pleins de confiance dans les éminentes qualités de son tuteur, allèrent le trouver et lui offrirent la couronne. Ils le trouvèrent au lit et le revêtirent de l'habit jaune, qui est la couleur impériale. On donna au jeune prince dépossédé le gouvernement d'une province, par respect, et ainsi commença une nouvelle dynastie.

Le ministre, devenu empereur, prit le nom de Tai-Tsou.

### DIX-NEUVIÈME DYNASTIE, LES SONG.

**TAI-TSOU,** 1ᵉʳ empereur, a régné 27 ans.

C'est sous cette dynastie que l'empire commença à respirer après de si longs troubles, après tant de guerres et de calamités.

Un long calme succéda à ces continuelles tempêtes.

Toutes les qualités que les Chinois demandent dans leurs empereurs montèrent avec Tai-tsou sur le trône.

C'était un prince d'un esprit solide, appliqué aux affaires, sage, prudent, libéral, tendre pour ses peuples, modeste, frugal, naturellement porté à la clémence.

C'est ce qui parut dans la modération qu'il apporta aux peines des criminels et dans sa douceur envers les vaincus.

Il ordonna que les quatre portes de son palais fussent toujours ouvertes, afin que sa demeure, comme son cœur, fût toujours abordable à ses sujets et à leurs requêtes.

Pour bannir le luxe de l'empire, il se réforma lui-même, donnant l'exemple de la simplicité; il défendit à ses filles l'usage des perles et des pierreries.

La reine mère était aussi une femme accomplie. Lorsqu'on vint lui annoncer que son fils, contre toute espérance, était monté au souverain pouvoir, elle ne donna aucun signe de joie, et comme on lui en témoigna de la surprise, elle dit ces mémorables paroles : « L'art de régner est très difficile. Si mon fils gouverne sagement les peuples, je recevrai avec plaisir vos compliments, sinon je me déroberai sans peine à tous ces honneurs, pour finir mes jours dans la première condition où je suis née. »

Pendant un hiver très rude, ses soldats étaient en guerre au nord, contre les Tartares. Il avait le cœur attendri en songeant aux souffrances de ses troupes. Il le leur fit comprendre par le trait suivant. Il se dépouilla de sa robe d'hermine, qu'il envoya au général, en lui disant qu'il regrettait de ne pouvoir en remettre une pareille à chacun de ses soldats.

Un de ses ministres était continuellement occupé à lui présenter des placets pour lui rappeler ses devoirs.

Cette fréquence de rappel à l'ordre de la part d'un sujet aurait irrité un prince médiocrement patient. Tai-tsou finit aussi par perdre un peu patience et jeta au feu une de ces requêtes. Chose étonnante, dès le lendemain le même ministre lui présenta le même placet. L'empereur, loin de s'aigrir, admira sa constance et sa fermeté, et, pour récompenser une vertu si courageuse, il le mit à la tête de tous ses ministres en le nommant colao.

Pendant le siège de Nankin, que ses troupes étaient sur le point de reprendre aux Tartares, il fut consterné en pensant au triste sort qu'allaient éprouver les habitants de cette ville, très innocents dans cette lutte, puisque leur ville avait été accordée aux ennemis par un traité. Il eut recours à un moyen touchant pour épargner aux assiégés les horreurs de la prise d'assaut. Il fit comprendre à ses troupes qu'étant déjà souffrant, il y aurait pour lui danger de la vie s'il venait à apprendre l'effusion sans nécessité du sang de ses sujets innocents.

Ses hommes de guerre furent si touchés de ses paroles que les habitants de Nankin eurent à peu près tous la vie sauve.

**TAI-TSONG**, 2ᵉ empereur. a régné 21 ans.

Très lettré : bibliothèque de 80,000 volumes.

Ce prince fit la guerre aux Tartares pour reprendre les villes concédées. Il le fit contre l'avis de ses conseillers, qui voulaient qu'auparavant l'intérieur fût bien pacifié. Il eut des succès.

**TCHIN-TSONG**, 3° empereur, a régné 25 ans.

Ce prince était né bon, mais superstitieux. Il vainquit les Tartares, qui étaient venus assiéger une de ses villes, et, au lieu de poursuivre sa victoire, il fit un traité honteux.

Son principal ministre demanda pardon, sur son lit de mort, de n'avoir pas empêché l'empereur de recevoir avec respect un livre de la doctrine du Tao, philosophie criminelle qui conduit à l'incrédulité. Ce ministre craignait d'être puni de sa faiblesse après sa mort.

On voit la lutte entre la vérité et le mensonge, entre la vérité traditionnelle et les nouveautés dangereuses.

**GIN-TSONG**, 4° empereur.

Ce que fit de mieux ce prince, c'est qu'il chassa de son palais toutes les idoles de la religion de Foé et leurs adorateurs, et défendit qu'on lui fît aucun présent des pays étrangers.

Dans un moment de disette, il sauva la vie à plus de 500,000 de ses sujets. Ce bon prince fit goûter des années de bonheur à son peuple.

**YNG-TSONG**, 5° empereur.

L'exemple de Chun, qui avait fléchi la dureté de ses parents par sa douceur, cité à propos par un ministre, réconcilia l'empereur avec l'impératrice mère, qui avait des bizarreries de caractère.

Il lui représenta *que la vertu est aisée à pratiquer avec ceux qui nous aiment et qui s'attirent notre attention par leur complaisance, mais qu'elle ne mérite ce nom que lorsqu'elle est éprouvée et qu'elle se soutient au milieu des contradictions.* (Du Halde, t. I, p. 480.)

**CHIN-TSONG**, 6ᵉ empereur, a régné 18 ans.

Tous les empereurs de cette époque songeaient à faire des efforts pour expulser les Tartares, mais l'empire n'était pas assez florissant ni calme pour permettre cette entreprise.

Chin-tsong eut la prudence de suspendre ces projets. Il cultiva les lettres et encouragea les savants, surtout Mencius, disciple de Confucius.

Mais il eut néanmoins la faiblesse d'accueillir Vang-ngan-che, matérialiste qui reprochait à l'empereur de s'humilier devant Dieu dans une calamité, et lui disait que tout arrivait par le jeu inconscient du hasard. Il fut vertement réprimandé par un colao : « Quelle doctrine osez-vous débiter ? Si un empereur n'avait plus la crainte du Ciel, de quel crime ne serait-il pas capable ? »

Au reste, ce novateur fut solidement réfuté par le célèbre historien Sou-ma-quang.

**TCHE-TSONG**, 7ᵉ empereur.

Il eut pour tutrice la reine mère, qui gouverna sagement pendant huit ans ; mais la troupe nuisible des courtisans corrompit ce jeune cœur.

Un bon ministre lui rappela inutilement les avis suivants : 1° Aimez votre peuple ; 2° appliquez-vous aux sciences ; 3° élevez aux charges les gens de mérite; 4° travaillez à votre perfection ; 5° ayez horreur de la débauche. Le monarque se trouva mal d'avoir méprisé ces sages avis.

### HOEI-TSUNG, 8ᵉ empereur.

Règne néfaste pour la Chine.

Ce que nous venons de dire de son père suppose qu'il reçut une mauvaise éducation, et le déshonneur du fils flétrit son indigne éducateur.

Hoei-tsung est inexcusable surtout de ce que, connaissant par l'exemple des règnes précédents les malheurs amenés par les eunuques, il les honora de sa faveur et de sa protection.

Sa réputation souffrit davantage de son fol attachement aux superstitions du Tao ou des matérialistes. Son aberration alla jusqu'à donner le titre de dieu à l'un des fondateurs de cette secte.

« Les auteurs chinois contemporains, dit du Halde, ne
» peuvent retenir sur cela leurs invectives et ne font
» point de difficulté d'attribuer les malheurs qui suivi-
» rent et la ruine de l'empire à un si énorme sacrilège,
» qui avilissait la vraie majesté céleste. » On voit par là que la religion des Chinois était profonde et vraie, et avait bien le vrai Dieu pour objet.

La Providence se servit des Tartares pour l'humilier. A l'occasion d'une guerre contre les Coréens, il fit alliance avec le chef des Tartares orientaux, et les deux chefs réunis vainquirent les Coréens. Mais ces succès enflèrent le cœur du Tartare, qui s'empara de la partie nord de l'empire et eut l'insolence d'inviter l'empereur à venir fixer avec lui les nouvelles frontières. Hoei-tsung accepta cette proposition par lâcheté, car il avait horreur de la guerre. Ce honteux traité révolta les ministres et la nation. Le Tartare, l'ayant appris, agrandit encore ses envahissements, et, chose inouïe, ayant une seconde fois invité l'empereur à venir déterminer les nouvelles frontières, celui-ci eut la faiblesse d'y consentir et porta au comble la répulsion de son peuple pour son indigne représentant. Un de ses ministres, témoin de cette honte, se donna la mort publiquement pour ne pas survivre à cet humiliant traité, et l'empereur lui-même fut contraint d'aller mourir dans un désert.

**KIN-TSONG,** 9ᵉ empereur, a régné un an.

Les Tartares passent le fleuve Jaune ; ils occupent le tiers de la Chine au moins ; ceci explique aussi la diminution de la population à cette époque dans la série des statistiques. Il était si facile d'empêcher le passage de ce fleuve, qu'on trouve dans cette incurie la mesure de la lassitude et du dégoût des habitants et de l'incapacité du gouvernement. Ce qui paraîtra incroyable, c'est que l'empereur, qui avait une grande frayeur de la guerre, ne fit rien pour l'éviter. Il fut enfin fait prisonnier avec ses princesses. L'impératrice Meng, qui fut épargnée, sauva l'Etat par son énergie et l'heureuse inspiration qu'elle eut de faire donner la couronne au frère du dernier empereur.

**KAO-TSONG**, 10° empereur, a régné 36 ans.

Il rétablit la cour à Nankin. Continuation de la guerre contre les Tartares et des vassaux mal contenus, et cela avec des succès divers. Par certains côtés, les Tartares pénétrèrent jusque dans les provinces méridionales.

Les écrivains chinois reprochent particulièrement deux choses à ce prince : 1° d'avoir tenu à l'écart les ministres honnêtes et capables et de s'être attaché les fourbes ; 2° d'avoir accueilli avec faveur la secte des bonzes, qui, comme nous l'avons vu, était fort méprisée, particulièrement par la partie la plus sensée de l'empire.

Traité honteux avec l'ennemi.

**HIAO-TSONG**, 11° empereur, a régné 27 ans.

Assez bon prince. Il y eut une tranquillité relative en Chine, grâce à ce que le roi des Tartares, si entreprenant, avait un successeur plus pacifique.

**QUANG-TSONG**, 12° empereur, a régné 5 ans.

Règne nul.
Son fils Ning-tsong lui succéda.

**NING-TSONG**, 13ᵉ empereur, a régné 30 ans.

Borné et défiant de lui-même, il accepta la couronne comme forcé par les instances qu'on lui fit ; mais les courtisans abusèrent de sa faiblesse.

Honneur rendu à Tchu-hi comme disciple de Confucius.

530,000 maisons consumées par le feu.

En 1204, Gengis-khan, chef des Tartares occidentaux, fonda son empire : il partit vers l'occident. Jusque vers l'Europe il mit tout à feu et à sang.

Guerre avec les Tartares orientaux.

**LI-TSONG**, 14ᵉ empereur, a régné 40 ans.

Trop mou pour lutter contre les Tartares. Il eut de bons généraux, mais ils ne purent soutenir la lutte contre les successeurs du fameux Gengis-khan. Koubilaï et ses successeurs étaient maîtres de plus de la moitié de la Chine. Il fallait un monarque habile et bien servi ; l'un et l'autre manquèrent. Cette terrible guerre ne finit que sous le règne suivant.

**TOU-TSONG**, 15ᵉ empereur, a régné 10 ans.

C'est sous ce prince que Marc Paul, Vénitien, parvint jusqu'en Chine et raconta sur ce pays des choses qu'on ne voulait pas croire, et qui n'étaient que la vérité.

Tou-tsong se déshonora par des débauches aussi funestes à son pays qu'à lui-même. Son premier ministre était son complice. Tous les autres protestèrent contre l'influence déplorable de ce colao, mais inutilement. Ils prirent le parti de s'exiler chez les Tartares occidentaux, c'est-à-dire les Mongols, qui vinrent battre les troupes chinoises. Il mourut à vingt-cinq ans, laissant à son fils un trône ébranlé par ses désordres et sa conduite insensée.

**KONG-TSONG**, 16ᵉ empereur,

ne monta sur le trône que pour devenir la victime du général mongol Pe-yen, grand homme de guerre aussi vertueux que modeste.

**TOUAN-TSONG**, 17ᵉ empereur ;
**TI-PING**, 18ᵉ empereur,

furent des empereurs nominaux qui fuyaient devant le vainqueur, et ainsi finit la dynastie.

### VINGTIÈME DYNASTIE, YUEN, DITE DES MONGOLS.

**CHI-TSOU**, nommé **HOUPILAI-KAN** par les auteurs, 1ᵉʳ empereur.

La nation chinoise, qui avait été gouvernée depuis tant de siècles par des princes de sa nation, se vit pour la première fois soumise à une puissance étrangère, si cependant on doit donner le titre d'étranger à un prince qui, par ses manières, sa vertu et ses brillantes qualités, était plus Chinois que Tartare.

A son avènement il ne fit aucun changement, il garda les mêmes ministres et conserva les mœurs et coutumes ainsi que les lois chinoises.

Il publia un édit par lequel tous les fonctionnaires des provinces étaient confirmés dans leurs charges.

Des mahométans lui proposèrent l'acquisition d'une pierre précieuse d'un grand prix ; il refusa de l'acheter, disant que la somme qu'on lui demandait serait plus utilement employée à soulager la misère du peuple.

Il fit creuser un canal de trois cents lieues de longueur, d'une grande utilité pour le transport des marchandises et des impôts en nature ; c'est un chef-d'œuvre qui dure encore et qui illustre sa mémoire.

### TCHING-TSONG, 2ᵉ empereur.

Doux, clément, dévoué à son devoir, il était digne de gouverner longtemps. Le mauvais état de sa santé ne le permit pas. Il diminua les impôts et mourut à quarante-deux ans.

### VOU-TSONG, 3ᵉ empereur, a régné 4 ans.

Prince excellent, passionné pour le bonheur de son peuple. Libéral, il ne l'était que pour ceux qui rendaient de vrais services à l'Etat. Règne trop court. Lois contre l'exportation.

### GIN-TSONG, 4ᵉ empereur.

Il fallait un empereur comme celui-ci pour consoler de la perte du précédent. Ce prince joignait à un esprit vif, pénétrant, beaucoup d'équité, de douceur et de modération. C'était lui faire sa cour que de lui donner de sages conseils pour le bien de son peuple.

Il défendit la chasse depuis la cinquième lune jusqu'à la dixième, pour qu'on n'endommageât pas les récoltes. Il disait : Les mahométans recherchent avec avidité les pierres précieuses, et moi les gens sages, car ceux-ci m'aident à rendre mes peuples heureux.

Cinq frères ayant mérité une condamnation à mort, il demanda qu'on fît grâce au moins à l'un d'eux, afin que les parents eussent quelqu'un pour les nourrir et les consoler.

Dans une grande sécheresse qui faisait redouter une famine, il s'écriait : Ce sont mes fautes qui attirent sans doute cette calamité sur mes enfants, et, en prononçant ces paroles, il faisait brûler de l'encens et implorait l'assistance du Ciel.

Il mourut à cinquante-sept ans. Son fils lui succéda.

**ING-TSONG,** 5ᵉ empereur, a régné 3 ans.

Il avait toutes les vertus de son père et fit concevoir les plus brillantes espérances ; mais des scélérats qui devaient redouter sa vengeance pénétrèrent dans sa tente et le massacrèrent : il avait trente ans.

**TAI-TING,** 6ᵉ empereur.

Son premier acte fut de livrer au supplice les meurtriers de son père, et il fit disparaître leur race.

Quoique bien intentionné, il n'eut pas la satisfaction de voir son peuple heureux comme sous plusieurs règnes précédents. La Chine fut affligée de calamités. Il y eut des tremblements de terre, des chutes de montagnes, des inondations, des sécheresses. Les empereurs de la Chine donnèrent, dans ces circonstances, des preuves éclatantes de leur dévouement par des secours considérables et rapidement appliqués.

Tai-ting fit aussi preuve de bon sens et de respect pour les doctrines saines et antiques. Il interdit l'entrée des bonzes et des lamas du Thibet dans l'empire.

Les états s'assemblèrent après sa mort et choisirent son second fils pour lui succéder. Celui-ci refusa en faveur de son frère aîné, comme plus digne.

### MING-TSONG-Y, 7ᵉ empereur, a régné un an.

Ce prince décéda dans un grand festin offert à l'occasion de son élévation à l'empire.

### YEN-TSONG, 8ᵉ empereur,

se servit de bons ministres. Il fut blâmé d'avoir reçu avec honneur le grand lama du Thibet.

### CHUN-TI, 9ᵉ empereur,

le dernier des princes mongols.

Cette dynastie se corrompit avec le temps au milieu des délices de la cour chinoise.

Pour comble de malheur, dit l'histoire, il fit venir de Tartarie des lamas, qui introduisirent l'idolâtrie et la magie.

Ces lamas flattèrent le prince et établirent des troupes de jeunes danseuses qui achevèrent d'énerver ce qui lui restait de courage.

Ce fut un de ces bonzes qui forma une armée qui renversa le prince régnant.

### VINGT-UNIÈME DYNASTIE, LES MING.

**TAI-TSOU** ou **HONG-VOU**, 1er empereur.

Cet empereur fut accueilli avec une satisfaction universelle. Il choisit Nankin pour capitale et fit plusieurs sages ordonnances, parmi lesquelles on remarque celles-ci :

1° Que ceux qui possédaient des souverainetés n'auraient aucune juridiction au delà des limites de leur territoire ;

2° Que les eunuques n'auraient aucune charge civile ou militaire ;

3° Qu'il ne serait jamais permis aux femmes de se faire bonzesses, ni aux hommes avant quarante ans d'âge ;

4° Que les lois anciennes et modernes seraient édictées dans un nouvel ordre : il fallut cent ans pour cette exécution ;

5° Que le deuil pour les parents durerait vingt-sept jours au lieu de vingt-sept lunes.

Une de ses principales attentions fut de faire fleurir les lettres.

Voici une de ses maximes : Dans les troubles, n'agissez pas avec précipitation. Si le pays est calme, ne soyez pas sévère et ne vous attachez pas aux minuties.

Il était si religieux, que dans un moment de grande sécheresse il alla sur une montagne implorer pendant trois jours la clémence du Ciel.

Il conduisait son fils dans les champs, au milieu des travailleurs, et lui disait : Soyez témoin des sueurs et des travaux des pauvres laboureurs.

Ce prince mérita d'être aimé de son peuple, car tous ses actes tendaient à le rendre heureux.

**KIEN-VENTI**, 2ᵉ empereur, a régné 4 ans.

Ce court règne ne fut rempli que par les guerres de compétition, dont le jeune empereur fut victime par le fait de son oncle, qui l'immola à son ambition.

**TCHAY-TSOU** ou **JOUG-LO**, 3ᵉ empereur, a régné 23 ans.

Ce prince se montra d'abord redoutable par sa sévérité, mais sa grandeur d'âme naturelle le fit rentrer dans une voie de sagesse et de prudence. Un de ses ministres qui avait favorisé son arrivée au trône en ouvrant pour lui la porte de la capitale, lui fit sentir un jour qu'il se souvenait trop peu de ce bienfait. L'empereur lui répondit qu'il ne tenait pas ce service comme rendu à lui-même, car il aurait agi ainsi envers n'importe quel prétendant heureux, pour s'en faire un titre à sa faveur.

Il établit sa cour à Pékin. C'est lui qui fit fondre cinq cloches qui pesaient chacune 120,000 livres. Ce fait donne une idée des arts et de la mécanique en Chine au xiv<sup>e</sup> siècle.

Il chargea quarante-deux lettrés, docteurs de la cour, de faire un commentaire plus ample des livres classiques. Les bonzes rencontrèrent en lui un adversaire.

**GIN-TSONG**, 4<sup>e</sup> empereur,

n'occupa le trône pendant quelques mois que pour montrer sa nature compatissante pendant une famine qui sévissait sur ses sujets.

**SUEN-TSONG**, 5<sup>e</sup> empereur, a régné 10 ans.

Edit qui diffère la collation du titre de licencié ès lettres après vingt-cinq ans.

Il usa de clémence envers son oncle, qui, révolté contre lui, fut fait prisonnier dans le combat. Il le condamna à la prison perpétuelle. Il défit les Tartares envahissant l'empire.

Il avait donné le titre de roi au chef des Cochinchinois. Ses sujets rebelles le tuèrent et envoyèrent des ambassadeurs pour fléchir le courroux de l'empereur. Comme la vengeance eût coûté trop cher, il dissimula la grandeur de l'affront pour éviter le transport d'une armée dans un pays si éloigné.

Le palais impérial fut livré pendant trois jours aux flammes d'un incendie. Une quantité prodigieuse de cuivre, d'or, d'étain, fut fondue, et on en fit un grand nombre de vases qui sont aujourd'hui très recherchés en Chine et en Europe.

### YNG-TSONG, 6° empereur,

monta sur le trône à neuf ans ; il eut pour tuteurs l'impératrice mère et le premier des eunuques.

Il n'est pas étonnant que ce règne fut malheureux. Les Tartares, profitant de la jeunesse de ce prince, passèrent la grande muraille, firent des incursions continuelles et commirent toutes sortes de brigandages.

Le jeune empereur se mit à la tête de ses troupes pour chasser l'ennemi. Mais il fut fait prisonnier. Son fils fut mis sur le trône à l'âge de deux ans. Il y eut des négociations pour le rachat du monarque prisonnier, qui n'aboutirent que longtemps après.

### KING-TI, 7° empereur.

Quand son frère, après sept ans de captivité, revint en Chine, l'empereur vaincu ne voulut point reprendre les rênes du gouvernement, mais rentra dans la vie privée. Son frère songeait même à proclamer son propre fils héritier présomptif ; mais les grands s'y opposèrent, et le captif reparut sur le trône une seconde fois.

## YNG-TSONG.

Les grands proposèrent à Yng-tsong de flétrir la mémoire du défunt, parce qu'il avait souffert que le véritable empereur, qui n'avait pas abdiqué, vécût dans la vie privée ; il s'y opposa ; cependant ses obsèques n'eurent que les honneurs qu'on accorde à un prince du sang, frère de l'empereur.

**HIA-TSONG**, 8ᵉ empereur, a régné 23 ans.

Règne peu remarquable. Ce prince s'occupait de la secte des bonzes, ce qui suppose un esprit peu élevé.

Cependant, à la fin de son règne, il remporta une victoire sur les Tartares.

Lin-tsun, mandarin du tribunal des crimes, profita des calamités de la vingtième année de ce règne, qui firent périr beaucoup de monde, pour faire revivre la saine doctrine, qui paraissait oubliée, particulièrement à la cour, infectée par celle du Toassé, du Ho-chang et par la superstition des bonzes.

Il ne put vaincre l'obstination de l'empereur et son attachement aux courtisans relâchés.

**HIAO-TSONG**, 9ᵉ empereur, a régné 18 ans.

Grâce à de bons et fidèles ministres, l'empire jouit d'une certaine tranquillité, mais en dépit de la faiblesse et des mauvaises doctrines de l'empereur.

**VOU-TSONG**, 10ᵉ empereur, a régné 16 ans.

Encore un règne calamiteux. Prince sans éducation, se révoltant contre les bons conseils, qui ne faisaient pas défaut cependant.

Guerre contre les Tartares. Il eût été plus sage de ne les point attaquer, d'établir au contraire de bons rapports avec eux, au lieu de les provoquer à des vengeances, surtout dans les tristes circonstances où se trouvait la Chine. Les peuples étaient obérés d'impôts, et à un tel excès qu'ils prirent les armes et s'avancèrent jusque sur le territoire de Pékin. Le colao Tao eut la fermeté de présenter à l'empereur un mémorial où il l'invitait humblement, mais avec instance, à s'appliquer plus sérieusement au gouvernement de son Etat, à réprimer les saillies de sa colère, à modérer sa passion pour la chasse, à éloigner de sa cour les flatteurs et une jeunesse débauchée qui la déshonoraient, et enfin à appeler à leur place les hommes sages et zélés pour le bien public. Le monarque ne sut pas profiter de ces conseils, et ce règne tout entier ne fut qu'une suite de calamités.

Ce fut cet empereur, ainsi que quelques-uns de ses successeurs, qui préparèrent par leur imprévoyance l'avènement de la dynastie tartare et son triomphe sur la race chinoise.

**CHI-TSONG**, 11ᵉ empereur, a régné 45 ans.

Les débuts de ce prince furent heureux ; il fit réparer

la grande muraille ; mais il admit malheureusement les rêveries des bonzes et les espérances de la doctrine du Tao pour le breuvage d'immortalité.

Il fut attaqué par les Tartares et les Japonais. Il résista, mais avec trop peu d'énergie pour enlever à ces peuples l'idée d'incursions ultérieures.

Ce prince, au lieu de profiter de la leçon qu'il pouvait tirer des tristes événements causés par les fautes de son père, s'engagea encore plus avant dans cette funeste voie. Ses ministres se réunirent pour lui faire comprendre que les lois perdaient leur autorité, et que l'empire était sur le penchant de sa ruine. Au lieu de se corriger, il exerça des cruautés contre ces courageux et fidèles ministres.

**MO-TSONG**, 12° empereur, a régné 6 ans.

Il fit sortir de prison ceux que son père y avait trop légèrement fait enfermer ; mais il ne pouvait souffrir un avis de ses ministres.

Il modifia, pour les charges peu importantes, la loi qui défendait à un magistrat d'exercer ses fonctions dans le pays de sa naissance.

**CHIN-TSONG**, 13° empereur, a régné 48 ans.

Ce prince porta la couronne à dix ans. Il montra ses bonnes dispositions par le respect et la soumission qu'il eut envers son tuteur et maître.

Tous les jours, dès quatre heures du matin, il examinait les requêtes adressées la veille et y répondait.

Les Tartares furent continuellement en mouvement contre la Chine sous ce règne. Ils furent battus, mais les victoires coûtaient cher, et l'avenir va prouver qu'il était difficile de vaincre toujours.

Chose singulière, l'empereur fit ouvrir les mines d'or et d'argent dans les provinces d'Honan et de Chuti-ke, contre le gré des conseillers, et les fit fermer six ans après.

Nous n'avons qu'un mot à dire sur les trois empereurs suivants :

### QUANG-TSONG,
### HI-TSONG,
### HOAI-TSONG.

C'est par leur faiblesse et leur incapacité qu'ils ont creusé le tombeau de leur dynastie pendant un quart de siècle.

Les Tartares avaient alors pour roi Tsong-ti, qui joignait les plus belles qualités morales à une profonde prudence. Il sut profiter des fautes de ses voisins, et préparer pour son illustre petit-fils un des plus beaux règnes du monde entier au xvii$^e$ siècle.

L'année 1624 fut célèbre par la découverte d'un monument de pierre qui fut tiré de la terre dans la capitale de la province de Chen-si. Il contenait un abrégé de la doctrine chrétienne et les noms de soixante-dix prédicateurs de la foi, écrits en langue syriaque, venus en

Chine dans les siècles qui suivirent l'apostolat de saint Thomas dans les Indes. Les pères jésuites avaient déjà pénétré en Chine. Ce fut un témoignage irréfragable en faveur de leur prédication.

### VINGT-DEUXIÈME DYNASTIE, ACTUELLEMENT RÉGNANTE EN CHINE, NOMMÉE TSING.

#### 1ᵉʳ empereur, **CHUN-TCHI**, en 1644.

Si on voulait rendre un hommage public au mérite, on devrait nommer Tsong-ti, le père de Chun-tchi, le premier empereur de la dynastie, car c'est à son habileté qu'on doit la conquête de la Chine. Sans doute Chun-tchi s'est montré fort habile. On verra comment il a su faire servir l'expérience des vaincus à son triomphe, mais il doit en réalité à son père la double couronne de la Chine et de la Tartarie.

A son avènement, Chun-tchi avait beaucoup à faire ; il ne possédait que quelques provinces du nord de l'empire. Il les réduisit successivement les unes après les autres. Il marchait en triomphateur, et il ne fut arrêté sérieusement que dans la province de Quang-si, en deçà de Quang-tong.

Deux princes chinois convertis par nos missionnaires se concertèrent et arrêtèrent momentanément les progrès des vainqueurs. Ils leur livrèrent une grande bataille où les Tartares furent battus et mis en déroute. Les princes vainqueurs choisirent un petit-fils du dernier empereur défunt et le déclarèrent empereur. Ils le firent instruire dans la religion catholique par le père André Koffler, dans le double but de délivrer la Chine et d'en faire un royaume chrétien. Mais l'heure de cette ère nouvelle n'était pas encore venue. Les Tartares reçurent des renforts à propos et reprirent le dessus. Cependant les Chinois montrèrent du courage, et il fallut une lutte acharnée de quatre ans pour que les Tartares arrivassent à soumettre entièrement leurs ennemis.

Voici un trait de génie de l'empereur tartare. Tout en combattant, il étudiait la législation de la Chine, ses livres d'histoire et de religion. Il sut les admirer et les apprécier, et prit alors la résolution de rendre les Tartares chinois au lieu de vouloir rendre les Chinois tartares. Il ne changea donc rien ni dans les lois ni dans le gouvernement de la Chine. Il ne permit pas même aux Chinois d'apprendre la langue tartare sans autorisation. Il conserva les grands tribunaux de justice et d'administration, et chacun avait deux présidents, un chinois et un tartare. Il eut soin aussi de ne conférer qu'aux lettrés le gouvernement des provinces.

On peut comprendre combien cette habileté gagna le cœur des Chinois à l'empereur tartare, car c'était une conquête morale opérée par la supériorité de la civilisation chinoise.

Chun-tchi eut une affection particulière pour le père Adam Schaal. Il l'appelait *ma fa,* c'est-à-dire mon père, et le fit président du tribunal des mathématiques.

Il réforma l'astronomie chinoise et enleva la direction de ces études scientifiques aux mahométans, qui s'en étaient emparés depuis trois siècles.

L'empereur conféra à ce savant jésuite le privilège de lui adresser directement ses requêtes, sans passer par la voie des tribunaux.

Cette position éminente du père Schaal contribua beaucoup au progrès de la religion chrétienne dans l'empire.

Sur la fin de son règne, l'empereur ternit sa gloire par une malheureuse passion pour les femmes, qui le conduisit à la dégradation, et par sa déférence pour les bonzes, qui l'entraînèrent à l'idolâtrie. Heureusement, le père Schaal eut assez d'ascendant sur lui pour le faire rentrer en lui-même et l'amener à désavouer publiquement ses fautes.

Sentant sa fin approcher, il désigna son fils Cang-hi pour lui succéder, et le revêtit de son manteau impérial.

**CANG-HI,** 2ᵉ empereur, a régné 60 ans.

Voici un des plus grands empereurs qui aient gouverné le Céleste-Empire. Son nom est respecté dans tout l'Orient, il a attiré l'attention de l'Europe entière, et en particulier de Louis XIV.

Le premier acte de ses tuteurs fut de faire trancher la tête du chef des eunuques, qui avait été l'occasion de grands malheurs. Il fit chasser quatre mille eunuques et n'en conserva que mille pour les plus bas offices.

Ce règne, qui devait être favorable à la religion, commença par une persécution.

Le père Adam Schaal fut condamné à être étranglé, mais on le gracia ; néanmoins tous les missionnaires furent exilés à Macao.

Le père Ferdinand de Verbiest reçut ordre de l'empereur d'enregistrer par écrit toutes les fautes du calendrier chinois, préparé par Yang-quang-sien, qui avait pris la place du père Adam sans en avoir les lumières. Les erreurs étaient nombreuses et énormes, elles furent rendues manifestes, et le père de Verbiest fut nommé président du tribunal des mathématiques.

Il profita de ses fonctions pour faire tomber les calomnies élevées contre la religion. Il fit révoquer l'édit d'exil contre les missionnaires ; non seulement ils furent rappelés, mais on leur permit de bâtir des églises, et les Chinois purent embrasser la religion chrétienne sans être inquiétés.

C'est alors que le célèbre Ou-san-guey se révolta contre la domination tartare, et si un bon nombre de chefs de province avaient suivi son exemple, c'en était fait de la domination des Tartares. Mais le jeune empereur tartare avait autant de promptitude que d'énergie, et il parvint à comprimer ce mouvement.

C'est à cette époque que les missionnaires augustins entrèrent dans la Chine, pour travailler aussi à l'établissement du christianisme dans ce pays.

De son côté Louis XIV envoya aussi à l'empereur Cang-hi, comme ambassadeurs et comme savants, quatre pères jésuites, ayant le titre de mathématiciens du roi, avec des pensions et de magnifiques présents pour le monarque du Céleste-Empire. Le père Verbiest venait de mourir.

Les diplomates français entendaient alors bien autrement les intérêts de la France au dehors que sous l'ère républicaine ; aussi le nom de la France était un grand nom dans tout l'Orient, depuis la Chine jusqu'à la Méditerranée.

L'histoire du règne de Cang-hi mériterait un grand développement, à cause des qualités remarquables de ce prince. Il portait son attention sur toutes les parties de son administration, il favorisait les intérêts de son peuple et tout ce qui pouvait relever la gloire de son empire ; mais il nous est interdit d'aller si loin dans cette esquisse.

Sous son gouvernement, la Chine jouissait d'une paix profonde, et elle en était redevable à la sagesse et aux lumières supérieures de l'empereur, dit du Halde, t. Ier, p. 545. L'application infatigable de ce grand prince à toutes les affaires de son Etat, son équité, sa pénétration dans le choix des hommes pour remplir les premières charges, sa frugalité et son éloignement de tout luxe pour sa personne, joints à sa magnificence dans les dépenses utiles au public, sa tendresse pour son peuple, sa promptitude à le secourir, sa fermeté à maintenir les lois dans leur vigueur, sa vigilance à observer la conduite des vice-rois, toutes ces vertus et cette activité maintenaient la surbordination et l'ordre partout.

Tout occupé qu'était ce grand homme des affaires publiques, il trouvait le temps de s'appliquer aux sciences, pour lesquelles il avait un goût particulier. Il ne se contenta pas d'être habile dans la littérature chinoise, il voulut s'instruire aussi des sciences de l'Europe, de la géométrie, de l'algèbre, de la physique, de l'astronomie et de la médecine.

Les pères jésuites Gerbillon, Bouvet et Thomas furent occupés pendant plusieurs années à composer leurs leçons en langue tartare, et à les expliquer devant lui deux fois par jour, soit qu'il fût à Pékin, soit qu'il demeurât dans sa maison de plaisance. Il voulut également que le père Gerbillon le suivît dans ses voyages en Tartarie, où il conduisait de temps à autre un corps de troupes de 50 à 80,000 hommes, pour tenir son armée en activité.

Cang-hi se laissa circonvenir par un mandarin qui lui présenta un mémoire contre les chrétiens. Il y eut encore d'autres difficultés dont nous aurons occasion de nous occuper plus loin.

Ce beau règne, où la sagesse et la justice semblaient seules gouverner, montre au lecteur comme une image fidèle du gouvernement des grands empereurs qui ont illustré les premiers siècles de l'histoire chinoise.

### YONG-TCHING, 3e empereur.

Le lendemain de la mort de Cang-hi, le nouvel empereur, âgé de quarante-cinq ans, s'assit sur le trône à cinq heures du matin, et prit le nom de Yong-tching, qui signifie paix ferme. Il fut reconnu des princes, des grands et des mandarins qui composaient la cour. Il traita durement les princes du sang et même plusieurs de ses frères, en butte à diverses accusations. Il y eut surtout une classe de princes qui furent impitoyablement traités ; ce furent ceux qui avaient favorisé le christianisme : ils montrèrent, dans ces circonstances, un courage digne des premiers martyrs. Les ambassadeurs de Russie et de Portugal, qui étaient présents, ont admiré la fermeté de caractère de ces illustres princes.

Soit que cet empereur n'ait pas eu pour les sciences le même goût qu'avait son père, soit qu'il cherchât à se passer des missionnaires, il ne leur donna que de bien faibles marques de sa bienveillance, et il se contenta de ne pas les inquiéter. Un seul père jésuite italien fut conservé à la cour, parce qu'il était excellent peintre et employé au palais. Il donna un nouveau titre d'honneur au père Kégler, déjà président du tribunal des mathématiques, mais c'était uniquement parce qu'il ne pouvait le garder avec décence à la cour devant lui, surtout à certains jours de cérémonie, sans aucune marque de distinction.

Néanmoins, c'était un prince actif, appliqué aux affaires, d'un caractère ferme et décisif, toujours prêt à recevoir des mémoires et des requêtes et à y répondre. Il gouvernait entièrement par lui-même ; c'était un maître absolu et redouté.

Dès la première année de son règne, il fut prévenu

contre les Européens par des requêtes que lui présentèrent les lettrés. Ils prétendaient que ces étrangers avaient trompé l'empereur son père ; que ce prince avait beaucoup perdu de sa réputation en leur accordant trop de confiance et en les laissant s'établir dans les provinces. Ils ont établi des églises partout, disaient-ils, et leur loi s'y répand avec rapidité ; et une fois que les Chinois sont devenus chrétiens, ils ne reconnaissent plus que ces docteurs. Il serait à craindre que dans un temps de trouble ils ne reconnussent plus d'autre voix que la leur.

Ces fâcheuses impressions furent fortifiées par un placet public que le tsong-tou de Fo-kien adressa à l'empereur, et dans lequel, après lui avoir rendu compte des raisons importantes qu'il avait eues de proscrire la religion chrétienne dans toute l'étendue de son gouvernement, il le suppliait, pour le repos de l'empire et le bien des peuples, d'ordonner que ces étrangers fussent expulsés des provinces et conduits à la cour ou à Macao, et que leurs temples fussent employés à d'autres usages.

Ce placet fut remis au tribunal des rites pour qu'il déterminât ce qu'il y avait à faire. La sentence de ce tribunal fut de conserver à la cour les Européens qui s'y trouvaient, et d'y amener ceux des provinces qui pouvaient y être utiles, et, pour les autres, de les conduire à Macao ; de changer les temples en maisons publiques et d'interdire rigoureusement la religion chrétienne.

Cette délibération du tribunal fut confirmée par l'empereur, qui ajouta seulement que les vice-rois des provinces leur donneraient un mandarin pour les conduire à la cour de Macao et pour les garantir de toute insulte.

Les missionnaires intervinrent activement auprès de leurs amis de la cour, surtout auprès du treizième frère de l'empereur, qui les protégeait, mais ce fut inutilement. Toute la grâce que l'on obtint, ce fut qu'on les conduirait à Canton au lieu de Macao; encore ne leur permit-on d'y demeurer que dans le cas où ils ne donneraient aucun sujet de plaintes.

Les missionnaires furent donc chassés des provinces et tolérés seulement à Pékin. Il y eut alors, dans les provinces de la Chine, un grand nombre de troupeaux sans pasteur, sans église, sans lien commun pour s'entretenir dans la ferveur.

L'empereur, qui avait ainsi persécuté les chrétiens, avait cependant de l'estime pour leur religion, mais la crainte des innovations contraires à l'ancienne doctrine et les réclamations des lettrés l'emportèrent.

En 1730, le treizième frère de l'empereur, celui qui partageait avec lui tout le poids du gouvernement, vint à mourir, et on lui rendit les mêmes honneurs qu'à un souverain.

C'est à cette époque que Pékin fut encore bouleversé par de grands tremblements de terre, qui firent un grand nombre de victimes.

Le 20 août 1732, on embarqua les RR. PP. missionnaires, au nombre de plus de trente, fixés à Canton, pour les exiler à Macao, ville appartenant aux Portugais. Tous les chrétiens et les domestiques des pères qui étaient venus leur faire leurs adieux, en vue des navires, furent chargés de chaînes et ramenés à Canton.

Si l'histoire universelle du genre humain nous montre les nations d'autant plus heureuses qu'elles sont plus fidèles à pratiquer les vertus morales et qu'elles ont plus de respect pour la divinité, on doit dire que le peuple chinois porte cette vérité au dernier degré d'évidence.

Si nos missions catholiques avaient été soutenues avec plus d'énergie et de prévoyance dans ces contrées, il est certain que des conséquences merveilleuses en eussent été le résultat, soit pour notre influence politique et commerciale, soit pour la réforme morale du petit peuple en Chine, chez lequel il reste un grand fonds de droiture.

La France politique, la France catholique, n'aurait qu'à s'inspirer de sa propre histoire pour avoir l'intelligence de sa mission dans les événements de la haute Asie.

Mais à qui parlons-nous? A des hommes d'Etat qui, bien loin de reconnaître que la civilisation moderne devrait aspirer uniquement à être chrétienne, et que si l'Europe est la portion forte et éclairée de l'univers, elle le doit au christianisme, se posent comme des adversaires décidés de l'influence chrétienne, et renient audacieusement leur origine. Ils font des efforts inouïs pour déchristianiser la France. Ils ne cachent nullement leurs desseins; ces desseins sont écrits dans les projets de loi, dans les discours à la tribune, dans leurs programmes. Pour arriver à une position quelconque sous le régime actuel, il faut être d'abord anticlérical : cette brillante qualité supplée à la capacité et au mérite. On favorise les matérialistes et les athées : ils sont les préférés dans les chaires, dans les compagnies savantes ; on commence déjà, sur plusieurs points, à attaquer les institutions catholiques. Tous les instituteurs congréganistes sont mis hors la loi ; on déverse impunément le mépris et la déconsidération sur le clergé paroissial, etc.

Où sont donc ceux qui peuvent s'intéresser au prosélytisme religieux et qui comprendraient le moindre avantage politique qui pourrait en résulter ? Mais ce n'est pas aux hommes politiques de la France de l'année 1881 que j'ai l'honneur d'adresser la parole. Leurs principes et leurs doctrines sont si étranges, ils blessent si profondément le sentiment chrétien de la France dans la majorité réelle de ses membres, que cette attitude violente et contre nature qu'ils se donnent prépare à nos gouvernants une chute prochaine.

M. Thiers a dit que la république serait honnête ou qu'elle ne serait pas ; mais ils ne comprennent rien.

L'hallucination de ces hommes est si grande qu'ils creusent leur tombeau pendant qu'ils pensent se préparer des triomphes.

Le christianisme, qu'ils se disposent à renverser, verra passer le cortège funèbre de ses ennemis et il se sentira raffermi par leurs impuissantes attaques. Le socialisme et le radicalisme contemporains doivent être comprimés si on veut éviter une ruine inévitable. Aucun gouvernement ne peut vivre en donnant des espérances aussi funestes et aussi démoralisatrices. Or, qui pourra comprimer ces abominables doctrines ? Ce ne peut être ceux qui en ont été les professeurs, et comme on va voir qu'ils ne peuvent tenir aucune de leurs promesses, il faudra qu'ils disparaissent sous peu de la scène.

Bientôt, il n'y a pas à en douter, la France revenue à elle-même, non pas peut-être sans avoir traversé encore de douloureuses épreuves, s'indignera d'avoir supporté si longtemps un joug si humiliant, et des hommes qui verront de plus haut et plus loin reviendront aux nobles traditions qui ont fait autrefois notre gloire.

Louis XIV a compris cette grande politique dont nous parlions tout à l'heure. Il a compris le rôle glorieux de la France catholique qui envoyait des missionnaires pour amener ces populations à la grande unité chrétienne, et il pressentait les avantages matériels qui en seraient la conséquence. Aussi, il adressait au monarque du Céleste-Empire des missionnaires avec le titre de mathématiciens du roi, et il créait une fondation des plus utiles et du plus grand avenir, le séminaire des affaires étrangères.

Plus près de nous, nous voyons Bonaparte, en 1802, au milieu de ses préoccupations de guerre, prendre le temps de porter sérieusement son regard de ce côté. Il écrivait à M$^{gr}$ du Belloy, archevêque de Paris : « Je sens l'importance de la mission de la Chine. »

Comme les matériaux nous manquent pour donner la physionomie des règnes depuis Yong-tchen, nous ne marquons que la liste de ces empereurs.

| | |
|---|---|
| **JONG-TCHEN,** | 1723-1736. |
| **KIEN-LONG,** | 1736-1796. |
| **KIA-KIN,** | 1796-1821. |
| **TAO-KOANG,** | 1821-1851. |
| **HANG-FONG,** | 1851-1862. |
| **HONG-TCHÉ,** | 1862-1875. |
| **KOANG-SU,** | 1875, actuellement régnant. |

# CHAPITRE II.

## GÉOGRAPHIE.

La Chine, placée à l'orient du grand continent asiatique, occupe un espace à peu près aussi étendu que l'Europe, ou égal à la Russie dans ses deux parties du monde. Elle a mille lieues de côtes sur l'océan, au midi et à l'est : océan orageux, qui est une bonne frontière de défense et une ressource pour les aliments.

Ce fut sous le règne de Kang-hi, au XVII$^e$ siècle et au commencement du XVIII$^e$, que les missionnaires jésuites Bouvet, Régis, Jartouse, Fridelli, Condoso, de Tartre, de Mailla, Bonjour, levèrent les cartes des différentes provinces de la Chine d'après la méthode européenne, c'est-à-dire d'après la triangulation, les observations astronomiques et la déclinaison de l'aiguille aimantée. Ces cartes furent imprimées en chinois et ensuite reproduites en lettres latines, avec des explications françaises. On peut voir ces belles cartes dans le grand et si intéressant ouvrage du père du Halde. On le voit, il n'y a pas un coin du monde où l'illustre compagnie n'ait rendu de signalés services, non seulement à la vérité religieuse, mais encore au progrès des sciences et des arts, depuis le Paraguay jusqu'au fond de l'Asie [1].

Cela ne veut pas dire que les Chinois étaient sans notions géographiques avant l'arrivée des jésuites. Le père Amiot, répondant au Prussien Paw, qui s'efforçait de rabaisser les Chinois, et qu'on n'accusera pas de discréditer le mérite de ses confrères, observe que le chapitre Yu-koung du Chou-king est, après la Genèse, le plus ancien monument géographique du monde. Qui sait si ce chapitre n'était pas alors accompagné de cartes? Ainsi cette étude remonte à l'origine de la nation ; mais il est certain que sous les Tchéou, plus de douze cents ans avant l'ère chrétienne, les mandarins locaux avaient chacun la réduction typique de toutes les terres de district, et assez en détail pour aller vérifier chaque année au printemps, comme il est dit dans le Si-ki et le Tchéouli, les bornes des champs de tous les particuliers; les princes feudataires avaient la carte détaillée de leurs principautés, et l'empereur celle de ses terres, de ses domaines et de toutes les provinces, principautés et dépendances de l'empire.

Le père Cibot observe, en second lieu, que cet ancien usage n'est jamais tombé en désuétude, et que le dépôt des cartes a toujours été regardé comme si essentiel, que les fondateurs des nouvelles dynasties ont eu plus à cœur de s'en emparer que du trésor, et ne se sont crus

---

[1] V. M. PAUTHIER, *Description historique, géographique et littéraire de la Chine*, 440.

vraiment empereurs et maîtres de l'empire que lorsqu'ils en ont été possesseurs. Ce fait est consigné de tant de manières dans l'histoire chinoise, qu'il serait inutile d'en donner des preuves.

Il observe, en troisième lieu, qu'en conséquence de cet ancien et invariable usage, un des premiers soins du ministère, après l'acquisition ou la conquête d'un nouveau pays, c'est d'en faire dresser une carte exacte. Les RR. PP. Spiguha et Rocha ont été chargés, ces dernières années, de faire celle du pays des Tourgouts et des Eleuthes, jusque assez près de la mer Caspienne.

En quatrième lieu, il remarque qu'il existe une géographie du temps des Mings, avec des cartes de toutes les provinces assez bien graduées, et une géographie ancienne et moderne où l'on donne par chaque dynastie, depuis les Hia, la carte comparée de l'empire avec celle d'aujourd'hui, en sorte que lorsque les missionnaires se mirent à l'œuvre, ils travaillèrent sur un fonds déjà bien riche. Cependant il ne faut pas méconnaitre la grande perfection qu'ils donnèrent à cette partie de la science. Mais qui ne s'étonnerait de voir des peuples si longtemps méconnus et traités de barbares ensuite, nous apparaître avant même que Ninive et Babylone eussent acquis leur lustre, et nous fournir des cartes assez fidèles pour déterminer avec exactitude les impôts et les tributs des feudataires ?

## GÉOGRAPHIE PHYSIQUE.

« La circonscription de l'empire chinois, dit M. Pauthier dans son *Histoire de la Chine*, p. 5, à l'exception de la Mandchourie, de la Mongolie, du Thibet et d'autres contrées conquises ou dépendantes de la Chine proprement dite, semble avoir été destinée par la nature au développement solitaire continu de sa civilisation. Borné au sud et à l'est par une mer orageuse, au nord par de vastes déserts dépourvus de végétation, à l'ouest par de hautes chaînes de montagnes, cet empire forme une aire immense et presque circulaire de cinq à six cents lieues de diamètre, isolée, pour ainsi dire, du reste du globe. Arrosée de l'ouest à l'est par deux grands fleuves navigables qui prennent leur source dans les hautes montagnes du Thibet et qui se versent dans la mer Jaune ou Océan oriental, et coupée par de nombreuses et hautes chaînes de montagnes, cette immense contrée dut réunir, dès l'origine, les influences solaires de toutes les latitudes, les productions de presque tous les climats, et les richesses des grands dépôts géologiques. C'est pour cela que ce vieil empire chinois, aussi grand à lui seul que toutes les nations de l'Europe (non compris la Turquie et la Russie d'Asie), s'est toujours suffi à lui-même, s'est développé en lui-même et par lui-même, tandis que les autres empires étaient et sont encore obligés d'échanger leurs produits et de s'emprunter leurs industries. Il est vrai que depuis que les

Européens se sont rendus les tributaires des Chinois par la grande consommation qu'ils font, entre autres, d'une production naturelle de la Chine, ils ont introduit dans cette contrée des produits étrangers que les anciens habitants ne connaissaient pas, et dont l'importation leur est devenue aussi nécessaire que la plupart des objets et des consommations de luxe le sont à une civilisation avancée; cependant, l'échange des produits des diverses provinces de l'empire entre elles, provinces dont quelques-unes sont aussi grandes que les royaumes de l'Europe, suffit à l'activité et aux débouchés de l'industrie et du commerce chinois. Et c'est ce sentiment de l'abondance et de la consommation intérieure de ses produits qui rend le gouvernement chinois si indifférent pour le commerce étranger.

» La Chine proprement dite peut se diviser en trois régions physiques bien différentes : 1° le pays alpin ; 2° le pays bas; et 3° la région méridionale, qui participe de ces deux natures de climats.

### 1° PAYS ALPIN.

» A l'est du haut plateau de la Mongolie et de la région élevée que les Chinois nomment Si-fan (région indienne de l'ouest), s'étend un vaste pays de montagnes, comprenant les provinces du Chen-si (frontière occidentale), du Chan-si (occident montagneux), du Sse-tchouan (des quatre fleuves), et du Yun-nân (du midi nuageux), que le Hoang-ho et le Kiang traversent avec rapidité dans leur cours moyen, et dont le niveau s'abaisse d'autant plus qu'il part d'un point plus élevé. Les monts de la province Yun-nân se prolongent jusqu'à l'Océan, sous la forme d'une haute terrasse qui sépare le Tun-kin de la Chine, et qui n'a qu'un seul passage, fermé par une muraille épaisse à deux portes, dont l'une est gardée du côté de la Chine par des Chinois, et l'autre du côté du Tunkin par des Tunkinois. C'est cette région alpine que l'on verra la première occupée par les Chinois civilisateurs à l'origine de leur histoire.

2° PAYS BAS.

» Cette région comprend le cours inférieur des deux grands fleuves Hoang-ho et Kiang. C'est la Mésopotamie chinoise ; bassin très fertile, mais sujet aux inondations des grands courants qui descendent de la haute région alpine. Elle comprend une partie de la province de Petchi-li, au nord ; une partie du Chan-si, le Chan-toung, le Ho-nân et le Kiang-nân ; une partie du Tche-kiang et du Hou-kouang. La partie septentrionale, plus froide, est beaucoup moins fertile ; elle confine par un niveau d'une pente presque insensible à la mer Jaune et au golfe de Pe-tchi-li, grands bassins très peu profonds, que le limon charrié par le grand fleuve Jaune a exhaussés insensiblement, et exhausse encore dans la partie plus méridionale; cette région a des côtes dangereuses par ses bas-fonds, qui croissent rapidement, et qui lui donnent l'aspect d'une nature tout à la fois océanique et continentale.

## 3. RÉGION MÉRIDIONALE.

» Cette région participe en quelque sorte de la nature des deux précédentes. Elle comprend la partie méridionale des provinces Hou-kouang et Tche-kiang, le Kiang-si, le Fou-kien, le Kouang-toung, le Kouang-si et le Kouëï-tcheou. Dans l'origine, elle ne faisait pas partie de l'empire chinois. Renfermant de hautes montagnes et de profondes vallées, elle était habitée par une population indépendante, moins blanche que celle du nord, et que Thsin-chi-hoang-ti, 200 ans avant notre ère, ne soumit qu'avec des armées immenses, dont la moitié périrent. C'est sur certaines côtes de cette région, dans le Kouang-toung et le Fou-kien, que se fait le seul commerce de l'Europe avec la Chine. C'est là que l'on recueille le thé, dont on fait maintenant une si grande consommation en Europe. La nature, dit un ancien auteur, en parlant de cette région, n'a pas voulu qu'il y eût de pays plat et de campagnes. Cependant les montagnes descendent au midi, du côté de la mer, où elles forment un versant assez uni, et qui renferme quelques plaines. Il sera nécessaire de ne pas perdre de vue cette division physique de la Chine, pour avoir une intelligence un peu précise de son histoire ; car les dimensions verticales d'un Etat, comme l'a si bien démontré un célèbre géographe allemand, ne sont pas moins importantes à connaître que ses dimensions horizontales.

» Les géographes chinois portent au nombre de 5,270 les montagnes célèbres de leur empire : il y en a 467 qui produisent du cuivre, et 3,609 qui produisent du fer.

» Ainsi, les deux tiers du grand empire chinois proprement dit sont hérissés de hautes montagnes, dont un grand nombre de pics et de sommets sont couverts de neiges perpétuelles. On peut voir la forme de la plupart d'entre elles dans le *San-thsaï-thou-hoeï*, *Tableaux des trois règnes*, le ciel, la terre et l'homme : encyclopédie chinoise qui se trouve à la Bibliothèque nationale de Paris (vol. 2, *Kiouan*. 7. — 20).

» Pour donner une idée plus détaillée de la constitution physique de la Chine, nous rapporterons ici ce qu'en a dit feu M. Rémusat dans ses *Nouveaux Mélanges asiatiques* (t. I, p. 8) :

« La Chine forme une portion considérable de cet im-
» mense versant situé à l'orient des montagnes du Thi-
» bet, et qui est contigu, au sud et à l'est, avec les plages
» du grand océan oriental. Les Chinois en placent le
» commencement, du côté du nord-ouest, aux monts
» Tsoung-ling, au sud-ouest de Yerkiyang. Mais il doit
» y avoir, à l'est de ce point, des hauteurs qui intercep-
» tent le passage des eaux, puisque les rivières qui en
» partent sont sans communications avec la mer, et vont
» former des lacs sans écoulement. La Chine propre-
» ment dite offre trois grands bassins, l'un au sud des
» monts Nân-ling, où toutes les rivières vont, au midi,
» se jeter dans la mer qui baigne le Kouang-toung et le
» Fou-kian ; le second, au nord de cette chaîne, ren-
» ferme le bassin du Kiang et du vaste système des
» rivières qui s'y rattachent ; il est terminé au nord par

» les monts Pe-ling, qui le séparent de celui du Hoang-
» ho. Ce dernier enfin s'étend au nord jusqu'aux mon-
» tagnes Yan, branche peu élevée des monts Yin, dans
» la Tartarie. Le prolongement de ces dernières, du côté
» du nord-est, sous le nom de Hing-'an, forme un qua-
» trième bassin, dont les eaux s'écoulent à la fois au sud
» et à l'est, dans la mer Jaune et dans la mer d'Okhotsk;
» il est séparé de la Corée par une chaîne qui vient se
» rattacher à celle des monts Yan, au nord de Pe-
» king.

» Les deux chaînes désignées par les Chinois sous les
» noms de Pe-ling et Nân-ling (chaîne septentrionale et
» chaîne méridionale) sont deux branches détachées de
» l'immense nœud des montagnes du Thibet. La pre-
» mière part de la partie septentrionale de cette grande
» chaîne de montagnes que les Chinois regardent comme
» étant les plus hautes du monde, et qu'ils appellent
» *Kan-ti-sse*. La chaîne des Yun-ling, qui fait partie de
» ces dernières, court du nord au sud, et constitue une
» véritable barrière naturelle entre la Chine et le Thibet.
» Au nord elle forme une bifurcation, en envoyant au
» nord-ouest une forte chaîne qui s'étend à l'ouest de
» la mer Bleue (*Kôke-Noor*), et dont les diverses rami-
» fications déterminent toute la première partie du cours
» du Hoang-ho. Au nord-est elle donne naissance à la
» chaîne des montagnes du Chen-si, dont les hauteurs
» vont en s'abaissant successivement du sud au nord,
» dans cette contrée qu'habitent les Ordos, et qui est
» comme dessinée par la grande courbure des Hoang-

» ho. Les Pe-ling, qui s'en séparent à l'est, courent dans
» cette direction sans presque s'en écarter, marquant la
» distinction entre le bassin septentrional et le bassin
» moyen, côtoyés au nord par le Hoang-ho, et s'abais-
» sant insensiblement jusqu'au rivage de la mer, où
» leurs dernières hauteurs viennent se terminer entre
» les embouchures du Hoang-ho et du Kiang. La chaîne
» des Nân-ling, naissant de l'extrémité méridionale des
» Yun-ling, et fort éloignée en cet endroit de l'origine
» des Pe-ling, s'en rapproche en courant à l'est, et en
» envoyant vers le nord-est plusieurs rameaux qui sem-
» blent accompagner les circonvolutions du Kiang, et le
» suivre jusqu'à son embouchure.

» Les monts Yan, au nord-ouest de Pe-king, séparés
» des Pe-ling par le bassin du Hoang-ho, paraissent
» tenir plutôt à la grande chaîne des monts Yin, qui
» forme la limite entre la Chine, le pays des Mongols
» et le désert. Une chaîne de communication, qui les
» réunit au nord, produit, en s'avançant à l'est du golfe
» du Liao-toung, la chaîne connue autrefois sous le nom
» de Sian-pi ; et son prolongement, qui se continue avec
» les montagnes de la Corée, donne naissance à cette
» *longue montagne blanche* (Golmin chanyan alin) si
» célèbre dans l'histoire des Mandchous.

» On voit par cet aperçu que les principales chaînes
» de la Chine vont en s'abaissant, d'après le mouvement
» général des bassins, vers l'est, le nord-est et le sud-
» est, et que trois lignes qui en marqueraient l'inclinai-
» son à partir de la mer Jaune, des embouchures du

» Hoang-ho et du Kiang, et de la baie de Canton, vien-
» draient se réunir au faîte commun des montagnes du
» Thibet oriental, connu des Chinois sous le nom de
» Kouen-lun, et dont ils ont fait, dans leur géographie
» mythologique, le roi des montagnes, le point culmi-
» nant de toute la terre, la montagne qui touche au pôle
» et qui soutient le ciel, et l'Olympe des divinités boud-
» dhiques et tao-sse. C'est aussi le point qui marque la
» direction des grandes vallées. On va donc en s'éle-
» vant à mesure que l'on se dirige vers ce point, et la
» rapidité de cette élévation augmente considérable-
» ment quand on s'en rapproche dans les parties mon-
» tagneuses des provinces de Yun-nan, de Sse-tchouan
» et du Chen-si ; le cours des eaux y est plus impétueux,
» et dans beaucoup d'endroits les passages sont inter-
» ceptés par des escarpements à pic et par des vallées
» presque inaccessibles. » (CHAMPOLLION-FIGEAC, *Chine*.)

### FLEUVES ET LACS.

On doit placer au premier rang, parmi les fleuves de la Chine, le *Kiang* (ou le fleuve par excellence) et le *Hoang-ho* (ou le fleuve Jaune), que l'on peut comparer aux plus grands courants de l'Asie et de l'Amérique. Ils prennent tous deux leur source hors des frontières de l'empire, dans les montagnes du Thibet, qui rentrent dans le système des hautes et longues chaînes de l'*Himalaya* (ou séjour des neiges). Partis de deux points assez rapprochés, le *Kiang*, qui porte différents noms selon les pays qu'il parcourt et la forme qu'il possède, prend sa direction au midi pour contourner une grande chaîne de montagnes et se diriger ensuite vers l'est, tandis que le *Hoang-ho*, se dirigeant au nord, va faire une longue incursion dans la Mongolie, en passant par le désert de *Cha-mo* (désert de sables, nommé aussi *Cobi*) et le pays des Ortous, et revient traverser la grande muraille, pour aller prendre son embouchure dans la mer Orientale, non loin de celle du Kiang ; de sorte que ces deux puissants fleuves jumeaux embrassent dans leur cours une aire de pays immense. Deux fortes rivières qui prennent naissance dans la Tartarie, l'une nommée *Ya-loung*, l'autre *Kin-cha* (rivière à sable d'or), traversent le Thibet, du nord au sud, pour aller se réunir au Kiang, ou fleuve des fleuves. Celui-ci est ainsi nommé à juste titre, car, près d'une ville de la province de *Sse-tchhouan*, à plus de trois cents lieues de distance de la mer, il a déjà une demi-lieue de largeur ; il en a sept à son embouchure dans la mer Jaune, où il termine un cours de six cents lieues de longueur. Il est navigable pour des vaisseaux à voiles pendant plus de cent lieues à partir de la mer Orientale, dont le flux et le reflux se font sentir à cette distance. Ce fleuve, dit le P. Martini, a bien deux lieues de large près de la ville de Kieou-Kiang, à cent lieues de son embouchure. Les Chinois ont un proverbe qui dit : « La mer n'a point de bornes ; » le Kiang n'a point de fond *(Haï wou ping ; Kiang wou » ti).* » En effet, il paraît qu'en quelques endroits ce fleuve est si profond, qu'ils n'ont pu mesurer sa profon-

deur, et que dans d'autres il aurait, selon eux, deux à trois cents brasses d'eau. Le Hoang-ho, ou fleuve Jaune, ainsi nommé à cause de la couleur jaune de ses eaux dans les inondations, a un cours presque égal au précédent, quoique le volume de ses eaux soit moins considérable. Les Chinois placent sa source dans un lac situé sur le célèbre mont Kouen-lun, l'Olympe de la mythologie chinoise. Ce fleuve, dès la plus haute antiquité, a causé les plus grands ravages par ses débordements, et de tout temps on s'est efforcé de le contenir par des digues. C'est ainsi que dans le chapitre *Yao-tien* (Instructions de l'empereur Yao) du Chou-King (livre canonique chinois), chapitre qui passe pour avoir été écrit du temps de l'empereur Yao, c'est-à-dire plus de 2,300 ans avant notre ère, on lit : « O préposés des quatre montagnes,
» dit l'empereur, on souffre beaucoup de l'inondation
» des eaux qui débordent et se précipitent de toutes
» parts. Leurs flots immenses enveloppent les monta-
» gnes et couvrent les collines. S'élevant de plus en
» plus en lames formidables, ils menacent de submerger
» le ciel. Le peuple d'en bas s'adresse à nous en gémis-
» sant. »

# CHAPITRE III.

## POPULATION.

Au temps d'Yao, la Chine a déjà neuf provinces, sa population est de 13 millions d'habitants. Le chiffre actuel, d'après le recensement fait en 1812, s'élève à 361 millions et demi. Ce nombre offre quelque incertitude venant de la méthode de recensement, uniquement fait pour asseoir l'impôt, qui n'atteint que les hommes valides. Par le nombre de ceux-ci, on arrive à une approximation totale.

Le peuple chinois est le seul sur la terre qui nous fournisse des tables de population sérieusement rédigées et remontant, d'une manière peu éloignée de la vérité, jusqu'à quelques siècles après le déluge. Ce n'est que depuis la dynastie des Mings qu'on a livré au public ces tables de population, mais tous les éléments ont pu être précisés dans les archives de l'empire pour les temps antérieurs.

Etablissons, d'après Champollion-Figeac *(la Chine moderne)*, les gradations ascendantes aux principales époques, en partant d'Yao jusqu'en 1812 :

Du temps d'Yao et Chun, 13 millions.

A l'ère chrétienne, 60 millions.

Au vii$^e$ siècle, à la suite de longues guerres civiles, 43 millions.

Au xii$^e$ siècle, 58 millions.

Au xiv$^e$ siècle, 60 millions.

Au xvii$^e$ siècle, 100 et quelques millions.

En 1750, 200 millions et au delà.

En 1812, 361 millions.

Pour rendre compte de la prodigieuse augmentation du dernier siècle, il faut en attribuer une partie aux conquêtes et à l'adjonction de la Tartarie et du pays des Eleuthes. Je suis porté à croire aussi que le riz, qui est le fond de la nourriture d'un Chinois, favorise la fécondité.

On peut voir, dans ce tableau, les funestes effets des guerres civiles, qui avaient ramené la population au chiffre de 43 millions, lorsque sous Auguste elle était de 60 millions.

Vue dans son ensemble, cette progression de la population chinoise est un fait dont l'importance ne peut échapper à personne.

On doit prévoir une époque, qui est encore éloignée sans doute, où les continents émergés sur notre planète ne suffiront plus pour la nourriture de l'homme. Pour éclairer ou pour résoudre ce problème, la Chine a les données les plus précieuses ; elles donnent la main à celles de la Genèse pour asseoir une conclusion.

Le chapitre que nous consacrerons à l'émigration des

Chinois fera mieux comprendre ce que nous disons ici.

Il est impossible, a-t-on dit en occident, d'admettre la prodigieuse augmentation de plus de 100 millions d'habitants dans l'espace d'un siècle. Je ne suis pas surpris de cette objection : c'est un côté de la physiologie humaine qui n'est pas encore assez étudié.

Je viens, avec de nouvelles preuves, mettre ce fait hors de contestation.

Je cite des documents officiels :

1° Le Y-tong-tche, monument statistique publié en 1743, tiré des *Mémoires chinois*.

On y cite tous les chiffres partiels de la population de chaque province en 1736 et ceux de l'année 1743.

Or, d'après cette table, le nombre des pères de famille imposables en 1736 a été augmenté environ d'un million en sept ans ; mais ce million est l'expression de l'augmentation seulement des pères de famille, et il faut le multiplier par six, qui est la moyenne des personnes composant la famille.

Il faut ensuite faire une autre augmentation. Dans ce nombre ne sont pas comprises les familles qui échappent à l'impôt, comme les militaires qui ont une famille, les fonctionnaires publics, les marins de fleuve et de mer, les familles qui ne possèdent rien, les esclaves, tous les gens sans aveu.

D'après les données fournies par les mêmes auteurs, ces catégories de citoyens augmentent au moins des deux cinquièmes la population totale.

On peut donc, sans exagération, affirmer que la population a augmenté d'environ dix millions en sept ans, ce qui dépasse cent millions par siècle.

Voici un nouveau monument incontestable, authentique, et d'une clarté invincible. Il est du règne de l'empereur Kien-Song, dans le même siècle, à quelque peu de distance du précédent. Il a été traduit du chinois par le père Allerstain, jésuite, président lui-même du tribunal des mathématiques à Pékin. On peut lire tous ces chiffres au tome VI des *Mémoires*, p. 292, avec les détails et les totaux de deux années consécutives au commencement du règne.

Dans les premières années, le total général de toute la population est de 196,837,977 habitants : l'année suivante, 198,213,718. L'augmentation est de 1,375,741 habitants.

Conclusion. En supposant que ce progrès n'ait pas été arrêté par des famines ou des guerres, voilà une augmentation de 137 millions dans un siècle.

Cela est donc entièrement conforme aux données puisées dans les tableaux de la population tirés du dénombrement pour asseoir l'impôt en 1812.

Cela nous étonne, mais cela est prouvé et irrécusable.

Si on pouvait encore désirer d'autres témoignages, ils sont fort nombreux dans les Mémoires des PP. jésuites.

# CHAPITRE LV.

### LES FINANCES.

Le P. de Mailla parle comme il suit des finances de la Chine, tome XIII, p. 489 :

« L'ouvrage intitulé *la Dîme royale,* qu'on attribue au maréchal Vauban, paraît avoir été calqué sur ce qui se pratique en Chine.

» La plupart des impôts s'y paient en denrées. Le cultivateur de vers à soie paie en soie ; le laboureur, en grains ; le jardinier, en fruits ; le possesseur de rizières, en riz, etc.

» Cette méthode est simple et commode ; elle n'oblige point le particulier à échanger péniblement les productions de son sol et de son industrie contre une somme arbitraire en argent, pour satisfaire au fisc. Cette vente forcée est toujours onéreuse. C'est ce que l'administration chinoise, plus paternelle qu'en Europe, a voulu prévenir. »

Ajoutons qu'en France, en particulier, où les produits de l'agriculture devraient éveiller avant tout la sollicitude du gouvernement, on suit un système bien opposé:

on attire toutes les forces vives de l'Etat vers les grands centres industriels, où un si grand nombre de bras sont occupés à des produits de luxe, tandis que la terre, qui est la vraie nourricière du peuple, est non seulement durement traitée par le fisc, ce qui est clairement indiqué par la valeur décroissante de la propriété rurale, l'avilissement du prix des fermages et la désertion des campagnes ; mais comme si cela ne suffisait pas dans nos temps bouleversés, où les gouvernements nouveaux montent sur les ruines de ceux qui sont renversés, il faut perpétuellement augmenter les recettes publiques pour assouvir les appétits des parvenus, et au lieu de chercher un remède à cet état de souffrance des laboureurs, on fait des traités de commerce qui achèvent de les ruiner en abaissant le prix des produits qui sont leur principale ressource, du froment et du bétail.

« En Chine, dit le même auteur, cette facilité de payer en nature ne gêne en aucune manière le souverain. Il a dans chaque province un grand nombre de stipendiaires, soit mandarins, soit officiers, soldats, pensionnaires de toute espèce. On leur fournit en nature de quoi les nourrir et les vêtir. Par là, les denrées perçues dans telle province y sont consommées presque sans déplacement. Ce qui en reste est vendu au profit du trésor impérial.

» Les tributs en argent, car il en faut dans toute espèce d'administration, arrivent surtout par les douanes, de la vente du sel, des droits d'entrée perçus dans les ports, et des autres droits établis sur le commerce.

» Il fut un temps (p. 491, *ibid.*) où la Chine ne connut d'autre monnaie que certains coquillages. Sa monnaie, quant à présent, est de deux sortes, d'argent et de cuivre. Celle-ci consiste dans une pièce ronde de huit lignes et demie de diamètre. Cette pièce a un trou carré au milieu. Elle présente sur la face deux mots chinois, et sur le revers deux mots tartares.

» L'administration chinoise ne pense pas que l'accroissement des matières d'or et d'argent augmente en rien les richesses de l'Etat. La Chine renferme plusieurs mines d'or et même de pierreries. Toutes sont fermées au public, l'Etat s'en réserve le monopole, et ce n'est que pour les exploiter dans la mesure stricte des intérêts du trésor ou de l'industrie ; mais le gouvernement a craint de tout temps que l'abondance de l'or ne corrompît les mœurs par le luxe.

» Les mines de fer, de cuivre, de plomb et d'étain sont ouvertes au public, selon que l'usage en est jugé utile ou nécessaire. Les Chinois ont sur le commerce des idées bien opposées à celles de l'Europe. A dater du siècle dernier du moins, il ne leur paraît utile qu'autant qu'il se borne à leur enlever les choses superflues pour leur en procurer de nécessaires. De là ils regardent comme nuisible celui qui se fait à Canton (ceci est écrit en 1785). Il nous enlève, disent-ils, nos soies, nos thés, notre porcelaine ; ces objets augmentent de prix dans toutes nos provinces. Dès lors il ne peut être avantageux à l'empire.

» L'argent que nous apportent les Européens, les précieuses bagatelles qui l'accompagnent, sont de pure sul'abondance pour un Etat tel que le nôtre. Il ne lui faut qu'une masse d'argent relative à ses besoins en général et aux besoins relatifs à chaque individu en particulier. Kouan-tsé disait, il y a deux mille ans : «L'argent qui entre dans un royaume ne l'enrichit qu'autant qu'il y entre par le commerce. Il n'y a de commerce longtemps avantageux que celui des échanges utiles ou nécessaires. Le commerce des objets de faste, de délicatesse ou de curiosité, qu'il se fasse par échange ou par achat, suppose le luxe, qui est l'abondance du superflu chez certains citoyens, et suppose le manque du nécessaire chez beaucoup d'autres. Plus les riches mettent de chevaux à leurs chars, plus il y a de gens qui vont à pied ; plus leurs maisons sont vastes et magnifiques, plus celles des pauvres sont petites et misérables ; plus leurs tables sont couvertes de mets, plus il y a de gens qui sont réduits uniquement à leur riz.

» Ce que les hommes en société peuvent faire de mieux, à force d'industrie et de travail, d'économie et de sagesse, dans un royaume bien peuplé, c'est d'avoir tous le nécessaire et de procurer le commode à quelques-uns. Voilà la tradition des sages au Céleste-Empire.

» La Chine, une fois en communication intime avec les autres peuples du globe, subira des modifications, et elle aura à regretter beaucoup de ses anciens usages. Les progrès ne sont souvent qu'apparents.

» Le seul commerce que la Chine a regardé comme avantageux jusqu'à ces derniers temps est celui qu'elle fait avec la Tartarie et la Russie. Il lui fournit, par échange, les pelleteries dont elle a besoin pour ses provinces du nord. »

Le budget de la nation nous montre les ressources générales du pays et ses richesses.

Les recettes et dépenses de l'Etat chinois sont un sujet de surprise pour nous.

Nous prenons pour type l'année 1812, dont les chiffres sont bien connus.

Voici la récapitulation générale sous douze chapitres :

| | |
|---|---:|
| 1° Frais du culte . . . . . . | 1,589,532 fr. |
| 2° Magistrature cantonale . . . | 199,232 |
| 3° Emplois subalternes . . . . | 15,319,824 |
| 4° Examen des licenciés . . . . | 1,006,784 |
| 5° Solde de l'armée . . . . . | 169,641,781 |
| 6° Service des postes . . . . . | 16,000,000 |
| 7° Subside aux licenciés . . . . | 1,064,884 |
| 8° Secours aux indigents . . . . | 8,153,260 |

9° Service des ponts et chaussées (non indiqué pour cette année).

| | |
|---|---:|
| 10° Dépenses diverses . . . . | 968,352 |
| 11° Manufactures impériales. . . | 1,490,964 |
| 12° Traitement des mandarins : | |
|     De l'ordre civil. . . . . | 22,891,560 |
|     De l'ordre militaire . . . | 16,704,736 |
|     Collèges principaux . . . | 282,680 |
| Total des dépenses fixes . . . | 255,313,589 |
| Total des recettes fixes en argent . | 295,000,000 |
| Excédent des recettes en argent . | 40,000,000 |

Mais aux recettes fixes en argent il faut ajouter les recettes en nature de céréales, riz et autres produits, estimées à 600 millions. Total, environ un milliard.

Mais n'est-ce pas un chef-d'œuvre d'habileté de maintenir l'ordre et la discipline, la sécurité des citoyens, avec des ressources si minimes ?

Prenons pour comparaison la France. Nous avons un budget trois fois plus élevé pour une population dix fois plus petite. Le budget des dépenses en Chine est donc en réalité trente fois moindre. Ceci est d'autant plus étonnant que les frais d'administration s'accroissent avec l'immensité du cercle des frontières où doit aller s'exercer l'action gouvernementale.

Dans ce pays, l'armée n'a guère pour objet que de faire la police, c'est-à-dire l'office de la gendarmerie parmi nous. Il n'y a eu de guerres bien sérieuses qu'avec les Tartares et pour la conquête des provinces du Midi ; mais, à certaines époques, ce pays a été le théâtre d'affreuses guerres civiles, toujours pour la compétition du pouvoir. Généralement l'armée est une institution pacifique pour maintenir l'ordre intérieur.

C'est un grand honneur pour la Chine, qu'avec des moyens si faibles et si peu dispendieux d'ordre public, elle puisse maintenir la tranquillité et l'obéissance dans les moments de calamités. Ceci fait autant d'honneur à l'esprit de prévoyance du gouvernement qu'à la sagesse d'une population fort intelligente, qui a assez d'esprit pour raisonner son obéissance. Le peuple comprend qu'il aggraverait ses maux par les insurrections.

La république française avait promis au peuple un gouvernement à bon marché, et chaque année fait sentir des aggravations nouvelles. Des sommes énormes disparaissent, le public veut savoir ce qu'elles deviennent, et les responsables se taisent. Il n'y a qu'en république qu'on voit de ces abus ; ne pourrions-nous pas envoyer ces faux libéraux prendre des leçons d'économie en Chine ?

# CHAPITRE V.

## POLICE.

### POLICE INTÉRIEURE DES VILLES DE LA CHINE.

On a déjà remarqué bien des traits de ressemblance entre le gouvernement de la Chine et le nôtre; on en trouvera jusque dans l'administration intérieure de nos villes. Paris est divisé en différents quartiers; chaque ville chinoise l'est aussi. Là, chaque quartier a un chef qui veille sur un certain nombre de maisons; il répond de tout ce qui s'y passe contre le bon ordre; s'il néglige d'en être instruit, s'il néglige d'en informer le mandarin gouverneur, il est puni comme les réfractaires.

Les pères de famille sont des inspecteurs d'un autre genre. Chacun d'eux répond de ses enfants et de ses domestiques, par la raison qu'il a sur eux toute espèce d'autorité. Les voisins mêmes répondent de leurs voisins; ils doivent tous s'entre-secourir, s'entr'aider, soit dans le cas d'un vol, soit dans le cas d'un incendie, surtout si ces accidents sont nocturnes.

Chaque ville a ses portes, chaque rue a ses barrières ; toutes se ferment quand la nuit commence. Il y a, d'espace en espace, des sentinelles qui arrêtent les passants lorsque la nuit est déjà un peu avancée. Une patrouille à cheval fait communément sa ronde sur les remparts pour le même objet. On arrête indifféremment le citoyen distingué, l'homme du peuple, le malfaiteur qui, à la faveur des ténèbres, croit pouvoir se soustraire à toute recherche. Il est rare que les gens d'une classe tant soit peu élevée s'exposent à cet affront. La nuit, disent les magistrats chinois, est faite pour le repos ; le jour, pour le travail.

Le jour, on veille encore, aux portes de chaque ville, sur ceux qui s'y introduisent. Chaque porte est garnie à cet effet d'une bonne garde ; on examine l'air, le maintien, la physionomie du passant ; on le questionne : si son accent décèle qu'il est étranger, on le conduit sur-le-champ au mandarin ; souvent aussi on l'arrête, en attendant les ordres du gouverneur. Cette précaution tient à l'ancienne maxime des Chinois, de ne point admettre d'étrangers parmi eux. Ils présument que, par la suite des temps, il en résulterait une altération de mœurs, de coutumes, d'usages, capable d'enfanter des partis, des querelles, des révoltes, le bouleversement de l'Etat.

On a vu que le meurtre est puni de mort en Chine ; mais il est rare qu'il soit la conséquence d'une rixe, surtout parmi les gens du peuple. Deux champions de cette classe en veulent-ils venir aux mains, ils déposent le bâton ou tout autre instrument qu'ils pourraient tenir ; c'est à coups de poing qu'ils vident leurs querelles. Le plus souvent ils vont trouver le mandarin pour le prier de les mettre d'accord. Celui-ci les écoute avec beaucoup de gravité et fait donner la bastonnade au plus répréhensible, quelquefois même à tous les deux. Il n'est permis qu'aux seuls gens de guerre de sortir armés ; ils ne le sont pas même en tout temps, excepté quand la guerre est allumée. Hors de là, c'est seulement lorsqu'on les passe en revue, qu'ils montent la garde ou qu'ils accompagnent un mandarin. Cet usage fut dans tous les temps celui des Orientaux ; il subsiste encore chez les Turcs.

Les femmes publiques ne peuvent habiter dans l'enceinte d'une ville, mais on leur permet de se loger hors des murs, pourvu que ce ne soit pas chez elles, c'est-à-dire dans une maison où elles puissent commander. D'autre part, on autorise nommément un particulier à les loger chez lui ; il est le surveillant de leur conduite. S'il s'élève quelque bruit, quelque querelle dans sa maison, c'est lui qui en est responsable et qui en est puni.

Chaque ville de la Chine, et quelquefois un simple bourg, jouit d'un établissement dont Paris n'est pourvu que depuis peu d'années. C'est un bureau que les Chinois nomment tang-pou, qui revient à notre mont-de-piété. Les règlements en sont à peu près les mêmes. L'emprunt sur gage s'y fait sur-le-champ ; il n'est précédé d'aucuns préliminaires. Le secret y est gardé. L'emprunteur même peut garder le sien. Dit-il son nom, on l'écrit,

Veut-il le cacher, on ne le lui demande pas. On se borne, si le cas paraît l'exiger, à prendre le signalement de la personne pour être, à tout événement, en état de rendre compte à la police.

On porte même la précaution jusqu'à faire suivre exprès l'emprunteur, lorsqu'on a reçu de lui des gages qui paraissent trop au-dessus de son état, de ses moyens; mais, à moins que la connivence ne soit prouvée, le bureau ne perd jamais rien. Au surplus, sa vogue dépend de sa fidélité; ce motif en devient un assez bon garant.

L'intérêt de l'argent en Chine est, pour l'ordinaire, de trente pour cent; ce qui prouve que l'argent n'y est pas commun. C'est sur ce taux qu'on emprunte au tang-pou. Tout gage est numéroté quand il entre au bureau, celui-ci en répond. Le gage lui appartient dès le lendemain du jour où le billet d'engagement expire. Le surplus des conditions ressemble si complètement à celles de notre mont-de-piété, qu'il est superflu de les rappeler ici.

Le jeu, tout divertissement qui mène à l'oisiveté, sont absolument interdits aux jeunes gens. L'étude forme à peu près leur seule occupation. Elle paraîtrait bien fatigante à la jeunesse de nos contrées; mais dans un pays où le mérite, le seul mérite, mène à tout, où l'ignorance est condamnée à n'être jamais rien, l'encouragement est à côté du dégoût.

POLICE GÉNÉRALE.

La sûreté des voyageurs, la commodité du transport des hommes et des denrées, paraît avoir occupé sérieusement l'administration chinoise. Le grand nombre de canaux dont la Chine est entrecoupée facilite le second objet. La manière dont les routes publiques sont entretenues vient à l'appui du premier.

Ces chemins ont partout beaucoup de largeur; ils sont pavés dans toutes les provinces méridionales et dans quelques autres; mais alors on n'y souffre ni chevaux ni chariots. On a comblé les vallées, percé les rochers et les montagnes, pour y pratiquer des routes commodes et d'un plan uni. Elles sont, pour l'ordinaire, bordées d'arbres fort hauts, et quelquefois de murs d'environ huit à dix pieds, pour empêcher les voyageurs d'entrer dans les campagnes. Les ouvertures qu'on y a pratiquées de distance en distance donnent sur des chemins de traverse qui mènent à différents villages. Les grands chemins offrent de distance en distance des reposoirs, où l'on peut se mettre à l'abri des intempéries de l'hiver et des excessives chaleurs de l'été. On y voit aussi des temples, des pagodes; l'asile en est ouvert le jour, et souvent refusé la nuit. Les mandarins ont seuls le droit d'y rester, quand ils le jugent convenable. Ils y sont logés avec toute leur suite, reçus avec appareil et servis avec affection.

On ne manque point d'hôtelleries dans les grands chemins, et même dans les chemins de traverse. Les premières sont fort vastes, mais toutes sont mal pourvues de provisions : il faut même y porter son lit avec soi, ou se résoudre à coucher sur une simple natte. Le gouvernement ne les oblige qu'à donner le couvert à quiconque le réclame en payant.

L'administration a soin de faire imprimer l'itinéraire général de l'empire, soit par terre, soit par eau, depuis Pékin jusqu'aux frontières les plus reculées. Ce livre est le guide de tous les voyageurs. Lorsque c'est un mandarin ou tout autre officier qui voyage par ordre de l'empereur, il est logé, conduit et défrayé aux dépens du souverain.

Au bord des grands chemins, on voit d'espace en espace des tours sur lesquelles on a élevé des guérites pour les sentinelles, et des bâtons de pavillon pour faire les signaux en cas d'alarme. Ces tours, bâties pour l'ordinaire en terre cuite, sont d'une forme carrée, et n'ont guère que douze pieds de hauteur. Elles ont pourtant des créneaux, lorsqu'elles bordent les chemins qui conduisent à la cour : celles-ci ont de plus sur leur sommet des cloches de fer fondu assez grosses.

La loi exige que ces tours soient placées de cinq en cinq lys ; il doit y en avoir alternativement une petite et une grande, celle-ci munie d'un corps de garde. Cinq lys reviennent à une demi-lieue de France. On voit par là que les chemins de la Chine sont bien gardés et que les voleurs ne peuvent s'y maintenir longtemps.

On retrouve à la Chine l'établissement des postes ; mais

elles ne sont pas publiques ; les seuls courriers de l'empire, les seuls officiers chargés des ordres de la cour, ont le droit de s'en servir. Ces derniers ont toujours une escorte.

A cela près, les voyageurs trouvent beaucoup de facilité à faire transporter leurs équipages ; ils n'ont pas même besoin de s'en occuper bien attentivement. On trouve dans chaque ville un grand nombre de portefaix.

Ceux-ci ont un chef commun, et c'est à lui qu'on s'adresse pour régler les conditions et le prix du transport ; il en reçoit le montant et répond de tout ; il fournit autant de porteurs qu'on lui en demande, et remet au voyageur un pareil nombre de marques. Ce dernier en donne une à chacun des porteurs lorsqu'ils ont rendu leur charge au lieu indiqué. Ils reportent cette marque à leur chef, qui les paie sur l'argent qu'il a reçu d'avance.

Cet établissement est dirigé par la police générale de l'empire. Dans les grandes routes, l'on trouve dans la ville qu'on est prêt à quitter plusieurs bureaux de cette espèce, qui ont une correspondance établie dans celle où l'on veut se rendre. On fait, avant le départ, inscrire dans l'un de ces bureaux tous les objets qu'on veut faire transporter. A-t-on besoin de deux cents, trois cents, quatre cents porteurs ? on les trouve. Tout est pesé sous les yeux du chef, et le prix du port est de dix sous par cent livres chaque jour. On tient au bureau une liste exacte de tout. Vous payez d'avance, et, dès ce moment, vous n'êtes plus obligé de vous mêler de rien : vous retrouvez à votre arrivée dans l'autre ville tous vos effets chez le correspondant, et ils vous sont remis avec la plus scrupuleuse fidélité.

C'est encore la police qui régit les douanes, parce que, dans cet empire, tout se fait pour le compte de l'empereur. Ces douanes sont peut-être les plus douces du monde entier; elles ne concernent guère que les marchands, qu'on a soin de ne point fatiguer par d'excessives recherches. S'agit-il d'un voyageur qui n'est point marchand, ou dont l'extérieur seul annonce qu'il ne l'est pas, ses ballots ne sont point fouillés par les commis, quoiqu'ils en aient le droit; ils n'exigent même de lui aucune rétribution.

On paie soit par pièce, soit par charge, et, dans le premier cas, le marchand est cru d'après son livre.

C'est le vice-roi de chaque province qui nomme un mandarin de confiance pour la régie des douanes de tout le district. Les douanes du port de Canton et des ports du Fo-kien sont dirigées chacune par un mandarin particulier. Ce sont aussi des mandarins qui ont l'inspection des postes.

Observons que cette police et cette attention délicate pour le public, pour les voyageurs, sont restées à peu près les mêmes depuis les temps les plus reculés, et à des époques où nous étions plongés dans l'ignorance.

Nous avouerons que la civilisation chinoise mérite notre admiration, et pour le bon sens qui a dicté ses règlements, et pour l'honneur qui en revient aux populations qui se maintiennent dans le devoir. Disons aussi que, dans un si grand empire, il y a un budget insignifiant de 169 millions de francs pour les troupes de terre et de mer et pour la police intérieure. Que notre Europe, et particulièrement la France, si fière de sa civilisation, apprennent des Chinois à dégrever les pauvres cultivateurs, si opprimés sous le poids des charges républicaines, après avoir reçu de si pompeuses promesses d'économie.

Saisissons cette occasion pour dire que c'est depuis que les philosophes démocrates ont demandé la liberté universelle et le bon marché universel, que nous avons été sous le coup des guerres universelles et des armées permanentes, qu'on ne connaissait pas au moyen âge.

C'est depuis que la fausse philosophie a ébranlé le principe de tous les devoirs qu'il a fallu créer les gros budgets, agrandir les prisons et organiser une armée de policiers à côté des armées permanentes, pour contenir les athées devenus révolutionnaires.

Il y a même un pays en Europe où ceux qui sont chargés de maintenir l'ordre public violent le domicile privé, en dépit des lois de la propriété, qui sont de droit naturel.

# CHAPITRE VI.

## AGRICULTURE.

L'agriculture et l'horticulture sont pratiquées en Chine selon des principes qui supposent en même temps et une longue expérience et une connaissance approfondie de la nature. Aussi obtient-on de magnifiques résultats.

L'industrie agricole va si loin, que, sur les bords des fleuves et des lacs, on voit des familles pauvres qui se créent sur l'eau des jardins flottants.

De tout temps la culture des terres a été l'objet d'intelligentes préoccupations de la part du gouvernement comme des particuliers; on connaît la fête du labourage, où l'empereur en personne, suivi des grands de l'empire, ouvre le sillon avec la charrue devant tout le peuple; mais le Chinois a un autre stimulant pour demander à la terre tout ce qu'elle peut donner par la culture la plus ingénieuse, c'est l'impérieux besoin. La population s'accroît si vite, que le territoire de la Chine, malgré son immensité, est déjà trop étroit. Il n'y a pas une parcelle susceptible d'être labourée sur le flanc des montagnes qui n'ait des mains intelligentes pour la cultiver,

Néanmoins, avec toutes les ressources de la nature et de l'art, les famines sont fréquentes ; le moindre dérangement dans la régularité des saisons fait sentir de rudes contre-coups.

Les famines seraient plus fréquentes encore et plus terribles sans la sagesse du gouvernement, qui, comme Joseph, prélève sur les années d'abondance des réserves considérables pour compenser les années de disette. On en a tellement l'expérience, qu'on est arrivé à conserver toutes sortes de provisions sans avaries pendant plusieurs années, et cela même dans les contrées basses et humides.

M. Bazin, dans son *Histoire de la Chine*, observe qu'en Europe nous aurions, en ce point, de bonnes leçons à prendre pour les temps de guerre.

Dans les moments de pénurie, l'Etat distribue les provisions des greniers d'abondance avec des conditions si douces, que c'est un véritable don. Nous verrons que ce chapitre est un des plus chargés de son budget.

L'exposition des enfants en Chine est un crime révoltant. La situation que je viens de signaler explique du moins comment un sentiment si contraire à la nature a pu, depuis quelques siècles, déshonorer une nation d'ailleurs si distinguée. Nous reviendrons sur ce sujet.

Faisons un retour sur notre pays. Qu'on se reporte seulement à huit ou dix siècles avant l'ère chrétienne, on ne trouve en Europe que de vastes forêts presque impénétrables. De rares tribus celtiques cherchaient leur nourriture et leur protection dans des cités lacustres, au bord des lacs et des rivières. Nous avons vu, par l'examen de leur langage, que ces tribus venaient du centre de l'Asie, tout comme les Chinois. Il est constant que la population était alors fort minime.

Les Gaules, plus favorisées de la nature, ont fait trembler Rome quelques siècles avant l'ère chrétienne. Mais il ne faut pas croire que nos contrées étaient cultivées comme elles le sont, puisque nous voyons, au moyen âge, un grand nombre de monastères se fixer au milieu de forêts sauvages et de terres incultes, et, quelques siècles après, ils avaient créé des sites admirables ornés de céréales, de vignes et de splendides jardins. Aujourd'hui, en France comme en Chine, les forêts tendent à disparaître dans une proportion alarmante pour la salubrité publique et aussi pour la fréquence des inondations. En Chine, c'est une nécessité ; elle a besoin de tout son territoire pour son pain quotidien. Je ne nie pas que les Gaules, pendant l'occupation romaine, n'aient eu quelques siècles de prospérité où la population était en progrès. Mais sous les derniers empereurs, les populations, épuisées par les exactions impitoyables du fisc, se trouvèrent dans la nécessité de négliger les terres.

Il y a trois cents ans, il n'y avait en Amérique qu'une population fort restreinte relativement à l'immensité du continent. Aux bords du Mississipi, de l'Orénoque, à la baie d'Hudson, au Mexique, au Pérou, se trouvaient les tribus les plus nombreuses, mais plus des deux tiers des deux Amériques, surtout du Sud, n'étaient que d'immenses pays déserts. Le trop-plein de l'Europe se déverse incessamment dans ce nouveau monde, et il se peut que dans trois siècles l'Amérique soit aussi peuplée relativement que l'ancien continent, surtout depuis que la Chine connaît la route qui conduit à l'Amérique du Nord.

Les notions géologiques nous apprennent, il est vrai, que les mers se retirent peu à peu et agrandissent les continents, mais dans une proportion si faible, qu'elle n'est pas en rapport avec l'accroissement de la population. Il faudra donc un jour, dans un avenir plus ou moins éloigné, que les divers Etats du globe se concertent, non seulement pour favoriser les meilleurs systèmes d'agriculture, mais encore qu'ils réunissent leurs efforts pour rendre fertiles tous les lieux encore incultes.

Le moment critique ne pourra arriver que lorsque l'Amérique méridionale, l'Afrique, l'Océanie, auront une population en rapport avec leur superficie.

On lira sans doute avec intérêt un parallèle entre l'agriculture de la Chine et celle de l'Europe, fait par le baron d'Hervey de Saint-Denys, d'après les notions qu'il a puisées dans un ouvrage spécial du pays et d'après les missionnaires. Ce morceau est tiré de la *Chine moderne* de M. Bazin, p. 588.

« Les voyageurs et les missionnaires qui ont parcouru le Céleste-Empire s'accordent à nous faire le tableau le plus séduisant de l'aspect que présentent les campagnes. Point de ces landes arides qu'on rencontre si souvent dans nos plus fertiles provinces ; point de friches, pas un coin de terre oublié : la culture a tout envahi, quelquefois même jusqu'à la surface des rivières, qu'en certains endroits elle couvre de jardins flottants. Partout aussi se presse une population industrieuse, principalement adonnée aux travaux agricoles. Des villes immenses, des villages qui ailleurs seraient des villes, une multitude de hameaux reliés entre eux par un véritable réseau de fleuves navigables et d'innombrables canaux, entretiennent et facilitent la prodigieuse activité du commerce intérieur.

» Si le travail et la production pouvaient à eux seuls constituer la prospérité réelle d'un peuple, la Chine devrait occuper le premier rang dans la hiérarchie des nations civilisées, car l'excessif développement de la culture semble y avoir atteint sa dernière limite. Malheureusement pour les Chinois, ces grands résultats sont dus à leur état permanent de gêne et de souffrance, et ce que nous admirons surtout chez eux, pour en tirer quelquefois parti au point de vue européen, ce sont les efforts continuels d'une population exubérante qui doit arracher sa subsistance au sol ; efforts sans lesquels la disette, avec son hideux cortège de troubles et de maladies, viendrait fondre sur le pays. N'est-ce point un spectacle digne d'intérêt que celui de ce peuple qui lutte avec tant d'énergie contre l'appauvrissement séculaire d'un sol que le manque d'engrais ne lui permet pas de renouveler, et qui supplée en quelque sorte, par les ressources de son industrie, à la dureté des conditions dans lesquelles se pratique son agriculture ?

» Cette corrélation entre de tristes causes et d'admirables effets avait frappé les savants missionnaires qui portent en Chine l'enseignement évangélique. Pénétrant au cœur de l'empire et séjournant dans les provinces plus longtemps qu'aucun Européen, ils sont certainement plus à même que personne d'apprécier à sa juste valeur l'agriculture chinoise prise dans son ensemble.

» Nous croyons donc ne pouvoir mieux commencer l'esquisse que nous nous proposons de faire, qu'en plaçant ici tout d'abord le tableau qu'un de ces missionnaires traçait lui-même au commencement du siècle dernier :

» Que le lecteur jette un coup d'œil sur la carte d'Asie, pour voir l'étendue de notre Chine, la variété de ses climats et les peuples divers dont elle est entourée. Il trouvera qu'elle est d'une étendue immense, qu'elle réunit tous les climats, et qu'elle n'a autour d'elle que des nations errantes ou à demi barbares, et il en conclura d'abord que, réduite à elle-même, elle peut et doit se suffire ; mais en songeant qu'elle est prodigieusement peuplée et qu'elle le devient tous les jours davantage, parce que les grandes maladies sont rares, que les lois sont florissantes, que le mariage est en honneur, que le nombre des enfants est une richesse, et que la paix au dedans et au dehors est presque inaltérable, il sentira bientôt que ce n'est qu'à force de travail, d'industrie et d'économie qu'elle peut avoir, nous ne disons pas l'agréable, mais l'honnête et le nécessaire.

» En France, les terres se reposent de deux années l'une ; de vastes terrains demeurent en friche ; les campagnes sont entrecoupées de bois, de prairies, de vignobles, de parcs, de maisons de plaisance, etc. Rien de tout cela ne saurait se rencontrer ici. La doctrine même des anciens sur la piété filiale n'a pu sauver les sépultures dans les révolutions. Les petites surgissent et disparaissent dans les champs, d'une génération à l'autre; la superstition a aidé la politique à reléguer peu à peu celles des grands et des riches dans les montagnes ou dans les endroits stériles fermés à l'agriculture. Bien que la terre soit épuisée par trente-cinq siècles de moissons, il faut qu'elle en donne chaque année une nouvelle, pour fournir aux pressants besoins d'un peuple innombrable. Cet excès de population, dont les philosophes modernes de l'Europe n'ont pas même soupçonné les inconvénients et les suites, augmente ici le besoin de l'agriculture, au point de montrer les horreurs de la famine comme la conséquence subite et inévitable des moindres négligences.

» Sans les montagnes et les marais, la Chine serait absolument privée du bénéfice des bois, de la venaison et du gibier : ajoutons que la force et l'industrie de l'homme font tous les frais de l'agriculture. Il faut plus de travail et plus d'hommes pour avoir la même quantité de grains qu'ailleurs. La somme totale en est inconcevable; cependant elle n'est que suffisante, et ne suffit encore que parce qu'elle est régie et distribuée avec une économie prévoyante, qui compense une année par l'autre et qui entretient le niveau dans toutes les provinces.

» Les cochons et la volaille sont presque la seule

viande de la Chine, d'où il suit qu'on doit en manger peu, distributivement, et que l'industrie a besoin de toutes ses ressources pour en nourrir une certaine quantité. Nous avons dit *presque*, parce que nous parlons de l'empire envisagé dans son universalité par rapport à cet objet. Il y a, en effet, des districts mieux partagés à cet égard et qui nourrissent beaucoup de troupeaux. Il y en a où le labourage se fait avec des bœufs, des buffles et des chevaux ; mais, proportion gardée, il y a au moins dix bœufs en France contre un en Chine.

» L'auteur du mémoire que nous citons se pose alors à lui-même la question de savoir si la Chine est, en résumé, plus mal partagée que l'Europe sous le rapport de la nourriture. Il n'hésiterait pas à se prononcer pour l'affirmative si la comparaison ne portait que sur le régime alimentaire des habitants de nos grandes villes. Mais, ajoute-t-il, il faut examiner impartialement à quoi se réduit en France, comme dans le reste de l'Europe, la boucherie des campagnes. D'ailleurs, c'est surtout dans les provinces méridionales du Céleste-Empire que le bétail est rare, et l'usage de la viande n'est ni nécessaire ni sain dans les pays chauds. Les anciens habitants de la Chine, auxquels la viande ne manquait point, en mangeaient encore moins que les modernes. Observons cependant : 1° que la Tartarie fournit tous les ans à la ville de Pékin et à toute la province une quantité prodigieuse de bœufs, de moutons, de cerfs, etc. ; que les côtes de la mer, depuis la grande muraille jusqu'au bout de la province de Canton, les lacs, les étangs, les rivières, etc., donnent continuellement toute sorte de poissons (la pêche seule du grand Kiang, situé au milieu de l'empire, équivaut à celle des plus grands fleuves de l'Europe réunis); 2° que les montagnes, dont toutes les provinces sont entrecoupées, ont quantité de gibier et de venaison : 3° que la nécessité, mère de l'industrie, a appris aux Chinois à tirer parti de beaucoup de légumes, d'herbages, de plantes, de racines, qui croissent d'elles-mêmes dans les campagnes et qui ne demandent point de culture ; 4° que, bien qu'il ne puisse pas y avoir beaucoup de terres en vergers et en jardins, les enclos des maisons, les avenues des villages, les collines, y suppléent ; et, sans leur extrême population, la plupart des provinces de Chine seraient au niveau des provinces de France les mieux partagées.

» La Chine a peu de laines, et ne fait presque point de toiles de chanvre ni de lin ; mais la soie, les cotons, les racines et les écorces de plusieurs espèces y suppléent abondamment. La quantité de soie qu'on recueille chaque année est incroyable. La récolte du coton va plus loin encore, parce qu'elle est plus générale, plus facile, et que toutes les provinces sont également bien partagées. Quant aux racines et aux écorces, elles ne sont guère qu'un agrément, à cause de la légèreté des toiles qu'on en fait pour l'été. Remarquons, en passant, que la consommation en vêtements est très restreinte dans toutes les provinces méridionales, et que, dans les autres même, elle est beaucoup moindre qu'en France pendant plus de quatre mois.

» On sait aujourd'hui que l'agriculture n'est plus un art à principes absolus, un art qui puisse s'exercer indépendamment des circonstances qui l'environnent. Loin d'être indépendante, elle est essentiellement subordonnée aux conditions politiques, tout au moins autant qu'à celles qui proviennent du sol ou du climat. La Chine nous en fournit l'exemple : parce qu'elle est démesurément peuplée, le morcellement de la propriété foncière a été poussé à ses dernières limites. A part un nombre infiniment restreint de familles qui possèdent encore des terres d'une certaine étendue, tout le reste cultive des parcelles tellement réduites, qu'elles ne comportent plus le travail des animaux de ferme ; et, d'ailleurs, comment nourrir ces animaux, lorsque le sol tout entier, sans cesse pressuré par la culture, livre à peine ce qui est suffisant pour faire vivre la famille? De là résultent, à notre point de vue du moins, les plus graves inconvénients : outre la rareté de la viande et des autres produits animaux, il y a pénurie d'engrais, malgré le soin extrême qu'apportent les Chinois à recueillir tout ce qui peut rendre à la terre un peu de sa fertilité. Le défaut de fumure fait qu'elle s'épuise et ne peut plus donner ces riches produits que nous offrent les champs de l'Angleterre ou du nord de la France. Il faut dès lors renoncer à la culture des espèces exigeantes, pour se rabattre sur celles qui ne demandent presque rien à la terre ; abandonner le blé, si riche en principes azotés, pour lui substituer le riz, si pauvre de ces mêmes principes ; substituer de même le coton et la soie à la laine et au chanvre, comme le thé à la vigne, c'est-à-dire remplacer par des produits qui sont partout ailleurs du luxe, les objets que l'on considère avec raison comme les plus indispensables à l'existence.

» Prise dans son ensemble, l'agriculture chinoise ne trouve donc point son analogue dans l'agriculture européenne, puisque cette dernière, outre qu'elle s'exerce plus spécialement sur des espèces végétales dont le rôle en Chine n'est que très secondaire, considère la production du bétail comme sa base la plus essentielle, et que l'axiome du vieux Caton, *Bene pascere*, est plus que jamais regardé chez nous comme la règle dominante, pour ne pas dire l'unique règle du cultivateur. Toutefois, si l'on abandonne l'ensemble de l'agriculture de l'Europe pour en scruter les détails, on trouvera certains modes d'opérer qui se rapprochent davantage des allures de l'agriculture chinoise. Il existe, par exemple, une certaine analogie, une certaine ressemblance même, au point de vue agricole, entre la Flandre et la Lombardie d'une part et la Chine de l'autre. En Flandre comme en Chine, la propriété est très morcelée; là aussi le travail de l'homme remplace en partie celui des animaux domestiques, et l'engrais humain celui des étables. La Lombardie, outre qu'elle nous montre un sol également morcelé, se livre en grand à la culture du riz, suivant en cela des procédés qui ne s'éloignent pas beaucoup de ceux des Chinois. Mais là s'arrêtent les analogies, car pour ces deux contrées les résultats sont tout opposés : tandis que la Chine ne fournit rien ou presque rien à l'exportation, consommant elle-même la totalité de ce que son sol peut produire, la Flandre et la Lombardie comptent parmi les contrées les mieux cultivées et les plus riches de l'Europe, et fournissent d'immenses quantités de leurs produits à l'exportation. La différence de ces résultats est, du reste, facile à expliquer.

» Ainsi que nous l'avons dit, l'agriculture est toujours puissamment subordonnée aux conditions politiques et commerciales, qui en déterminent quelquefois d'une manière absolue, non seulement la marche, mais aussi les succès et les revers. En Europe, il est rare qu'un pays ne produise que les objets qu'il consomme, comme il est rare qu'il n'ait pas à demander aux pays voisins quelques-uns des objets dont il a besoin. De là ce mouvement commercial, cet échange des produits de la terre, qui vivifie l'agriculture en assurant à chaque district agricole l'écoulement des denrées que son sol est le plus apte à produire. Là est tout le secret de la prospérité de la Flandre et de la Lombardie. Entourées toutes les deux de pays riches en bestiaux qui leur fournissent les engrais nécessaires, elles peuvent consacrer la presque totalité de leur territoire à des cultures exceptionnelles dont les produits trouveront dans les pays voisins un prompt et facile débouché. Ce seront le riz, la betterave, la garance, le lin, le tabac, ou autres plantes industrielles qui ne viendraient point ou viendraient plus mal ailleurs. Mais que le sort de la Lombardie ou de la Flandre serait différent, si le reste de l'Europe pouvait produire aussi bien qu'elles, et à aussi bon marché.

les denrées qui font toute leur richesse, ou seulement si leur position géographique les eût éloignées des principaux foyers de la consommation européenne !

» On voit qu'il serait inutile de chercher dans l'agriculture chinoise cette science des assolements, science tout européenne, et nous pouvons ajouter toute moderne, puisque c'est elle qui a détrôné l'ancien système des jachères, qui règne même encore en certaines provinces de France, pays où l'agriculture est loin cependant d'être aussi arriérée que certains théoriciens affectent de le croire. La jachère elle-même, qui est l'enfance des rotations, n'est pas usitée en Chine, non par défaut de connaissances de la part des Chinois, mais par suite de la nécessité de demander tous les ans à la terre les mêmes produits. C'est la conséquence forcée de cet extrême morcellement du sol, dont les causes ont été développées plus haut.

» Nous allons essayer de donner une idée moins superficielle de l'état de l'agriculture chinoise, en empruntant quelques détails aux notes publiées il y a trois ans sur ce sujet par M. Fortune, qui indépendamment des rapports relatifs à la mission spéciale dont l'a chargé son gouvernement, envoie souvent au *Gardner's Chronicle* des articles d'un vif intérêt.

» Nous devons dire d'abord que M. Fortune ne professe pas une grande admiration pour le peuple chinois et pour ses procédés agricoles. Peut-être la comparaison qu'il a dû faire, en arrivant dans le Céleste-Empire, de son agriculture avec celle de l'Angleterre, l'a-t-elle conduit à exagérer l'infériorité de la première. Mais cette prévention même en faveur de l'agriculture de son pays donnera plus de force à son témoignage, lorsqu'il reconnaîtra quelque supériorité aux méthodes chinoises, que ses connaissances spéciales lui permettent d'ailleurs de bien apprécier.

» Le sol des montagnes et des collines dans les provinces méridionales est très maigre. Il se compose d'une argile sèche, ardente, mêlée à de petits fragments de granit. On y aperçoit cependant quelques herbes, et les habitants récoltent de chétives broussailles, comme matériaux de combustion, telles que les *campanula grandiflora*, *glycine sinensis*, *azaleas*, clématites de différentes espèces, rosiers sauvages, etc. La plus grande partie de ces montagnes est inculte et incultivable ; le seul produit utile qu'on en pourrait retirer serait celui du bois, si les Chinois se doutaient de l'importance des forêts sur les terrains en pente ; mais, absorbés par les soins de la culture morcelée et individuelle, le reboisement des montagnes est une opération trop vaste, et dont les résultats sont trop éloignés, pour qu'ils songent à l'exécuter, bien que le bois soit déjà très rare dans tout l'empire.

» Si les flancs des montagnes sont improductifs dans certaines provinces, les vallées en revanche sont toutes cultivées, bien que toutes soient loin d'être naturellement fertiles ; c'est là que les Chinois plantent leur thé, leur pomme de terre douce et l'arachide.

» Vers le nord, l'infertilité des montagnes est plus

générale, écrit M. Fortune ; les voyageurs peuvent parcourir des espaces de plusieurs milles sans rencontrer un brin d'herbe.

» Mais dès que l'on arrive vers la rivière de Min, près de Fou-tcheou-fou, capitale du Fou-kien (lat. 26°, long. 117°), la végétation des montagnes change subitement d'aspect, et ce changement est dû à la nature du sol qui les recouvre : il se compose alors d'une argile assez tenace, mélangée, dans une assez forte proportion, d'humus et de débris végétaux ; aussi ces montagnes sont-elles cultivées jusqu'à une hauteur de trois mille mètres au-dessus de la mer.

» Le sol des plaines et des vallées varie tout autant suivant les provinces. Au sud, par exemple, il se compose d'une argile forte, mêlée à une très faible portion de matières organiques. Dans le district de Min, où la proportion d'humus est très considérable, le sol est extrêmement fertile. On peut dire en général que plus les plaines et les vallées sont basses, plus leur sol se rapproche par son peu de fertilité de celui des provinces du sud, *et vice versa* ; par exemple, le district de Changhaï, qui est de quelques mètres plus haut que le district de Ning-po, contient plus d'humus que ce dernier, et est par conséquent le plus fertile des deux.

» Le riz est, on le sait, la céréale par excellence du Céleste-Empire ; c'en est aussi la principale culture, surtout dans les provinces méridionales, où deux récoltes en sont faites dans l'année. Pour la première, le sol se prépare au printemps. Les charrues, ordinairement attelées d'un buffle, de mulets ou de jeunes bœufs, sont un instrument grossier, mais qui remplit cependant bien les conditions exigées ; les Chinois les préfèrent aux nôtres, qui leur paraissent trop lourdes.

» Le champ destiné à la culture du riz est inondé avant d'être labouré, de sorte qu'il s'y dépose une couche de limon de 15 à 20 centimètres d'épaisseur. La charrue n'entame et ne retourne que cette couche, et, pour l'y faire passer, le laboureur et son attelage marchent dans la vase et dans l'eau, ce qui constitue un travail extrêmement fatigant. Après le labour vient le hersage pour égaliser le sol. Le laboureur se place ordinairement sur la herse afin de la faire entrer davantage dans le limon.

» Le sol ainsi préparé, et recouvert d'une couche d'eau de huit millimètres, est apte à recevoir les jeunes plants de riz, semés d'abord en pépinière dans un autre endroit, pour en être retirés avec beaucoup de précaution. On choisit les plus beaux pieds, qu'on réunit par petits paquets d'une douzaine environ. Un homme les répand sur le sol, à une certaine distance les uns des autres ; puis un autre, qui le suit, creuse avec sa main droite de petits trous disposés en ligne et éloignés les uns des autres d'environ trente centimètres, dans chacun desquels il place un des petits paquets de plants, dont les racines sont immédiatement couvertes de limon, entraîné par l'eau qui coule dans ces trous dès que l'ouvrier en retire la main. Cette opération se fait avec une grande célérité.

» Dans les provinces du sud de la Chine, la première récolte du riz a lieu vers la fin de juin ou au commencement de juillet. Immédiatement après, on façonne de nouveau la terre, et l'on plante de jeunes pieds pour la seconde récolte, laquelle a lieu en novembre.

» Aux environs de Ning-po, par 30° de latitude, l'été est déjà trop court pour obtenir deux récoltes successives; afin de suppléer autant que possible à ce désavantage, le cultivateur plante deux ou trois semaines après la première plantation, et dans les intervalles, d'autres jeunes pieds de riz, qui lui donneront une seconde récolte. Il faut seulement, après avoir enlevé la première, remuer un peu la terre et la fumer, ce qui se fait en brûlant les chaumes et les racines du riz de la récolte précédente, qu'on enlève avec précaution, de peur de déraciner les plantes qui croissent à côté, et dont on répand les cendres sur le champ. C'est là un bien faible engrais; mais le riz en demande peu, et d'ailleurs les Chinois n'en ont guère à distribuer. Ils se servent, pour moissonner le riz, d'une faucille très analogue à la nôtre. La moisson, une fois enlevée et séchée, est battue sur une aire en plein soleil, comme on en agit à l'égard du blé dans le midi de l'Europe, si le climat le permet; dans le nord de l'empire, on le rentre pour le battre en grange. On voit que les mêmes besoins, sur des points excessivement éloignés du globe, ont fait découvrir et employer les mêmes procédés.

» Ces détails sur la culture du riz, dans lesquels nous sommes entré à dessein, confirment ce que nous disions plus haut de l'agriculture chinoise : elle abonde en main-d'œuvre et n'opère qu'en petit; c'est un véritable jardinage exercé sur le sol agricole; aussi les auteurs chinois donnent-ils, au sujet des soins réclamés par les céréales, des instructions plus minutieuses que celles qu'on trouverait chez nous dans un traité de floriculture. La manière de fumer, de labourer, de semer, de herser, etc., subira, suivant eux, des modifications infinies, subordonnées à mille éventualités soigneusement prévues. Concentrant tous ses efforts sur une étroite parcelle de terre, le cultivateur recueille avec une attention extrême tout ce qui peut rendre au sol un peu de sa fertilité primitive, et surtout l'engrais humain, le seul vraiment digne du nom d'engrais que produise la Chine ; c'est d'ailleurs quelque chose de tout à fait instructif pour le cultivateur européen, que l'art avec lequel les Chinois le recueillent et le préparent pour les besoins de leur culture. Sous ce rapport, la Chine est beaucoup plus avancée que l'Europe, et pourrait lui fournir d'excellents exemples.

» Indépendamment de l'engrais dont il vient d'être question, le cultivateur chinois ne néglige rien de ce qui peut amender la terre. Il économise les restes des poissons de toute espèce, des crabes et autres crustacés marins, les cheveux et les crins coupés, des débris de végétaux entassés avec des pailles de rebut, des herbes potagères avariées, des épluchures, etc., qu'il fait fermenter, ou bien auxquelles il met le feu, et dont il fabrique ensuite différents composts, en y mêlant de la cendre ou de la terre brûlée. Les chiffons, les os, les coquillages, la chaux, la suie, et enfin toutes les espèces de décombres, sont recherchés et utilisés en Chine comme en Europe. Il n'y a pas jusqu'au limon des marais et des rivières qui ne soit recueilli et débité comme engrais.

» Mais une des branches de l'agronomie qui paraît avoir été le plus perfectionnée par les Chinois, sans doute en raison du rôle important qu'elle joue dans leur politique, c'est celle de la conservation des grains durant plusieurs années.

» Le système des greniers publics, où l'impôt en nature s'accumule dans les années d'abondance, et que l'empereur ouvre libéralement dans les années mauvaises, est un des rouages les plus importants du gouvernement chinois.

» On sait combien est coûteuse chez nous la conservation du blé en grenier ; le budget des manutentions militaires pourrait au besoin nous fournir des chiffres, s'il n'était point superflu d'en donner. L'établissement de bons silos, dans les provinces dont le sol est souvent humide, présente aussi des difficultés que jusqu'ici on n'a pu surmonter que très imparfaitement chez nous, tandis qu'en Chine on en construit d'irréprochables au milieu des districts les plus marécageux. De sérieuses recherches sur le mode de construction de ces greniers souterrains, sur le choix des matériaux qu'on y emploie, peut-être même sur des préparations à faire subir aux grains avant de les emmagasiner, amèneraient probablement de nombreux et intéressants résultats.

» Quant à l'outillage agricole des Chinois, nous croyons que les emprunts à lui faire seraient beaucoup moins importants.

» On peut dire en général que ce qui caractérise les instruments ruraux de la Chine, comparés aux nôtres, c'est leur simplicité et leur légèreté. La charrue, cette primitive invention de tous les peuples agriculteurs, paraît n'avoir pas changé depuis les temps anciens. Elle a quelque ressemblance avec ce que nous appelons *houe à cheval*. Ajoutons cependant que, dans quelques districts, elle a reçu d'assez importantes modifications pour la rapprocher de quelques instruments d'Europe, et qu'on a même cherché à lui imprimer des formes diverses, en rapport avec les différentes constitutions du sol à labourer. Nous avons au Conservatoire des arts et métiers un modèle de charrue chinoise destinée à tracer plusieurs sillons à la fois, et qui ne manque pas d'un certain art dans sa construction ; mais c'est plutôt un objet de curiosité qu'un appareil véritablement utile, et, dans tous les cas, on ne conçoit pas l'avantage d'un instrument qui, tout en exigeant une dépense de force proportionnée à la quantité de terre remuée, est, à raison de sa composition même, beaucoup plus difficile à manier que ceux qu'une longue expérience a fait prévaloir.

» Peut-être aurions-nous plus d'avantage à emprunter à la Chine quelques-uns des semoirs dont on y fait usage, surtout pour la culture du blé. Nous trouvons dans le traité *Cheou-chi-thong-khao* diverses figures représentant des semoirs, dont la forme paraît aussi ingénieuse qu'originale ; mais ces figures sont exécutées avec trop peu de soin pour qu'on puisse se faire une idée exacte de la structure intérieure de ces instruments, que le texte d'ailleurs n'explique pas suffisamment. On sait tous les essais de nos agriculteurs pour fabriquer des semoirs remplaçant la main de l'homme, et combien les appareils, pourtant si variés, que l'on a inventés sont loin de répondre au but que l'on s'était proposé. Les Chinois auront-ils été plus heureux sur ce point? c'est ce que l'expérimentation pourrait seule nous apprendre, si l'on avait entre les mains des instruments importés du pays.

» Dans la catégorie des instruments nous rangerons les appareils servant aux irrigations, opérations fort importantes, et qui sont certainement mieux entendues en Chine que partout ailleurs, et cela, on le conçoit, à raison de la nature même de leur principale culture, celle du riz, qui ne peut prospérer qu'avec des arrosements copieux et pour ainsi dire perpétuels. La nécessité, mère de l'invention, a appris aux Chinois à tirer parti, non seulement des sources naturelles ou des puits creusés de main d'homme, mais aussi des fleuves et des rivières, dont les eaux, élevées au moyen d'appareils hydrauliques, sont partout utilisées au profit des cultures. Ils ont, comme nous, des manèges et norias mus par la force d'animaux domestiques, ou par celle des cours d'eau eux-mêmes.

» Il serait intéressant de savoir s'ils n'utilisent pas

aussi la force du vent pour élever l'eau des puits et la faire servir aux irrigations. Bien que, dans les ouvrages chinois que nous avons entre les mains, nous n'ayons rien trouvé qui indiquât l'emploi du vent dans un but agricole, il nous paraît peu présumable qu'un peuple si industrieux n'ait pas senti depuis longtemps l'utilité d'une force qui existe partout et ne coûte que la peine d'être recueillie. Après les efforts qui ont été faits en Europe pour appliquer la force motrice de l'air aux appareils hydrauliques, efforts qui n'ont été couronnés jusqu'ici que de demi-succès, on n'a pas de peine à comprendre quel service on rendrait à l'agriculture du midi de l'Europe, si l'on pouvait lui procurer un mécanisme répondant bien au but qu'on se propose, mais simple dans sa structure et surtout économique, c'est-à-dire accessible au petit cultivateur.

» De tous les appareils proposés dans ces dernières années pour utiliser la force du vent en hydraulique agricole, celui de M. Amédée Durand, qui a été de la part de M. Séguier l'objet d'un rapport favorable à l'Académie des sciences, paraît le seul véritablement recommandable ; mais ce mécanisme, excellent pour les agriculteurs qui opèrent en grand et qui peuvent se livrer à des dépenses considérables, est, par son prix élevé, tout à fait hors de la portée du simple paysan, c'est-à-dire de l'immense majorité des cultivateurs méridionaux. Il est d'un autre côté trop complexe, trop artistement construit, pour qu'on puisse espérer que les habitants de nos campagnes l'exécutent de leurs propres mains. C'est là d'ailleurs le défaut de presque tous les instruments modernes, empruntés pour la plupart à l'Angleterre, et qui ne trouvent guère leur placement en France, en Espagne et en Italie, que dans les fermes modèles, les salons du cercle agricole ou la galerie du musée provincial.

### HORTICULTURE.

» Si, continue M. le baron Léon d'Hervey, nous n'avons pas eu de grands éloges à donner à l'agriculture chinoise prise dans son ensemble, il n'en sera pas de même du jardinage, que les Chinois entendent admirablement, et dans lequel ils possèdent même certaines pratiques, certains secrets, pour mieux dire, que nos jardiniers auraient tout intérêt à leur emprunter. On pourrait écrire tout un volume sur cette branche de la culture chinoise....

» Nulle part au monde on ne cultive mieux les plantes potagères qu'en Chine, comme nulle part aussi on n'en cultive un plus grand nombre d'espèces. Ici se montre dans tout son jour l'adresse du jardinier chinois, qui, sur une parcelle de terre où chez nous un homme vivrait à peine, trouve le moyen de se nourrir avec sa famille, et quelquefois de s'enrichir par la vente des produits de quatre ou cinq récoltes annuelles. C'est que le jardinier chinois pratique de temps immémorial l'art, comparativement nouveau chez nous, de forcer les légumes, c'est-à-dire d'en hâter le développement par la chaleur artificielle, comme aussi de les faire venir à contre-saison. On pourrait dire d'une manière générale, pour caractériser le jardinage à la Chine, qu'il vise à surmonter des difficultés, ou, si l'on veut, à faire des tours de force, ce qui est du reste tout à fait en harmonie avec les goûts des Chinois. Nous en citerons quelques exemples en parlant de leur jardinage d'ornement.

» Cette supériorité des Chinois en horticulture n'a rien qui doive surprendre; elle est le contrepoids, ou, pour mieux dire, la suite même de l'insuffisance de leur agriculture, qui les oblige à chercher dans le jardinage un complément indispensable aux substances alimentaires qu'elle leur fournit. L'homme ne pourrait pas vivre exclusivement de riz ; mais il vivra s'il peut y ajouter les graines des légumineuses, qui compenseront par leur richesse en azote ce qui manque sous ce rapport à la céréale de prédilection du Céleste-Empire.

» D'un autre côté, le besoin impérieux de varier sa nourriture a conduit l'homme à multiplier le nombre des espèces auxquelles il demande ses aliments ; de là le grand nombre de végétaux cultivés dans les jardins, si on le compare avec celui des espèces simplement agricoles. Ces conditions ne sont point du reste les seules qui président au développement du jardinage; il en est une plus décisive encore que celles qui naissent des besoins des individus isolés : c'est, pour l'horticulteur de profession, la nécessité de trouver un débouché rapide et assuré aux produits souvent très fugitifs de son industrie ; aussi pouvons-nous dire que si le besoin de varier sa nourriture a fait créer les jardins, ce n'est qu'autour des villes que l'industrie horticole a pu se développer, puisque là seulement elle est assurée d'échanger ses produits contre de l'argent.

» On est étonné lorsqu'on lit, dans les statistiques, le prodigieux développement du jardinage maraîcher autour de Paris. Il y a peu de personnes encore aujourd'hui, même parmi les plus éclairées, qui se doutent de l'importance qu'a prise en France cette partie de l'art agricole, probablement parce qu'elle s'exerce le plus souvent sur des espaces fort limités. Mais si les jardins sont généralement petits, ils rachètent leur exiguïté par leur nombre ; on les trouve partout, depuis le hameau, depuis la ferme isolée, presque toujours entourée de son *ouche,* comme on dit en Bourgogne, jusqu'au centre des villes les plus populeuses.

» ... Chez nous, dit encore M. Léon d'Hervey, on aime les fleurs ; chez les Chinois, on se passionne pour elles. Ce qui nous plaît dans un jardin, c'est la variété du coup d'œil, la richesse des couleurs, la beauté ou la rareté des espèces ; pour les Chinois, chaque plante est l'objet d'un culte véritable, d'une espèce d'amour mystique, qui inspire à lui seul une grande partie de leurs poésies. Dans les romans, dans l'histoire, jusque dans les habitudes de leur vie privée, on trouve des exemples de cet amour naïf et passionné. De graves magistrats s'invitent mutuellement à venir admirer leurs pivoines et leurs chrysanthèmes. Il est même question, dans les monuments de la littérature chinoise, d'une sorte d'extase, que nos mœurs ne permettent guère de comprendre, et qui consiste à s'enivrer de la vue des plantes en cherchant à saisir, par une attention continue, les progrès de leur développement. Cette passion s'explique, du reste, chez un peuple étranger à toutes les préoccupations de la politique, et qui, placé comme un voyageur sur une route unie, entre un passé sans bornes et un horizon dont il n'aperçoit pas les limites, s'abandonne tout entier à la contemplation des objets qui l'entourent, en y mettant tout ce que son âme et son imagination peuvent avoir de forces vives et de poésie. Si nous citons ces curieux exemples, ce n'est assurément pas que nous songions à les importer chez nous ; nous voulons seulement donner une idée du degré d'expérience et d'habileté auquel un goût si prononcé, nous dirons presque si exalté, a dû nécessairement conduire les horticulteurs chinois.

» On ne s'étonnera donc pas s'ils excellent dans l'art d'embellir les espèces rustiques, d'en faire doubler les fleurs, d'en modifier les couleurs et la forme primitives, tout comme d'en hâter la floraison. C'est ainsi qu'ils en sont venus tantôt à donner à des espèces naines un développement considérable, tantôt à réduire aux plus chétives proportions des arbres ordinairement de grande taille ; on cite particulièrement des ormeaux dont ils ont fait des arbrisseaux de moins d'un mètre de hauteur, mais qui conservent toujours en petit leur ancien aspect.

» Au reste, en voyant à la dernière exposition centrale d'horticulture des azaléas, des rhododendrons, des rosiers, des camélias en fleur de deux ou trois décimètres de haut, chacun a pu remarquer que le goût pour le *rabougrissement* des espèces se naturalisait insensiblement à Paris, de même que s'introduisit vers le milieu du dix-septième siècle celui de la taille des massifs de nos parcs, auxquels on se plut à donner des formes bizarres ou monumentales.

» Longtemps avant le règne des jardins dits *à la française*, le même système d'ornementation était déjà en honneur à la Chine, et il est probable qu'il se maintiendra longtemps encore chez un peuple où les modes voient passer les générations, comme chez nous les générations voient passer les modes.

» On conçoit sans peine que l'horticulture chinoise a dû nous fournir un nombre considérable de plantes ornementales. Les floriculteurs de profession n'ont pas besoin que nous les mentionnions ici, et d'ailleurs la liste en serait trop longue pour offrir de l'intérêt aux personnes qui ne s'occupent pas de jardinage. Nous nous bornerons à citer, parmi les espèces les plus répandues, ces pivoines en arbre (*pæonia meou-tang*), d'un si splendide effet dans les massifs, lorsqu'elles sont couvertes de leurs grandes fleurs d'un rouge clair ; la reine-marguerite (*chrysanthemum sinense*), aujourd'hui si populaire, et toujours si belle et si recherchée ; les hortensias roses et bleus ; la glycine de la Chine (*glycine* ou *wistaria sinensis*), dont les longues tiges sarmenteuses, le beau feuillage, et surtout les admirables grappes d'un bleu tendre, sont au printemps le plus bel ornement des berceaux et des treillages de nos jardins. Mais, depuis l'introduction de ces espèces déjà anciennes et de mille autres que nous passons sous silence, l'Europe en a reçu un nombre considérable de nouvelles, et le répertoire des Chinois est loin encore d'être épuisé. Qu'on nous permette d'en citer quelques-unes dues aux recherches de M. Fortune, et qui par conséquent sont pour nous de date toute récente. Ce seront entre autres le *fortunea sinensis (platycarya strobilacea*, Sieb. et Zucc.), arbre d'ornement de la famille du noyer, et que l'on croit capable de résister aux hivers de la Grande-Bretagne ; le *plumbago larpentæ*, charmante plombaginée que le bleu vif de ses fleurs fait ranger avec raison parmi les plus brillantes acquisitions de pleine terre que l'horticulture européenne ait faites depuis plusieurs années ; le *weigelia rosea*, qui commence à se répandre dans les jardins de tous les amateurs, et qui, jusqu'à un certain point, rivalise d'éclat avec quelques azaléas ; la rose à fleurs d'anémone *(rosa anemoneflora)*, déliée et grimpante comme la rose de Banks, qui est d'ailleurs du même pays, et qu'elle surpasse peut-être par la délicatesse de ses pétales d'un blanc de neige ; le *kumkwat*, variété ornementale du *citrus japonica*, espèce rustique, qu'on s'attend à voir braver nos hivers les plus rigoureux, et qui permettra de cultiver à l'air libre une espèce de la famille des hespéridées presque jusqu'au centre de l'Europe ; le *statice Fortunei*, si remarquable par la couleur jaune de ses fleurs au milieu d'un groupe où elles sont généralement bleuâtres ou purpurines ; le *barbula sinensis*, l'*indigofera decora*, le *pterostigma grandiflora*, enfin l'*anemone japonica*, production du sol chinois, malgré son nom qui semblerait la confiner au Japon, où en effet on la retrouve aussi. »

## CULTURES PARTICULIÈRES.

### FRUITS, LÉGUMES, HERBES POTAGÈRES DE LA CHINE.

La Chine produit la plupart des fruits que nous avons en Europe, et plusieurs espèces qui lui sont particulières. Les pommes, les poires, les prunes, les abricots, les pêches, les coings, les figues, les muscats, les grenades, les oranges, les noix, les châtaignes, viennent presque partout et en abondance. Mais les Chinois n'ont aucune espèce de bonnes cerises. Excepté les muscats et les grenades, les fruits qui leur sont communs avec nous sont inférieurs en qualité à ceux d'Europe.

Ils ont des olives, mais n'en font pas d'huile. Est-ce parce qu'elles sont d'une espèce différente ?

C'est de la Chine que nous sont venues les premières oranges, et c'est aux Portugais que nous devons ce présent. Du temps du père de Mailla, on voyait encore dans la maison du comte de Saint-Laurent, à Lisbonne, le premier oranger apporté en Europe, et qui a donné naissance à tous ceux qui y existent aujourd'hui.

Ils ont les limons et les citrons, et particulièrement une petite espèce de citrons employés avec avantage dans les ragoûts, et des melons qui se conservent six mois avec toute leur fraîcheur.

Dans les provinces de Fo-kien, de Quang-tong et de Quang-si, on trouve un fruit nommé litchi, de la grosseur d'une datte, d'un goût exquis, mais qui est tellement délicat, que si on ne le mange pas le jour même où il atteint sa parfaite maturité, il perd de sa bonté, et qu'au bout de quelques jours sa saveur a disparu, ce qui fait que pour en procurer à l'empereur, qui n'en trouve point dans la province de Pékin, on est obligé de transporter l'arbre chargé de ses fruits, quelques jours à l'avance, afin qu'il atteigne son degré de perfection quand il est arrivé au palais de la capitale.

Le long-yen est encore un fruit spécial, mais plus sain, quoique moins agréable au goût.

On recueille en Chine une grande quantité de raisins, et si les habitants ne boivent point de vin, ce n'est pas qu'ils manquent du fruit qui le donne. Il est difficile de comprendre pourquoi, au lieu de se servir du jus de la vigne, ils ont recours, pour se faire une boisson, à des graines de céréales fermentées. Ce n'est pas cependant que la vigne soit une plante récemment introduite dans ce pays, puisqu'on la connut bien des siècles avant l'ère chrétienne et même dans la plus haute antiquité.

Comme Noé est regardé par quelques savants comme ayant conduit la colonie qui est allée peupler la Chine, serait-ce, par hasard, qu'il aurait jeté le discrédit sur cette plante qui lui avait causé un accident? Je regarde comme vraisemblable que les boissons rafraîchissantes que fournissent plusieurs plantes de ce pays ont fait une sérieuse concurrence au vin.

Les Chinois, dit de Mailla, nous surpassent dans l'art de cultiver le potager. Comme les racines, les légumes et le riz sont la principale nourriture du peuple, ils n'omettent ni soins ni travail pour s'en procurer de bons.

L'une des plus singulières plantes qu'ils cultivent est un oignon qui ne vient point de graine. Vers la fin de la saison, on voit sortir de la pointe des feuilles de petits filaments au milieu desquels se forme un oignon blanc pareil à celui qui germe dans la terre. Ce petit oignon pousse peu à peu des feuilles semblables à celles qui le soutiennent; et ces feuilles portent à leur tour un troisième oignon à leur pointe, de manière cependant que les feuilles et l'oignon décroissent à mesure que l'oignon s'éloigne de la terre. Il y a beaucoup d'ordre et de symétrie dans ces dispositions. Le vrai chou n'existe pas en Chine, car ceux que l'on y cultive ne pomment jamais.

Le légume qui joue le rôle le plus important dans l'alimentation, après le riz et la châtaigne d'eau, dans les provinces méridionales, le petsai, est un légume excellent. Il a, quant à la forme, de la ressemblance avec la laitue romaine ; mais la fleur, le goût et la hauteur de la plante sont différents. La quantité qu'on en sème et la consommation qu'on en fait sont incroyables. Pendant les mois d'octobre et de novembre, les neuf portes de Pékin sont embarrassées des chariots chargés de ce légume. Ils défilent du matin au soir. Les Chinois le salent pour l'hiver ou le font confire ; ils le mêlent avec le riz, dont il rehausse le goût.

Plusieurs plantes aquatiques, en particulier la châtaigne d'eau, rendent le même service dans d'autres provinces. Les fruits font les délices des meilleures tables chinoises.

### ARBRES.

Ce pays a plusieurs variétés d'arbres qui ont des propriétés précieuses ; on y remarque l'arbre à suif, pour l'éclairage, l'arbre à cire, l'arbre à vernis, l'arbre de fer, le camphrier, dont les noms indiquent les services qu'ils rendent, et bien d'autres que nous sommes obligé d'omettre.

### LE THÉ.

Parmi les arbrisseaux aromatiques, le thé tient le premier rang. Dans le pays on l'appelle tcha, et quelquefois tha, d'où lui vient le nom de thé.

Le père Lecomte, dans ses mémoires, en fait la description suivante. Le thé croît dans les vallées, au pied des montagnes. Le meilleur vient dans les terrains pierreux ; celui qu'on plante dans les terres légères tient le second rang ; l'espèce commune se récolte dans les terres jaunes. Mais dans quelque lieu qu'on le cultive, il faut avoir soin de l'exposer au midi ; il y prend plus de force. C'est à la troisième année après la plantation qu'on en fait la récolte. Sa racine ressemble à celle du pêcher, et ses fleurs aux roses blanches et sauvages. Il monte à cinq ou six pieds de hauteur. J'ai vu, dans le Fo-kien, plusieurs tiges jointes ensemble et se divisant vers la cime en plusieurs petits rameaux formant un bouquet à peu près comme le myrte d'Europe.

Le tronc, sec en apparence, portait des feuilles et des branches très vertes. Ces feuilles étaient allongées par la pointe, assez étroites, longues d'un pouce et demi environ, et dentelées dans leur contour. Les nouvelles feuilles étaient molles, pliantes, rougeâtres, lisses, transparentes et assez douces au goût, surtout lorsqu'on les avait mâchées pendant quelque temps.

Au mois de septembre, les fruits présentent des gousses vertes, remplies de grains jaunes ; les uns sont ronds comme des pois, les autres ressemblent à des fèves ; les gousses sont courtes ou allongées, selon qu'elles renferment un ou deux grains, ou triangulaires si elles en contiennent trois.

Les Chinois renouvellent leurs plants par la greffe. Je ne parlerai pas des différentes espèces de thé, mais je ferai remarquer que le père Celoet n'est nullement persuadé que les meilleures espèces arrivent jusqu'à nous.

Le thé est cultivé et bien commun au Japon; on a fait de nombreuses tentatives pour acclimater cette plante si intéressante en Europe ; jusqu'ici on n'a pas encore réussi.

Je renvoie au père de Mailla ceux qui voudraient connaître les plantes médicinales ou d'agrément [1].

---

[1] *Histoire de la Chine*, t. XIII, p. 325 et suiv.

## CHAPITRE VII.

### VÊTEMENTS, COSTUMES DES DEUX SEXES.

Dans les villes la forme des habits est à peu près la même parmi les citoyens des deux classes : les deux sexes portent des robes longues ; mais certains ornements accessoires distinguent le grade, la dignité, de ceux qui les portent. Ce serait s'exposer à de rudes châtiments que de s'en décorer sans en avoir le droit. L'habit chinois, en général, est composé d'une longue veste qui descend jusqu'à terre. Un pan de cette veste, celui du côté gauche, se replie sur l'autre et est attaché sur le côté droit par quatre ou cinq boutons d'or et d'argent, un peu éloignés les uns des autres. Les manches de cet habillement sont larges près de l'épaule et se rétrécissent à mesure qu'elles descendent vers le poignet ; elles se terminent en forme de fer à cheval qui couvre les mains, ne laissant paraître tout au plus que le bout des doigts. Les Chinois se ceignent d'une large ceinture de soie, dont les bouts pendent jusque sur leurs genoux. Un étui, qui contient un couteau, est attaché à la ceinture ; il renferme aussi les deux bâtonnets qui leur servent de fourchette.

Ils portent sous cette veste un caleçon plus ou moins chaud ; c'est la saison qui en détermine la matière. Il est de lin pour l'été, quelquefois ils le couvrent d'un autre caleçon de taffetas blanc. Il est, pour l'hiver, de satin fourré, de coton, de soie écrue, ou enfin de pelleteries dans les provinces septentrionales. Leur chemise, toujours très ample, est fort courte, de toile différente selon les saisons. Ils portent communément sous cette chemise une espèce de filet de soie qui l'empêche de s'attacher à la peau.

Les Chinois ont le cou absolument nu lorsqu'il fait chaud ; ils le couvrent d'un collier de satin, de zibeline ou de peau de renard quand il fait froid : il tient à leur veste, qui, en hiver, est fourrée de peau de mouton ou piquée de coton ou de soie. Celle des gens de qualité est entièrement doublée de belles peaux de zibeline, qui leur viennent de Tartarie, ou de belles peaux de renard avec un bord de zibeline. Ils la portent doublée d'hermine au printemps. Ils endossent aussi, par-dessus la veste, un surtout à manches larges et courtes, qui est doublé ou bordé de la même manière.

On a réglé jusqu'aux couleurs qui doivent distinguer chaque condition. L'empereur et les princes du sang ont seuls droit de porter la couleur jaune ; certains mandarins portent le satin à fond rouge pour les cérémonies ; ils sont pour l'ordinaire vêtus en noir, en bleu ou en violet. La couleur affectée au peuple est le noir ou le bleu ; l'étoffe qui le couvre n'est jamais qu'une simple toile de coton.

Les Chinois n'ont pas toujours eu la tête rasée ; ils avaient même le plus grand soin de leur chevelure. Les Tartares, leurs conquérants, les obligèrent à en tondre la plus grande partie, comme eux-mêmes le faisaient. Les Chinois tenaient à leurs cheveux comme les anciens Russes tenaient à leur barbe. Il y eut du sang versé pour opérer cette révolution, il y en eut également pour les réduire à changer la forme de leurs habits et leur faire adopter le costume tartare. Ce qui paraîtra singulier, c'est que le conquérant qui exigeait d'eux cette complaisance adoptait, dans ce même instant, leurs lois, leurs mœurs, leur constitution. Il voulait par là faire oublier aux Chinois qu'ils avaient changé de maîtres ; mais il sentait que la différence des habits pourrait les faire souvenir de ce qu'il voulait leur faire oublier.

Alexandre, qui tranchait si volontiers sur tout, fit mieux encore ; il adopta les usages des Perses et leur laissa leurs habits. Sans doute que le conquérant tartare croyait ses tailleurs plus habiles que ceux de la Chine. Ainsi, les Chinois, qui dans les tableaux qu'on en trace nous paraissent chauves, ne le sont point naturellement.

La portion de cheveux qu'ils conservent sur le sommet de la tête ou par derrière est ce qu'on pourrait appeler leur chevelure d'ordonnance ; ils en forment une tresse qui est généralement fort longue. Leur coiffure d'été est une espèce de petit chapeau en forme d'entonnoir renversé ; il est doublé de satin couvert d'un rotin finement travaillé. On attache au sommet, qui forme une pointe, un gros flocon de crin rouge qui le couvre et qui se répand jusque sur les bords. Les Chinois coupent ce crin après les jambes de certaines vaches ; il est très fin et se teint facilement, surtout en rouge. Cet ornement n'est interdit à personne.

Voici un autre genre de coiffure qui n'est permis qu'aux mandarins et aux gens de lettres. Ce chapeau est de la même forme que le précédent, mais doublé et recouvert de satin ; celui de dessous est rouge, celui de dessus est blanc, surmonté d'un gros flocon de la plus belle soie rouge, qu'on laisse flotter au gré du vent.

Les gens de distinction se servent du chapeau commun lorsqu'ils vont à cheval ou que le temps est mauvais: il résiste mieux que l'autre à la pluie et garantit très bien des rayons du soleil. Ils ont pour l'hiver encore une autre coiffure ; c'est un bonnet fort chaud, bordé de zibeline, d'hermine ou de peau de renard, surmonté d'un flocon de soie rouge. Ces bordures coûtent quelquefois jusqu'à cinquante taëls.

Les gens de qualité ne sortent jamais qu'en bottes, qui sont pour l'ordinaire de satin ou d'autre étoffe de soie ou même de coton, mais toujours teinte. Ces bottes n'ont ni talons ni genouillères et s'ajustent fort bien au pied. Ils en ont d'autres pour voyager à cheval ; celles-ci sont faites de cuir de vache ou de cheval, apprêté de manière qu'elles soient très souples.

Leurs bas à bottes sont d'une étoffe piquée, doublée de coton; ils montent plus haut que la botte et sont bordés de velours ou de panne. Cette chaussure n'est guère convenable qu'en hiver, ils en ont de plus fraîches pour l'été ; ils portent dans leurs maisons des patins faits d'étoffe de soie. Pour le peuple, on sait qu'il se chausse partout comme il peut. Celui de la Chine se contente souvent d'une espèce de patins faits avec de la toile noire.

Mais ajoutons qu'il n'est pas plus permis à un Chinois, vêtu en règle, d'oublier son éventail que ses bottes.

Nous aurons moins à dire sur l'habillement des femmes. La modestie semble avoir présidé à la forme ; peut-être aussi fut-elle secondée par la jalousie. Leurs robes sont absolument fermées par le haut, et si longues qu'elles leur couvrent même le bout des pieds. Leurs manches pendraient jusqu'à terre si elles n'avaient pas le soin de les relever ; mais on peut rarement apercevoir leurs mains. Une Chinoise cache tout, excepté son visage. Quant à la couleur de ses vêtements, elle est arbitraire et dépend de son choix. La couleur noire ou violette est communément celle qu'adoptent les Chinoises d'un âge déjà avancé.

Les jeunes font usage du fard, c'est-à-dire d'une composition qui colore leurs joues et relève la blancheur de leur teint. Ce n'est pas le même fard dont nos dames européennes se servent dans la même vue ; il a pourtant un effet tout pareil, c'est de leur sillonner la peau de très bonne heure.

Leur coiffure ordinaire consiste à faire arranger leurs cheveux en boucles parsemées d'un grand nombre de fleurs d'or et d'argent. Il y en a, dit le P. du Halde, qui ornent leur tête de la figure d'un oiseau appelé fong-hoang, oiseau fabuleux dont l'antiquité dit beaucoup de choses mystérieuses. Cet oiseau est fait de cuivre ou de vermeil, selon la qualité des personnes. Ses ailes déployées tombent doucement sur le devant de leur coiffure et embrassent le haut des tempes; sa queue longue, ouverte, forme une espèce d'aigrette sur le haut de la tête; le corps est au-dessus du front; le cou, le bec, tombent au-dessus du nez, mais le cou est attaché au corps de l'animal avec une charnière qui ne paraît point, afin qu'il ait du jeu, qu'il branle au moindre mouvement de la tête. L'oiseau entier tient sur la tête par les pieds, qui sont fichés dans les cheveux.

Les femmes de haute condition portent quelquefois un ornement entier de plusieurs de ces oiseaux entrelacés, d'où il résulte sur leur tête une espèce de couronne. Le seul travail de cet ornement est d'un grand prix.

Les jeunes personnes du sexe non mariées ont aussi une espèce de couronne faite de carton couvert d'une belle étoffe de soie. Le devant de cette couronne, qui s'élève en pointe au-dessus du front, est couvert de perles, de diamants ou autres ornements très riches. Le reste de la tête est orné de fleurs naturelles ou artificielles : des aiguilles à tête de diamant sont entremêlées parmi ces fleurs.

Il est inutile d'avertir que la coiffure des femmes et des filles de la classe commune est moins riche, moins recherchée. Celles de cette classe, surtout si elles sont un peu âgées, ont pour tout ornement de tête un morceau de soie très fine. La manière dont elles l'emploient ressemble beaucoup à celle dont quelques Françaises font usage pour les larges rubans dont elles se servent le matin. Elles les nomment serre-tête ; les Chinoises l'appellent pao-teou, c'est-à-dire enveloppe de tête.

On doit placer au rang des usages bizarres, dont nulle nation n'est exempte, les moyens qu'emploient les Chinois pour conserver à leurs filles le pied à peu près aussi petit qu'elles l'ont apporté en naissant. A peine une fille vient-elle de naître, que sa nourrice lui serre, lui enveloppe étroitement les pieds. Cette torture se soutient aussi longtemps que le pied est dans le cas de grandir. Il en résulte qu'une Chinoise se traine plutôt qu'elle ne marche ; mais un petit pied lui paraît une chose si précieuse, qu'elle ne croit pas pouvoir payer trop cher cet avantage ; elle se dévoue même volontairement à de nouvelles douleurs pour maintenir son pied dans toute sa petitesse.

Telle est la force de l'usage. Les uns attribuent celui-ci à des raisons de jalousie, d'autres le donnent pour un expédient politique. On a voulu par là, disent-ils, faire aimer aux femmes la solitude et les tenir dans une continuelle dépendance. Enfin, une Chinoise est condamnée à ne sortir presque jamais de son appartement, à n'être guère aperçue que de son mari et de quelques domestiques ; cependant elle n'emploie pas moins d'heures, chaque jour, à sa toilette, qu'une Française qui veut briller dans un bal ou dans une loge d'opéra.

L'habit des dames tartares diffère en quelques points de celui des dames chinoises. La robe des premières n'est pas moins longue, mais la tunique dont elle est recouverte descend moins bas. Leur robe est aussi fermée par le haut ; de plus elles portent sur la poitrine une espèce de rabat fort large. Leur coiffure ordinaire est un chapeau tel que nos dames en portent, mais placé plus en arrière et beaucoup moins orné. Elles ont souvent à la main une longue pipe, dont elles connaissent très bien l'usage.

L'habit d'un villageois diffère du costume d'un habitant de la ville en proportion de ce qu'on remarque en France. Il consiste dans une chemise de grosse toile, sur laquelle il place une tunique d'étoffe de coton, qui descend jusqu'au milieu de la cuisse. Un large caleçon prend depuis la ceinture jusqu'au bas de la jambe. Sa chaussure est une espèce de pantoufle ou de sabot qui s'avance en pointe relevée. On en a vu quelques essais parmi nous au moyen âge.

Le blanc est la couleur du deuil chez les Chinois. Un fils n'a pas le droit de la porter du vivant de son père et de sa mère, et toute autre lui est interdite pendant trois ans à dater de leur mort ; alors même que ce deuil triennal est fini, ses habits ne doivent plus être d'une couleur uniforme.

La loi ne permet pas aux enfants de porter de la soie ou des fourrures. L'instant même où ils doivent, pour la première fois, se coiffer d'un bonnet a été prévu par elle, ainsi que la manière dont il doit leur être donné.

Le maître des cérémonies place lui-même le bonnet sur la tête de l'enfant et lui adresse ces paroles : Songez que vous prenez les habits des adultes, que vous sortez de l'enfance ; n'en ayez donc plus les sentiments, les inclinations ; prenez des manières graves, sérieuses, appliquez-vous avec courage à l'étude de la sagesse et de la vertu, et vous vous préparerez par là une longue et heureuse vie. Cette cérémonie, qui pourra sembler minutieuse, tient à de grandes vues. Les Chinois donnent de l'éclat à tout ce qui peut inspirer l'amour de l'ordre et le goût de la morale. Il ne serait pas inutile de rappeler à l'homme, à certaines époques de sa vie, les nouveaux devoirs qu'il a à remplir. Mais donnez à cette instruction l'appareil d'une cérémonie publique, elle se gravera bien mieux dans la mémoire.

## CHAPITRE VIII.

### DU GÉNIE ET DU CARACTÈRE DES CHINOIS.

A parler en général, les Chinois sont d'un esprit doux, traitable et humain, il règne beaucoup d'affabilité dans leur air et dans leurs manières, et l'on n'y voit rien de dur, d'aigre ni d'emporté. Cette modération se remarque même parmi les gens du peuple.

Je me trouvai un jour, dit le père de Fontaney, dans un chemin étroit et profond, où il se fit en peu de temps un grand embarras de charrettes. Je crus qu'on allait s'emporter, se dire des injures, et peut-être se battre, comme on fait souvent en Europe : mais je fus fort surpris de voir des gens qui se saluaient, qui se parlaient avec douceur, comme s'ils se fussent connus et aimés depuis longtemps, et qui s'aidaient mutuellement à se débarrasser.

C'est surtout à l'égard des vieillards qu'on doit marquer toute sorte de respect et de déférence. L'empereur en donne lui-même l'exemple à ses peuples. Un petit mandarin du tribunal des mathématiques, âgé de cent ans, se rendit au palais le premier jour de l'année chinoise, pour saluer l'empereur Cang-hi. Ce prince, qui ne recevait personne ce jour-là, ordonna néanmoins qu'on le fît entrer dans la salle ; comme ce bon vieillard était assez mal vêtu, chacun s'empressa de lui prêter des habits. On le conduisit dans l'appartement de l'empereur. Sa Majesté, qui était assise sur une estrade à la manière tartare, se leva, alla au-devant de lui et le reçut avec de grands témoignages d'affection. Il voulut se mettre à genoux, mais l'empereur le releva aussitôt, et, lui prenant les deux mains avec bonté : Vénérable vieillard, lui dit-il, je vous admettrai désormais en ma présence toutes les fois que vous viendrez me saluer, mais je vous avertis pour toujours que je vous dispense de toutes sortes de cérémonies. Pour moi, je me lèverai à votre arrivée, et j'irai au-devant de vous. Ce n'est pas à votre personne que je rends cet honneur, c'est à votre âge, et, pour vous donner des marques réelles de mon affection, je vous fais dès maintenant premier président du tribunal des mathématiques. Ce fut pour ce vieillard le comble du bonheur ; jamais de sa vie il ne goûta une joie si pure.

Lorsqu'on a à traiter avec les Chinois, il faut bien se garder de se laisser dominer par un naturel trop vif ou trop ardent : le génie du pays demande qu'on soit maître de ses passions, et surtout d'une certaine activité turbulente qui veut tout faire et emporter. Les Chinois ne sont pas capables d'écouter en un mois ce qu'un Français pourrait leur dire en une heure ; il faut souffrir, sans s'impatienter, ce flegme qui semble leur être plus naturel qu'à aucune autre nation, car ils ne manquent pas de feu et de vivacité, mais ils apprennent de bonne heure à se rendre maîtres d'eux-mêmes. Aussi se piquent-ils d'être plus polis et plus civilisés qu'on ne l'est ailleurs.

Il en coûte à un étranger pour se rendre civil et poli selon leur goût. Leur cérémonial, en plusieurs occasions, est gênant et embarrassant; il est difficile de l'apprendre et de s'y conformer ; mais l'étiquette que l'on doit observer ne concerne guère que la manière de traiter avec les personnes à qui on doit un grand respect, ou certains cas particuliers, comme les premières visites, le jour de la naissance d'un mandarin, etc., car, quand on s'est vu plusieurs fois, on agit ensemble avec la même familiarité et la même aisance qu'on le fait en Europe. Et si l'on veut user de cérémonie, ils sont les premiers à vous dire : *Pou iso ho he :* Ne faites pas avec moi l'étranger, soyez sans façon.

Si les Chinois sont doux et paisibles dans le commerce de la vie et quand on ne les irrite pas, ils sont violents et vindicatifs à l'excès lorsqu'on les a offensés. En voici un exemple.

On s'aperçut, dans une province maritime, que le mandarin avait détourné à son profit une grande partie du riz que l'empereur, dans un temps de stérilité, envoyait pour être distribué à chaque famille de la campagne. Les peuples l'accusèrent devant un tribunal supérieur, et prouvèrent que de quatre cents charges de riz qu'il avait reçues, il n'en n'avait donné que quatre-vingt-dix. Le mandarin fut cassé sur l'heure de son emploi. Quand il fut sorti de la ville pour prendre le chemin de la mer, il fut bien surpris qu'au lieu de trouver à son passage des tables chargées de parfums, de nouvelles bottes à changer, comme on en use à l'égard de ceux qui se sont fait estimer et aimer du peuple, il se vit environné d'une foule nombreuse qui accourait non pas pour lui faire honneur, mais pour l'insulter et lui reprocher son avarice. Les uns l'invitèrent par dérision à demeurer dans le pays jusqu'à ce qu'il eût achevé de manger le riz que l'empereur lui avait confié pour le soulagement des peuples ; d'autres le tirèrent hors de sa chaise et la brisèrent; plusieurs se jetèrent sur lui, déchirèrent ses habits et mirent en pièces son parasol de soie ; tous le suivirent jusqu'au vaisseau en le chargeant d'injures et de malédictions.

Quoique les Chinois, pour leurs intérêts particuliers, soient naturellement vindicatifs, ils ne se vengent jamais qu'avec méthode ; ils dissimulent leur mécontentement, et comme ils n'en viennent jamais aux voies de fait, surtout avec les personnes d'une certaine distinction, ils gardent avec leurs ennemis les dehors et les bienséances ; on dirait qu'ils sont insensibles. Mais l'occasion de détruire leur ennemi se présente-t-elle, ils la saisissent sur-le-champ, et s'ils ont paru si patients, ce n'a été que pour trouver le moment favorable de porter plus heureusement leurs coups.

Il y a des cantons où les peuples aiment tellement les procès, qu'ils engagent leurs terres, leurs maisons, leurs meubles, tout ce qu'ils ont, pour avoir le plaisir de plaider et de faire donner une quarantaine de coups de bâton à leur ennemi ; et il arrive quelquefois que celui-ci, moyennant une plus grosse somme qu'il donne sous main au mandarin, a l'adresse d'éluder le châtiment et de faire tomber les coups de bâton sur le dos de celui qui l'avait appelé en justice. De là naissent entre eux des haines mortelles, qu'ils conservent toujours dans le cœur jusqu'à ce qu'ils aient trouvé l'occasion de tirer une vengeance qui les satisfasse.

Un des moyens qu'ils emploient pour se venger, quoique rarement, c'est de mettre le feu pendant la nuit à la maison de leur ennemi ; les pailles allumées qui le réveillent en tombant sur lui le font souvenir des coups de bâton qu'il a fait donner. Ce crime est un des plus funestes qui existent dans l'empire. Selon les lois, ceux qui en sont convaincus doivent être punis de mort, et les mandarins sont très adroits pour découvrir le coupable.

Il n'est pas surprenant de trouver de pareils excès chez un peuple qui n'est pas éclairé des lumières de l'Evangile. On en voit pourtant à qui les seules lumières de la raison inspirent de l'horreur pour ces sortes de crimes, et qui se réconcilient de bonne foi avec leurs ennemis.

Leur modestie est surprenante. Les lettrés ont toujours un air composé, et ils ne feraient pas le moindre geste qui ne fût entièrement conforme aux règles de la bienséance.

La pudeur semble être née avec les personnes du

sexe : elles vivent dans une continuelle retraite ; elles sont décemment couvertes, jusqu'à leurs mains, que l'on n'aperçoit jamais, et qu'elles tiennent toujours cachées sous de longues et larges manches. Si elles ont quelque chose à donner, même à leurs frères et à leurs parents, elles le prennent de la main toujours couverte de la manche, et le mettent sur la table, où les parents peuvent le prendre.

L'intérêt est le grand faible de cette nation ; il fait jouer aux Chinois toute sorte de personnages, même celui de désintéressé. Qu'il y ait quelque gain à faire, ils y emploieront toute la subtilité de leur esprit ; on les voit s'insinuer avec adresse auprès des personnes qui peuvent favoriser leurs prétentions, ménager de longue main leur amitié par de fréquents services, s'ajuster à tous les caractères avec une souplesse étonnante, et tirer avantage des moindres ouvertures qu'on leur donne pour parvenir à leurs fins. L'intérêt est comme le mobile de toutes leurs actions ; dès qu'il se présente le moindre profit, rien ne leur coûte, et ils entreprendront les voyages les plus pénibles. Enfin, c'est là ce qui les met dans un mouvement continuel et ce qui remplit les rues, les grands chemins, d'un peuple infini qui va, qui vient et qui est toujours en action.

Quoique, généralement parlant, ils ne soient pas aussi fourbes et aussi trompeurs que le père le Comte les dépeint, il est néanmoins vrai que la bonne foi n'est pas leur vertu favorite, surtout lorsqu'ils ont à traiter avec les étrangers. Ils ne manquent guère de les tromper s'ils le peuvent, et ils s'en font un mérite. Il y en a même qui, étant surpris en faute, ont été assez impudents pour s'excuser sur leur peu d'habileté. Je ne suis qu'une bête, comme vous voyez, disent-ils ; vous êtes beaucoup plus habile que moi ; une autre fois je ne lutterai pas de finesse avec un Européen. Et en effet on dit que quelques Européens n'ont pas laissé de leur en apprendre.

Rien n'est plus risible que ce qui arriva au capitaine d'un vaisseau anglais. Il avait fait marché avec un négociant chinois de Canton pour un grand nombre de balles de soie qu'il devait lui fournir. Quand elles furent prêtes, le capitaine va avec son interprète chez le Chinois, pour examiner par lui-même si cette soie était bien conditionnée. On ouvre le premier ballot, et il la trouve telle qu'il la souhaitait ; mais les ballots suivants, qu'il fit ouvrir, ne contenaient que des soies pourries ; sur quoi le capitaine s'échauffa fort et reprocha au Chinois, dans les termes les plus durs, sa méchanceté et sa friponnerie. Le Chinois l'écouta de sang-froid, et, pour toute réponse, lui dit : Prenez-vous-en, monsieur, à votre fripon d'interprète ; il m'avait protesté que vous ne feriez pas la visite des ballots.

Cette adresse à tromper se remarque principalement parmi les gens du peuple, qui ont recours à mille ruses pour falsifier tout ce qu'ils vendent. Il y en a qui ont le secret d'ouvrir l'estomac d'un chapon et d'en tirer toute la chair, de remplir ensuite le vide, et de fermer l'ouverture si adroitement qu'on ne s'en aperçoit que dans le temps qu'on veut le manger. D'autres contrefont si bien les vrais jambons, en couvrant une pièce de bois d'une terre qui tient lieu de la chair et d'une peau de cochon, que ce n'est qu'après l'avoir servi et ouvert avec le couteau qu'on devine la supercherie. Il faut avouer néanmoins qu'ils n'emploient guère ces sortes de ruses qu'avec les étrangers, et, dans les autres endroits, les Chinois ont peine à le croire.

Les voleurs n'usent presque jamais de violence ; ce n'est que par subtilité et par adresse qu'ils cherchent à dérober. Il s'en trouve qui suivent les barques et se mêlent parmi ceux qui les remorquent sur le canal impérial, dans la province de Chan-tong, où l'on en change tous les jours, ce qui fait qu'ils sont moins connus. Ils se glissent alors dans les barques pendant la nuit, et on dit même que, par le moyen de la fumée d'une certaine drogue qu'ils brûlent, ils endorment tellement tout le monde, qu'ils ont toute liberté de fouiller de tous côtés et d'emporter ce qu'ils veulent sans qu'on s'en aperçoive. Il y.a de ces voleurs qui suivent quelquefois un marchand deux ou trois jours, jusqu'à ce qu'ils aient trouvé le moment favorable pour mettre leur projet à exécution.

La plupart des Chinois sont tellement dominés par l'appât du gain, qu'ils ont de la peine à s'imaginer qu'on puisse agir dans un but désintéressé. Ce qu'on leur dit des motifs qui portent les hommes apostoliques à quitter leur pays, leurs parents et tout ce qu'ils ont de plus cher au monde, dans la seule vue de glorifier Dieu et de sauver les âmes, les surprend étrangement et leur paraît presque incroyable. Ils les voient traverser les plus vastes mers avec des dangers et des fatigues immenses; ils savent que ce n'est ni le besoin qui les attire en Chine, puisqu'ils y subsistent sans leur rien demander et sans attendre d'eux le moindre secours, ni l'envie d'amasser des richesses, puisqu'ils sont témoins du mépris qu'en font les ouvriers évangéliques ; ils donnent alors à leur dévouement un mobile politique, et quelques-uns sont dénués d'intelligence au point d'être persuadés qu'ils viennent tramer des changements dans l'Etat, et, par des intrigues secrètes, essayer de se rendre maîtres de l'empire.

Quelque extravagant que soit ce soupçon, il y a eu des gens capables de le concevoir. Yang-quang-fien, ce redoutable ennemi du nom chrétien, qui fit souffrir au père Adam Schaal une si cruelle persécution, et qui voulait envelopper tous les missionnaires dans la ruine de ce grand homme, leur attribua ce dessein.

Une accusation si déraisonnable trouva créance dans des esprits naturellement défiants et soupçonneux, et si la main de Dieu, par des prodiges inespérés, n'eût déconcerté le projet de cet ennemi du christianisme, c'était fait de la sainte loi et des prédicateurs qui l'annonçaient.

Il y en a cependant, et en grand nombre, qui, connaissant mieux les missionnaires, sont si frappés de leur extrême désintéressement, que c'est là un des plus puissants motifs qui les portent à se faire chrétiens.

L'extrême attachement à la vie est un autre faible de

la nation chinoise. Il n'y a guère de peuples qui aiment tant à vivre, quoique pourtant il s'en trouve plusieurs, surtout parmi les personnes du sexe, qui se procurent la mort par colère ou par désespoir. Mais il semble, à voir ce qui se passe surtout parmi le pauvre peuple, qu'ils craignent principalement de manquer de cercueil après leur mort. Il est étonnant de voir jusqu'où va leur prévoyance sur cet article. Tel qui n'aura que neuf ou dix pistoles les emploiera à se faire confectionner un cercueil plus de vingt ans avant qu'il en ait besoin, et il le regarde comme le meuble le plus précieux de sa maison.

On ne peut nier pourtant que le commun des Chinois, lorsqu'ils sont dangereusement malades, n'attendent la mort assez tranquillement, et il n'est pas nécessaire de prendre beaucoup de précautions pour la leur annoncer.

Pour ne rien omettre du caractère de l'esprit chinois, je dois ajouter qu'il n'y a point de nation plus fière de sa prétendue grandeur et de la prééminence qu'elle se donne sur tous les autres peuples. Cet orgueil, qui est inné chez eux, inspire même à la plus vile populace un mépris souverain pour toutes les autres nations. Fiers de leur pays, de leurs mœurs, de leurs coutumes et de leurs maximes, ils ne peuvent se persuader qu'il y ait rien de bon hors de la Chine ni rien de vrai que leurs savants aient ignoré. Ils ne se sont un peu désabusés que depuis que les Européens sont entrés dans leur empire.

Lorsqu'ils les virent pour la première fois, ils leur

demandèrent s'il y avait des villes, des villages et des maisons en Europe. Nos missionnaires ont eu souvent le plaisir d'être témoins de leur surprise et de leur embarras à la vue d'une mappemonde. Quelques lettrés prièrent un jour l'un d'eux de leur en faire voir une ; ils y cherchèrent longtemps la Chine ; enfin ils prirent pour leur pays un des deux hémisphères qui contient l'Europe, l'Afrique et l'Asie. L'Amérique leur paraissait trop grande pour le reste de l'univers. Le père les laissa quelque temps dans l'erreur, jusqu'à ce qu'enfin il y en eut un qui lui demanda l'explication des lettres et des noms qui étaient sur la carte. Vous voyez l'Europe, lui dit le père, l'Afrique et l'Asie. Dans l'Asie, voici la Perse, les Indes, la Tartarie. Où est donc la Chine ? s'écrièrent-ils. — C'est dans ce petit coin de terre, répondit le père, et en voici les limites. Saisis d'étonnement, ils se regardaient les uns les autres et se disaient ces mots chinois : *Siso te kin*, c'est-à-dire : Elle est bien petite.

Quelque éloignés qu'ils soient d'atteindre à la perfection où l'on a porté les arts et les sciences en Europe, on ne pourra jamais obtenir d'eux qu'ils travaillent à la manière européenne. On eut de la peine à obliger les architectes chinois à bâtir l'église qui est dans le palais sur le modèle venu d'Europe. Quand on les exhorta à l'imiter, ils furent surpris qu'on leur en fît même la proposition. Voici la manière de construire en Chine, répondirent-ils en montrant leurs plans. — Mais elle ne vaut rien, leur dit-on. — N'importe, dès que c'est celle de l'empire, elle suffit, et ce serait un crime d'y rien changer. Mais si les ouvriers répondent de la sorte, cela ne vient pas seulement de l'attachement qu'ils ont à leurs usages, mais encore de la crainte où ils sont qu'en s'écartant de leur méthode ils ne contentent pas l'Européen qui les emploie, car les bons ouvriers entreprennent et exécutent aisément tous les modèles qu'on leur propose, dès qu'il y a de l'argent à gagner et qu'on a la patience de les diriger.

Enfin, pour donner le dernier trait qui caractérise les Chinois, il me suffit de dire que, quoiqu'ils soient vicieux, ils aiment naturellement la vertu et ceux qui la pratiquent. La chasteté, qu'ils n'observent pas, ils l'admirent dans les autres, et surtout dans les veuves, et lorsqu'il s'en trouve qui ont vécu dans la continence, ils en consacrent le souvenir par des arcs de triomphe qu'ils élèvent à leur gloire, et ils honorent leur vertu par des inscriptions durables. Il n'est pas bienséant pour une honnête femme de se marier après la mort de son mari.

Comme ils sont fins et rusés, ils savent garder les dehors et ils couvrent leurs vices avec tant d'adresse qu'ils trouvent le moyen de les dérober à la connaissance du public. Ils portent le plus grand respect à leurs parents et à ceux qui ont été leurs maîtres ; ils détestent les actions, les paroles et même les gestes qui dénotent de la colère ou de l'émotion, mais aussi ils savent parfaitement dissimuler leur haine. On ne leur permet point de porter des armes, même dans les voyages ; l'usage n'en est toléré que pour les gens de guerre. Ils n'ont d'estime et d'ardeur que pour les sciences, qui font le seul principe de la noblesse, parce que, comme je l'ai dit, on n'a d'honneurs et de prérogatives que selon le rang qu'elles donnent dans l'empire. (V. DU HALDE, p. 72.)

### COUP D'ŒIL SUR LE CARACTÈRE GÉNÉRAL DES CHINOIS.

Il faudrait avoir été contemporain des premiers Chinois pour dire avec quelque certitude quel était leur caractère primitif. Celui qu'ils ont maintenant leur fut donné : c'est le fruit d'une longue discipline de quatre mille ans d'habitude. Montaigne a dit qu'elle atténue, qu'elle détériore beaucoup la première. En voici un exemple frappant.

Parcourez les différentes provinces de France ; vous trouverez dans chacune des nuances, des traits de caractère qui distinguent leurs divers habitants, qui rappellent même leur origine différente. Parcourez l'empire de la Chine ; tout vous semblera fondu dans le même creuset, façonné par le même moule.

Il en résulte que la nation chinoise forme en général une nation douce, affable, polie jusqu'au scrupule, mesurée dans tout ce qu'elle fait, attentive à bien combiner ce qu'elle doit faire, ayant moins de confiance dans la bonne foi d'autrui que dans sa prudence ; se méfiant de l'étranger, le trompant ; trop prévenue en faveur de ce qu'elle est pour sentir ce qu'elle n'est pas, trop fière de ce qu'elle sait pour chercher à mieux s'instruire.

Il faut envisager ce peuple comme un antique monument, respectable par sa date, admirable dans quelques-unes de ses parties, défectueux dans quelques autres, mais dont quarante siècles d'existence attestent l'immuable solidité. Cette base si ferme ne porte que sur un seul point d'appui, sur cette soumission graduée qui, du sein de la famille, s'élève de proche en proche jusqu'au trône. A cela près, le Chinois a des passions, des caprices, que les lois mêmes ne suffisent pas toujours à réprimer.

Il est né plaideur : là, comme autre part, il peut à son gré se ruiner par les procès. Il aime l'argent : ce qui passerait pour usure en France n'est qu'une rétribution autorisée en Chine. Il est vindicatif, sans aimer les voies de fait : elles lui sont interdites ; mais il se venge communément par adresse, et dès lors avec impunité. Les grands crimes sont rares chez les Chinois ; les vices le sont moins. Les lois ne les recherchent et ne les punissent que quand la décence publique est outragée.

Les mœurs des Tartares, conquérants de la Chine, diffèrent par des nuances bien marquées de celles de la nation conquise. Ils n'ont pris d'elle que des usages et ont gardé leur caractère. Le Tartare est obligeant, libéral, ennemi de toute dissimulation, plus occupé à jouir de sa fortune qu'à l'augmenter. Il apporte dans les travaux, même du cabinet, une pénétration qui en abrège pour lui les difficultés ; dans les affaires, cette autorité expéditive qui en est l'âme. Un jugement prompt, rapide, le sert mieux, toujours plus à propos, que la profonde et tardive méditation du Chinois. En un mot, tout en ayant sur celui-ci l'ascendant des armes, le Tartare peut encore lutter avec lui sur tout le reste.

Mais voulez-vous trouver parmi les Chinois de la franchise, une bienveillance secourable, de la vertu enfin, cherchez-la moins dans les villes qu'au sein de la campagne, dans cette classe d'hommes livrés aux travaux de l'agriculture. Le laboureur chinois déploie souvent des qualités morales qui illustreraient des hommes d'un rang plus élevé. Il semble que la vie agreste inspire naturellement la bienfaisance ; on recueille sans cesse les présents de la nature, on s'accoutume à les répandre. Il faudrait, au surplus, n'avoir pas la moindre notion des annales de la Chine pour ignorer qu'elle a produit de grands hommes dans tous les genres, sortis de toutes les classes. Ce peuple, tel qu'il existe, est à coup sûr, pour tout le reste de la terre, le plus curieux monument que nous ait transmis la haute antiquité.

Ce tableau que le père Mailla a fait des Chinois est conforme à ce que nous en avons dit en diverses circonstances; il en est le résumé bien caractérisé. (*Hist. de la Chine*, t. XIII, caractère chinois.)

## CHAPITRE IX.

### BATIMENTS ET AMEUBLEMENTS.

Les édifices de la Chine, même les monuments publics, les palais impériaux, frappent moins par leur magnificence que par leur étendue. Le palais de l'empereur à Pékin peut être comparé à une grande ville. Ceux des princes, des principaux mandarins, des personnes riches, renferment jusqu'à quatre à cinq avant-cours dont chacune renferme un grand corps de logis dont le frontispice offre trois portes; celle du milieu est plus grande que les deux autres ; deux lions de marbre décorent ses deux côtés. Les salles destinées à recevoir les visites sont propres, garnies de sièges et de divers autres meubles ; mais on n'y voit rien qui caractérise la magnificence. Il en est de même de la salle destinée à ne recevoir que les intimes amis. Pour l'appartement des femmes, des enfants même, il est inaccessible à tout étranger, fût-il le plus précieux ami du maître de la maison.

Les jardins sont d'un genre propre à fixer l'attention d'un Européen. Les Anglais sont les premiers qui les aient imités ; nous avons depuis pris exemple sur les Anglais. On voit, dans ces jardins, des bois, des lacs, des montagnes, des rochers, soit naturels, soit factices, des routes irrégulièrement percées qui conduisent à des points différents, toujours variés, des accidents de toute espèce, des labyrinthes. On pratique des parcs dans ces jardins lorsque leur étendue le permet ; on y élève des cerfs, des daims et quelques autres bêtes fauves. Les poissons, les oiseaux de rivière, y sont nourris dans des viviers.

Les Chinois ont de commun avec les anciens Egyptiens l'amour du gigantesque ; ils font consister la beauté d'une colonne dans sa grosseur et son élévation ; celle de leurs salles, dans leur extrême étendue. L'architecture gigantesque fut adoptée par tous les anciens peuples. Deux provinces de la Chine, celle de Chantong et celle de Kiang-nan, peuvent fournir de marbre tout le reste de l'empire ; mais les Chinois ne savent ni le bien travailler ni l'employer à propos ; il leur sert à construire des ponts, le seuil de leurs portes, à paver les rues. Cependant quelques arcs de triomphe, des temples et des pagodes sont construits avec cette matière, mais ne dénotent que peu d'art et de goût. Leurs sculpteurs n'en tirent guère meilleur parti.

Ils sont peu jaloux d'orner et d'embellir l'intérieur de leurs maisons ; on n'y voit ni miroirs, ni tapisseries, ni dorures. D'ailleurs ils ne reçoivent de visites que dans une salle particulière destinée à cet usage. Elle est placée en avant de toutes les autres, sans que ceux qu'on y admet puissent communiquer avec les appartements intérieurs. Les ornements de cette salle consistent en de grosses lanternes de soie peinte suspendues au plancher ; on y trouve des tables, des cabinets, des paravents, des chaises, beaucoup de vases de cette porcelaine qu'on a surpassée en Europe pour le goût, sans pouvoir l'égaler à d'autres égards. Les meubles, en général, sont couverts de ce beau vernis que nous ne tentons pas même d'imiter ; il est si transparent qu'il laisse apercevoir les veines du bois, d'un si beau luisant qu'il réfléchit les objets comme une glace. Il reçoit encore un nouvel éclat de figures d'or et d'argent ou d'autres couleurs dont il est couvert. Les Chinois ne connaissent ni l'usage ni la fabrication de nos superbes tapisseries. Celles dont se servent les plus riches sont de satin blanc, sur lequel on a peint des oiseaux, des fleurs, des montagnes, des paysages. Quelquefois aussi ils y font écrire, en gros caractères, quelques sentences morales, qui, pour l'ordinaire, tiennent un peu de l'énigme. Les plus pauvres se contentent de faire blanchir leurs chambres, d'autres tapissent les leurs avec ce papier qui nous vient de la Chine, et dont nos riches de l'Europe ne dédaignent pas d'orner quelques pièces de leurs appartements.

# CHAPITRE X.

## LANGUE CHINOISE.

La langue chinoise est non-seulement une des langues les plus anciennes de l'univers, elle joint encore à cet avantage celui d'être probablement la seule des premiers âges qui soit encore parlée vivante. Mais cette langue n'a-t-elle pas varié ? n'a-t-elle subi aucune altération pendant le cours de quatre mille ans ? le chinois moderne est-il véritablement celui que parlaient les contemporains d'Yao ? On ne peut l'assurer ni appuyer cette assertion de preuves rigoureuses, mais toutes les vraisemblances semblent se réunir pour établir cette identité et faire croire que le fond de cette langue est constamment resté le même.

1° On n'aperçoit dans l'histoire, ni même dans les traditions les plus fabuleuses, aucun fait qui porte à penser que la langue des premiers Chinois ait été différente de celle que parlent les Chinois modernes ;

2° La Chine n'a point changé d'habitants ; la postérité du premier peuple qui est venu s'y établir y subsiste encore aujourd'hui. Si dans la suite, à des époques connues, des révolutions ont opéré le mélange de la nation primitive avec quelques autres peuples, il paraît du moins, par les monuments les plus authentiques, que la langue ancienne est restée la dominante, que les nouveaux colons l'ont apprise, parlée, comme les Tartares Mantchoux, depuis leur conquête.

3° Les lettrés les plus instruits, les plus circonspects, conviennent unanimement que les premiers chapitres du Chou-king furent écrits sous le règne d'Yao, 2,300 ans avant Jésus-Christ, ou au plus tard sous celui de Yu : on y rapporte mot pour mot plusieurs discours de ces premiers empereurs, et il n'est pas vraisemblable de croire que la langue de ces princes ait été différente de celle de l'historien ;

4° Le temps a respecté le compliment adressé par un vieillard à Yao et la réponse que lui fit ce prince. On a aussi conservé deux chansons faites sous le même règne ;

5° Les plus anciennes inscriptions de la Chine sont toutes en chinois, même celle que Yu fit graver sur un rocher près de la source du fleuve Jaune, lorsque Yao le chargea d'en diriger le cours ;

6° Séparés de tous les peuples du monde par leur constitution politique comme par les barrières naturelles de leur empire, les Chinois n'ont rien emprunté de la littérature étrangère. Leurs kings, dépositaires de leur histoire, de leurs lois et de la doctrine des premiers temps, étaient les seuls livres auxquels se rapportaient toutes leurs études : la fortune, les honneurs, étaient attachés à l'intelligence de ces monuments littéraires. Considérés comme modèles de goût, on y puisait les règles de l'art d'écrire, on les copiait, on les apprenait par cœur, on s'efforçait d'en imiter le style ; aujourd'hui encore, tout lettré qui se pique de bien écrire ne saurait employer un seul mot qui ne se trouvât pas consacré dans les kings et autres anciens livres classiques. Les empereurs eux-mêmes en imitent scrupuleusement le style et les tournures de phrase dans les édits qu'ils publient.

Ce respect pour l'antiquité était une disposition peu propre à permettre et à favoriser les innovations dans la langue. Quant au chinois vulgaire qu'on parle aujourd'hui, il est difficile de croire qu'il n'ait pas éprouvé plusieurs changements. Les plus considérables n'ont cependant affecté que la prononciation ; celle-ci, si l'on en juge par les rimes des plus anciens vers, paraît en effet avoir varié pour certains mots, qui toutefois sont en assez petit nombre. Ces différences doivent être légères et bien peu sensibles. Les acteurs chinois représentent encore aujourd'hui des pièces de théâtre qui ont plus de mille ans d'existence ; elles sont entendues dans toute la Chine.

La langue chinoise, aussi extraordinaire que le peuple qui la parle, ne peut être comparée à aucune des langues connues ; elle suit une marche qui ne peut faire saisir aucune loi d'analogie. Elle est dépourvue d'alphabet. Tous les mots qui la composent sont monosyllabiques, en assez petit nombre. Ces mots restent toujours tels, c'est-à-dire monosyllabiques, lors même qu'on en réunit deux pour indiquer une seule chose : soit qu'on les écrive, soit qu'on les prononce, ils restent toujours distincts, désunis, et ne se fondent jamais en un seul, comme les mots français bon jour se mêlent pour former le mot unique bonjour. Ces mots monosyllabiques ne produisent jamais qu'un seul son. Lorsqu'on les écrit avec l'alphabet européen, ils commencent par les lettres ch, tch, f, g ou j, i, h, l, m, n, ng, p, s, ts, v, et les lettres finales sont a, e, i, o, ou, u, l, n, ng. Le milieu des mots est occupé par des voyelles, des consonnes, qui ne donnent qu'un seul son et se prononcent toujours monosyllabiques. On ne prononce point le-a-o, ki-e-ou, mais leao, kieou, comme nous disons en français, œil, beau, non o-e-il, be-a-u. La langue chinoise ne contient qu'environ 330 mots élémentaires radicaux ; quelques dictionnaires chinois en comptent jusqu'à 484.

Ce petit nombre d'expressions semble au premier coup d'œil devoir constituer une langue pauvre, monotone, mais on se gardera bien d'attribuer cette indigence à la langue chinoise, quand on saura que le sens de ces mots primitifs se multiplie presque à l'infini par l'abondance et la variété des accents, des inflexions, des aspirations, ou autres changements de la voix qui les prononce.

Les Chinois distinguent deux accents principaux : le ping, c'est-à-dire, uni, sans élever ni baisser la voix ; le tse, c'est-à-dire modulé par l'abaissement ou l'élévation de la voix. L'accent ping se divise encore en tsing, clair ; en tcho, obscur, ou, si l'on veut, en muet et en ouvert. L'accent tse se subdivise aussi en chang, élevé; en kiei, abaissé ; en jou, rentrant. Le ton est chang lorsqu'on élève la voix en finissant, comme quand on prononce fortement avec humeur la négation non ; il est kiei quand on baisse la voix comme le fait un enfant timide qui prononce faiblement l'i d'un oui qu'on lui arrache à regret. Quand l'accent est jou, on retire sa voix, on l'avale en quelque sorte comme un homme qui, par un mouvement de surprise ou de respect, s'interrompt, hésite sur la finale d'un mot. L'aspiration, qui a lieu pour certains mots qui commencent par les lettres c, k, p, t, ajoute encore à toutes ces variétés.

Ces différences de prononciation suffisent pour changer totalement le sens des mots. Donnons quelques exemples. Le mot *tchu*, prononcé en allongeant l'u en éclaircissant la voix, signifie maître, seigneur : s'il est prononcé d'un ton uniforme avec l'u prolongé, il signifie pourceau ; prononcez-le légèrement avec vitesse, il signifiera cuisine ; articulé d'une voix forte, mais qui s'affaiblisse vers la fin, il veut dire colonne.

Le mot *tsin* présentera différents sens, selon qu'il sera différemment accentué ou prononcé. *Tsin* signifie salive ; *tsin*, parents; *tsin*, espèce de riz ; *tsin*, totalement; *tsin*, dormir ; *tsin*, épuiser ; *Tsin*, nom de rivière.

Le mot *po*, selon les diverses inflexions de la voix, offre onze significations différentes. Il exprime tour à tour verre, bouillir, vanner le riz, préparer, libéral, vieille femme, rompre ou fendre, tant soit peu, arroser, incliné, captif.

Il ne faut pas croire, comme l'ont dit quelques relateurs, que les Chinois chantent en parlant. Toutes ces inflexions de voix sont si fines qu'elles échappent à la plupart des étrangers. Ces accents si furtifs sont cependant très sensibles pour l'oreille d'un Chinois, qui les saisit avec autant de facilité qu'un Français entend les diverses prononciations des mots l'eau, l'os, lot, qui ne frappent que d'un même son l'oreille d'un Anglais ou d'un Allemand. L'union, le mariage des mots chinois, est une autre cause féconde de leur multiplication. Par l'assemblage, la diverse combinaison de ces monosyllabiques élémentaires, le Chinois exprime tout ce qu'il veut ; il modifie, étend, restreint le sens du mot radical, donne à la pensée toute la justesse, la précision dont elle est susceptible. *Mou*, par exemple, signifie arbre, bois ; uni à d'autres mots, il acquiert de nouveaux sens. *Mou-leao* signifie du bois préparé pour un édifice ; *mou-lan*, des barreaux ou grilles de bois ; *mou-kia*, une boîte ; *mou-siang*, une armoire ; *mou-tsiang*, charpentier ; *mou-cul*, champignon ; *mou-nu*, une espèce de petite orange ; *mou-sing*, la planète de Jupiter ; *mou-mien*, le coton. *Ngai*, ou plutôt *gai*, signifie amour ; *je-gai*, c'est amour ardent ; *tse-gai*, amour d'un père pour son fils ; *king-gai*, amour mêlé de respect ; *ki-gai*, amour aveugle, sans bornes. Un missionnaire a compté plus de cent modifications différentes de ce seul mot *gai*.

On sent quelle abondance, quelle étonnante variété d'expressions, doivent résulter de cet art de multiplier les mots. Aussi la langue chinoise a-t-elle des noms pour chaque chose, des termes propres pour tous les besoins, pour tous les sentiments, pour tous les arts ; termes, expressions, qui font connaître toutes les circonstances, indiquent jusqu'aux plus légères différences qui peuvent modifier un objet désigné.

Au lieu de ces cinq mots français : veau, taureau, bœuf, génisse, vache, la langue chinoise en offre une foule d'autres qui expriment les diverses années de l'âge, les défauts, la destination, les variétés dans la couleur, la figure, la fécondité de ces animaux. Chaque fois qu'une vache devient mère, elle acquiert un nouveau nom ; un autre encore lorsqu'elle devient stérile. Le bœuf qu'on engraisse pour un sacrifice a son nom particulier ; il en change lorsqu'on le conduit à l'autel. Le temps, le lieu, la qualité même du sacrifice, lui en font prendre de nouveaux.

Il en est de même du palais de l'empereur : on pourrait former un dictionnaire entier de tous les mots destinés à indiquer les diverses parties qui le composent, mots consacrés, qui ne sont en usage que pour cette demeure impériale, et qui sont remplacés par d'autres lorsqu'il s'agit du palais d'un prince ou d'un mandarin.

Tous les mots chinois sont indéclinables. La plupart peuvent devenir tour à tour verbes, adverbes, substantifs, adjectifs ; leur arrangement respectif dans la phrase décidé de la qualité qu'ils y prennent. L'adjectif procède toujours du substantif.

Les Chinois ne connaissent que trois pronoms, qui sont personnels : *ngo*, moi ; *ni*, toi ; *ta*, lui. Ils deviennent pluriels lorsqu'on y ajoute la particule *men*. Cette particule indique le pluriel pour tous les noms ; ainsi l'on dit *gui*, homme ; *gui-men*, les hommes, *ta*, lui ; *ta-men*, eux.

Les verbes chinois n'ont d'autres temps que le présent, le passé, le futur. Lorsqu'ils ne sont précédés que des pronoms personnels, ils sont au présent. L'addition de la particule *leao* désigne le passé. Les particules *tsiang* ou *hoai* indiquent le futur.

Nous nous bornons à ces notions légères ; des détails plus développés sur le mécanisme grammatical de cette langue exigeraient un ouvrage particulier. Nous ne nous étendrons pas non plus sur l'histoire, l'origine, la composition des caractères chinois, sur lesquels on a déjà tant écrit. Il suffit de savoir qu'on en porte le nombre à quatre-vingt mille, et que la plupart des lettrés de la Chine passent leur vie à les apprendre. Il ne faut pas croire cependant qu'il soit indispensable de les connaître tous; huit à dix mille suffisent pour s'exprimer avec aisance et pouvoir lire une grande quantité de livres. Le plus grand nombre des lettrés ne possèdent guère que quinze ou vingt mille de ces caractères ; très peu de docteurs sont parvenus à en connaître quarante mille.

Une observation qu'il est essentiel de faire, c'est qu'on distingue quatre langues ou langages dans le chinois.

1° Le kou-ouen, ou langage des kings, autres livres classiques de l'antiquité. On ne le parle plus aujourd'hui, mais les harangues contenues dans le Chou-king et les chansons du Chi-king prouvent qu'on l'a parlé dans les premiers temps. Ce langage, ou plutôt cette sorte de style, est d'un laconisme désespérant pour l'intelligence des lecteurs peu exercés ; les idées y sont accumulées, serrées les unes contre les autres, pour ainsi dire pilées dans les mots, comme s'exprime un missionnaire. Rien n'est au-dessus de cette manière d'écrire ; elle réunit au plus haut degré l'énergie, la profondeur des pensées, la hardiesse des métaphores, l'éclat des images, l'harmonie du style. Mais le kou-ouen est très difficile à entendre ; il exige une méditation laborieuse. Cependant les bons lettrés le comprennent et le lisent avec autant de plaisir qu'un homme de lettres d'Europe lit Horace ou Juvénal.

2° Le ouen-tchang. C'est la langue dont on se sert dans les compositions nobles et relevées. On ne la parle point, on en emprunte seulement quelques sentences, quelques formules de compliments. Le ouen-tchang n'a point le laconisme, la sublimité majestueuse du kou-ouen ; mais il en approche, il est concis, noble, riche en expressions, plein de naturel et d'aisance ; il se plie à tous les genres de littérature, qu'il embellit ; mais il s'accommode moins des ambiguïtés de la métaphysique, de la marche compassée des sciences abstraites.

3° Le kouan-hoa. C'est le langage de la cour, des gens en place, des lettrés ; il est entendu dans tout l'empire.

Les courtisans, les dames, le prononcent avec beaucoup de grâce, surtout à Pékin, dans la province de Kiang-nan, où la cour résidait autrefois. Le kouan-hoa admet des synonymes pour tempérer le laconisme des mots monosyllabiques ; des pronoms, des relatifs, pour la liaison des phrases, la clarté du discours ; des prépositions, des adverbes, des particules, pour suppléer aux cas, aux modes, aux temps, aux nombres, qui existent dans les autres langages.

4° Le kiang-tan. C'est le patois que le peuple parle en Chine. Chaque province, chaque ville, presque chaque village a le sien. Outre le sens des mots, qui varie dans un grand nombre de lieux, la diversité de prononciation les altère encore au point de les rendre souvent méconnaissables.

Les lettrés chinois distinguent cinq principales sortes d'écriture. La première se nomme kou-ouen ; c'est la plus ancienne, il n'en reste presque aucun vestige. La seconde, tchoang-tsée, a duré jusqu'à la fin de la dynastie des Tcheou ; c'est celle qui était en usage du temps de Confucius.

La troisième, li-tsée, commença avec la dynastie des Tsin. La quatrième, king-tsée, fut inventée sous les Han. C'est une sorte d'écriture à tire-pinceau ; elle exige une main légère très exercée ; mais elle défigure considérablement les caractères. Elle n'a cours que pour les ordonnances des médecins, les préfaces des livres, les inscriptions de fantaisie.

Les Chinois attachent un grand mérite au talent de

tracer leurs caractères avec grâce, avec correction ; ils les préfèrent souvent à la peinture la plus élégante ; l'on en voit qui achètent fort cher une page de vieux caractères lorsqu'ils leur paraissent bien formés. Ils les honorent jusque dans les livres les plus communs ; si par hasard quelques feuilles s'en détachent, ils les ramassent avec respect, ils évitent d'en faire un usage profane, de les fouler aux pieds en marchant ; il arrive même souvent que des ouvriers, tels que maçons, menuisiers, n'osent déchirer une feuille imprimée qui se trouvera collée sur le mur ou sur le bois. Les anciens Chinois n'ont pas plus connu la ponctuation que les anciens Grecs et les Romains. Les Chinois actuels, par respect pour l'antiquité, n'osent l'employer dans les ouvrages de haut style ni dans aucun des écrits qui doivent être mis sous les yeux de l'empereur. Quelque obscurs que soient les Kings, on les imprime sans points, à moins qu'ils ne soient accompagnés de commentaires destinés aux écoliers.

## CHAPITRE XI.

### COMMERCE.

Les richesses particulières de chaque province de l'empire, et la facilité du transport des marchandises que procure le grand nombre de rivières et de canaux dont il est arrosé, y ont rendu de tout temps le commerce très florissant. Celui qui se fait au dehors ne mérite presque point d'attention. Les Chinois, qui trouvent chez eux tout ce qui est nécessaire à l'entretien et aux délices même de la vie, ne vont guère négocier que dans quelques royaumes peu éloignés de leur pays.

Leurs ports, sous les empereurs de leur nation, furent toujours fermés aux étrangers ; mais la dynastie tartare fut moins exclusive et permit le commerce avec les étrangers ; cependant on prit un grand nombre de précautions inspirées par la défiance.

Le commerce qui se fait dans l'intérieur de la Chine est si grand que celui de l'Europe entière ne doit pas lui être comparé (en se reportant au commencement du XVIIIe siècle). Les provinces sont comme autant de royaumes qui se communiquent mutuellement les produits qui viennent sous leur latitude. La diversité de ces produits, qui unit toutes les parties de ce vaste empire, y porte l'abondance au moyen d'échanges considérables et variés.

Les provinces de Hoo-quang et de Kiang-si fournissent le riz ; celle de Tche-kiang, les belles soies ; de Kiannang, le vernis, l'encre et les plus beaux ouvrages de toutes sortes de matières ; de Yun-nan, le fer, le cuivre et plusieurs autres métaux, et de plus les chevaux, les mulets, les chameaux, les fourrures ; de Fo-kien, le sucre et le meilleur thé ; de Se-tchuen, les plantes et les herbes médicinales, la rhubarbe. Il en est ainsi de toutes les autres, qui, outre les productions qui leur sont communes, en ont encore de spéciales à leur climat.

Toutes ces marchandises, qui se transportent aisément sur les rivières, se débitent en très peu de temps. Les mandarins eux-mêmes confient des sommes aux marchands, pour les faire valoir à leur profit dans le commerce.

Il n'y a pas jusqu'aux familles pauvres, qui, avec un peu d'économie, ne trouvent le moyen de subsister aisément de leur trafic. Chose étonnante, on voit de ces familles qui n'ont pour tous fonds que cinquante sous ou un écu, dit du Halde, et cependant le père et la mère, avec deux ou trois enfants, vivent de leur petit négoce, se donnent des habits de soie aux jours de cérémonie, et amassent en peu d'années de quoi faire un commerce bien plus considérable.

Voici le menu de ce petit commerce. Le père de

famille achète du sucre, de la farine et du riz ; il en fait de petits gâteaux, qu'il fait cuire une ou deux heures avant le jour, pour allumer le cœur du voyageur, comme ils disent. A peine la boutique est-elle ouverte, que toute la marchandise lui est enlevée par les villageois, qui viennent en foule à la ville dès l'aube du jour, par les ouvriers, par les portefaix, par les plaideurs et les enfants du quartier. Ce petit négoce lui produit en quelques heures un franc au delà de sa mise, ce qui suffit amplement pour nourrir sa petite famille.

Quant au commerce extérieur, de tout temps en Chine il a été restreint aux pays limitrophes, et même pour des articles très peu importants. Il ne s'est jamais étendu plus loin que du détroit de la Sonde au Japon.

Les foires les plus fréquentées en Europe ne sont qu'une faible image de cette foule incroyable de peuple qu'on voit, dans la plupart des villes, occupée à vendre ou à acheter toutes sortes de marchandises. Il ne faut pas s'en étonner : la Chine n'est pas plus étendue que l'Europe, et elle a une population de 350 millions d'âmes, lorsque l'Europe n'en a que 227 millions. Il y a donc 123 millions d'âmes en plus. Il faudrait vraiment une industrie agricole bien active et bien intelligente en Europe pour nourrir le surplus; quelle affluence plus grande encore sur les chemins de fer et dans les grandes villes, et qu'on se figure toute cette masse gouvernée par un seul homme depuis tant de siècles.

COMMERCE CONTEMPORAIN DE LA CHINE.

J'ai pris les notions qui précèdent dans du Halde principalement, et ce que je vais dire du commerce de la Chine avec les Etats étrangers, je le puise dans un article de M. Bousquet (*Revue des Deux-Mondes*, 1er juillet 1878).

La situation des étrangers résidant en Chine et au Japon a été déterminée par des traités internationaux qui ont placé leurs personnes et leurs intérêts sous la protection des consuls installés dans les ports ouverts. Dans chacune de ces places les Européens peuvent s'établir, eux et leurs familles. Ils peuvent circuler de l'une à l'autre librement, sous la condition de se munir d'un passeport délivré par le consul, et de ne se livrer à aucun commerce clandestin dans les lieux intermédiaires. Ils peuvent également se rendre, munis de passeports, dans les villes de l'intérieur, mais, en l'absence de cette autorisation, ils ne peuvent sortir du territoire restreint tracé autour des villes considérées comme terrain neutre, et là encore ils n'y sont point comme propriétaires du fonds, mais comme locataires. Ils peuvent bâtir une ville somptueuse comme Shang-haï, à l'européenne, mais sur un sol étranger. Leurs biens sont inviolables. Aucune coalition ne peut se former, aucune société privilégiée s'établir parmi les indigènes, pour entraver la liberté du commerce ou lui imposer des prix arbitraires.

Toutes marchandises doivent circuler librement des villes de l'intérieur jusqu'aux ports ouverts. En échange de ces facilités, les navires doivent subir un droit de tonnage à leur entrée dans les ports, et les marchandises sont sujettes à des droits d'importation et d'exportation fixés par un tarif annexé au traité et d'ailleurs essentiellement perfectible. Ces droits une fois acquittés, les marchandises de provenance étrangère doivent circuler sans en subir de nouveaux dans tout l'intérieur.

En quoi consiste le commerce d'importation de l'Europe en Chine ? Ce n'est pas sans quelque honte qu'en faisant le dénombrement des principaux articles de ce commerce, on est obligé de donner la première place à l'opium. La consommation de cette drogue malsaine a été la cause déterminante, sinon unique, de la guerre de 1840. Elle fait encore la préoccupation des consuls anglais dans leurs rapports.

L'opium figure aux importations pour une somme de 240 millions. Voilà comment les nations civilisées préparent la civilisation de ceux qu'elles regardent comme si fort au-dessous d'elles.

Les métaux figurent pour 23 millions ; le coton brut, pour 16 millions ; le riz, pour 11 millions ; le charbon, pour 6 millions ; le bois d'ébénisterie, pour 7 millions ; le bois de construction, pour 3 millions. Les articles les plus demandés sont ensuite : le genseng, le sucre, les épices, les algues marines, l'indigo, la sèche de mer, les nids d'hirondelles, les aiguilles, les allumettes, les poissons secs ou salés, les huiles, le rotin, qui montaient ensemble, en 1874, à 44 millions. Enfin 21 millions sont représentés par des articles divers.

Exportations en Europe :

300 millions pour le thé ;
225 — de soie grège ou en cocons ;
17 — de soie en pièce ;
14 — de sucre ;
14 — de cannelle, nattes, porcelaine ;
— Le papier ;
26 — pour articles divers.

En résumé, le commerce chinois repose principalement sur l'échange de deux produits fournis par l'Angleterre et de deux produits rendus par la Chine : l'opium et les cotonnades des Indes et de Manchester contre le thé et la soie chinoise.

Puisque la Chine ne veut pas changer ses modes, l'Angleterre approprie ses tissus à ses goûts. Elle fabrique des pièces étroites où le tailleur chinois n'a que quelques coups de ciseaux à donner pour découper un vêtement.

La Chine nous rend aussi du nankin et des cotonnades bleues à l'usage des ouvriers.

Le chiffre des affaires avec la Chine s'est élevé, en 1873, à 1,188,503,503 fr. ; 490,366,433 fr. à l'importation, et 597,065,070 fr. à l'exportation. C'est la Chine qui s'enrichit à nos dépens de plus de 7 millions de francs par an.

Il est vrai que l'*intercourse* est profitable à l'Europe, mais l'Angleterre, par elle-même ou par ses colonies, absorbe près d'un milliard, cinq fois plus que tous les autres pays réunis. Ainsi le commerce de l'extrême Orient n'est au fond favorable qu'à l'Angleterre et à la Chine, et la France a besoin de relever sa marine marchande et de guerre, de se créer des stations, et d'éclairer et de soutenir ses commerçants.

Il semble en ce moment, depuis le régime républicain, qu'elle comprend tout autrement son avenir et qu'elle ne travaille qu'en faveur de ses concurrents. Quelle amère dérision que ce propos tenu sous le régime monarchique : La Méditerranée doit être un lac français.

Jugez de la valeur de notre marine sous ce rapport par les chiffres suivants. Tandis que le pavillon anglais, dans le commerce dont il s'agit ici, couvre 4,700,000 tonneaux, le pavillon américain, 3,200,000, on n'en voit sous le nôtre que 137,000, c'est-à-dire 1/70$^e$ du total des entrées et sorties.

Voici une réflexion fort remarquable de la *Revue des Deux-Mondes* sur le commerçant chinois et particulièrement le *comprador* :

« Ce serait sans doute faire trop d'honneur au négociant chinois que de le représenter comme un modèle de délicatesse et de désintéressement, mais il sait à merveille que l'honnêteté commerciale est le meilleur véhicule du crédit ; il est trop habile pour manquer à ses engagements, trop prudent pour en contracter d'exagérés. Les relations avec lui sont parfaitement sûres, et comme il constitue une des classes les plus éclairées de la population, c'est sur lui que les Européens peuvent le mieux compter pour leur ouvrir peu à peu l'accès au cœur de la Chine ; mais il faut se garder de brusquer les choses et de choquer les préjugés locaux. Ici, il faut imiter les Anglais, qui sont des maîtres dans l'art de ménager les susceptibilités des peuples qu'ils subjuguent, de transiger avec les croyances religieuses, les superstitions les plus absurdes. »

Nous avons bien des remarques à faire sur ces réflexions de M. Bousquet. La dignité humaine et notre conscience ne permettent à personne de transiger avec l'absurdité en lui donnant, en matière de morale et de religion, des marques d'approbation. Tous les Etats d'Europe ont besoin d'un examen de conscience sur ce point important, mais particulièrement la nation qui a dit, par la bouche d'un de ses célèbres représentants : *Nous devons apprendre aux barbares assez de morale pour les engager à se vêtir, afin que nous leur vendions nos étoffes.*

En dehors de ce devoir, on peut avoir une honnête habileté, qui permette de tenir une place honorable dans le monde.

Il y a une autre remarque à faire ; elle s'adresse à ceux qui ne peuvent croire à la capacité intellectuelle des Chinois et qui se méprennent sur le niveau de leur civilisation. Ils veulent que cette nation soit barbare. La civilisation de ce peuple a une direction un peu différente de la nôtre, mais elle tient une haute place dans le monde. Ayons même le courage d'avouer que si le socialisme fait encore quelques progrès et arrive pour un certain temps au pouvoir, ce sont les civilisés qui seront à l'orient et les barbares à l'occident [1].

M. Bousquet me paraît être du même avis lorsqu'il ajoute un peu plus bas :

« Nous sommes volontiers portés à regarder les Chinois comme des barbares obtus et pétrifiés, parce qu'ils n'admirent pas sans réserve tous les produits de cette civilisation dont nous sommes si fiers. Notre orgueil s'indigne et notre rancune nous égare. Il faut en convenir, leurs hommes d'Etat nous jugent froidement, nous, nos machines, nos magasins, nos idées, nos besoins, et tout l'attirail branlant et compliqué de notre existence européenne. Ils ne se trompent ni sur les mérites, ni sur les misères de nos sociétés occidentales, ni sur le degré d'aptitude de leurs compatriotes à notre genre de vie moderne. Ils n'ont pas d'illusions sur nous et ils *n'en ont guère sur eux-mêmes*. Ils savent à quoi s'en tenir sur notre fausse grandeur, comme sur leur force et leur faiblesse réelles.

» Chacun d'eux est doublé d'un philosophe aussi dédaigneux de l'opinion des barbares qu'il est peu friand de leur contact, et ne goûtant de leur commerce forcé que le profit qu'il en peut tirer. Malgré quarante ans d'intercourse, deux invasions, trois traités léonins, malgré une prodigieuse décomposition et une caducité manifeste, la Chine s'appartient encore et a résolu de s'ap-

---

[1] Tarif des droits d'entrée sur les marchandises en Chine, *Revue des Deux-Mondes*, 1er juillet 1878, p. 99.

partenir toujours, en présence de l'Europe impatiente et impuissante. »

Après une longue et froide étude sur la Chine, je souscris avec empressement à ce jugement. Je le trouve naturel comme résumé d'étude, conforme à ce que j'ai appris de ces missionnaires du xviiie siècle qui avaient pénétré dans le cœur de la nation, qui connaissaient la littérature et la science des Chinois mieux qu'eux-mêmes en bien des points. La Chine a eu une grande et puissante civilisation ; son état présent est un état de déplorable dégénérescence. M. Bousquet ne nous en dit pas les causes, mais ces causes, je me propose de les mettre en lumière, car leur étude appartient à la philosophie de l'histoire.

# CHAPITRE XII.

## L'INVASION CHINOISE ET LE SOCIALISME AUX ÉTATS-UNIS.

Dans le congrès tenu à Berlin, le comte Schouwaloff, représentant de la Russie, a cru devoir, en quelques mots discrets, appeler l'attention de ses collègues sur un côté de la question asiatique dont l'Angleterre et les Etats-Unis se préoccupent à juste titre. Faisant allusion à ces centaines de millions d'êtres humains qui habitent l'empire chinois et les Indes, il a signalé le danger qu'ils pourraient faire courir non seulement à l'empire des Anglais et à l'Amérique, mais au monde entier, le jour où, s'appropriant les armes d'une civilisation qu'ils haïssent, s'autorisant des traités qu'elle leur impose, ils les tourneraient contre elle et franchiraient des barrières désormais impuissantes à les contenir. En soulevant incidemment cette grave question, le comte Schouwaloff n'était que l'écho autorisé de craintes qui, pour se manifester loin de nous et sous une autre forme, n'en sont pas moins réelles.

Les journaux américains ont été les premiers à commenter, avec la vivacité que donne le sentiment du danger, l'avis opportun du représentant de la Russie. On ne saurait s'en étonner, car les liens de sympathie et de confiance qui existent entre les cabinets de Saint-Pétersbourg et de Washington ne sont un secret pour personne. La guerre de Crimée les a mis en plein jour, et tout récemment encore, quand on croyait un conflit imminent entre la Russie et l'Angleterre, c'est vers les Etats-Unis que l'empire russe tournait les yeux, assuré de trouver dans le concours des hardis croiseurs américains un appoint redoutable pour une lutte maritime.

Quelles que soient les influences auxquelles le comte Schouwaloff a obéi, ce qui est vrai, c'est que le péril signalé par lui grandit chaque jour. Lentement, mais sûrement, la Chine envahit les Etats du Pacifique. San Francisco a jeté un cri d'alarme, le congrès des Etats-Unis est mis en demeure de prendre des mesures énergiques, le président est assailli par les réclamations des représentants de la Californie, et le *London-Times* lui-même déclare que la question chinoise peut être à bref délai plus menaçante pour la république américaine que ne le fut, il y a dix ans, la question de l'esclavage, attendu que l'émigration des noirs n'était pas volontaire et cessait avec la suppression de la traite, tandis que les émigrants chinois affluent et qu'il est impossible de dire quand ce mouvement s'arrêtera.

Devançant l'action toujours lente et mesurée des pouvoirs publics et de la diplomatie, le parti radical socialiste s'est emparé de la question ; il l'agite dans les meetings, la débat dans la rue, passionne les esprits, menace les autorités locales et le pouvoir fédéral lui-même. En effet, la misère et la famine aidant, l'émigration s'accentue. Les provinces du nord de la Chine souffrent d'une effroyable disette, et ces masses humaines, lentes à s'ébranler, difficiles à contenir, suivent l'irrésistible courant qui les pousse vers les ports, et viennent demander à la Californie des moyens de subsistance que leur sol refuse et que leur gouvernement est impuissant à assurer. Le mouvement est encouragé et facilité par six grandes compagnies, représentées à San Francisco par des maisons chinoises de premier ordre, et aussi par la compagnie à vapeur du Pacifique, qui fait entre la Chine, le Japon et la Californie, un service régulier en concurrence avec la malle anglaise des Indes par la Méditerranée.

Lorsqu'en 1848 la découverte de l'or sur les bords du Sacramento provoqua en Europe ce grand courant d'émigration qu'activaient encore les événements politiques et les commotions sociales, la Chine resta impassible. Les nouvelles et les idées s'infiltraient lentement à travers ses ports à peine entr'ouverts au commerce étranger, et franchissaient péniblement le cordon sanitaire dont l'administration chinoise enserrait encore le Céleste-Empire. Cependant tout manquait sur la terre de l'or. Les navires allaient chercher au Mexique, en Australie, à Hong-kong, des vivres, des outils, des vêtements. La Chine fournit le thé, le sucre, et, dans les ports, quelques matelots chinois, émigrants désespérés ou séduits par les récits de fortunes rapides et d'inépuisables placers.

Les premiers venus réussirent. Les uns retournèrent, les autres firent parvenir des nouvelles favorables, mais la difficulté des communications, le prix élevé du passage, le défaut d'organisation et surtout l'inertie fataliste de la race, s'opposèrent d'abord au courant de l'émigration. Ce ne fut guère qu'en 1855, sept ans après la découverte de l'or, que le mouvement se dessina. De 1855 à 1860, la moyenne annuelle des Chinois débarqués à San Francisco s'élève à 4,530 ; de 1860 à 1865, elle est de 6,600 ; de 1865 à 1870, elle atteint 9,311, et de 1870 à 1875, elle dépasse 13,000.

En ce moment, on estime la population chinoise en Californie à plus de 150,000 âmes, et ce chiffre s'accroît chaque année dans des proportions telles que le nombre des résidents chinois égale à peu de chose près le nombre total des électeurs de l'Etat.

Ainsi, en quinze années, la moyenne annuelle de l'émigration chinoise a triplé, alors que, loin d'augmenter, le grand courant de l'immigration des Etats de l'est et de l'Europe a diminué. Si l'on tient compte maintenant de ce fait, que la Chine contient près de quatre cents millions d'habitants, que la misère y est extrême, que nombre de Chinois en sont réduits à chercher sur les grands fleuves une nourriture précaire, qu'une mauvaise récolte suffit, comme en ce moment, pour compromettre l'existence de soixante-dix millions d'êtres humains et les forcer de se réfugier au Mexique, les craintes des hommes d'Etat américains ne sembleront pas exagérées.

Si rien ne vient entraver ce mouvement, avant la fin du siècle la Chine aura complètement envahi la Californie, et, poussant en avant ses flots d'émigrants, elle s'acheminera vers les plaines riches et fertiles du centre du continent américain. Une guerre d'extermination pourrait seule alors leur reprendre ce qu'ils auraient pacifiquement conquis par l'unique force du nombre, du travail et de l'économie lente et patiente. Ce que serait une pareille guerre, on peut aisément se le figurer, et ce nouveau conflit de races atteindrait des proportions inconnues jusqu'ici.

Déjà, à San Francisco même, il existe une ville chinoise. Dans l'intérieur des terres nombre d'anciens placers sont occupés et exploités par les Chinois. On les trouve partout : maraîchers, hommes de peine, blanchisseurs, mineurs, domestiques, ils ont peu à peu accaparé tous les métiers infimes. Ils sont sobres et peuvent vivre avec le quart du salaire d'un ouvrier de race blanche. Ils sont travailleurs, et, dans nombre de manufactures, on trouve avantage à les employer. Ils sont dociles et n'ont aucune des exigences des Irlandais et des Allemands, qu'ils dépossèdent peu à peu des situations subalternes. Ils sont industrieux et économes, intelligents à leur façon (et cette façon a son mérite, dirai-je à l'auteur de ces pages), habiles à tourner les difficultés qu'ils ne peuvent surmonter. On s'est bien trouvé de leur concours pour les grands travaux publics. Les entrepreneurs du chemin de fer du Pacifique ont réalisé de beaux bénéfices en substituant des équipes de terrassiers chinois aux Irlandais qu'ils employaient d'abord. Les Chinois, en effet, se contentaient d'un salaire réduit, travaillaient aussi vite, faisaient aussi bien et obéissaient sans murmurer. En Chine, leur salaire variait de quinze à vingt-cinq francs par mois ; en Californie, ils s'estiment bien payés avec soixante-quinze à quatre-vingts francs par mois. Sur cette somme, ils vivent et trouvent encore le moyen d'économiser. Aucun travailleur blanc n'y pourrait réussir. La concurrence est impossible.

Malgré le mauvais accueil qui est fait aux Asiatiques, malgré les mauvais traitements auxquels ils sont souvent en butte là où ils se trouvent isolés, ils poussent chaque année plus avant dans l'intérieur. Instruits par l'expérience, ils réussissent et commencent à montrer partout sinon un front menaçant, tout au moins des groupes résistants, difficiles à entamer, se soutenant les uns les autres, et imposant par le nombre à des adversaires isolés.

A ces faits présentés par M. de Varigny et puisés à bonne source, ajoutons quelques réflexions qu'il n'a pas faites, mais qui en sont la conclusion.

De quoi se compose la colonie chinoise en Amérique ? Elle se compose de la lie du peuple en Chine, des déclassés les plus incapables, je veux dire de ceux qui ont reçu le moindre degré d'éducation ; et ce sont ces hommes-là qui nous apparaissent ici avec tant de solides qualités : travailleurs, économes, patients, obéissants, unis entre eux avec autant de prévoyance que de dévouement, ils montrent enfin une réunion de vertus et de capacités qui nous les font admirer. Que devons-nous donc penser de la partie de la nation qui possède des gens plus instruits et mieux élevés, qui ont des principes encore plus sérieux ? N'est-ce pas ainsi que nous dépeignent cette nation les missionnaires catholiques qui avaient pénétré dans l'intérieur et qui l'ont si profondément étudiée.

La Chine est décidément une des branches les plus intéressantes du genre humain.

A cette remarque j'ose en ajouter une autre. Les Chinois d'Amérique s'y trouvent avec les autres races civilisées, et ont avec elles des rapports qui feraient croire que la civilisation est du côté des Chinois, et non des Américains et des Européens avec lesquels ils sont en contact.

Jusqu'à ces dernières années, la Chine, se suffisant à elle-même, se tenait chez elle et ne songeait nullement à inquiéter ses voisins ; mais aussi elle empêchait les étrangers d'avoir avec l'intérieur des rapports qu'elle considérait comme dangereux. C'est pourquoi, au lieu de favoriser le commerce extérieur, surtout avec l'Europe, elle y mettait des entraves et des difficultés dictées par la prudence. Qu'ont fait les puissances occidentales ? Elles ont intimé l'ordre à la Chine d'ouvrir ses ports ; elles ont fait sentir la supériorité de leur civilisation par des actes de vraie barbarie ; on a forcé la Chine de consentir chez elle à la vente du poison qu'on appelle l'opium ; on lui a fait la guerre deux fois parce qu'elle voulait avoir la paix chez elle et se conduire à sa façon sur son territoire, sans nuire à personne, et c'est pour ces motifs qu'on a brûlé sa capitale.

Voici une autre scène :

Dans des années de disette, un certain nombre de Chinois sont allés demander du travail en Californie, où ils sont bien accueillis, où ils rendent des services, où ils se font estimer pour la douceur de leur caractère, leur réserve, leur vie laborieuse et le respect des pouvoirs établis.

Ils ont pour eux le droit, les traités, la loi, les principes de liberté individuelle consacrés par la constitution américaine, et la complicité bien établie des intérêts matériels, auxquels ils fournissent la main-d'œuvre à bon marché, intelligente et docile. La conduite des Chinois est si strictement bonne et régulière, que le juge Heiden-Feldt, appelé à déposer devant le congrès sur les différends entre Américains et Chinois, s'exprimait ainsi : « Les négociants chinois en Californie n'ont jamais de procès. Je suis, par ma profession, en rapports constants avec des gens de toute race et de toute nationalité ; je dois dire qu'il n'y en a pas de plus honorables, de plus sincères et de plus loyaux que les marchands chinois. Je ne connais pas de cas où l'un d'eux ait cherché à frauder la douane par une déclaration de valeur insuffisante, ou réclamé quoi que ce soit qui ne lui fût légitimement dû. »

Ces déclarations sont consignées dans le *New-York-Herald* du 21 juin 1878.

Il semble donc qu'à tous les points de vue l'arrivée des Chinois en Amérique soit une bonne fortune. C'est un pays qui a encore pour longtemps besoin de bras étrangers pour cultiver son immense continent, qui ne demande qu'à produire et à récompenser le travail humain. Eh bien, vous vous trompez. Les Chinois ne sont encore qu'au nombre de 700,000 dans le Mexique, et ils paraissent intolérables. C'est inutilement qu'ils ont pour eux leurs qualités utiles et une constitution libérale. Il faut qu'ils disparaissent dans le moment même où leur mère patrie est obligée, malgré elle, d'ouvrir ses ports aux Européens. Qu'est-ce donc que le libéralisme moderne ? Que sont les projets si retentissants de progrès humanitaire, de progrès indéfini et d'affranchissement universel ? On voit ici que ce n'est qu'un insolent mensonge, on va le sentir encore mieux. Quels sont les adversaires acharnés des Chinois au Mexique ? Ce sont les socialistes américains, anglais et allemands, c'est-à-dire ceux-là mêmes qui veulent l'égalité absolue et partout dans leurs programmes. Ils ont donc de grands crimes à reprocher aux Chinois, pour demander à si grands cris leur expulsion, car, en effet, en ce moment même, il y a un soulèvement général contre la race olivâtre. Les crimes qu'on a à leur reprocher, nous les avons vus, et voici comment les formule M. de Varigny (*Revue des Deux-Mondes*, 1er octobre 1878, p. 593) :

« Sans orgueil comme sans préjugés, le Chinois s'approprie les procédés nouveaux, les inventions récentes. Satisfait de peu, façonné par la misère aux privations, ingénieux à tirer parti de tout, économe avec excès, il vit et prospère là où le blanc ne trouve pas même à subsister. »

Après cela, je ne comprends pas l'assurance avec laquelle M. de Varigny affirme que la supériorité intellectuelle du blanc est incontestable. Nous reviendrons sur cette question ; mais, en attendant, les socialistes des pays civilisés me paraissent non seulement injustes, mais barbares en comparaison.

Les faux libéraux de France ont-ils une manière de procéder plus logique envers la vraie majorité, qui est celle des conservateurs ? car la majorité qui figure dans les chambres est factice à cause des abstentions des uns et des pressions si peu consciencieuses des autres. N'oublions pas le cynisme des invalidations.

Voici une réflexion du même auteur à laquelle je souscrirais volontiers :

« Une race homogène, comptant près de quatre cents millions d'êtres humains, s'agite et se débat dans un espace insuffisant. La brèche est ouverte ; ils affluent sur un sol nouveau, riche et comparativement désert ; ils sont aventureux, patients dans les difficultés, tenaces et laborieux ; ce flot d'émigration reflue aujourd'hui vers le Pacifique, et, comme une marée montante, il rompt et emporte ses digues. »

# CHAPITRE XIII.

### L'AUTORITÉ.

Une des vertus les plus fidèlement pratiquées en Chine est le respect pour l'autorité, pour la vieillesse, pour les parents surtout, pour tout ce qui est antique et traditionnel. Le père est un roi dans sa famille. Les ancêtres y sont l'objet d'un culte. Ce culte est même exagéré, puisque Rome a déclaré aux missionnaires qu'il fallait retrancher avec prudence ce qu'il a d'excessif et de superstitieux.

Ne croyez pas pour cela que l'autorité souveraine y soit sans contrôle.

Pour retenir le chef de l'Etat, il n'y a pas seulement le tribunal de l'histoire, dont nous avons parlé. Il y a d'abord le souvenir, toujours vivant, toujours profondément respecté, des trois premiers empereurs. Empereurs et peuples les vénèrent comme des saints et des modèles accomplis ; c'étaient Yao, Chun et Yu. A leurs yeux, le pays entier n'était qu'une seule famille dont ils prenaient la responsabilité. Les citoyens étaient leurs enfants. La littérature tout entière est imprégnée de ces sentiments.

Les livres Kings reproduisent ces nobles exemples ; ce sont les livres par excellence, sur lesquels les princes et le peuple apprennent à lire.

En rappelant ces modèles, les sages pouvaient faire sentir à l'empereur ses devoirs sans avilir la dignité impériale.

Il y a encore autre chose à Pékin pour retenir le souverain sur la pente funeste des abus de pouvoir, c'est l'académie impériale des han-lin, lettrés de premier ordre, qui forment un corps des plus savants de l'empire. Cette académie, politique et littéraire à la fois, fut fondée par l'empereur Hiou-an-tsong, au commencement du VIIe siècle, dans le but de favoriser le progrès des sciences et de maintenir les bonnes doctrines. A partir de ce moment, on choisit dans ce corps les savants qui composeront désormais ce tribunal d'histoire.

Mais les han-lin ont une bien autre attribution politique. Ils sont inamovibles et leur personne est sacrée, et c'est avec ce caractère qu'ils ont le droit de remontrance dans tous les temps et dans tous les lieux, aussi bien à l'égard de l'empereur que du dernier des sujets. Cette institution rappelle le droit qu'avaient autrefois nos parlements, mais l'institution chinoise est plus simple et semble aussi plus efficace, avec moins de bruit.

Ce tribunal se recrute lui-même et choisit, pour se perpétuer, les hommes les plus sages et les plus dignes de l'empire.

Voici comment en parlaient les illustres rédacteurs

des Mémoires chinois, qui l'ont vu fonctionner pendant deux siècles.

« Le *collège impérial* est composé des plus beaux esprits, des plus beaux génies et des plus savants hommes de tout l'empire. Ils sont chargés de la rédaction des lois et ordonnances de l'empereur et des ministres. Ils dirigent l'instruction publique dans les collèges fondés aux quatre coins du palais. Chacun y est occupé selon son talent ; on ne presse jamais quelqu'un de finir, on attend qu'il *soit arrivé à la perfection.* »

Sans doute, ces restrictions prudentes du pouvoir n'ont pu retenir les mauvais instincts de plusieurs princes. Mais, dans une si longue série de rois, on doit être étonné d'en trouver relativement si peu de pervers. Nous en découvrirons une raison puissante dans l'état moral de la nation et dans les croyances traditionnelles.

Voici les réflexions de M. Pauthier sur ce sujet. Ce sinologue connait l'histoire chinoise ; on doit adopter sans hésitation son jugement sur l'exercice de l'autorité dans le Céleste-Empire.

« On croit généralement, en Europe, que le gouvernement chinois est un gouvernement absolu comme celui que l'on suppose avoir existé dans les anciennes grandes monarchies de l'Orient ; il n'en est rien : la forme a bien quelque chose qui y ressemble, mais le fond ne répond pas à la forme. Ce n'est pas que les tendances du pouvoir, en Chine comme ailleurs, même en Europe, ne soient quelquefois portées vers l'arbitraire et la tyrannie; mais les institutions politiques y sont combinées de telle sorte que l'arbitraire et la tyrannie peuvent rarement être impunément exercés. D'ailleurs, le corps des lettrés, quoique n'étant pas un corps politique, n'en exerce pas moins un contrôle souvent assez gênant pour le pouvoir, en invoquant l'autorité des anciens livres (que le pouvoir n'a jamais osé ouvertement enfreindre ou dédaigner), et en s'appuyant sur l'intérêt du peuple. Il n'y a pas d'exemple, en Chine, où cependant le nombre des écrits politiques est infiniment plus nombreux que partout ailleurs, que des écrivains aient souillé leur pinceau en le consacrant à l'éloge de l'oppression et de la tyrannie. On n'y trouverait pas un seul écrivain qui ait eu l'audace, pour ne pas dire l'impiété, de nier les droits de tous aux dons de Dieu, c'est-à-dire aux avantages qui résultent de la réunion de l'homme en société, et de les revendiquer au profit d'un seul ou d'un petit nombre, comme ayant des droits supérieurs aux autres et des privilèges exclusifs. Le pouvoir le plus absolu que les écrivains politiques et les moralistes chinois aient reconnu aux chefs du gouvernement n'a jamais été qu'un pouvoir délégué par le Ciel, ou la raison supérieure, ne pouvant s'exercer que dans l'intérêt de tous, pour le bien de tous, et jamais dans l'intérêt d'un seul et pour le bien du petit nombre. Des limites morales infranchissables sont posées à ce pouvoir en apparence absolu, et s'il lui arrivait de les dépasser, d'enfreindre ces lois morales, d'abuser de son mandat, alors, comme l'a dit un célèbre philosophe chinois du douzième siècle de notre ère, Tchou-hi, dans son commentaire sur le premier des quatre livres classiques, enseigné dans toutes les écoles et tous les collèges de l'empire, le peuple serait dégagé de tout respect et de toute obéissance envers ce même pouvoir, qui pourrait être renversé immédiatement pour faire place à un autre pouvoir légitime, c'est-à-dire s'exerçant uniquement dans l'intérêt de tous.

» Voici les propres paroles du philosophe chinois : « Le texte signifie que celui qui est dans la position la
» plus élevée de la société (le souverain) ne doit pas ne
» pas prendre en sérieuse considération ce que les po-
» pulations demandent et attendent de lui ; s'il ne se
» conformait pas dans sa conduite aux droites règles de
» la raison, et qu'il se livrât de préférence aux actions
» vicieuses ou contraires à l'intérêt du peuple, en don-
» nant un libre cours à ses passions, alors sa propre
» personne serait exterminée, et le gouvernement péri-
» rait ; c'est là la grande ruine de l'empire. »

APERÇU HISTORIQUE.

» Aux yeux des Chinois, le gouvernement le plus parfait, celui qui porte le caractère le plus profond d'une origine supérieure, et qui ne peut être surpassé, est celui de leurs anciens rois Yao et Chun, qui furent en même temps des législateurs. Le gouvernement des trois dynasties qui leur succédèrent se distingua, celui des Hia, par la droiture et l'honnêteté (*tchoúng*) ; celui des Chang, par l'ensemble de ses solides institutions (*tchi*) ; celui des Tchéou, par son caractère littéraire (*wên*). Celles qui les suivirent s'écartèrent plus ou moins de ces premiers et grands modèles du gouvernement. La dynastie des Thsin (250 avant notre ère) se distingua par sa haine contre les anciennes institutions, qu'elle voulut abolir, ainsi que les monuments qui en perpétuaient les maximes. Celle des Han fut la restauratrice de l'ancienne doctrine. Le temps, qui n'est pas plus immobile en Chine que dans les autres contrées du monde, a apporté successivement d'assez nombreuses modifications aux institutions primitives. On pourra s'en convaincre à la lecture de notre abrégé d'histoire, dans lequel nous nous sommes efforcé de tracer l'esquisse du développement de la civilisation chinoise, depuis les temps les plus anciens jusqu'à nos jours.

» Quoi qu'il en soit des modifications que le temps a fait subir aux anciennes institutions chinoises, les monuments qui ont été conservés de ces anciennes institutions ont toujours été, excepté sous les Thsin, la base fondamentale et révérée du gouvernement chinois. Le grand philosophe Khoung-fou-tseu (Confucius), qui fut le principal rédacteur de ces anciens codes de lois politiques, morales et religieuses, soit qu'il se fût borné à mettre en ordre les fragments épars laissés par les anciens législateurs, soit qu'il ne fît que représenter les tendances et les idées de son temps, soit enfin qu'il les devançât de toute la puissance de sa haute raison, imprima un tel caractère de bon sens, de droiture et d'équité à ses préceptes, que, à peu d'exceptions près, et au bout de deux mille cinq cents ans, ils pourraient encore être acceptés de nos jours par la civilisation européenne, comme l'expression de la vérité morale la moins contestable et la plus pure.

» C'est une opinion généralement admise, en Europe, que le gouvernement chinois est le despotisme porté à son plus haut degré de perfection. Aristote, qui avait jeté un regard si profondément analytique sur presque toutes les formes de gouvernement connues de son temps, croyait la monarchie absolue inhérente au climat de l'Asie, et cette espèce de royauté ne différait, selon lui, de la tyrannie, que parce qu'elle était légitime et héréditaire. Il disait (*Politique*, III, ix) « qu'un esprit inné » de servitude, disposition beaucoup plus prononcée » chez les barbares que chez les Grecs, dans les Asiati- » ques que dans les Européens, fait supporter le joug » du despotisme sans murmure. » Cette distinction, établie par Aristote, n'est pas rigoureusement vraie, car il y a encore aujourd'hui, en Asie, des peuplades aussi jalouses de leur liberté et de leur indépendance qu'en Europe (témoin celles qui habitent les montagnes du Caucase et plusieurs contrées de la Perse et de l'Inde) ; et, en Europe, des peuples aussi soumis au joug du despotisme qu'en Asie. Une distinction, peut-être plus véritable, est celle qui dirait que la disposition à la servitude est beaucoup plus prononcée dans les habitants des plaines que dans les habitants des montagnes, et que la nature avait plutôt destiné le plateau de l'Iran à être le théâtre des vastes monarchies des Mèdes et des Perses que les montagnes de la Thrace et les îles de la mer Egée. Une raison semblable a dû, dès les temps anciens, concourir à faire, des vastes plaines arrosées par le Yang-tseu-kiâng et le fleuve Jaune, un vaste empire soumis à une autorité souveraine, tandis que les contrées montagneuses du sud-ouest de la Chine ont continué, depuis plus de quatre mille ans, à offrir un asile aux peuplades indépendantes des Miao-tseu. Il est bien vrai aussi que le sang de certaines races est plus ou moins porté, par sa nature, à la servitude, comme le dit Aristote ; mais, dans tous les cas, nous croyons que les circonstances extérieures agissent plus sur la forme des gouvernements que les dispositions innées des individus ou des races, surtout lorsqu'une longue habitude n'a pas fait de tel ou tel régime social comme une seconde nature plus forte et plus persévérante que la première.

» Montesquieu, adoptant en quelque sorte le principe d'Aristote, a dit que « la servitude politique ne dépend » pas moins de la nature du climat que la civile et la » domestique. » (XVIII, 1.) Les peuples du nord de la Chine, ajoute-t-il, sont plus courageux que ceux du midi ; et il ne faut pas être étonné que la lâcheté des peuples des climats chauds les ait presque toujours rendus esclaves, et que le courage des peuples des climats froids les ait maintenus libres. Il en donne ensuite pour preuve que l'Asie, sur treize fois qu'elle a été subjuguée, l'a été onze fois par les peuples du Nord, et deux fois

seulement par ceux du Midi. Ces distinctions sont aussi plus spécieuses que fondées. Si des peuples du Midi ont été conquis par des peuples du Nord, le contraire aussi a eu lieu; les invasions n'ont pas toujours suivi une direction perpendiculaire à l'équateur. La loi des invasions n'est pas dans les degrés de latitude ; elle est soumise à des conditions plus complexes ; aussi rien n'est moins conforme à l'histoire, rien n'est moins vrai que ces axiomes politiques qu'il est plus facile de formuler que de justifier. Tel est encore celui-ci de Montesquieu, renouvelé d'Aristote, « qu'il règne en Asie un esprit de servitude
» qui ne l'a jamais quittée, et que, dans toutes les his-
» toires de ce pays, il n'est pas possible de trouver un
» seul trait qui marque une âme libre, et qu'on n'y
» verra jamais que l'héroïsme de la servitude. » (*Esprit des lois*, XVII, 6.)

» Il suffit de lire l'histoire de la Chine pour se convaincre qu'il y a eu chez ce peuple, considéré en Europe comme un foyer de servitude, plus de traits de courage civil marquant une âme libre, que dans toutes les monarchies européennes. Nous croyons qu'il est convenable de rappeler ici ces paroles d'un missionnaire, que ses connaissances et son long séjour en Chine autorisaient à porter un tel jugement : « Il ne faut pas juger
» de la Chine par ce qu'en racontent ceux qui ne l'ont
» vue que sur les bords de la rivière de Canton, et
» moins encore par ce qu'ils y achètent. » (*Mém. sur les Chinois*, t. IX, p. 361.)

### DE LA FORME DU GOUVERNEMENT CHINOIS.
### DEVOIRS DU SOUVERAIN.

» La forme du gouvernement chinois peut être comparée à cette cinquième royauté dont parle Aristote, « laquelle a de grands rapports avec le pouvoir domes-
» tique, sorte de royauté du père sur sa famille; de
» même la royauté en question est une administration
» de famille s'appliquant à une nation. » Dans l'esprit des institutions politiques de la Chine, la famille est le prototype de toute l'organisation sociale. Les droits et les devoirs du père de famille sont transportés au chef suprême de l'Etat, qui est considéré comme ayant les mêmes droits sur tous les sujets de l'empire, que le père de famille sur tous les membres qui la composent; et l'un et l'autre ont les mêmes devoirs à remplir : ces devoirs ne diffèrent que du plus au moins. L'empereur a, comme le père de famille, un pouvoir absolu sur tous les sujets de son empire (pouvoir qui ne peut s'exercer cependant que par des corps et des ministres responsables, on ne doit pas l'oublier), mais il a aussi toute la responsabilité de ce dernier. Les philosophes chinois anciens et modernes, tout en reconnaissant à l'empereur les droits du père de famille, n'ont jamais manqué de lui en rappeler les devoirs, à tel point qu'ils le rendent responsable de la misère des populations, et même des calamités publiques, s'ils ne les ont pas atténuées

dans la mesure du possible par la prévoyance et le dévouement.

» Le premier et le plus célèbre de ces philosophes, Khoung-tseu, a ainsi formulé sa doctrine à cet égard :

« Les anciens princes qui désiraient développer et mettre en évidence, dans leurs Etats, le principe lumineux de la raison que nous recevons du ciel, s'attachaient auparavant à bien gouverner leur royaume ; ceux qui désiraient bien gouverner leur royaume s'attachaient auparavant à mettre le bon ordre dans leur famille ; ceux qui désiraient mettre le bon ordre dans leur famille s'attachaient auparavant à se corriger eux-mêmes ; ceux qui désiraient se corriger eux-mêmes s'attachaient auparavant à donner de la droiture à leur âme ; ceux qui désiraient donner de la droiture à leur âme s'attachaient auparavant à rendre leurs intentions pures et sincères ; ceux qui désiraient rendre leurs intentions pures et sincères s'attachaient auparavant à perfectionner le plus possible leurs connaissances morales ; perfectionner le plus possible ses connaissances morales consiste à pénétrer et approfondir les principes rationnels de toutes nos actions. »

» Dans la politique des publicistes chinois, chaque famille est une nation ou Etat en petit ; et toute nation ou tout Etat n'est qu'une grande famille ; l'une et l'autre doivent être gouvernés par les mêmes principes de sociabilité et soumis aux mêmes devoirs. Ainsi, de même qu'un homme qui ne montre pas de vertus dans sa conduite privée et n'exerce point d'empire sur ses passions n'est pas capable de bien administrer une famille, de même un prince qui n'a pas les vertus et les qualités qu'il faut pour bien administrer une famille est par cela même incapable de bien gouverner une nation. Ces doctrines ne sont pas ce que nous appelons constitutionnelles, parce qu'elles sont en opposition avec la doctrine qui pose en principe que le chef de l'Etat règne et ne gouverne pas, et qu'elles lui attribuent un pouvoir exorbitant sur ses sujets, celui d'un père sur ses enfants ; pouvoir dont les princes, en Chine, sont aussi portés à abuser que partout ailleurs. Mais, d'un autre côté, ce caractère d'assimilation au père de famille leur impose des devoirs que les chefs des Etats constitutionnels ne regardent pas toujours comme obligatoires pour eux, et que les premiers trouvent quelquefois assez gênants pour se décider à les enfreindre. Alors, d'après la même politique, les membres de la grande famille nationale ont le droit, sinon toujours la force, de déposer les mauvais rois qui ne gouvernent pas en vrais et bons pères de famille, comme s'exprime notre Code civil. On en a vu des exemples.

» Le plus grand éloge que les écrivains chinois croient faire du prince qui les gouverne, c'est de dire qu'il est le père et la mère du peuple. Cette doctrine, exprimée en propres termes dans l'ancien *Livre des vers*, a été ainsi expliquée par Khoung-tseu : « Ce que le peuple » aime, l'aimer ; ce que le peuple hait, le haïr : voilà » ce qu'on appelle être le père et la mère du peuple. » (La *Grande Étude*, ch. x, § 3.)

» Tous les commentateurs dont les explications sont enseignées dans toutes les écoles de l'empire s'attachent à développer cette doctrine d'une manière qui ne laisse aucun doute sur leurs sentiments. « Aimer ainsi le
» peuple, dit l'un d'eux, c'est ne pas considérer le peu-
» ple comme peuple, mais c'est le considérer comme son
» propre fils. » Et le *Commentaire impérial* ajoute :
« Le philosophe dit que la loi du devoir ou la règle de
» conduite d'un prince consiste à ne pas faire peu de
» cas des sentiments du peuple. »

« Celui qui possède l'empire (dit un disciple de
» Khoung-tseu, développant la pensée de son maître) ne
» doit pas négliger de veiller attentivement sur lui-
» même, pour pratiquer le bien et éviter le mal ; s'il ne
» tient compte de ces principes, alors la perte de son
» empire en sera la conséquence. »

» Un commentateur moderne dit à ce sujet : « La
» fortune du prince dépend du ciel, et la volonté du
» ciel réside dans le peuple. Si le prince obtient l'affec-
» tion et l'amour du peuple, le Très-Haut le regardera
» avec complaisance et affermira son trône ; mais s'il
» perd l'affection et l'amour du peuple, le Très-Haut le
» regardera avec colère, et il perdra son royaume. » (La *Grande Etude*, ch. x, § 6.)

» Aux yeux des Chinois, la conduite du prince influe puissamment sur celle de ses sujets. Il est donc du plus grand intérêt social qu'il possède toutes les qualités et les vertus qui peuvent en faire un prince accompli. Au nombre des principales vertus que le prince doit posséder, ils placent le désintéressement et le dévouement au bien public.

« Traiter légèrement ce qui constitue la base fonda-
» mentale de tout bon gouvernement (dit Thseng-tseu,
» dans la *Grande Etude*, ch. x, § 7, 8, 9 et 10), c'est-à-
» dire la pratique des vertus morales, et faire beaucoup
» de cas de l'accessoire, ou des richesses, c'est per-
» vertir les sentiments du peuple, et l'exciter, par
» l'exemple, au vol et aux rapines.

» C'est pour cette raison, ajoute-t-il, que si un
» prince ne pense qu'à amasser des richesses, alors le
» peuple, pour l'imiter, s'abandonne à toutes ses pas-
» sions mauvaises ; si, au contraire, il dispose convena-
» blement des revenus publics, alors le peuple se main-
» tient dans l'ordre et la soumission. »

» On lit dans l'*Encyclopédie historique*, rédigée par ordre et sous l'inspection de l'empereur Khang-hi (Youan-kian-louï-han) : « Le fils du Ciel, ou l'empereur,
» a été établi pour le bien et dans l'intérêt de l'empire,
» et non l'empire établi pour le bien et dans l'intérêt du
» souverain. (*Li thiên-tseù wëi thiên-hià yè : fëi li thiên-*
» *hià wëi thiên-tseù yè.*) » Trouverait-on dans tous les publicistes européens un axiome politique plus rationnel et plus libéral ?

» Il est dit dans l'ancien *Livre des Annales :* « Le
» mandat du ciel qui donne la souveraineté à un homme
» ne la lui confère pas pour toujours. Ce qui signifie
» qu'en pratiquant le bien et la justice, on l'obtient ; et
» qu'en pratiquant le mal ou l'injustice, on le perd. »

» Il n'y a certainement aucun pays où l'on ait tant écrit et publié d'ouvrages sur les devoirs et la conduite des princes qui se trouvent appelés à gouverner un empire. Il n'y en a pas non plus (et cela paraîtra peut-être un paradoxe) où des avertissements plus sévères leur aient été adressés. L'un des défauts contre lesquels les philosophes chinois ont cherché le plus à prémunir leurs gouvernants a été le désir d'accumuler des richesses. « Ceux qui gouvernent un royaume (dit
» encore Thseng-tseu, *Grande Etude*, ch. x, § 21-22)
» ne doivent point faire leur richesse privée des
» revenus publics, mais ils doivent faire de la justice
» et de l'équité leur seule richesse. »

« Si ceux qui gouvernent les Etats, ajoute-t-il, ne pen-
» sent qu'à amasser des richesses pour leur usage per-
» sonnel, ils attireront indubitablement auprès d'eux des
» hommes dépravés ; ces hommes leur feront croire
» qu'ils sont des ministres bons et vertueux, et ces
» hommes sans principes gouverneront le royaume.
» Mais l'administration de ces indignes ministres appel-
» lera sur le gouvernement les châtiments divins et les
» vengeances du peuple ! Quand les affaires publiques
» sont arrivées à ce point, quels ministres, fussent-ils les
» plus justes et les plus vertueux, détourneraient de
» tels malheurs ? — Ce qui veut dire que ceux qui
» gouvernent un royaume ne doivent point faire leur
» richesse privée des revenus publics, mais qu'ils doi-
» vent faire de la justice et de l'équité leur seule
» richesse. »

» Un commentateur chinois résume ainsi la doctrine de Khoung-tseu sur ce sujet : « Le grand but, dit-il, le sens
» principal du texte, signifie que le gouvernement d'un
» empire consiste dans l'application des règles de droi-
» ture et d'équité naturelles, que nous avons en nous, à
» tous les actes d'administration publique, ainsi qu'au
» choix des hommes que l'on emploie, lesquels, par leur
» bonne ou mauvaise administration, conservent ou
» perdent l'empire. Il faut que, dans ce qu'ils aiment
» et dans ce qu'ils réprouvent, ils se conforment tou-
» jours au sentiment du peuple. »

» Un principe constamment professé par Meng-tseu et par d'autres philosophes chinois, dont les écrits sont enseignés dans les écoles de l'empire avec l'autorisation du gouvernement, c'est que, « toutes les fois qu'un
» prince régnant perd l'affection de la grande majorité
» du peuple, en agissant contrairement à ce que ce
» dernier regarde comme le bien général, ce prince est
» rejeté ou désavoué par le ciel, et peut être détrôné
» par celui qui, au moyen d'un saint et généreux
» accomplissement de ses devoirs, a gagné le cœur de
» la nation. »

» L'ancien philosophe Khoung-tseu a formulé ainsi les principaux devoirs du souverain : « Tous ceux qui
» sont préposés au gouvernement des empires ou des
» royaumes ont neuf règles invariables à suivre : la
» première est de travailler constamment au perfection-
» nement de soi-même ; la seconde est de révérer les
» sages ; la troisième est d'aimer ses parents ; la qua-

» trième, d'honorer les premiers fonctionnaires de
» l'Etat ou les ministres ; la cinquième, d'être toujours
» en parfaite harmonie avec les autres fonctionnaires et
» magistrats de l'empire ; la sixième, de traiter et de
» chérir le peuple comme un fils ; la septième, d'atti-
» rer près de sa personne les savants, les artistes et
» les artisans de mérite ; la huitième, d'accueillir avec
» cordialité les hommes qui viennent de loin, c'est-à-
» dire les étrangers ; la neuvième, enfin, de traiter
» avec amitié les grands vassaux. » (*Tchoúng-yoúng*,
ch. xx, § 11.)

» L'hérédité du pouvoir par droit de primogéniture n'existe pas en Chine. L'empereur régnant choisit son successeur parmi ses enfants mâles, en arrêtant ordinairement son choix sur celui qui lui paraît réunir le plus des qualités qui sont indispensables pour faire un bon souverain, ou qui a le moins des défauts qui en font un mauvais. Cette faculté qu'a l'empereur de choisir son successeur corrige, jusqu'à un certain point, ce que l'hérédité du pouvoir a d'aveuglement fatal, par l'exercice, très restreint sans doute, mais enfin quelquefois utile, de la volonté et de la raison souveraines.

» L'exercice de la souveraineté est, aux yeux des philosophes et des publicistes chinois, la plus haute, la plus noble et la plus sainte mission dont un homme puisse être revêtu sur la terre. Cette mission, comme nous l'avons déjà dit, n'est pas un droit, un privilège, un apanage appartenant à un homme, à une famille, à une race, pour en disposer selon leur bon plaisir ; c'est une délégation, un mandat de la raison ou du pouvoir supérieur qui préside aux destinées des nations, lequel mandat ne leur est conféré que pour veiller constamment aux intérêts et aux besoins de tous, comme un père et une mère veillent aux intérêts et aux besoins de leurs enfants, et faire régner la justice. Aussi l'autorité souveraine, en Chine, est-elle environnée des signes les plus nombreux, les plus éclatants, d'un respect et d'une vénération en quelque sorte sans limites. Ce sont ces formes extérieures de la majesté souveraine, ces manifestations en apparence si profondément serviles de la part des populations asiatiques, et principalement de celles de la Chine, qui ont fait porter sur elles des jugements si sévères par un grand nombre d'écrivains européens, lesquels n'ont voulu voir en elles que des populations esclaves, absolument dépourvues de toute dignité humaine. Il est sans doute très beau d'avoir assez de respect de soi-même, de dignité de caractère, pour ne pas s'abaisser jusqu'à rendre à un homme, fût-il couronné, des hommages avilissants, une espèce de culte fanatique qu'il ne conviendrait pas même de rendre à Dieu : il serait beau de voir les peuples ne se prosterner que devant la loi, ne flatter que la loi, n'attendre des faveurs que de la loi ; mais la loi est un être trop abstrait pour la généralité des hommes ; et, jusqu'à ce que les habitudes et les mœurs de l'Europe soient arrivées à ce dernier état de civilisation, il lui siéra assez mal d'accuser de servilité et de bassesse les mœurs orientales, et principalement les mœurs chinoises.

» Ce n'est pas, cependant, que nous voulions faire ici l'apologie de la société chinoise telle qu'elle est maintenant constituée, et que nous l'offrions pour modèle à la société européenne ; non, assurément. Depuis cinquante ans surtout, la loi a déjà trop remplacé la volonté arbitraire de quelques hommes pour que nous puissions avoir cette pensée. D'ailleurs, notre société est loin, surtout à notre époque, d'avoir pour base le principe de la famille, principe sur lequel, comme nous l'avons dit, repose, avec tous ses avantages comme avec tous ses inconvénients, la société chinoise.

» L'empereur, en Chine, est censé tenir du Ciel son mandat souverain ; c'est pourquoi il est souvent nommé « le fils du Ciel » (*thiên-tseù*). On l'appelle aussi le fils du Ciel, parce que, disent des écrivains chinois, le Ciel est son père, et la terre sa mère. Les lieux qu'il habite sont nommés : le Palais de la Cour, la Salle d'or, l'Avenue et la Cour de vermillon, la Salle interdite, le Palais défendu, la Cour céleste, etc. Dans l'ordre religieux comme dans l'ordre politique, l'empereur est revêtu de l'autorité suprême ; toutefois cette autorité est limitée par des conseils ou grands tribunaux, auxquels ressortissent toutes les affaires du gouvernement.

» Sa suprématie religieuse ne peut toutefois s'exercer qu'en ce qui concerne le culte de l'Etat, le culte dit de Confucius, à l'exclusion de tous les autres ; et, sous ce rapport, l'empereur est réellement dépendant du grand tribunal ou conseil des rites, chargé de conserver les traditions et les usages religieux de l'antiquité. Professant lui-même, comme étant d'origine tartare, la religion bouddhique, il ne peut lui rendre qu'un culte privé.

» Cette autorité de l'empereur, que l'on croit si absolue, ne va pas aussi loin, sur beaucoup de points, que celle des souverains de l'Europe, même des souverains constitutionnels. Sa personne aussi est inviolable et sacrée, et ses ministres sont responsables, mais d'une responsabilité qui, pour n'être pas écrite dans une charte, n'en est pas moins réelle, et quelquefois même terrible, puisqu'il arrive assez souvent que des ministres sont dégradés, exilés en Tartarie et condamnés à mort, pour des actes de leur ministère. Dans ce dernier cas, la peine prononcée par le tribunal des peines ou haute cour de justice est presque constamment commuée en un exil perpétuel ou temporaire par l'empereur, qui a, comme les chefs d'Etat en Europe, la haute et sainte prérogative du droit de grâce.

» Il n'est peut-être aucun Etat dans le monde où la volonté du souverain s'exerce plus rarement d'une manière directe qu'en Chine, où cette volonté, avant de se manifester, passe par plus de filières, où il soit plus difficile d'arriver à elle et d'en obtenir directement soit faveur, soit justice. Les rouages du gouvernement sont si multipliés, que le mouvement s'accomplit souvent avec une extrême lenteur, hors les cas d'urgence ; mais ces rouages sont si bien combinés, si adroitement coordonnés, qu'ils fonctionnent tous, dans leur sphère d'action, avec une régularité pour ainsi dire machinale. Si tous les mouvements de l'activité humaine ont jamais été soustraits à toute spontanéité pour être soumis à des règles fixes, on peut dire que c'est en Chine, où, jusqu'aux plus simples rapports des hommes entre eux, tout a été réglé, formulé par des édits qui font loi, ou des usages qui sont aussi inviolables.

### DES DIFFÉRENTS POUVOIRS DE L'ÉTAT.

» Nous avons dit que l'autorité souveraine résidait dans l'empereur, au nom duquel s'exerce le pouvoir exécutif. Tous ses décrets, rédigés en conseil et promulgués en son nom par les ministres et autres agents responsables, ont force de loi. Ces décrets sont publiés dans une espèce de *Bulletin des lois* ou *Moniteur de la cour*, comme il est nommé, que le gouvernement fait paraître journellement à Pékin, et qui est envoyé à tous les principaux mandarins ou fonctionnaires publics de l'empire. Ceux-ci en font part immédiatement à leurs administrés, par des affiches publiques. Aussitôt cette publicité donnée, tous ces décrets sont obligatoires.

» Le pouvoir législatif ne réside point dans des corps constitués, comme les chambres électives ou héréditaires de quelques Etats de l'Europe, mais seulement dans la personne du souverain, avec l'avis et sous la responsabilité de conseils spéciaux, qui sont chargés de branches distinctes du pouvoir exécutif. Ce sont ces conseils spéciaux qui élaborent et préparent les projets de loi ou de décret dont ils partagent l'initiative avec le souverain, mais que ce dernier seul peut rendre exécutoires. Quoique tous les décrets, édits, proclamations, etc., de l'autorité souveraine soient ainsi élaborés, la formule dont ils sont revêtus dans la promulgation ferait croire qu'ils sont l'expression absolue, exclusive, de la volonté impériale, et rappelle, en termes presque identiques, le : Tel est notre bon plaisir, de quelques royautés européennes ; c'est la formule du pouvoir absolu qui, lorsqu'il ne l'exerce pas en réalité, aime toujours bien à en conserver les apparences.

## CHAPITRE XIV.

### ÉDUCATION DES ENFANTS.

Le livre des rites veut que cette éducation commence à l'instant même ou l'enfant vient de naître. On sent bien qu'elle est purement physique. Ce livre tolère les nourrices, mais il impose aux mères de grandes précautions pour les choisir. Une nourrice doit être modeste dans son extérieur et dans ses manières, vertueuse dans sa conduite, parlant peu et ne mentant jamais, douce par caractère, affable envers ses égaux, respectueuse envers ses supérieurs. C'est beaucoup exiger, dira-t-on, et de telles nourrices doivent être rares ; mais l'éducation et les mœurs des Chinoises rendent ce choix moins embarrassant qu'on ne pourrait le présumer ailleurs.

Ailleurs aussi, ces maximes débitées avec confiance et un certain enthousiasme pourraient paraître des vérités aussi neuves qu'utiles. Elles sont utiles, à coup sûr, mais elles ne seraient point neuves.

On sèvre un enfant aussitôt qu'il peut porter la main à sa bouche, et on lui apprend à se servir de la main droite. A six ans, si c'est un garçon, on lui enseigne les nombres les plus communs et le nom des parties les plus considérables du monde. On le sépare d'avec ses sœurs lorsqu'il a sept ans, et on ne lui permet plus de manger avec elles ni même de s'asseoir en leur présence.

A huit ans, on le forme aux règles de la politesse, on lui apprend ce qu'il doit faire lorsqu'il entre dans une maison, lorsqu'il en sort, et qu'il se trouve avec des personnes d'un âge mûr ou plus avancé. Le calendrier devient son étude à neuf ans. A dix ans, on l'envoie aux écoles publiques. Le maître lui enseigne à lire, à écrire et à compter. Il apprend la musique depuis treize ans jusqu'à quinze, et tout ce qu'il chante consiste dans des préceptes moraux. Il fut un temps où toutes les leçons étaient en vers et se chantaient. Par là elles entraient plus agréablement dans l'esprit des élèves; c'était en même temps une espèce de jeu propre à leur âge. L'étude est devenue aujourd'hui plus pénible, et c'est ce que regrette Tchu-i, un des plus célèbres docteurs de la Chine. Il semble au premier coup d'œil, dit-il, que cet expédient n'était rien ; cependant ce rien avait de grandes suites; nous avons changé de méthode, les choses en vont-elles mieux ?

Parvenu à quinze ans, l'élève se livre aux exercices du corps ; on lui apprend à tirer de l'arc, à monter à cheval. Il reçoit à vingt ans, s'il en est jugé digne, le premier bonnet ; alors il lui est permis de porter des habits de soie et des fourrures ; jusque-là il n'avait eu le droit d'endosser que des habits de coton.

Les Chinois ont encore un autre moyen pour aider

l'intelligence des enfants. Ils ont choisi quelques centaines de caractères qui expriment les objets les plus communs, ceux du moins qu'on a le plus souvent sous les yeux, tels que l'homme, quelques animaux domestiques, les plantes usuelles, les ustensiles les plus ordinaires, les instruments les plus communs, une maison, le soleil, la lune, et jusqu'au ciel même. On grave ou l'on peint ces divers objets à part, on met au-dessous le nom de la chose représentée ; elle sert à donner aux enfants l'explication du mot.

Plaignons-les de n'avoir point d'alphabet, plaignons surtout leurs enfants d'être obligés d'étudier tant de milliers de caractères qui tous ont une signification isolée. Le livre qu'on leur met d'abord entre les mains est un abrégé qui indique ce qu'un enfant doit apprendre et la manière de l'enseigner. C'est un assemblage de petites sentences composées les unes de trois vers, les autres de quatre, et toujours rimées. Ils sont obligés de rendre compte le soir de ce qu'ils ont appris dans la journée. Les châtiments manuels sont en usage en Chine. Qu'un écolier néglige l'étude ou manque différentes fois à ses autres devoirs, on le fait monter sur un petit banc fort étroit, on l'oblige à se coucher tout de son long sur le ventre, et on lui applique sur son caleçon huit ou dix coups de bâton plat comme nos lattes. Leurs écoliers ont pour tout relâche, dans leur dure carrière, un mois de vacances au nouvel an, et cinq à six jours vers le milieu de l'année ; du livre des premiers éléments, on les fait passer aux quatre livres qui renferment la doctrine de

Confucius et de Mencius. On ne leur explique le sens de l'ouvrage que lorsqu'ils en savent par cœur tous les caractères, c'est-à-dire physiquement tous les mots, méthode bien rebutante pour eux, et sans doute inconcevable pour nous. Il est vrai qu'en même temps qu'ils apprennent ces lettres on leur enseigne à les former avec un pinceau. Voici le double expédient qu'on emploie à ce sujet. On leur met d'abord entre les mains de grandes feuilles écrites ou imprimées en assez gros caractères rouges. Ce qu'on exige d'eux est seulement de couvrir avec le pinceau ces caractères rouges d'une couleur noire, d'en suivre exactement le dessin et les contours, ce qui les accoutume insensiblement à former les traits. De là, on leur fait calquer d'autres caractères placés sous la feuille sur laquelle ils écrivent ; ceux-ci sont noirs et plus petits que les premiers. Ce dernier moyen n'est point inconnu en France, mais pourquoi ne pas emprunter également l'autre ?

C'est un grand avantage pour les lettrés chinois de bien peindre leurs caractères ; voilà pourquoi on s'attache essentiellement à former la main aux jeunes gens. La netteté des caractères est comptée pour quelque chose dans l'examen qu'on fait subir aux élèves pour les admettre au premier degré. Le défaut contraire est souvent une cause d'exclusion. Le P. du Halde en rapporte un exemple assez piquant. Un aspirant aux degrés, dit-il, s'étant servi, contre l'ordre, d'une abréviation en écrivant le caractère *ma*, qui signifie cheval, eut le chagrin de voir sa composition, quoique excellente, mise pour cela seul au rebut, et essuya de la part du mandarin ce trait de raillerie, qu'un cheval ne pouvait marcher s'il n'avait ses quatre pieds.

Lorsqu'un élève s'est mis dans la tête un assez grand nombre de caractères, la composition lui est permise. Celle dont on leur enseigne les règles tient beaucoup des amplifications qu'on fait faire à nos écoliers prêts à entrer en rhétorique ; mais nos professeurs donnent, pour l'ordinaire, l'argument du sujet ; les professeurs chinois indiquent le sujet par un seul mot. Le concours est aussi établi à la Chine pour les écoliers. Vingt à trente familles qui portent toutes le même nom, et qui en conséquence n'ont qu'une seule salle pour tous les mânes de leurs ancêtres, conviennent entre elles d'envoyer deux fois chaque mois leurs enfants dans cette salle pour y composer. Chaque chef de famille donne tour à tour le sujet de cette joute littéraire et en adjuge le prix ; mais ce privilège l'oblige à faire les frais du dîner, qui est porté, par son ordre, dans la salle du concours. On fait payer une amende de vingt sous aux parents de tout écolier qui s'absente de cet exercice, et vingt sous sont comptés pour quelque chose en Chine. Rarement aussi a-t-on lieu d'infliger l'amende.

Cependant les concours de cette nature sont particuliers et n'intéressent point les règles de l'éducation générale, mais tous les élèves sont forcés de concourir, au moins deux fois par an, sous les yeux du petit mandarin des lettrés, qu'on nomme hio-houan, et ce concours est général dans toutes les provinces de l'empire, une fois au printemps, une fois en hiver. Il arrive aussi de temps à autre que les mandarins des lettrés font venir ces élèves pour examiner leurs progrès et maintenir entre eux l'émulation, sans laquelle tout reste inférieur à ce qu'il doit être. Enfin les gouverneurs des villes ne dédaignent pas de prendre eux-mêmes ce soin; ils font venir chaque fois à leur tribunal les élèves qui ne sont pas éloignés de leur résidence. Un prix quelconque est celui de la meilleure composition; le gouverneur traite à ses frais, le jour du concours, tous les candidats. L'Europe aura peine à concevoir jusqu'à quel point les souverains de la Chine ont porté leur attention à favoriser les lettres. Louis XIV, qui leur fut si utile parmi nous, se trouverait, sur ce point, très inférieur à ces monarques, même à ceux qui habitaient auparavant les déserts de la Tartarie. On trouve dans chaque ville, dans chaque bourg, et presque dans chaque village, des maîtres qui tiennent école pour y instruire la jeunesse dans les sciences, c'est-à-dire dans celles que les Chinois peuvent enseigner. Les parents qui jouissent d'une certaine fortune donnent à leurs enfants des précepteurs pour les instruire, les accompagner, former leur cœur à la vertu, leur conduite à la civilité, aux cérémonies d'usage, et, si leur âge le comporte, leur apprendre l'histoire et les lois. Quelques précepteurs en France pourraient se soumettre à toutes ces conditions et les remplir, mais ils n'y jouiraient pas des mêmes avantages dont leurs faibles émules jouissent en Chine.

Ceux-ci, pour la plupart, ont déjà un ou deux grades

parmi les lettrés. Ils continuent de suivre les examens, et l'élève n'est jamais étonné de voir son précepteur devenir son vice-roi.

Le lieu où se font les examens est toujours considérable, même dans les moindres villes, mais, dans les villes capitales, c'est un palais. Les écoliers, à l'instant du concours, sont enfermés chacun dans une chambre longue de quatre pieds et demi sur trois pieds et demi de large. Le nombre de ces chambres monte quelquefois à six mille. On examine avec soin, lorsque les candidats arrivent, s'ils ne portent point sur eux quelque livre ou quelque écrit. Il leur est défendu, sous peine d'être chassés, punis très sévèrement et exclus de toute prétention aux degrés littéraires, de porter avec eux autre chose que des pinceaux et de l'encre. Ils ne peuvent plus, dès ce moment, communiquer avec personne. Le sceau est apposé sur leur cellule, et des officiers du tribunal veillent à ce qu'on ne puisse pas même leur parler à travers la porte. On ne pousse pas les précautions aussi loin dans les concours de nos universités ; à cela près, on peut y remarquer bien des rapports. Les collèges de la Chine n'ont pu rien emprunter de nos universités, celles-ci ne leur ont-elles rien emprunté ? Les élèves qui, dans ces examens, ont été jugés capables de subir celui des mandarins, sont arrivés au point qui termine l'éducation de l'enfance, mais s'ils parviennent aux différents degrés sans arriver aux premières charges, leur éducation dure à peu près autant que leur vie.

Nous dirons peu de chose sur l'éducation des jeunes Chinoises : elle se réduit à leur faire aimer la retraite, la modestie, et jusqu'au silence. On leur procure aussi quelques talents agréables, si elles sont nées riches. Quoi qu'il en soit, leurs devoirs sont purement passifs en Chine comme dans le reste de l'Asie.

### DE L'ARITHMÉTIQUE.

Les Chinois connaissent l'arithmétique ; on trouve dans leurs livres les quatre principales règles, qui apprennent à ajouter, à soustraire, à multiplier, à diviser.

Mais ce n'est point par le calcul qu'ils pratiquent ces règles, ils n'ont rien de semblable à nos chiffres, composés de neuf figures et du zéro.

Ils se servent, pour compter, d'un instrument nommé souan-pan, qui est composé d'une petite planche traversée de haut en bas de dix à douze petites verges parallèles, avec une séparation vers le milieu. Chacune de ces verges enfile de petites boules d'os ou d'ivoire. Les deux qui sont en haut se prennent chacune pour cinq unités ; les cinq qui sont en bas, pour des unités. En assemblant ces boules ou en les retirant les unes des autres, ils comptent à peu près comme nous faisons avec des jetons, mais avec une facilité, une promptitude si grande, qu'ils suivent sans peine un homme, quelque vite qu'il lise un livre de comptes. Nos Européens, avec le secours de leurs chiffres, ne sauraient atteindre à la rapidité avec laquelle les Chinois supputent les sommes les plus considérables.

### DE LA GÉOMÉTRIE.

Leurs connaissances en géométrie sont assez superficielles. Ils n'ont que très peu de connaissance de la géométrie théorique, qui démontre la vérité des propositions qu'on appelle théorèmes ; de la pratique, qui apprend la manière de les appliquer à quelque usage particulier par la résolution des problèmes. S'ils se mêlent de résoudre quelques problèmes, c'est plutôt par induction que par aucun principe qui les dirige. Ils ne manquent cependant ni d'habileté ni d'exactitude à mesurer leurs terres et à en marquer les bornes et l'étendue. La méthode dont ils usent pour arpenter est facile et très sûre.

## CHAPITRE XV.

### RELIGION DES CHINOIS.

Dans ce chapitre important je commence par mettre sous les yeux du lecteur quelques pages du P. de Mailla [1], qui s'appuie lui-même sur l'autorité des missionnaires les plus savants, et en particulier du P. Cibot. A mon avis, ces grands hommes ont porté ici un jugement sans appel.

Pour juger sainement du système religieux des Chinois, il ne faut pas confondre la religion ancienne et persévérante de l'Etat avec les superstitions populaires établies dans les siècles postérieurs. Le culte primitif des anciens Chinois s'est invariablement soutenu jusqu'à nos jours. Cette doctrine des premiers temps n'a été altérée ni par la succession d'une longue suite de siècles, ni par les révolutions politiques, ni par les rêves bizarres des philosophes ; elle est encore aujourd'hui la seule avouée par le gouvernement, suivie par l'empereur, les grands, les gens de lettres, et conservée dans

[1] DE MAILLA, *Hist. gén. de la Chine*, XIII, 541.

l'enseignement public. Nous allons d'abord rassembler les notions éparses qui seront les plus propres à la faire connaître.

### RELIGION ANCIENNE DES CHINOIS.

Le P. Amiot, juge aussi impartial qu'éclairé de la littérature, de l'histoire et des monuments anciens des Chinois, expose ainsi le résultat de ses longues et pénibles recherches sur l'origine de ce peuple et sa religion primitive. « Armé de courage, dit-il, et muni d'une patience à toute épreuve, je me suis mis sur les voies. J'ai marché pendant longtemps par des sentiers difficiles, pénibles, scabreux, pleins de danger. J'ai fait mes observations et mes remarques sur tout ce qui s'est offert à moi. J'ai rapproché, comparé, analysé, médité, et par une suite de raisonnements que j'ai crus solides, par un enchaînement de preuves qui m'ont paru bonnes, j'ai conclu en dernière instance que les Chinois sont un peuple particulier, qui a conservé les marques caractéristiques de sa première origine ; un peuple dont la doctrine primitive s'accorde, dans ce qu'elle renferme de plus essentiel, quand on veut se donner la peine de l'éclaircir, avec la doctrine du peuple choisi, avant que Moïse, par l'ordre de Dieu même, en eût consigné l'explication dans nos livres saints ; un peuple, en un mot, dont les connaissances traditionnelles, dépouillées de ce que l'ignorance et la superstition y ont ajouté dans les siècles postérieurs, remontent d'âge en âge et d'époque en époque, sans interruption, pendant un espace de plus de quatre mille ans, jusqu'au temps du renouvellement de la race humaine par les petits-fils de Noé.

» Toutes les vraisemblances historiques portent à croire, en effet, que les premiers descendants de Noé formèrent la colonie qui alla peupler la Chine. Pleins de respect pour ce saint patriarche, qu'ils regardaient comme leur chef commun, ils durent emporter avec eux les instructions paternelles qu'ils avaient recueillies de sa bouche, ses préceptes sur le culte et le dogme religieux, et le dépôt de toutes les connaissances antédiluviennes.

» Qu'on parcoure l'histoire de tous les anciens peuples, on verra que plus on remonte vers leur origine, plus les traces du véritable culte deviennent sensibles. Les traditions patriarcales durent former le premier code religieux de toutes les colonies parties des plaines de Sennaar pour aller peupler la terre.

» Aussi ces traces de la religion primitive se sont-elles retrouvées dans les anciens livres du plus ancien de tous les peuples. Les Kings, ou livres canoniques des Chinois, rappellent partout l'idée d'un Etre suprême, créateur et conservateur de toutes choses. Ils le désignent sous le nom de *Tien*, ciel ; de *Chang-tien*, ciel suprême ; *Chang-ti*, suprême seigneur ; de *Houang-chang-ti*, souverain et suprême seigneur ; noms qui répondent à ceux dont nous nous servons lorsque nous disons Dieu, le Seigneur, le Tout-Puissant, le Très-Haut.

Cet être souverain, disent ces livres, est le principe de tout ce qui existe, le père de tous les hommes ; il est éternel, immuable, indépendant ; sa puissance ne connaît pas de bornes ; sa vue embrasse également le passé, le présent et l'avenir ; elle pénètre jusque dans les replis les plus intimes des cœurs. Il gouverne le ciel et la terre. Tous les événements, toutes les révolutions humaines, sont la suite de ses dispositions et de ses ordres. Il est pur, saint, sans partialité ; ses regards s'offensent du crime et s'arrêtent avec complaisance sur les actions vertueuses des hommes. Juste, sévère, il punit avec éclat le vice jusque sur le trône ; il en précipite à son gré le prince coupable, pour y placer, quand il veut, l'homme obscur, lorsqu'il est selon son cœur. Bon, clément, miséricordieux, il se laisse toucher par le repentir des hommes ; les calamités publiques, le désordre des saisons, ne sont que de salutaires avertissements que sa bonté paternelle donne aux peuples pour les inviter à la réformation de leurs mœurs. Tels sont les caractères et les attributs de la divinité énoncés presque à chaque page du chou-king et des autres livres canoniques. »

On avait recours aux prières publiques dans les calamités qui affectaient toute la nation. Les exemples de la crainte de Dieu et des manifestations solennelles pour implorer sa clémence sont multipliés à l'infini dans la suite de cette histoire.

Remarquons que les Chinois, comme les Hébreux, attachaient une haute importance à la bonne tenue du calendrier et à l'observation des astres pour le former avec régularité, et pourquoi ? Les livres canoniques, comme les commentaires, nous l'apprennent. C'est qu'ici, comme dans la branche d'Héber, on soigne le calendrier, on observe les nouvelles lunes, car cela tient essentiellement à la religion, pour fixer invariablement les jours et les temps qui étaient spécialement consacrés à l'accomplissement de ce grand devoir.

De Mailla cite ensuite un long passage du chou-king pour prouver ce qu'il avance sur le calendrier, et après avoir cité l'exemple de la profonde religion d'un grand nombre d'empereurs, il nous expose l'enseignement chinois sur les principaux dogmes.

Le livre Sée-kié dit : Autrefois l'empereur sacrifiait solennellement, de trois ans en trois ans, à l'esprit *Trinité et Unité : chin-san-yé.*

On connait depuis longtemps en Europe le fameux texte de Loo-tsée : Tao est un par nature, le premier a engendré le second, deux ont produit le troisième, les trois ont fait toutes choses. Platon, qui a la même pensée dans les mêmes termes, nous prouve que cette idée de la sainte Trinité s'était conservée dans les traditions païennes en dépit de la progression des superstitions.

Le P. Amiot cite un autre passage qui ne paraîtra pas moins remarquable : « Celui qui est comme visible et ne peut être vu se nomme *Khi* ; celui qu'on ne peut entendre et ne parle pas aux oreilles, *Hi* ; celui qui est comme insensible et qu'on ne peut toucher se nomme *Ouei*. En vain vous interrogez vos sens sur tous trois, votre raison seule peut vous en parler. Elle vous dira qu'ils ne font qu'un. Au-dessus il n'y a point de lumière, au-dessous il n'y a point de ténèbres. Il est éternel ; il n'y a point de nom qu'on puisse lui donner. Il ne ressemble à rien de tout ce qui existe; c'est une image sans figure, une figure sans matière. Sa lumière est environnée de ténèbres. Si vous regardez en haut, vous ne lui voyez point de commencement ; si vous le suivez, vous ne lui trouvez point de fin. De ce qu'il était le *tao* (la raison) de tous les temps, concluez ce qu'il est, savoir, qu'il est éternel ; c'est un commencement de sagesse. »

Voilà un passage qu'on croirait emprunté à saint Denis l'Aréopagite, qui exprime les mêmes idées.

Les commentaires qui expliquent ce passage disent des choses si fortes et si explicitement catholiques, que le P. Amiot s'est abstenu de les rapporter, dans la crainte de rencontrer des incrédules.

Et qu'on ne s'imagine pas que ces croyances ne se sont montrées qu'à l'origine et dans l'obscurité des origines. Non, elles ont été la croyance officielle de tous les temps et de tous les hommes vertueux, des empereurs et des grands de tous les siècles. En voici, parmi mille preuves, une très authentique :

Lorsque le célèbre empereur Kang-hi permit aux RR. PP. jésuites d'élever une magnifique cathédrale à Pékin, il voulut lui-même composer trois inscriptions de sa propre main, en caractères chinois, pour en décorer le frontispice :

1° Au vrai principe de toutes choses.

2° Il n'a point eu de commencement et il n'aura point de fin ; il a produit toutes choses dès le commencement; c'est lui qui les gouverne et qui en est le véritable seigneur.

3° Il est infiniment bon et infiniment juste. Il éclaire, il soutient, il règle tout avec une suprême autorité et avec une souveraine justice.

Le successeur de cet empereur, contemporain de Louis XV, fait une profession de foi dans un édit qui a la même précision orthodoxe, selon le P. Couturier.

Voilà la religion des Chinois, voilà leurs croyances.

L'exposé de leur culte va confirmer cet exposé (de Mailla, t. XIII, p. 562).

Les premiers sacrifices que les Chinois instituèrent en l'honneur du Chang-ti lui furent offerts sur le *tan*, en pleine campagne, ou sur les montagnes, comme Abraham sur la montagne *Deus videt*.

Le *tan* était un amas de pierres amoncelées en rond, ou simplement un tas de terre orbiculairement élevé. C'est ainsi que Jacob avait consacré une pierre.

Autour du *tan* régnait une double enceinte appelée *kiao*, formée de branches et de gazon. On sacrifiait aussi aux esprits supérieurs de tous les ordres. C'est le culte des anges.

Ce culte si simple, qui remonte plus loin que Yao et jusqu'à Fo-hi, selon tous les commentateurs, a été pratiqué ainsi sans innovations pendant les trois premières dynasties.

A cette époque, l'empereur, qui était grand prêtre, se transportait avec son peuple tour à tour sur quatre montagnes placées aux quatre points cardinaux aux extrémités de l'Etat, et cela aux jours déterminés par le calendrier, et l'empereur prenait occasion de se montrer à ses peuples et de s'informer de leurs besoins. (Voir les détails de ces cérémonies dans de Mailla, p. 565.)

Mais l'empire étant devenu plus populeux et plus étendu, il ne fut plus possible à l'empereur, surtout lorsqu'il était vieux ou valétudinaire, de se transporter régulièrement à chaque saison à l'extrémité du royaume pour le sacrifice solennel. Alors on se contenta de sacrifier dans les environs du palais, et enfin on finit par élever dans la capitale deux temples pour y accomplir cette cérémonie.

Les deux temples qui existent en ce moment à Pékin pour cet usage, qu'il faut bien distinguer des pagodes des bonzes, et qui n'ont rien de commun avec elles, se nomment, l'un le temple à l'Esprit éternel, l'autre le temple à l'Esprit créateur et conservateur du monde.

Comme on le voit, il n'est nullement question, dans le culte officiel et traditionnel, d'idoles ou de paganisme. Les superstitions qui s'y sont rattachées depuis, comme le culte exagéré des ancêtres et autres, ne nous rappellent pas le polythéisme des païens.

Ce qui confirme ce que nous venons de dire, c'est que le froment qui croissait sur la terre que l'empereur avait consacrée dans la cérémonie si solennelle de la charrue, ce froment, dis-je, était réservé pour l'offrande dans le sacrifice public et national à *Tien*, ou Dieu du ciel.

D'après le tableau de la religion en Chine tel qu'il vient de nous être donné par les missionnaires, seuls juges vraiment compétents pour les Européens, on voit que plus on remonte les siècles, plus cette religion nous apparaît vénérable. En vain, dans cette haute antiquité, vous chercherez des vestiges d'idolâtrie ou de grave superstition.

Quel beau spectacle que celui que nous présente chaque empereur inaugurant son règne par le sacrifice solennel offert au vrai Dieu, maître du monde ! Tout le peuple était réuni autour de lui ; les grands du royaume, tous les magistrats, toute la nation, y étaient représentés, et cette nation était une des plus nombreuses et des plus sages de l'univers, et ce sacrifice, hommage solennel au vrai Dieu, était peut-être aussi pur que celui de Melchisédech.

Dans l'un et l'autre il y a absence de temple ; ce temple, c'était l'univers entier. Même simplicité et même grandeur. Ici et là même respect profond pour la divinité. Sur les bords du fleuve Jaune comme sur les bords du Jourdain, c'est l'âge patriarcal ; c'est le même respect pour la vieillesse et l'autorité ; c'est l'âge des mœurs pures, de la simplicité, de la générosité, sinon de la grandeur sans faste, de la noblesse du caractère et des sentiments.

Tout penseur sérieux qui parcourra avec impartialité les fastes et les antiquités de la Chine sera frappé de cette ressemblance entre les testaments, le langage et la vie parfaitement corrects dans leur simplicité des patriarches chinois qu'on appelle Yao, Chun, Yu, et Abraham, Isaac et Jacob. Ici et là nous trouvons de longs règnes, un régime paternel et un dévouement fondé sur la crainte de Dieu et sur une sévère morale. Nous devons donc trouver très naturel que les savants qui ont approfondi les antiquités chinoises, conservées avec tant de soin et surveillées par une saine critique, aient vu dans les ancêtres d'Yao les ancêtres aussi des patriarches hébreux, Noé, Adam, les chefs des familles antédiluviennes. Le chevalier de Paravey, qui a du bon, a découvert dans leurs noms, du moins dans leur signification, les noms des patriarches bibliques.

On ne peut pas mettre en doute qu'après la dispersion une des branches du genre humain a pris sa marche vers l'Orient, en suivant les degrés de latitude du point de départ, ce qui la conduisait au centre de la Chine. Ici se place une conjecture qui ne doit pas être méprisée. Noé a vécu trois cents ans après le déluge, et après les deux ou trois événements accomplis après la sortie de l'arche on n'entend plus parler de lui. Ce silence s'explique en admettant, avec de graves auteurs, que Noé a été à la tête de la colonie qui s'est avancée vers la Chine. Dans cette hypothèse, que je suis bien disposé à accepter comme une certitude, c'est Fo-hi qui serait Noé, et les six empereurs intermédiaires entre lui et Yao, les chefs de tribus, appelés empereurs depuis, et qui remplissent le vide entre Noé et Yao.

La vénération dont Noé a dû être entouré explique bien naturellement le profond respect pour la vieillesse qui est resté traditionnel dans le pays, et ce respect pour l'autorité est une des raisons de la solidité inébranlable de la monarchie chinoise. L'histoire primitive trouve ainsi son explication naturelle et vraie, et nous repoussons, au nom des faits et du bon sens, les sinistres conjectures, si loin de la réalité, qui veulent faire du genre humain plusieurs branches isolées et commençant leur existence comme la brute.

Ici, au contraire, nous trouvons un démenti des plus catégoriques à cette dégradante et fausse hypothèse, car la Chine primitive brille du vif éclat d'une civilisation sagement comprise et fondée sur les principes du droit naturel.

Ces affirmations d'une si haute valeur défient la contradiction. Il faut que les libres penseurs et les faiseurs de systèmes *à priori* sur le genre humain en prennent leur parti.

Une publication récente du P. Prémare, missionnaire en Chine, nous donne un nouvel ordre d'idées sur le même sujet. Il a consacré des années de labeur sur les lieux mêmes, au milieu des bibliothèques chinoises, pour déchiffrer un grand nombre d'hiéroglyphes les plus antiques, où il a découvert des traces toujours visibles, pour ceux qui savent les interpréter, des principaux dogmes de la révélation primitive.

L'ouvrage de ce savant était oublié dans la Bibliothèque nationale. Notre éminent savant, M. Bonnetty, savait qu'il était là ; il ne l'a jamais perdu de vue, parce qu'il en connaissait la valeur, et, avec le concours du P. Perny, l'un de nos missionnaires dans le même pays, il vient d'éditer ce curieux ouvrage. Je laisse la parole à M. Bonnetty.

« En ce moment, grâce à la savante coopération de M. l'abbé Perny, auteur du *Dictionnaire français-latin-chinois* et de la *Grammaire chinoise*, grâce surtout au corps entier des caractères chinois qu'il possède seul en France, nous pouvons en donner à présent une édition complète.

» M. l'abbé Perny a déjà éprouvé l'utilité de l'ouvrage et l'influence qu'il peut avoir sur les lettrés, par une copie qu'il avait portée en Chine et communiquée à plusieurs mandarins, qui avaient été singulièrement frappés des analogies de leurs traditions avec les traditions chrétiennes. Ses confrères en Chine l'ont vivement engagé à publier cet ouvrage, qui a pour titre : *Vestiges des principaux dogmes de la religion chrétienne tirés des anciens livres chinois.*

» Munis de cet ouvrage et des autres mémoires par les révérends pères de la compagnie de Jésus, les missionnaires catholiques pourront, en abordant la Chine, se mettre immédiatement en rapport avec les lettrés, à qui ils pourront dire : « Nous ne sommes pas des étrangers » pour vous, nous sommes des frères nés d'un même » père et séparés depuis longtemps en familles diverses, » et ayant conservé de très nombreuses preuves de ». notre commune origine. Aussi ce n'est pas une religion

» nouvelle que nous venons vous annoncer, c'est le
» complément, la suite, l'explication et la correction de
» vos propres croyances. Voici nos livres, voici nos
» traditions, nos croyances ; consultons ensemble vos
» livres, que nous connaissons, que nous traduisons,
» et vous verrez que pour le fonds et dans l'antiquité
» vous avez les mêmes croyances. Nos livres expliquent
» complètement les vôtres ; les vôtres expliquent les
» nôtres en quelques points.

» Vos docteurs, vos sages, vous renvoient toujours
» à vos ancêtres ; nous faisons comme eux, nous vous
» annonçons ce *Saint* dont parlent vos livres, et nous
» vous apportons son enseignement. Ce Saint a dit, dans
» notre livre le plus respecté, qu'il viendrait un
» temps où il n'y aurait qu'un bercail et qu'un berger
» (p. 94) ; c'est ce que nous devons les uns et les autres
» chercher à réaliser. »

» Pour qu'on sache que ces idées reposent sur la réalité, nous donnons ici l'édit de l'un des empereurs des Chinois les plus illustres et les plus savants, qui a fait examiner la religion chrétienne par la cour des rites et en donne comme il suit une solennelle approbation dans tout l'empire. (*Vestiges*, p. xii.)

RAPPORT DU PRÉSIDENT DE LA COUR DES RITES.

« Moi, votre sujet, Kou-pa-taï, premier président de
» la cour souveraine des rites et chef de plusieurs autres
» tribunaux, je présente avec respect cette requête à Votre

» Majesté, pour obéir à ses ordres avec soumission.

» Nous avons délibéré, moi et mes assesseurs, sur
» l'affaire qu'elle nous a communiquée, et nous avons
» trouvé que ces Européens ont traversé de vastes mers
» et sont venus des extrémités de la terre, attirés par
» votre haute sagesse et par cette incomparable vertu
» qui charme tous les peuples et qui les tient dans le
» devoir. Ils ont présentement l'intendance de l'astro-
» nomie et du tribunal des mathématiques. Ils se sont
» appliqués avec beaucoup de soin à faire des machines
» de guerre et à faire fondre des canons dont on s'est
» servi dans les dernières guerres civiles. Quand on
» les a envoyés à Nipchou avec nos ambassadeurs pour
» y traiter de la paix avec les Moscovites, ils ont trouvé
» moyen de faire réussir cette négociation. Enfin ils ont
» rendu de grands services à l'empire.

» On n'a jamais accusé les Européens qui sont dans
» les provinces d'avoir fait aucun mal ni d'avoir commis
» aucun désordre. La doctrine qu'ils enseignent n'est
» point mauvaise ni capable de séduire le peuple et de
» causer des troubles.

» On permet à tout le monde d'aller dans les temples
» des lamas, des hu-changs (des bonzes), du tao-sée, et
» l'on défend d'aller dans les églises des Européens,
» qui ne font rien de contraire aux lois ; cela ne paraît
» pas raisonnable. Il faut donc laisser toutes les églises
» de l'empire dans l'état où elles étaient auparavant, et
» permettre à tout le monde d'y aller adorer Dieu sans
» inquiéter dorénavant personne. »

Cette ordonnance fut envoyée à tous les mandarins et a eu force de loi. Au reste, ce n'est pas la seule fois que la cour de Chine a rendu un hommage public à la pureté et à la sagesse de la religion chrétienne, et cela, qu'on le remarque bien, par les affinités qui existent entre les croyances nationales traditionnelles et l'Evangile.

Lorsque cet édit parut, l'étude sur la comparaison de la religion chrétienne et des traditions chinoises n'était pas encore aussi avancée qu'aujourd'hui, le livre du P. Prémare n'était pas encore connu.

Si l'on pouvait avoir un jour une liberté un peu plus grande de prêcher l'Evangile en Chine, la discussion s'établirait sur une base plus large.

M. l'abbé Perny a déjà éprouvé l'utilité de l'ouvrage et l'influence qu'il peut avoir sur la classe des lettrés, par une copie qu'il avait portée en Chine et communiquée à plusieurs mandarins, qui avaient été singulièrement frappés des analogies de leurs traditions avec les traditions chrétiennes. Ses confrères en Chine l'ont vivement engagé à publier le *Selectæ*, c'est-à-dire les *Vestiges des dogmes chrétiens*.

Impossible de faire des citations de ce livre. Il faudrait être sinologue, puisque sa valeur consiste dans les hiéroglyphes anciens, qui nous transmettent, comme dans des médailles de l'ancien monde, le sens de certaines croyances des premiers habitants, et il faut l'intelligence de cette langue archaïque pour en juger par soi-même.

Voici seulement les points principaux sur lesquels on

a des conclusions assez certaines : unité de Dieu, la trinité en Dieu, l'ordre et la procession divine des trois personnes, l'idée de la grande unité existant par elle-même. On nous montre le Saint qui doit enseigner toute vérité, la croix, le bois de la croix et deux mains suppliantes qui invoquent la croix, et ces signes réunis désignent la Syrie ou la Palestine. (*Vestiges*, p. 400.)

Hoang-ti, le premier empereur fabuleux des Chinois, a dans la langue chinoise le même sens qu'Adam en hébreu, c'est-à-dire terre rouge. C'est le seul homme qui soit tiré de la terre.

On trouve dans ce précieux volume des passages saisissants des premiers auteurs chinois qui font la description de l'Eden primitif, du premier état de bonheur et de justice de l'homme, de sa déplorable chute, de la femme comme la cause principale de cette chute, etc., les traditions sur le septième jour consacré au repos (p. 6).

Il est un point sur lequel nous devons particulièrement insister, c'est l'idée que les Chinois ont eue du Saint par excellence, et qui renferme éminemment la prophétie du Christ rédempteur.

Je tire du *Juste milieu*, ouvrage si vénérable après les Kings, les passages suivants, que l'on croirait tirés d'un prophète biblique :

« Si un prince se décide d'après les maximes infaillibles de la religion et se fonde sur l'espérance de la venue du Saint attendu depuis tant de siècles, personne n'hésitera à se soumettre.

» Oh ! que c'est bien connaître Dieu et les hommes que de s'appuyer sur la religion et sur l'attente du Saint pour persuader tous les esprits !

» Il est réservé au Saint par excellence, au Saint de tous les siècles et de tous les peuples, de réunir tous les rayons de la sagesse et d'atteindre la perfection de toutes les vertus. Sa pénétration, ses vues, ses lumières, ses conseils, embrasseront sans efforts le gouvernement du monde et en dirigeront les ressorts ; sa grandeur d'âme, sa magnificence, son affabilité et sa douceur concilieront tous les intérêts et gagneront tous les cœurs ; son activité, sa force, son courage, son intrépidité, changeront les obstacles en moyens et feront plier le cours des événements à ses vouloirs ; sa simplicité, sa sérénité, sa droiture et sa candeur inspireront d'abord la confiance et commanderont le respect ; sa majesté, son éloquence, sa sagacité et sa pénétration dissiperont tous les nuages et feront aimer l'innocence et le bon ordre, dont elles montreront la beauté. Selon les moments et les circonstances, il suivra de détail en détail toutes les branches de nos différents devoirs, ou les conduira à leur première source et en sondera la profondeur.

» La vaste immensité des cieux, les abîmes inépuisables des mers, ne sont qu'une faible image des sphères immenses qu'embrasse sa sagesse et des trésors qu'elle contient. Les peuples se prosterneront devant lui d'aussi loin qu'ils le verront ; ils seront persuadés dès qu'ils l'auront entendu, et ils n'auront tous qu'une voix pour applaudir à ses actions. Tout l'univers retentira du bruit de son nom et sera rempli de sa gloire. La Chine en verra venir les rayons jusqu'à elle ; ils pénétreront chez les nations les plus barbares et parviendront jusqu'aux déserts inaccessibles ou trop éloignés pour les vaisseaux. Sous l'un et l'autre hémisphère, en deçà et au delà des mers, aucun élément, aucune région, aucun pays éclairé par les astres ou mouillé par la rosée et habité par les hommes, où son nom ne soit béni et vénéré. Aussi est-il dit : Dieu l'associa à sa gloire. »

Plus loin, il exalte sa charité : « O bienfaisance, ô charité du Saint, que vous êtes pures et aimables ! que vous êtes inépuisables et divines ! Vous êtes un abîme intarissable de merveilles, et les cieux sont moins élevés que vous. »

Voilà une peinture bien étonnante. Impossible de suspecter son authenticité ; elle se trouve consignée dans un des ouvrages les plus respectés et les plus lus par les lettrés ; elle remonte à plusieurs siècles avant l'ère chrétienne. D'ailleurs les merveilles attribuées au Saint sont consignées dans tant d'ouvrages, qu'on doit regarder cette tradition comme remontant à l'origine de la nation. Nous avons déjà vu qu'elle se trouve formellement exprimée dans les Kings. Ajoutons qu'il est dit quelque part que le Saint viendra d'occident.

Les questions se pressent en foule après cette lecture.

1º Qui a donné aux Kings, à Confucius, à tant de philosophes et à la nation chinoise un type idéal si parfait de la sainteté ?

2° D'où vient cette ressemblance si étonnante entre la prophétie d'Isaïe sur le Messie et celle de Confucius ?

3° Où a t-il pris cette idée qu'il y aurait un homme élevé à la puissance et à la gloire divines ?

4° S'il n'y avait pas eu un type traditionnel et prophétique du Christ, comment un Chinois, si distingué qu'il soit, aurait-il eu l'idée, le sentiment, d'une charité aussi merveilleuse et aussi divine que celle qu'il attribue à ce personnage mystérieux ?

5° Excepté dans l'Evangile et les prophètes de l'Ancien Testament, personne n'avait conçu de grandeur qui réunit si harmonieusement les contraires dans une même figure ; douceur, candeur, simplicité, condescendance, charité inépuisable, force, science universelle, puissance d'éloquence ; enfin on sent, sous cette description si brillante, que ce personnage a l'infaillibilité d'un docteur divin.

6° Mais voici qui est encore plus inexplicable. Le Chinois, par sa nature, oublie le reste du monde. Son empire est à lui seul l'univers. Il n'a rien à attendre de l'étranger. En dehors de ses frontières, c'est la barbarie. Voilà l'idée chinoise jusqu'au règne de Chang-hi. Or, contrairement à ce sentiment si énergique et si durable, voilà qu'on constate qu'il arrivera dans le monde un personnage qui sera le grand événement de tous les siècles, qui changera la face de la terre, et ce ne sera pas la Chine qui le produira. Bien plus, cet honneur fait aux barbares d'après leurs idées ne leur inspire point de jalousie. Ils soupirent après le moment où ce bienfait leur viendra de l'occident. La Chine en verra les rayons, s'écrie Confucius.

Comme la prophétie de Jacob mourant est bien accomplie sur le Christ : *Erit expectatio gentium.* Le sceptre ne sortira pas de Juda et de sa postérité avant qu'arrive celui qui est envoyé, et il sera l'attente des nations.

Que penser maintenant de M. le comte d'Escayrac, qui, dans ses mémoires sur la Chine, dit qu'à l'origine les Chinois étaient polythéistes ? Où donc trouver un monothéisme plus franc ? Son ouvrage, d'ailleurs, contient bien d'autres erreurs.

M. de la Rochechouart n'est guère plus heureux quand il ne craint pas de dire que Confucius a mis la Chine dans une ornière, un bourbier. On dirait des hommes qui jugent de ce grand pays comme un étranger pourrait juger de la France par les faubourgs de Paris.

Tous les écrits récents que j'ai pu me procurer sur la Chine se donnent ce ton cavalier et superficiel en prononçant sur ce pays.

Il y en a d'autres qui accusent sans façon la Chine tout entière d'être athée et matérialiste. C'est prendre quelques sectes qui avaient des tendances au matérialisme pour la nation entière. Nous avons dit en son lieu ce qu'il en faut penser et ce qu'on en pensait dans l'empire, avec quel zèle et quelle vigueur on réfutait ces perverses doctrines.

Ces sectes, au reste, sont relativement peu nombreuses. La nation chinoise n'est pas née idéologue et ne se passionne pas pour les systèmes philosophiques. Dans la réalité, il n'y a que deux grands courants de doctrine : les traditionnels et les bouddhistes ; les traditionnels, qui, avec les Kings, Confucius et tous les grands hommes, suivent ce que nous pouvons encore appeler le droit naturel et la simple croyance patriarcale, sauf quelques superstitions contractées dans la suite des temps; et les bouddhistes, dont la grande erreur est la métempsycose, erreur entretenue par les bonzes, qui relèvent du grand lama. Mais il ne faut pas croire que le culte bouddhique soit en honneur en Chine. La suite de l'histoire nous a montré combien on a fait d'efforts en divers temps pour discréditer les bonzes et leur ôter toute influence.

Voici un fait récent qui fera mieux sentir ceci. Dans son ouvrage *le Christianisme en Chine*, le P. Huc rapporte l'anecdote suivante :

« Avant de quitter Tchao-tchou et de se mettre en route pour la capitale de la Chine, le P. Ricci opéra une réforme que les supérieurs de Macao jugèrent de la plus haute importance. Jusque-là, les missionnaires avaient adopté la mise des religieux bouddhistes du pays, se rasant la tête et la barbe, portant des robes à grandes manches et dont les larges collets se croisaient sur la poitrine ; ils étaient en tout point costumés à la façon des bonzes ; aussi était-ce le nom que la multitude leur donnait.

» L'inconvénient était grave, car le mépris dont sont en général environnés en Chine les religieux bouddhistes ne manquait pas de rejaillir sur les missionnaires catholiques. Ceux qui avaient des rapports avec eux savaient sans doute les apprécier ; mais la foule les enveloppait volontiers, avec les habitants des bonzeries, dans une réprobation commune. Ils renoncèrent donc au costume des bonzes, adoptèrent l'habit des lettrés et laissèrent pousser leurs cheveux et leur barbe. »

Ainsi, d'après ce récit, ce ne sont pas seulement les lettrés, mais encore les gens sensés du peuple et des cultivateurs qui ont en mépris la secte des bonzes. Sauf des exceptions, en certains temps assez notables, le culte de Bouddha est le partage de la lie du peuple.

Pour conclusion de cet article on doit rendre aux Chinois cette justice, qu'ils peuvent être comptés parmi les peuples les plus religieux du monde, et qu'ils ont été, dans l'ancien monde, après les Hébreux, les plus illustres représentants de la vraie religion, sans mélange d'idolâtrie ni de polythéisme.

Il y a mille ans et plus que la Chine a le malheur d'être infectée par la secte de Foé ; il n'y a point eu de temps où les gens éclairés ne l'aient détestée et n'aient souhaité de pouvoir la détruire. Les empereurs, plus d'une fois, l'ont proscrite par leurs édits ; on a souvent cru que c'en était fait ; elle s'est cependant toujours relevée avec de nouvelles forces, et les choses en sont souvent venues à ce point, qu'après tant de tentatives sans succès, on a regardé ce mal comme incurable. Est-ce donc qu'il l'est en effet ? Non ; c'est qu'on s'y prend mal. Un habile médecin, pour bien traiter un malade, examine où est le mal et d'où il vient.

Foé était un barbare étranger assez éloigné de la Chine. La secte existait apparemment dès le temps de ses trois fameuses dynasties (avant l'ère chrétienne) ; mais la vertu et la sagesse régnaient alors dans l'empire ; les peuples étaient bien instruits de leurs devoirs, les rites étaient en vigueur ; la secte de Foé ne pouvait avoir de succès ; après cette époque (l'ère chrétienne), le gouvernement ne fut plus le même ; on négligea l'instruction du peuple et la pratique des anciens rites. Les anciens rites sont ceux qui sont marqués dans les livres sacrés, dans les Kings, que nous avons vus approcher de si près la vraie loi naturelle et patriarcale.

## CHAPITRE XVI.

MORALITÉ DES CHINOIS.

Nous complétons les considérations que nous avons faites, dans le chapitre précédent, sur la moralité des Chinois, par une étude sur le même sujet de M. l'abbé Perny, ancien vicaire général de la Chine. Il y a exercé longtemps les fonctions de missionnaire. Ce digne ecclésiastique a publié des ouvrages d'un grand intérêt sur le Céleste-Empire, un dictionnaire de la langue chinoise, etc., et surtout les *Vestiges des dogmes catholiques en Chine*, publiés avec le concours du vénérable et si savant M. Bonnetty.

Je me trouve très heureux d'avoir à offrir à mes lecteurs les pages suivantes de M. le vicaire général, car elles contiennent des jugements fondés sur une sérieuse expérience et une judicieuse observation ; elles confirment l'ensemble des études dont je donne le résumé dans cet ouvrage. Voici ses observations :

« On se fait en Europe une idée très fausse de la conscience et de la moralité chez les infidèles.

» Imbu des principes du christianisme, on s'imagine à

tort qu'en dehors des lumières de la foi catholique il ne doit y avoir que ténèbres épaisses, absence absolue de tout sentiment d'honneur, d'honnêteté, de probité, de loyauté, de justice.

» Dieu a imprimé une loi naturelle dans le cœur de l'homme. Cette loi naturelle renferme en germe tous les principes généraux de la morale chrétienne.

» En dehors des préceptes divins positifs, les infidèles civilisés, vivant en corps de société organisée telle que celle des Chinois, connaissent tous les enseignements du Décalogue.

» Ainsi, c'est un principe reçu en Chine, à l'égal d'un axiome de géométrie, que *nul homme ne peut être sans religion*. Tous les infidèles de la Chine adorent une puissance suprême, une divinité supérieure et des divinités inférieures. Ils ont perdu la notion du vrai Dieu. Au temps de Confucius, ils étaient encore presque tous monothéistes.

» Voilà une manière d'observer le premier précepte du Décalogue. Ils rendent un culte à ces divinités. Ils ne sont donc point athées.

» Le jurement, chez les Chinois, est un acte sacré, tellement sacré, qu'ils sont persuadés que celui qui viole son serment, qui se parjure, est puni dès ici-bas et dans un temps peu éloigné.

» Le troisième précepte du Décalogue, étant positif, n'est plus connu chez les Chinois. Je veux dire qu'il est tombé dans l'oubli. Car on trouve des traces de son antique observation dans les livres sacrés de la Chine.

On n'y voit pas l'origine d'un septième jour consacré au culte de la divinité, mais on constate, par ces mêmes livres, que des honneurs, des sacrifices, avaient lieu de sept en sept jours.

» Selon les théologiens, l'oubli du septième jour a été l'une des causes du polythéisme dans beaucoup de contrées.

» Aujourd'hui, dans toute la Chine, règne le polythéisme. Trois grandes sectes religieuses, sans y comprendre le mahométisme, dominent en Chine. Aucune de ces sectes n'observe un jour régulier pour le culte de ses divinités. Elles n'ont rien non plus qui ressemble au repos ou cessation des travaux.

» Certains écrivains catholiques, qui traitent de la question du septième jour, osent affirmer qu'il repose sur la base du culte, qu'il est de son essence, qu'il est dans la nature de l'homme, etc. Ce sont là autant d'erreurs doctrinales. La loi naturelle est gravée dans le cœur de tous les hommes ; il n'en est nullement de même d'un jour fixe pour honorer la divinité.

» Le quatrième précepte du Décalogue est en grand honneur dans la Chine. Le gouvernement y a conservé une sorte de forme patriarcale. Le souverain est le père-mère de tout le peuple. Il tient son autorité du Ciel. Le titre de fils du Ciel, qu'on lui donne et qu'il prend, n'est pas un titre oriental et fastueux. C'est un titre qui lui rappelle l'origine de son autorité. Il a un mandat à remplir envers le peuple. S'il est infidèle à ce mandat, le Ciel le rejette, une autre dynastie lui succède.

» Le souverain de la Chine, en sa qualité de père-mère du peuple, en est aussi le souverain pontife, à la manière des patriarches. La Chine présente ce singulier spectacle qu'elle est peut-être le seul peuple ancien et moderne qui n'ait pas dans son sein un sacerdoce national. Partout, chez les anciens, on rencontre un sacerdoce, une race d'hommes à part destinés à rendre aux dieux un culte et des hommages selon des formes déterminées.

» Il y a bien des pagodes en Chine. On parle des bonzes chinois. Il y a même des bonzeries, ou couvents de femmes. Mais ce sont les bouddhistes seuls qui ont ces pagodes, ces bonzeries.

» La religion nationale est proprement le culte propagé par Confucius. L'élite de la nation chinoise, la secte des lettrés, les gens instruits, la tête de la nation, en un mot, suit et observe le culte de Confucius. Il se rapproche fort du monothéisme, et sa morale est si proche de celle des chrétiens, qu'une foule de lettrés refusent d'embrasser le christianisme, disant qu'entre leur morale et celle des chrétiens la différence est imperceptible.

» Le respect pour l'empereur est immense en Chine. Il représente la plus haute autorité. Aussi, on ne prononce jamais le nom du souverain qu'avec une sorte de respect.

» Le souverain partage son autorité entre les mandarins. Comme son délégué, le mandarin est aussi appelé père-mère du peuple. Des honneurs lui sont rendus à ce titre ; ces honneurs varient selon le degré d'élévation du mandarin.

» Ce qui constitue la base du gouvernement chinois, c'est le principe d'autorité. Voilà sa force. Aussi n'a-t-il pas, comme on le voit en Europe, une armée sous les armes pour maintenir le repos et la paix intérieurs.

» Après les mandarins, l'autorité réside dans le père de famille. Celui-ci est excessivement considéré. La famille, disent les livres chinois, est un Etat en petit. Chaque père de famille doit s'appliquer à la bien gouverner.

» L'empereur adresse de temps en temps des instructions morales à son peuple. La plupart du temps, il ne fait que rappeler certaines instructions des anciens souverains.

» En qualité de pontife, il fait, chaque année, le sacrifice dans le temple du Ciel, au printemps et en automne.

» Deux fois par mois, le 1$^{er}$ et le 15, chaque mandarin se rend au temple des Ancêtres, au nom de l'empereur, et fait des cérémonies devant l'image et la tablette des ancêtres, pour attirer les prospérités du Ciel sur la personne du souverain, de sa famille, et sur tout le peuple chinois. Le peuple n'assiste point à ces cérémonies. Elles se font par le mandarin et les gens de sa suite.

» Dans les familles, il y a l'autel domestique. Sur cet autel sont les tablettes des ancêtres. Autrefois on n'y voyait que ces tablettes ; mais, depuis des siècles, chaque famille a ses idoles de choix. Cela ressemble à nos saints patrons de prédilection. Le chef de la famille ou son fils aîné se présente chaque matin devant cet autel. Il fait plusieurs inclinations et prostrations. Il allume des cierges, brûle du papier-monnaie et quelques pétards. Il dépose quelques verges odorantes allumées, qui brûlent lentement tout le jour. Il récite quelques prières. Cette cérémonie journalière dure dix à douze minutes. A certains jours, elle est plus solennelle. Le célébrant revêt ses habits de luxe. Il allume un plus grand nombre de cierges, de verges odorantes. Il offre un repas aux mânes des ancêtres. La cérémonie finie, la famille réunie mange ce repas ainsi offert. Les néophytes de Chine ne peuvent prendre part à ces sortes de festins.

» L'autorité paternelle est partagée en Chine avec l'instituteur ou maître d'école. Celui-ci jouit d'une immense considération. Il garde toute sa vie cette autorité sur ses élèves. Ceux-ci, devenus mandarins, n'oseront jamais s'asseoir devant leur ancien instituteur. Il faut un ordre de ce dernier pour le faire.

» Dans nos pays d'Occident, on n'a aucune idée du respect, de l'honneur, de la considération, qui entourent en Chine celui qui se voue à l'éducation de la jeunesse.

» Tout l'ordre social en Chine repose sur ce grand respect pour l'autorité.

» Le respect que l'on porte aux supérieurs, aux chefs de famille, les suit dans la tombe. De là le culte des ancêtres. On honore leurs sépulcres, on s'y rend aux anniversaires, on y fait des libations, des cérémonies religieuses : toute la famille s'y rend, ces jours-là, en grands habits de cérémonie.

» A cause des pratiques superstitieuses introduites par abus dans la suite des temps, les néophytes ne doivent pas prendre part à ces cérémonies. Aussi les Gentils les accusent-ils de ne pas honorer les ancêtres. Quelques-uns refusent de se faire chrétiens parce que ceux-ci n'ont pas le culte des ancêtres.

» Il existe partout, en Chine, certains lieux où les infidèles croient que les divinités manifestent davantage leur puissance. Ce sont de vrais lieux de pèlerinage. Ici on va demander telle faveur, là telle autre. Ces lieux de pèlerinage sont remplis d'ex-voto offerts par la reconnaissance. Cette particularité est peu connue en Europe.

» Puisque je parle du culte des infidèles chinois envers la divinité, il est bon de ne pas omettre ce fait très curieux.

» Dans les années de calamités publiques, telles que sécheresses, pluies trop abondantes, inondations, le souverain de la Chine proclame dans un édit que ces fléaux viennent du Ciel, que ce sont des châtiments pour les crimes commis. L'empereur fait alors une sorte de confession publique. Il se rend au temple du Ciel, offre le sacrifice, etc.

» Les mandarins en font autant. Ils prescrivent alors l'abstinence de la viande pendant toute la durée du fléau. Il m'est arrivé de faire ainsi de vrais carêmes. Toutefois il faut dire que la volaille n'est pas interdite, mais seulement les viandes de boucherie. Personne ne s'avise de se plaindre ou de murmurer contre cette abstinence imposée par l'autorité civile. Je dois ajouter que cette pénitence publique et religieuse est fort bien observée.

» Le cinquième précepte, concernant la défense des vols, injustices, est l'un des mieux connus à la Chine.

» Nous avons nous-même interrogé des infidèles sur des cas de conscience concernant les injustices ou fraudes dans le commerce. Leurs réponses étaient de tout point conformes à celles que donnerait un théologien. Cela prouve bien évidemment que la loi naturelle est gravée dans le cœur de l'homme.

» Le code civil chinois, qui existe depuis des milliers d'années, est fort sévère à l'égard des vols. La peine de mort atteint le coupable convaincu d'un vol d'une somme moindre de 500 francs.

» Chez nous, on condamne à un an, deux ans de prison, des abus de confiance de plus de 100,000 francs.

» Il est de mode en France de dire que les Chinois sont voleurs. Demandez les preuves de cette accusation. On vous citera des faits isolés, comme les Chinois qui sont à Paris pourraient fort bien en citer, et de fort nombreux, contre nous. Le nombre des pickpockets, des petits malfaiteurs, abonde dans nos villes. En Chine, on est exposé, surtout dans les villes, à être exploité, comme chez nous, par les petits malfaiteurs.

» Nous pouvons certifier, sans crainte d'être démenti, qu'en Chine le haut commerce, le grand commerce, est fort honnête. Nous ajoutons même que l'honnêteté de ce commerce ferait souvent la leçon à nos négociants. Nous ne nous souvenons pas d'avoir vu jamais de ces banqueroutes frauduleuses, qui chez nous sont très fréquentes et sont un moyen de s'enrichir.

» Nous concluons cet article en disant que tout vol, toute injustice est condamnée par la conscience des infidèles comme par celle des catholiques. Celui qui s'en rend coupable en Chine ne cherchera jamais à justifier son larcin.

» Le sixième précepte du Décalogue chrétien fait l'objet de nombreuses lois dans le Code civil chinois. C'est assez dire hautement que la conscience des législateurs de ce pays a compris l'importance de l'honnêteté des mœurs publiques.

» Le décorum extérieur est fort grand en Chine. On attache une souveraine importance à une bonne réputation de moralité.

» On sait qu'en Chine le mariage a lieu de très bonne heure. A seize ans, dix-sept ans, un jeune homme de famille riche ou aisée est déjà marié. Le mariage est la suprême affaire des parents des jeunes gens. Les fiançailles se font de fort bonne heure. Elles sont indissolubles aux yeux de la loi, si elles ont été faites conformément aux dispositions du code. Dans le cas contraire, le mandarin les dissout et inflige une amende en punition. Les parents font les fiançailles dès que leurs enfants ont sept à huit ans, souvent même plus tôt. Elles se font par des médiateurs.

» Les jeunes fiancés ne se voient jamais. La première fois qu'ils se voient et se rencontrent, c'est le jour de **la cérémonie du mariage.**

» Chacun sait à combien d'abus donne lieu chez nous la fréquentation des jeunes gens qui ont la volonté de se marier. Cette cause d'abus n'existe pas en Chine.

» Le mariage contracté ainsi de bonne heure est une grande cause de moralité et d'honnêteté dans la société chinoise. Cela parle de soi, sans qu'il soit besoin d'en donner ici les raisons.

» En Chine, la femme ne paraît jamais en société, ne prend point part à des repas où se trouvent des hommes. Les proches parents ou amis intimes de la maison peuvent seuls entrer dans l'appartement des femmes. Cette claustration de la femme est forcément une cause de moralité de plus. La femme ne se livre à aucun commerce, ne se rencontre pas dans les maisons de commerce comme chez nous. Elle ne sort qu'en palanquin ou accompagnée par ses proches. Les servantes seules, ou sorte d'esclaves volontaires, sortent un peu dans les rues.

» A Paris et dans toutes nos villes populeuses de France, les rues sont plus ou moins inondées de jeunes filles publiques qui harcèlent les passants. C'est une honte pour notre civilisation dite chrétienne. En Chine on ne verrait cela nulle part.

» Dans nos villes, les maisons publiques ont des signes qui les font reconnaître de suite. C'est la prostitution légale, éhontée, publiquement offerte à la foule. En Chine, dans les villes, il existe des maisons de tolérance, mais elles ne sont accessibles qu'à ceux qui les connaissent. Elles n'ont aucun signe particulier qui les affiche, comme chez nous, à l'attention du public.

» En Europe, nous avons les théâtres, les divertissements et fêtes publiques, qui sont une cause de démoralisation et de rencontre des jeunes gens des deux sexes. En Chine, les femmes ne paraissent jamais dans les fêtes ou divertissements publics.

» Certaines villes de Chine ont une réputation méritée de corruption. Ce sont les villes maritimes, par exemple Canton autrefois, aujourd'hui Shang-haï. En voici la raison. Ces villes sont le centre du commerce européen avec les Chinois. De toutes les provinces de la Chine, les principales maisons de commerce tiennent là presque en permanence des commis, des employés, pour faire les achats, les expéditions de marchandises de l'Europe. Ces commis, ces employés, sont peu occupés. Ils mènent joyeuse vie. Dans ces villes, les maisons de tolérance sont plus nombreuses et plus fréquentées. Il en existe même sur les fleuves, dans les jonques. On les nomme les *barques fleuries*. Mais tout cela est inconnu dans l'intérieur du royaume.

» A Paris, on compte plus d'un tiers de naissances illégitimes. Sur 33,000 naissances, il y a au moins 12,000 enfants naturels. Le seul département de la Seine dépense près de trois millions par an pour l'entretien des enfants naturels abandonnés.

» En Chine, le nombre des enfants naturels *connus* est fort minime. Sous ce rapport, la Chine païenne pourrait être offerte en modèle à nos pays civilisés et chrétiens. Ce que nous avons dit plus haut fait aisément comprendre pourquoi les naissances illégitimes sont rares en Chine.

» On se plaint sans cesse en France que la population n'augmente pas, qu'elle décroît dans certains départements. C'est que, chez nous, les doctrines abominables de Malthus tendent à devenir de plus en plus générales. Ces funestes doctrines ne trouveraient pas d'écho en Chine. La nation est imprégnée de certains enseignements qu'on ne détruira pas de longtemps. Ainsi, en Chine, c'est un honneur que d'avoir une famille nombreuse. On ne s'inquiète pas de l'avenir de ces nombreux enfants. Il est vrai de dire que la Chine a des doctrines économiques que l'on ne connaît que spéculativement chez nous, si tant est qu'on les connaisse.

» Ainsi le gouvernement veille à ce que les aliments de première nécessité, tels que le riz, ainsi que la monnaie de billon, soient toujours à un prix excessivement bas. Si la spéculation, l'agiotage, veut élever le taux des sapèques, l'Etat lance aussitôt des millions de sapèques dans le commerce, de telle sorte que la hausse ne peut se maintenir et que le taux est ramené de suite à son cours normal et régulier.

» La vie animale est plus simple en Chine que chez nous. L'ameublement y est également fort simple. Les besoins ne sont pas excessifs, comme chez nous. Il en résulte qu'un jeune homme qui possède en avance quinze à vingt taëls, c'est-à-dire cent cinquante à deux cents francs, se met hardiment et très convenablement en ménage. La *vie à bon marché* est une cause de moralité, en ce sens qu'elle contribue très efficacement à faire contracter le mariage de bonne heure. Un jeune homme établi en ménage n'aura jamais ni la tentation ni le besoin de se livrer au désordre comme ceux de nos villes de France. Dans nos villes, en effet, quelle quantité prodigieuse de jeunes commis, d'employés de commerce ou du gouvernement, qui ont des soldes juste pour vivre ! Comment songer au mariage, à ses charges ? Aussi, que font-ils ? Ils vivent en concubinage la plupart. S'ils se marient, c'est fort tard. Voilà une des plaies de notre civilisation, plaie dont la Chine est exempte. Il n'est pas de commis, d'employés en Chine, qui soient éloignés du mariage par la considération d'impossibilité de nourrir une femme et des enfants.

» Une autre plaie de notre civilisation et dont la Chine est encore préservée, c'est celle de cette foule de jeunes filles de province qui reflue vers nos grandes cités. Couturières, lingères, employées de commerce, leur salaire est si modeste qu'elles ne peuvent vivre. Elles se livrent alors à un jeune homme, dont elles partagent la chambre, et ce qui s'ensuit. C'est le petit nombre qui ne succombe pas et lutte avec courage contre les nécessités de la vie. Rien de semblable en Chine.

» Nos grandes cités d'Europe sont un foyer de corruption morale, par suite de l'agglomération des étudiants en droit, en médecine, etc. Chacun sait ce que sont ou ce que deviennent ces malheureux jeunes gens, qui font leur entrée dans le monde, qui jouissent pour la première fois d'une liberté sans contrôle. La Chine n'a pas de telles agglomérations de jeunes gens. Elle est exempte de la corruption qui en découle.

» Tous ceux qui sont au courant de la tenue de nos grandes maisons d'éducation ou lycées savent combien il est difficile d'y maintenir une morale sévère. Est-il possible de faire une surveillance parfaite dans des pensions qui comptent douze cents élèves et plus, comme le sont les lycées de Paris ? Cet amas d'élèves dans une seule maison cause la démoralisation d'une foule d'élèves, pour ne pas dire de la presque totalité. Les maisons dites religieuses échappent un peu à une complète démoralisation. La Chine ne compte aucun *internat*. Elle échappe encore ici à l'une des causes de notre corruption sociale.

» Avec nos lois sur l'armée, les jeunes gens ne peuvent plus se marier avant d'avoir satisfait aux exigences de la patrie. Ils font leurs cinq ans sous les drapeaux. Sur cent mille qu'on licencie chaque année, combien pense-t-on qu'il y en ait qui se soient préservés de la corruption morale ? C'est le grand nombre qui arrive à l'armée avec des habitudes morales, honnêtes. Il faut un miracle pour les préserver là du naufrage. Je ne parle pas ici de la croyance plus ou moins ébréchée, mais de la moralité. La Chine n'a point d'armée comme chez nous. Elle n'impose pas ce célibat forcé à ses guerriers. Encore une cause de moins de démoralisation en Chine et une cause de la multiplication humaine dans ce pays-là.

» Si je poursuis ce parallèle, je sens qu'on va me taxer

d'exagération, de flatterie pour la Chine. Je mets pourtant au défi quiconque connaît la Chine, quiconque a vécu dans cet empire, de trouver la plus petite exagération dans mes paroles.

» Tous les physiologistes assurent que le vice est contagieux. Cela se conçoit ; on ne saurait croire combien, à ce point de vue, la presse fait de mal à toute une nation par le récit journalier des crimes qui se commettent sur tous les points de la France. Les drames des cours d'assises sont dévorés avec une avidité humiliante pour des cœurs français et honnêtes. Si le chef du parquet le permettait, il y aurait cent mille femmes à Paris aux audiences scandaleuses, de même que c'est une fureur, une passion, que d'assister aux exécutions à mort.

» La Chine a le bonheur de ne posséder aucun journal. La presse n'y cause donc pas les ravages journaliers qu'elle produit dans notre pauvre France. La Chine est donc préservée de cette cause de la contagion du vice. Les débats criminels n'attirent personne dans les prétoires que ceux qui sont intéressés, c'est-à-dire accusés ou témoins. Personne ne se porte au lieu d'exécution des condamnés, que de rares passants que le hasard y amène.

» L'instruction est, dit-on, une source de moralisation. La France compte à peine 60 Français sur 100 qui savent lire et écrire. Les dernières statistiques que j'ai eues sous les yeux ne portent même que 52 sur 100. Mettons 60 pour être plus généreux. Aussi on est tellement honteux de ce fait que l'on veut imposer l'instruction. En Chine, l'esprit de la nation est tellement imprégné de l'estime et de l'utilité de l'instruction, que le nombre des illettrés est fort minime. La langue chinoise, par ses nombreux caractères, exige pourtant plus de peine et plus de temps pour savoir lire et écrire. L'Etat ne se mêle point des écoles. Il n'a aucun budget pour les entretenir. Les particuliers font tout. Les écoles sont nombreuses, et l'instruction primaire, libre, uniforme, est bien autrement répandue que chez nous. Les Chinois n'écrivent pas le mot de liberté sur leurs murailles. Ils ont la chose, cela vaut mieux que de ne la posséder, comme en France, que sur les murs. Dans toute la Chine il n'y a qu'un seul programme d'enseignement. Il n'est nullement imposé par personne. Malgré cela, il est suivi partout avec une uniformité admirable. Cela fait un peuple homogène pour les idées. Chez nous, autant d'écoles, autant de systèmes. Dans les écoles chinoises, on étudie les *livres moraux, les traités sur la piété filiale*, etc. On les apprend par cœur. Il en résulte que tous les Chinois sont imbus d'une manière uniforme des principes généraux de moralité, d'honnêteté, de respect pour les supérieurs, les égaux, les proches.

» Dans nos pays d'Europe, nous sommes bien loin de cette belle unité d'enseignement chinois. Aussi l'anarchie des idées n'est-elle nulle part aussi remarquable que chez nous.

» Que l'on défalque de nos statistiques de justice européenne les condamnés illettrés, on verra que ceux-ci forment le plus grand nombre. En Chine, l'instruction primaire n'est pas et ne peut pas être purement profane, comme elle l'est déjà et comme elle tend à le devenir de plus en plus chez nous. Car les livres classiques et les livres sacrés sont la base de l'instruction en Chine. Ces livres sont remplis de belles et sages maximes sur la divinité, sur les devoirs moraux, etc. Il en résulte que cette instruction entretient, développe les principes de la loi naturelle qui existe chez tous les hommes. Aussi jamais on n'entendra en Chine de railleries impies, moqueuses, satiriques, sur tout ce qui concerne les choses religieuses, les objets du culte, la piété filiale. Chaque famille aura bien ses dieux protecteurs, ses lares domestiques, mais elle ne se permettrait jamais de railleries au sujet du culte des autres. Chacun sait où nous en sommes en France à ce sujet. On ne se borne pas à ne pas croire, on ne respecte pas la croyance des autres.

» Le souvenir des maximes fondamentales d'un Etat, d'une famille, est une cause de moralité. Cela est évident. Or, en Chine, il existe un usage fort curieux, c'est que les colonnes de chaque maison, tant à l'extérieur, dans la rue, qu'à l'intérieur, sont couvertes de cartouches rappelant continuellement aux Chinois leurs différents devoirs religieux, moraux, sociaux, comme chez les Hébreux. J'ai pu souvent, dans mes voyages, constater l'effet que produit la lecture constante de ces belles maximes, de ces adages, de ces sentences morales. Impossible de ne pas les voir, les remarquer. En général, elles sont élégantes pour le style, faciles à retenir.

C'est là une sorte de prédication incessante à toute une nation, prédication que nul ne peut refuser d'entendre.

» Chez nous, tous les impies, les indifférents, ne fréquentent pas les églises, n'entendent et ne lisent aucunes paroles morales. Ils deviennent de plus en plus sensuels, matériels. Nous ne trouvons l'usage chinois en vigueur chez nous que dans les monastères, où l'on lit sur les portes des sentences de l'Evangile ou d'autres maximes de morale.

» Avant de passer outre, je veux parler d'un fait ou deux que l'on reproche sans cesse aux Chinois. Les accusations d'immoralité, de cruauté, de barbarie, des Chinois, couvrent les maisons religieuses. On en fait un argument puissant pour favoriser les œuvres pies en faveur des Chinois.

» On reproche donc aux Chinois de donner leurs enfants en pâture aux pourceaux. Nous avons vu souvent, dans nos voyages en France, des bannières que l'on portait dans les cérémonies de l'œuvre de la Sainte-Enfance, et sur lesquelles on représentait des mères chinoises donnant leurs enfants à dévorer à des pourceaux. L'œuvre de la Sainte-Enfance distribue elle-même des images que l'on donne aux enfants et qui figurent les mêmes scènes de barbarie.

» Peu de missionnaires ont été plus dévoués à l'œuvre du salut des enfants infidèles que l'auteur de ces lignes. Cependant il doit, avant tout, rendre hommage à la vérité. Nous mettons au défi tous les écrivains de prouver qu'ils aient jamais vu, nous ne dirons pas des mères, mais une seule mère chinoise donner son enfant à des pourceaux. Il est bien vrai qu'il est arrivé accidentellement et qu'il arrive encore que des enfants exposés, abandonnés, aient été dévorés par ces animaux. De ce fait accidentel on a fait un trait de mœurs général ; on a accusé toute la nation d'être coupable ou complice de ce crime. Les religieuses, les religieux enseignants, les jeunes prêtres chargés de la Sainte-Enfance dans leur localité, ne cessent de répéter aux enfants cette accusation, qui ne repose sur aucun fait avéré.

» Mais si nous voulons justifier les Chinois sur le point précédent, nous ne pouvons le faire sur celui de l'exposition, de l'abandon des enfants. Cet abandon existe malheureusement. Les enfants ainsi délaissés ne sont pas le fruit d'unions illégitimes. C'est l'excès de pauvreté qui le fait commettre. Une mère chinoise devient veuve; elle est pauvre ; elle a beaucoup d'enfants. Quand ses ressources sont à bout, elle expose son jeune enfant dans le quartier des riches de l'endroit. Elle a l'espoir que quelqu'un le recueillera et l'élèvera. Cet abandon est assez rare dans les campagnes ; il est fréquent dans les villes populeuses. Les chrétiens ont l'œil sur ces enfants ainsi exposés et ne manquent pas de les recueillir. On les baptise et confirme de suite.

» Qu'il y ait dans un pays infidèle des mères qui fassent mourir de différentes manières leurs jeunes enfants, surtout les filles et les enfants difformes, cela ne doit pas étonner, puisque nous voyons ce même crime commis assez fréquemment dans nos vieux pays catholiques. Il est difficile de donner aucune statistique, même approximative, sur le nombre d'enfants ainsi sacrifiés par leurs mères.

» La loi chinoise poursuit une mère dénoncée qui a commis l'infanticide. Les dénonciations ne sont pas fréquentes, par suite de certaines idées qui ont cours chez les Chinois. Les mandarins ferment les yeux sur ce crime pour n'avoir pas à sévir d'abord, ensuite pour ne pas se compromettre aux yeux du gouvernement.

» Car voici un fait curieux, qui peut-être n'est propre qu'à la Chine. Les mandarins, en leur qualité de père-mère du peuple, doivent publier des édits de moralité. S'ils instruisent bien les peuples de leurs devoirs, dit la loi chinoise, le peuple connaîtra ses devoirs et les remplira. On ne verra donc pas de ces crimes qui exigent la peine de mort, tels que les vols considérables, l'homicide, le parricide, l'infanticide, etc. Tout crime que la loi chinoise punit de la peine de mort est bien déterminé dans le code civil ; mais si les juges ordinaires peuvent prononcer la peine de mort, ils ne peuvent exécuter la sentence qu'après la confirmation de leur jugement par la cour de cassation chinoise.

» Lorsqu'un grand crime a été commis dans un canton, le gouvernement chinois fait ce curieux raisonnement : Les mandarins de ce canton ont mal instruit ce peuple ; ils sont les premiers coupables. On les destitue en bloc, tout en confirmant la sentence portée contre le criminel. On sent que les mandarins redoutent ces avalanches de destitutions. Ils ferment donc souvent les yeux. S'ils ne peuvent le faire, ils trouvent le moyen de faire périr en prison le coupable, afin d'empêcher l'affaire d'être portée à Pékin.

» En France, on demande sans cesse ces deux choses à un missionnaire : Les Chinois abandonnent-ils encore leurs enfants ? Est-il vrai qu'ils les font mourir ? On est généralement porté à croire que l'exposition et l'infanticide sont des crimes exclusivement propres à la nation chinoise. C'est là une grande erreur. L'histoire montre ces crimes fort communs parmi tous les peuples non chrétiens, chez nos ancêtres les Gaulois, dont la cruauté surpassait celle des Chinois. Les sacrifices humains, ceux des enfants surtout, étaient fréquents chez les Gaulois et ailleurs. La Chine n'est jamais descendue à cet excès de barbarie.

» L'exposition des enfants ne soulève pas en Chine l'indignation, la colère d'un Chinois qui voit une mère déposer furtivement son enfant sur la porte d'un riche. On sait que c'est la misère qui la pousse à cet acte. On plaint plutôt cette femme que l'on n'est porté à l'accuser.

» Peu de gens savent en Europe que la Chine païenne a des établissements de charité. Ainsi toutes les villes un peu populeuses ont une maison de refuge pour l'enfance abandonnée, sous le titre de *you-yu-tang* (maison de refuge pour les enfants). Ces établissements remontent à une époque assez reculée. Les oscillations de la civilisation chinoise sont assez considérables. Diverses causes générales, qu'il serait un peu long de relater ici, influent plus ou moins sur le bien-être matériel des populations. Il en résulte que le nombre des malheureux, des pauvres, des enfants abandonnés, est en rapport avec ces oscillations, ces hauts et ces bas de bien-être temporel. Ce que j'ai pu constater, c'est que les you-yu-tang ne sont plus suffisants pour la population actuelle de la Chine, qui augmente notablement de vingt en vingt ans.

» Il existe également dans toutes les villes de Chine deux autres sortes de maisons de bienfaisance, fondées et entretenues par le gouvernement. L'une est destinée aux vieillards, aux pauvres, aux malheureux. Elle porte le titre de *hou-lao-yuen*. Le gouvernement distribue chaque mois à chacun de ces pauvres une certaine quantité de riz et de sapèques. L'autre est une maison pour les pauvres malades. Elle porte le titre de *pin-yuen*, qui veut dire hospice des malades.

» Le gouvernement chinois fait encore d'autres bonnes œuvres. Ainsi, il fait une pension aux vieillards pauvres des deux sexes qui ont atteint l'âge de quatre-vingt-dix ans. Cette pension augmente chaque année. Le jour où ces vieillards atteignent l'âge qui leur donne droit à cette pension, le mandarin du lieu leur fait servir un repas, durant lequel, par honneur pour la vieillesse, il sert lui-même le vin aux convives. Cette cérémonie a quelque chose de touchant. La vieillesse est fort honorée en Chine, bien plus que dans notre Europe.

» Tous les trois ans et même plus souvent, les mandarins doivent faire un rapport à l'empereur sur les veuves qui, par honneur pour la viduité, ne convolent pas à de nouvelles noces, sur les traits remarquables de piété filiale ou de dévouement qui ont eu lieu dans le ressort de leur juridiction. L'empereur met à l'ordre du jour ceux qui le méritent et accorde des rémunérations à ceux qui ont été signalés de la sorte.

» A l'entrée des villes chinoises, souvent à la distance d'une lieue avant d'arriver à la porte de la ville, on traverse des arcs de triomphe de deux minutes en deux minutes. Ces arcs ont été élevés à la gloire des belles actions accomplies, tant publiques que privées. Les inscriptions flatteuses qu'on y lit racontent les motifs de l'érection de l'arc et les noms de ceux que l'on a voulu honorer.

» Le gouvernement possède, dans chaque province, des champs dont le revenu est destiné aux savants pauvres, aux lettrés sans fortune. Cette belle fondation a pour but d'honorer les lettres dans la personne de ceux qui ont un diplôme et qui ne sont pas favorisés de la fortune. Cette pension est plus ou moins forte, selon le grade littéraire et l'âge du lettré pauvre.

» La Chine a un établissement de bienfaisance que je n'ai vu nulle part ailleurs. Ce sont des espèces d'hôtelleries, placées sur les grandes routes, et dans lesquelles on donne gratuitement aux voyageurs pauvres l'hospitalité de la nuit. Depuis deux ans, Paris possède deux maisons d'hospitalité de nuit. En Chine, l'œuvre existe depuis des siècles.

» L'instruction publique est telle en Chine, que les idées

de socialisme, communisme, qui envahissent notre Europe n'y sont pas connues. La mendicité, que nous mettons en honneur et qui ne déshonore pas chez nous, n'est pas répandue en Chine comme elle devrait l'être dans un pays de cinq cents millions d'habitants. Cela tient à plusieurs causes, parmi lesquelles je citerai seulement celle-ci : 1° La vie est à bon marché en Chine. Il faut peu de chose au pauvre pour vivre. Avec trois ou quatre sous de notre monnaie, le pauvre vit là-bas. 2° La nécessité du travail est une vérité élémentaire en Chine. Les pauvres savent en trouver. Ils ne comptent pas sur la charité publique, mais sur eux-mêmes. Ils supportent les privations avec une stoïcité que j'ai souvent admirée en secret, et qui est naturelle chez le peuple chinois. Dans les campagnes, on rencontre fort rarement des mendiants. A l'entrée des villes, on voit des estropiés, des aveugles, sans famille, qui demandent l'aumône aux passants. Dans les rues des villes, on voit aussi des aveugles jouant du violon et demandant l'aumône. En somme, le nombre des mendiants est infiniment moindre en Chine que chez nous, toute proportion gardée.

» Les provinces de Chine les plus fertiles, les plus riches en tout genre de productions, sont aussi les plus corrompues. Les provinces moins riches, telles que le Chen-sy, le Kan-siou, le Kouy-tchéou, sont incomparablement plus honnêtes. Les procès y sont moins fréquents, les crimes plus rares, les mœurs plus intègres.

» Les familles, en Chine, comptent souvent des centaines de membres. Elles ont toutes un chef, l'aîné, par succession, de toutes les branches. On rend à ce chef de famille des honneurs. Il exerce une autorité morale fort grande. Il juge souvent les procès, les disputes qui s'élèvent entre les membres. On ne va, en Chine, au mandarin qu'à la dernière extrémité, quand tous les moyens de conciliation ont été épuisés en vain. J'ai vu juger ainsi par des Gentils un cas d'adultère. Deux jeunes époux de vingt-cinq à trente ans furent surpris en adultère. On les livra au chef de la famille. Celui-ci assembla son conseil. On les condamna à la peine de mort. On garrotta ces deux infortunés ; on les plaça ensemble tout vivants dans un cercueil, et on les enterra ainsi. J'étais glacé d'effroi quand, me trouvant au lieu même, j'appris cette singulière exécution.

» A Paris, tous les jours, les tribunaux jugent ce même cas. On condamne à deux mois, six mois de prison au plus, l'un des époux infidèles. L'autre, bien que coupable au même degré, est renvoyé absous. Quant aux suicides des Chinois, il me serait difficile de rien préciser à cet égard. Ces actes ne font de bruit que dans l'endroit où ils ont lieu. Le désespoir est rare en Chine. On supporte la misère avec calme. Les drames d'amour, si communs dans nos villes, ne sont pas fréquents en Chine. L'amour chinois, d'abord, est platonique. Tous les jours nos journaux racontent que tel jeune homme, telle jeune fille abandonnée par son amant s'est jetée dans la Seine, s'est asphyxiée, s'est brûlé la cervelle. Les jeunes gens des deux sexes n'ayant pas ces rapports si faciles et si communs qu'ont ceux de l'Europe, cette cause bestiale de suicide n'existe pas dans l'empire du Milieu. Les duels sont tout à fait inconnus en Chine.

» Le mode jadis le plus commun de se donner la mort en Chine était la pendaison. Aujourd'hui c'est l'opium qui est en faveur. Celui qui veut se suicider sans bruit et sans souffrance peut-être met une forte dose d'opium dans un verre d'eau-de-vie. Il avale le tout et se met au lit. Quelques heures après on trouve l'individu mort, sans avoir entendu de sa part aucun cri, aucune plainte, aucune agonie.

» Tout suicide est dénoncé au mandarin. Celui-ci vient examiner le cadavre et constater le fait. On ne peut procéder à l'inhumation avant cette formalité.

» Je sais une province de Chine où, durant quarante-quatre ans, on n'a constaté qu'un seul suicide, celle du Hou-pè. Les provinces de Chine ont une population de quinze, dix-huit, vingt, vingt-cinq et quarante millions même d'habitants ; celle du Su-tchuen, que j'habitais en dernier lieu, a ce dernier chiffre de population.

» Les Chinois ont jugé notre civilisation par les mœurs scandaleuses des premiers Européens et matelots qui ont débarqué dans leur pays. Ils ne les ont point vus rendre un culte à quelque divinité. Ils les ont trouvés frondeurs, insolents, adonnés à la boisson, et surtout cherchant publiquement à enlever quelques femmes, pour en faire leurs maîtresses. Bien qu'admirant les navires européens et les objets de l'Occident, les Chinois ont trouvé que ces étrangers avaient un ensemble de mœurs sauvages, scandaleuses. Ils les ont appelés barbares. Cette opinion a pris corps dans la nation chinoise. Aussi, en parlant des Européens, ils ne les désignent jamais que par ce titre : les barbares d'Occident.

» Si les Chinois nous jugent avec partialité, il faut convenir que les Européens leur rendent bien la pareille. Il n'y a sorte de sottises qui ne courent nos rues sur les Chinois. Plus elles sont saugrenues, plus elles trouvent de créance dans notre société.

» En réalité, que faut-il penser de la Chine ? Le voici en peu de mots :

» 1° C'est le peuple le plus ancien du globe. S'il n'est pas antédiluvien, il remonte aux premières migrations humaines.

» 2° Sa longue durée est un phénomène qui reste à expliquer.

» 3° La Chine possède les livres les plus anciens du globe.

» 4° Ces livres sont remplis de témoignages en faveur de la révélation primitive.

» 5° La Chine est une dans sa langue, dans son enseignement, dans ses coutumes civiles. Elle seule offre un tel spectacle.

» 6° Elle a des mœurs douces en général, pratique en grand l'hospitalité, se gouverne sans armée au dedans.

» 7° Nulle part un si grand respect pour l'autorité, le souverain, les gouverneurs, les pères de famille, les précepteurs des enfants.

» 8° Aucun pays du monde ne lui est comparable sous le rapport des productions et richesses naturelles.

» 9° Les Chinois nous ont précédés de vingt siècles en tout et pour tout dans la civilisation humaine : astronomie, cloches, porcelaine, puits artésiens, ponts volants, lunettes, boussole, papier, encre, imprimerie, musique, agriculture, pisciculture, médecine, poudre à canon, etc.

» Il manque à la Chine la lumière de l'Evangile. Ce serait, à cause de son unité, le plus beau peuple de la terre.

» *Quæ potui scripsi, narravi; scribant et narrent melius potentiores.* »

## CHAPITRE XVII.

### DU CULTE DES ANCIENS CHINOIS.

L'étude de la religion chez les peuples primitifs a, pour un homme sérieux, une importance capitale, même pour juger une nation seulement au point de vue historique. Qu'on ne regarde donc pas comme un hors-d'œuvre le présent chapitre, où je fournis de nouveaux témoignages pour prouver, qu'on me permette de le dire, l'orthodoxie (*in sensu lato*) des premiers Chinois en matière de religion. On va entendre les PP. de Mailla, du Halde, Rici et les autres rédacteurs des *Mémoires chinois*. Je leur laisse la parole.

C'est une opinion commune et universellement reçue parmi ceux qui ont tâché d'approfondir l'origine d'un empire aussi ancien que celui de la Chine, que les fils de Noé se répandirent dans l'Asie orientale, que quelques-uns des descendants de ce patriarche pénétrèrent dans la Chine environ deux cents ans après le déluge et y fondèrent cette grande monarchie ; qu'instruits par une tradition si peu éloignée de la grandeur et de la puissance du premier Etre, ils apprirent à leurs enfants, et par eux à leur nombreuse postérité, à craindre, à honorer ce souverain maître de l'univers, et à vivre selon les principes de la loi naturelle qu'il avait gravée dans leurs cœurs. C'est de quoi l'on trouve les vestiges dans ces livres si anciens et si respectés, que les Chinois appellent par excellence les cinq volumes des livres canoniques ou classiques de la première classe, qu'ils regardent comme la source de toute leur science et de leur morale.

Cependant ces livres ne sont point des traités de religion faits exprès et à dessein de l'enseigner aux peuples; ils ne contiennent qu'une partie de leur histoire. Les auteurs ne s'arrêtent pas à prouver ce qu'ils avancent, ils ne font que tirer les conséquences naturelles de principes déjà connus de la nation, et ils supposent ces dogmes comme des vérités qui sont la base et le fondement de toutes les autres. C'est par la doctrine renfermée dans ces livres qu'on peut le mieux connaître quel est le système de religion que les anciens Chinois ont suivi, et quel a été le véritable objet de leur culte.

A parler d'abord en général, il paraît que le but de la doctrine des livres classiques a été de maintenir la paix, la tranquillité de l'Etat par le règlement des mœurs et l'exacte observation des lois, et que, pour y parvenir, les premiers Chinois jugèrent que deux choses étaient nécessaires à observer, savoir, les devoirs de la religion et les règles du bon gouvernement. Leur culte avait pour premier objet un Etre suprême, seigneur et souverain principe de toutes choses, qu'ils honoraient sous le nom de Chang-ti, c'est-à-dire suprême empereur, ou de

Tien, qui, selon les Chinois, signifie la même chose. Tien, disent les interprètes, c'est l'esprit qui préside au ciel, parce que le ciel est le plus excellent ouvrage produit par ce premier principe ; il se prend aussi pour le ciel matériel, et cela dépend du sujet où on l'applique : les Chinois disent que le père est le Tien de la famille ; le vice-roi, le Tien de la province, et l'empereur, le Tien du royaume.

Ils honoraient encore, mais d'un culte subordonné, des esprits subalternes et dépendants du premier Etre, qui, selon eux, présidaient aux villes, aux rivières, aux montagnes, etc.

Si dès le commencement de la monarchie ils se sont appliqués à l'astronomie, ils ne s'étudiaient à observer les astres que pour en connaître les mouvements et expliquer les phénomènes du Tien visible, ou du ciel. On ne voit point d'ailleurs que dans ces premiers temps ils aient cherché à approfondir la conduite et les secrets de la nature ; ces recherches trop curieuses étaient même expressément défendues, de crainte que, parmi une nation spirituelle et polie, on ne vît éclore trop aisément des opinions dangereuses et des systèmes pernicieux au repos du gouvernement et à la tranquillité publique.

Quant à leur politique, qui consistait à entretenir l'ordre et l'honnêteté des mœurs, elle se réduisait à ce principe très simple, savoir, que ceux qui commandent doivent imiter la conduite du Tien, en traitant leurs inférieurs comme leurs enfants, et que ceux qui obéissent doivent regarder leurs supérieurs comme leurs pères. Mais ce Chang-ti ou ce Tien, qui était l'objet de leur culte, le regardaient-ils comme un être intelligent, comme le seigneur et l'auteur du ciel, de la terre et de toutes choses? Et n'est-il pas vraisemblable que leurs vœux et leurs hommages s'adressaient au ciel visible et matériel, ou du moins à une certaine vertu céleste destituée d'intelligence et inséparable de la matière, identifiée au ciel? J'en laisse le jugement au lecteur, et je me contente de rapporter ce que les livres classiques nous apprennent. On y voit surtout, dans un de leurs livres canoniques nommé Chu-king, que ce Tien, ce premier être, l'objet du culte public, est le principe de toutes choses, le père des peuples, le seul indépendant, qui peut tout, qui n'ignore rien de ce qui est le plus caché, pas même le secret des cœurs ; qu'il veille à la conduite de l'univers, que les divers événements n'arrivent que par ses ordres ; qu'il est saint, sans partialité, uniquement touché de la vertu des hommes, souverainement juste, punissant avec éclat le crime jusque sur le trône, qu'il renverse, et sur lequel il place celui qui lui plaît ; que les calamités publiques sont des avertissements qu'il donne pour la réformation des mœurs, que la fin de ces maux est un trait d'une justice miséricordieuse, comme par exemple lorsqu'il arrête les grands dégâts causés sur les moissons et sur les arbres par un furieux ouragan, aussitôt qu'un illustre innocent, un prince, Tchéou-Kong, est rappelé de son exil, justifié de la calomnie et rétabli dans sa première dignité.

On y voit des vœux solennels qu'on fait à ce maître suprême pour obtenir de la pluie dans une longue sécheresse, ou pour la guérison d'un digne empereur dont la vie est désespérée, et ces vœux, à ce que rapporte l'histoire, sont exaucés. On y reconnaît que ce n'est pas un effet du hasard qu'un empereur impie a été écrasé par la foudre, mais que c'est une punition visible du ciel et tout à fait extraordinaire pour les circonstances.

Les divers événements ne s'attribuent pas seulement au Tien lorsqu'ils arrivent, on n'en parle pas seulement dans les occasions où le vice est abattu et puni, mais on compte qu'il le sera un jour, et on en menace dans le temps même que le crime prospère. On voit par les discours de ces premiers sages de la nation qu'ils ont cette persuasion intime, vraie ou fausse, peu importe, que le Tien, par des prodiges ou par des phénomènes extraordinaires, avertit des malheurs prochains dont l'Etat est menacé, afin qu'on travaille à réformer ses mœurs, parce que c'est le plus sûr moyen d'arrêter la colère du Ciel prête à éclater. Il est dit de l'empereur Tchéou qu'il a rejeté toutes les bonnes pensées que le Tien lui a données, qu'il n'a fait nul cas des prodiges par lesquels le Tien l'avertissait de sa ruine s'il ne réformait ses mœurs, et lorsqu'il est fait mention de l'empereur Kié, s'il eût changé de conduite, dit-on, après les calamités envoyées d'en haut, le Ciel ne l'aurait pas dépouillé de l'empire.

On y rapporte que deux grands empereurs, fondateurs de deux puissantes dynasties, respectés l'un et l'autre de la postérité pour leurs rares vertus, ont eu de grands combats intérieurs lorsqu'il a été question de monter sur le trône. D'un côté ils y étaient sollicités par les grands de l'empire et par le peuple, et peut-être même par des raisons secrètes d'ambition, difficiles à démêler d'avec les autres motifs spécieux. D'un autre côté ils étaient retenus par le devoir et la fidélité qu'un sujet doit à son prince, quoique très haï et très haïssable. Ces combats intérieurs, cette incertitude qui troublait leur conscience, étaient l'effet de la crainte qu'ils avaient de déplaire au Chang-ti, soit en prenant les armes comme on les en pressait, soit en refusant de les prendre pour délivrer le peuple de l'oppression sous laquelle il gémissait et pour arrêter l'affreux débordement des crimes, et ils reconnaissaient par là qu'ils dépendaient d'un maître qui défend l'infidélité, qui hait la tyrannie, qui aime les peuples en père et qui est le protecteur des opprimés.

Presque à toutes les pages des livres classiques et surtout du Chu-king, on ne cesse d'inspirer cette juste crainte comme le frein le plus propre à retenir les passions et le remède le plus sûr au vice. On y voit encore quelle idée ces princes s'étaient formée de la justice, de la sainteté et de la bonté du maître souverain. Dans les temps de calamité publique ils ne se contentaient pas d'adresser des vœux au Tien et de lui offrir des sacrifices, ils s'appliquaient encore à rechercher avec soin les défauts secrets et imperceptibles qui avaient pu attirer ce châtiment du Tien; ils examinaient s'il n'y avait point trop de luxe dans leurs habits, trop de délicatesse dans leur table, trop de magnificence dans leur train et dans leur palais, et ils songeaient à se réformer. Un de ces princes avoue de bonne foi qu'il n'a pas suivi les pensées salutaires que le Tien lui a données. Un empereur se reproche vivement quelque inapplication aux affaires et trop d'ardeur pour des amusements d'eux-mêmes innocents, et il regarde ces défauts comme capables de lui attirer la colère du Tien. Il reconnaît humblement que c'est la source des malheurs publics.

Dans le livre canonique appelé *Tchun-tfiou*, on parle des malheurs d'un prince comme d'autant de punitions du Tien, qui, pour comble de châtiment, le rendait insensible à ses disgrâces. Le Chu-king parle souvent d'un maître qui préside au gouvernement des Etats, qui a un empire parfait sur la volonté des hommes pour les amener à ses fins de sagesse et de justice, qui punit et récompense les hommes sans blesser leur liberté. Cette persuasion était si commune, que des princes naturellement jaloux de leur propre gloire ne s'attribuaient en rien le succès de leur sage gouvernement, mais le rapportaient à ce souverain maître qui gouverne l'univers; c'est ce que fait voir l'aveu simple de l'empereur Siuenvang. Il disait aux grands de la cour que tous les fameux ministres qui ont été si utiles à l'Etat depuis le commencement de la monarchie étaient autant de précieux dons accordés par le Tien, en vue de la vertu des princes et des besoins des peuples.

Presque dès le commencement de la monarchie il fut réglé que l'empereur, peu après son élévation, s'abaisserait jusqu'à labourer quelques sillons, et que les grains que produirait la terre cultivée par ses mains royales seraient offerts dans le sacrifice qu'il ferait ensuite au Tien. On trouve dans le Chu-king que ce même empereur dont je viens de parler, ayant négligé cette cérémonie, attribue les calamités publiques à cette négligence, et tous les grands de sa cour lui tiennent le même langage.

On parle très souvent, dans les livres classiques, de ces anciens empereurs Yao, Chun, Tching-tang, etc., comme de modèles que l'on doit imiter, et c'est une maxime répétée sans cesse, que le plus méchant des hommes, s'il veut se servir du secours que lui offre le Tien, peut atteindre à la vertu de ces héros. On représente dans le Chu-king ces sages empereurs en posture de suppliants devant le Chang-ti, pour détourner les malheurs dont leurs descendants sont menacés. Un empereur de la race déclare que ses illustres ancêtres n'auraient pu, avec tous leurs talents, gouverner l'empire comme ils ont fait, sans le secours des sages ministres que le Tien leur avait donnés.

Ce qui est encore à remarquer, c'est qu'ils n'attribuent rien au Chang-ti qui ne soit de la décence et qui ne convienne au souverain maître de l'univers. Ils lui attribuent la puissance, la providence, la science, la justice, la bonté, la clémence ; ils l'appellent leur père, leur seigneur ; ils ne l'honorent que par un culte et des sacrifices dignes de la majesté suprême et par la pratique des vertus ; ils assurent que tout culte extérieur ne peut plaire au Tien s'il ne part du cœur et s'il n'est animé des sentiments intérieurs.

Il est dit dans le Chu-king que le Chang-ti est infiniment éclairé, qu'il voit du haut du ciel tout ce qui se fait ici-bas; qu'il s'est servi de nos parents pour nous transmettre, par le mélange du sang, ce qu'il y a en nous d'animal et de matériel, mais qu'il nous a donné lui-même une âme intelligente et capable de penser, qui nous distingue des bêtes ; qu'il aime tellement la vertu que, pour lui offrir des sacrifices, il ne suffit pas que l'empereur, à qui appartient cette fonction, joigne le sacerdoce à la royauté, qu'il faut de plus qu'il soit ou vertueux, ou pénitent, et qu'avant le sacrifice il ait expié ses fautes par le jeûne et les larmes ; que nous ne pouvons atteindre à la hauteur de ses pensées et de ses conseils, qu'on ne doit pas croire néanmoins qu'il soit trop élevé pour penser aux choses d'ici-bas, qu'il examine par lui-même toutes nos actions, et qu'il a établi au fond de nos consciences son tribunal pour nous y juger.

Les empereurs ont toujours regardé comme leur principale obligation celle d'observer les rites primitifs, dont les fonctions solennelles n'appartiennent qu'à eux seuls, comme étant les chefs de la nation. Ils sont empereurs pour gouverner, maîtres pour enseigner, pontifes pour sacrifier, et cela afin que la majesté impériale s'humiliant en présence de sa cour, dans les sacrifices qu'elle offre, au nom de l'empire, au maître de l'univers, la suprême souveraineté de ce premier être brille davantage, et qu'on soit par là plus éloigné de lui rien égaler. C'est ce qu'on lit dans l'Y-king et dans le Chu-king. L'empereur, y est-il dit, est le seul à qui il soit permis de rendre cet hommage solennel au Chang-ti. Le Chang-ti l'a adopté pour son fils ; il l'a établi sur la terre le principal héritier de sa grandeur ; il l'arme de son autorité, il le charge de ses ordres, il le comble de ses bienfaits. Pour sacrifier au premier Etre de l'univers, il ne faut pas moins que la personne la plus élevée de l'empire. Il faut qu'il descende de son trône, qu'il s'humilie en la présence du Chang-ti, qu'il attire ainsi les bénédictions du Ciel sur son peuple, et qu'il laisse monter les vœux de son peuple jusqu'au Ciel.

Ce culte et ces sacrifices se perpétuèrent durant plusieurs siècles, et l'histoire chinoise ne laisse point ignorer avec quel zèle les empereurs de chaque dynastie honoraient le souverain maître de l'univers. Je continuerai de rapporter ici ce que nous en apprennent les livres classiques.

Fo-hi, qu'on croit avoir été contemporain de Phaleg, fut un de ces chefs de colonie qui vinrent s'établir à cette extrémité de l'Orient, et il est reconnu pour le fondateur de la monarchie chinoise. Il n'eut rien plus à cœur que de donner des marques publiques de son respect religieux pour le premier Etre. Il nourrissait dans un parc domestique six sortes d'animaux, pour servir de victimes dans les sacrifices qu'il offrait solennellement deux fois l'année, aux deux solstices. Alors les tribunaux vaquaient et les boutiques étaient fermées; il n'était pas même permis d'entreprendre ces jours-là aucun voyage. On ne devait songer qu'à s'unir en esprit au prince pour honorer le Chang-ti. Le livre intitulé Li-ki appelle ces deux solennités les fêtes de la reconnaissance envers le Tien.

Chin-nong, qui succéda à Fo-hi, enchérit sur sa piété ; il ne se contenta pas des sacrifices des deux solstices, il en institua deux autres aux équinoxes : l'un à l'équinoxe du printemps, pour intéresser le Chang-ti en faveur de la culture des terres ; l'autre à l'équinoxe de l'automne, après la récolte des fruits, dont il fallait recueillir la dîme et offrir les prémices au Chang-ti. Et comme Fo-hi avait nourri six sortes d'animaux aux usages des sacrifices, Chin-nong, par une pieuse émulation, voulut cultiver de ses propres mains le champ d'où l'on tirait le blé et les fruits pour ces mêmes sacrifices.

Hoang-ti, qui monta sur le trône après la mort de Chin-nong, fit encore paraître plus de zèle que son prédécesseur. Dans la crainte que le mauvais temps n'empêchât de faire les sacrifices ordinaires à l'air et sur un gazon champêtre, comme c'était la coutume, il fit bâtir un grand édifice, afin qu'on pût y offrir à couvert les sacrifices dans toutes les saisons et instruire le peuple de ses principaux devoirs.

L'impératrice Loui-tfou, femme de Hoang-ti, se chargea de nourrir des vers à soie et de travailler les étoffes propres aux ornements qui convenaient dans ces solennités. Hors de la porte du Sud était un vaste enclos de terres labourables, où se recueillaient le blé, le riz et les autres fruits destinés aux sacrifices, et hors de la porte du Nord on trouvait un autre grand enclos rempli de mûriers, où l'on nourrissait quantité de vers à soie. Au jour où l'empereur allait labourer son champ avec ses principaux courtisans, la princesse allait à son bocage de mûriers avec les dames de sa cour, les animant par son exemple à faire les ouvrages de soie et de broderie qu'elle destinait au culte religieux.

L'empire étant devenu électif, on n'élevait au trône impérial que des fils de roi qui se distinguaient par leur sagesse, ou des sages que les rois avaient associés au gouvernement ; mais le choix ne tombait que sur ceux qui remplissaient avec le plus de respect les devoirs de la religion. Il est de l'honneur du trône, dit-on dans le Chu-king, que celui que le Chang-ti s'associe pour gouverner les hommes représente ses vertus sur la terre et qu'il en soit la plus parfaite image. C'est ce seul motif qui fit consentir Hoang-ti à avoir son fils pour successeur avec le titre de Chao-hao, c'est-à-dire de jeune Fo-hi, parce que, dès sa tendre jeunesse, il avait été le fidèle imitateur des vertus du premier fondateur de l'empire Tai-lao-fo-hi. La suite fit voir qu'on ne s'était pas trompé dans ce choix. Il augmenta la pompe et la célébrité des sacrifices offerts au Chang-ti par la symphonie et les concerts de musique.

Son règne fut paisible et tranquille, mais les dernières années furent troublées par le complot de neuf tchu-héou, ou princes feudataires, qui tâchèrent de déranger, dans le culte religieux et dans le gouvernement de l'Etat, ce beau système de subordination établi par les premiers rois. A la crainte du Chang-ti ils voulurent substituer la crainte des esprits ; ils eurent recours à la magie et aux enchantements ; ils infestèrent les maisons de malins esprits et effrayèrent les peuples par leurs prestiges. Le peuple, assemblé dans le temple aux jours solennels où l'empereur y venait sacrifier, le faisait retentir de ses clameurs, en demandant tumultuairement qu'on sacrifiât pareillement à ces esprits. La mort surprit l'empereur dans ces temps de troubles, et quoiqu'il eût laissé quatre fils, on leur préféra Tchuen-hio, neveu de Hoang-ti, qui fut déclaré empereur. Ce prince commença par exterminer la race de ces enchanteurs qui avaient été les principaux auteurs du tumulte ; il remit le calme dans l'esprit des peuples et rétablit l'ordre des sacrifices.

Ayant réfléchi sur l'inconvénient qu'il y avait d'assembler un peuple actif et remuant dans le lieu même où l'empereur venait sacrifier, il sépara le lieu de l'instruction de celui des sacrifices. Il établit deux grands mandarins pour y présider, et il les choisit parmi les enfants du défunt empereur. L'un était chargé de tout le cérémonial, et l'autre veillait à l'instruction du peuple. Il régla pareillement le choix qui se ferait des victimes ; il ordonna qu'elles ne fussent ni mutilées ni estropiées, qu'elles fussent de l'espèce des six animaux marqués par Fo-hi, qu'elles fussent bien engraissées et d'une couleur propre aux quatre saisons où l'on faisait ces quatre sortes de sacrifices ; enfin il régla jusqu'à leur âge et leur grandeur.

Ti-ko, neveu de Tchuen-hio, fut de même élevé à l'empire par les suffrages de tous les ordres de l'Etat. Il ne s'appliqua pas moins que son oncle au culte du Chang-ti et à l'observation religieuse des cérémonies. On trouve dans les fastes de ce prince et dans la tradition autorisée par les Kings, que l'impératrice Yuen-kiang, qui était stérile, accompagnant l'empereur à un sacrifice solennel, demanda des enfants au Chang-ti avec tant de ferveur qu'elle conçut presque au même temps, et que dix mois après sa prière elle mit au monde un fils nommé Heo-tsie, qui fut la tige d'une glorieuse postérité et célèbre par un grand nombre d'empereurs que sa famille donna à la Chine. Il y eut lieu de s'étonner qu'un prince aussi sage que Ti-ko ne choisît point, pour son successeur à l'empire, ni cet enfant de prières, ni Yao, qu'il avait eu de la seconde reine Kin-tou, ni Ki-lié, fils de la troisième reine Kien-tié, et qu'il préférât à de jeunes princes, déjà si estimables par leur vertu, son autre fils, nommé Tchi, qu'il avait eu de la quatrième reine Tchang-y, en qui l'on ne remarquait aucune qualité digne du trône ; aussi ne l'occupa-t-il pas longtemps.

On lit dans le livre intitulé Cang-kien que la providence du Chang-ti veillait au bien de l'Etat, et que ce fut par ses ordres que le suffrage unanime des peuples déposa ce mauvais prince pour mettre en sa place le vertueux Yao, qui joignit à la qualité d'empereur celle de législateur, et qui devint le modèle de tous les princes ses successeurs. L'Y-king rapporte que pendant les soixante premières années de son règne, il n'aurait jamais pu porter comme il faut les sciences au plus haut point de perfection sans l'assistance extraordinaire du Tien. A la soixante-unième année, le peuple se multipliant et les plus belles campagnes étant toutes couvertes d'eaux qui s'y étaient ramassées et que quelques uns croient être des restes du déluge, le grand Yu s'appliqua à faire écouler les eaux dans la mer, à aplanir les terres éboulées et à les partager entre les peuples.

Neuf ans après, ce grand empereur songea à associer au gouvernement de l'empire un sage qu'il pût faire son successeur. Je ne trouve aucun mérite dans mes neuf enfants, dit-il à ses ministres, cherchez-moi quelqu'un, n'importe en quelle famille, pourvu qu'il soit véritablement sage et d'une vertu éprouvée. On lui indiqua un jeune homme de la campagne nommé Chun, qui, étant continuellement en butte aux mauvais traitements d'un père, d'une mère et de son frère aîné, n'en était que plus respectueux envers ses parents, et souffrait toutes leurs injures et leurs mauvais traitements avec une douceur et une patience que rien ne pouvait altérer. Voilà l'homme que je cherche, dit Yao ; lui seul est capable de maintenir l'ordre et la paix dans la famille impériale, et de régler sur ce modèle toutes les familles de ce vaste empire. Il éprouva encore pendant trois ans sa vertu, et ensuite il le fit son gendre, son associé à l'empire et son unique héritier, à l'exclusion de tous les princes de son sang, et même malgré les représentations de Chun, qui ne se croyait pas les qualités nécessaires pour être à la tête d'un si grand empire.

Dès qu'il fut en possession du trône, sa première fonction, dit le Chu-king, fut d'en aller rendre un hommage solennel au Chang-ti, après quoi il dressa ces sages lois qui sont le fondement sur lequel est appuyé le gouvernement de l'empire. Il créa des mandarins, il donna de beaux préceptes sur les cinq principaux devoirs du roi et des sujets, du père et de ses enfants, du mari et de sa femme, des aînés et des cadets, et des amis entre eux, en sorte que, depuis le plus grand jusqu'au plus petit, chacun savait à qui immédiatement il devait commander ou obéir.

Son exemple donna un grand poids à ses préceptes. A voir sa respectueuse soumission envers Yao, qu'il regardait comme son père et son maître, il n'y avait personne qui ne se sentît porté à exécuter ces sages lois. Il semblait, dit le Chu-king, que le Chang-ti s'était fait lui-même collègue de Chun, et que, pour faire réussir ses desseins, il lui eût laissé diriger à son gré sa toute-puissance. Yao ne mourut que vingt-huit ans après l'adoption de Chun. Le regret d'avoir perdu un si grand prince fut universel dans tout l'empire. Chun, se trouvant seul maître, partagea les emplois entre plusieurs sages, dont il voulut éprouver les talents. A l'exemple d'Yao, il ne choisit point un successeur dans sa famille, son choix tomba sur le sage Yu et eut l'approbation générale. Oh ! l'aimable Chun, s'écria le Li-ki ; vit-on jamais un meilleur prince ? Pendant sa vie il n'eut à cœur que le bien public, et à sa mort, loin de consulter la chair et le sang et de placer son fils sur le trône, comme L'amour paternel l'en sollicitait, il ne songea qu'aux intérêts de son peuple en lui donnant, dans la personne du sage Yu, un autre lui-même et un digne héritier de son affection pour les peuples.

Le grand Yu n'eut garde d'oublier un devoir qu'il regardait comme capital ; le culte du Chang-ti ne fut jamais plus florissant que sous son règne ; il songea même à prévenir la négligence qui pourrait refroidir le zèle de sa postérité, il établit des mandarins à la cour et dans les provinces, comme autant de sages qui seraient chargés de représenter aux empereurs l'obligation qu'ils ont d'honorer le Chang-ti et de leur donner, lorsqu'il serait nécessaire, d'utiles enseignements sur la pratique des neuf vertus royales.

Cette liberté qu'avaient les sages de l'empire de représenter au prince quels étaient ses principaux devoirs, fut interrompue dans la suite des temps, sous le tyran Kié, prince impie et voluptueux. Il n'admit dans ses conseils que de jeunes libertins, qui fomentaient son irréligion et le flattaient dans ses crimes.

Tous les ordres de l'Etat ne purent souffrir plus longtemps sa cruauté et le scandale de ses pernicieux exemples ; ils le déposèrent de la dignité impériale, et ce fut par lui que finit la dynastie des Hia. Ils mirent sur le trône Tching-tang, petit-fils de Hoang-ti, et toute la raison qu'on allégua de la chute de celui-là et de l'élévation de celui-ci, c'est que Kié était devenu un impie qui avait oublié le serment qu'il avait prêté, en montant sur le trône, de continuer le culte suprême au Chang-ti.

La religion fut comme la base et le fondement de l'élévation de la dynastie des Chang ; aussi Tching-tang porta-t-il encore plus loin que ses prédécesseurs le culte et la crainte respectueuse du Chang-ti. Il rétablit les mandarins de la cour et des provinces dans le droit de lui faire des remontrances s'il venait à s'écarter tant soit peu de ce principal devoir.

Sept années d'une stérilité générale avaient réduit le peuple à la plus grande disette ; l'empereur, après avoir offert inutilement plusieurs sacrifices pour apaiser la colère du Ciel, résolut de s'offrir lui-même comme une victime d'expiation. Il se dépouilla des ornements de sa dignité et partit, avec les grands de sa cour, pour se rendre à une montagne assez éloignée de la ville, où, les pieds et la tête nus, en posture de criminel, il se prosterna neuf fois devant le souverain maître de l'univers. Seigneur, dit-il, tous les sacrifices que je vous ai offerts pour implorer votre clémence ont été inutiles ; c'est moi sans doute qui ai attiré tant de malheurs sur mon peuple. Oserais-je vous demander ce qui a pu vous déplaire en ma personne ? Est-ce la magnificence de mon palais, est-ce la délicatesse de ma table, est-ce le nombre de mes concubines, que les lois néanmoins me permettent ? Je vais réparer toutes ces fautes par ma modestie, par ma frugalité et par ma tempérance. Si cela ne suffit pas, je m'offre à votre justice ; punissez-moi, pourvu que vous épargniez mon peuple ; faites tomber la foudre sur ma tête, pourvu qu'en même temps vous fassiez tomber la pluie sur les campagnes et que vous soulagiez la misère de mon peuple. Sa prière fut exaucée, l'air se chargea de nuages, une pluie féconde arrosa les campagnes et donna une abondante récolte.

Ce fut un bonheur pour cette famille que le grand nombre de sages qui parurent en ce temps-là : leur principal emploi était d'accompagner l'empereur aux sacrifices du Chang-ti. Le colao Y-yn se distingua parmi ces sages, sous le règne de Tching-tang et de son fils Taï-kia.

Ce ne fut que sous le tyran Tchéou que ces sages ne furent plus écoutés. Leurs remontrances et leurs avis étaient récompensés par les plus cruels supplices et souvent par la mort. On admirait en ce temps-là la vertu et la sagesse de l'incomparable Ven-vang et de son fils Vou-vang. Tous les grands de l'empire se réunirent pour détrôner Tchéou et mettre Ven-vang à sa place. Celui-ci résista constamment à leurs pressantes sollicitations ; il se contenta d'avoir les vertus qui font les grands monarques sans avoir l'ambition de le devenir. Il profita même de la disposition des esprits à son égard pour les ramener à l'obéissance qu'il croyait être due au tyran.

Durant neuf ans des plus grands troubles de l'Etat, ce fut par le canal de ce vertueux prince que Tchéou faisait passer ses ordres pour être obéi de ses sujets ; ce fut aussi par les mains de Ven-vang qu'il offrait les sacrifices au Chang-ti ; sans cela les princes feudataires auraient refusé d'y assister. Sur quoi le livre intitulé Y-king dit élégamment, dans son style énigmatique, que tous les bœufs égorgés par Tchéou ne valaient pas les plus viles offrandes de Ven-vang, parce que celui-là offrait des sacrifices avec un cœur souillé de crimes, au lieu que celui-ci faisait consister la meilleure partie de son offrande dans la pureté de son cœur.

Après la mort de Ven-vang, il fut conclu d'une voix unanime, dans une assemblée générale des Tchu-chéou, qu'on détrônerait le tyran et qu'on mettrait Vou-vang à la tête de cette expédition. Le seul Vou-vang parut s'opposer à cette résolution, du moins il demanda du temps pour examiner si c'était effectivement l'ordre du Tien. Il passa deux ans entiers à délibérer, et son cœur fut agité de continuelles inquiétudes, ne sachant quel parti prendre et craignant de s'attirer la colère du Tien, soit qu'il acceptât, soit qu'il refusât cette commission.

Enfin, après bien des combats intérieurs, il se rendit aux prières et aux sollicitations de tout l'empire. Vou-vang ne se fâcha qu'une fois, dit Confucius : dès le premier combat, le tyran, mis en déroute et abandonné des siens, courut à son palais, dressa un bûcher de ce qu'il avait de plus précieux, et s'ensevelit sous les ruines de son palais tout en feu. Ainsi finit la dynastie des Chang. Tous les suffrages mirent aussitôt Vou-vang sur le trône, et il rétablit bientôt le gouvernement dans son premier état.

Il paraît par toute cette doctrine tirée des livres classiques que, depuis la fondation de l'empire par Fo-hi, et pendant une longue suite de siècles, l'Etre suprême, connu plus communément sous le nom de Chang-ti ou de Tien, était l'objet du culte public, et comme l'âme et le premier mobile du gouvernement de la nation ; que ce premier Etre était craint, honoré, respecté, et que non seulement les peuples, mais les grands de l'empire, les empereurs même, sentaient qu'ils avaient au-dessus d'eux un maître et un juge qui sait récompenser ceux qui lui obéissent et punir ceux qui l'offensent. C'était au Chang-ti que tout se rapportait.

De tous les êtres naturels, disait Confucius à son disciple Tseng-tsé, il n'y en a point de plus estimable que l'homme ; de toutes les actions des hommes, il n'y en a point de plus louable que la piété filiale ; entre les devoirs de la piété filiale, le plus indispensable, c'est d'obéir avec respect aux ordres de son père ; mais pour lui rendre cette obéissance, rien de plus efficace que de l'associer au Chang-ti, c'est-à-dire de se le représenter comme revêtu de la majesté et de l'autorité du Très-Haut.

Tchéou-kong, frère de Vou-vang, reconnut bien cette dépendance absolue dans laquelle les empereurs, de même que leurs sujets, sont à l'égard du Chang-ti. Il aimait tendrement l'empereur son frère, et le voyant près de mourir à la seconde année de son règne, il se prosterna devant la majesté suprême pour lui demander la guérison d'un prince dont la vie était si nécessaire à l'Etat. C'est vous, Seigneur, lui dit-il, qui l'avez placé sur le trône et qui l'avez établi le père des peuples ; voudriez-vous nous punir par sa perte? S'il vous faut une victime, agréez ma vie ; je vous l'offre en sacrifice, pourvu que vous conserviez mon maître, mon roi et mon frère.

Tching-vang imita la piété de son frère et porta sur

le trône le même respect pour le souverain maître de l'univers. Quelque élevé que je sois au-dessus du reste des hommes, dit-il dans le Chu-king, je ne suis pourtant qu'un des petits sujets du Chang-ti ; puis-je me dispenser de lui rendre mes hommages ?

Tchéou-kong était son oncle et avait été son tuteur. L'autorité d'un si sage ministre causa des ombrages ; l'envie et la malignité de quelques grands montèrent à un tel excès qu'ils l'obligèrent de se retirer de la cour et de s'exiler lui-même dans la province de Chan-tong. Un affreux orage, qui s'éleva alors peu de temps avant la moisson, ravagea tous les biens de la campagne. Tching-vang ne douta pas que le Tien ne fût irrité et ne vengeât l'innocence opprimée. A l'instant il donna des ordres pour le rappel de Tchéou-kong ; il alla même au-devant de lui, pour honorer son retour, mais il s'arrêta sur la route pour faire sa prière au Chang-ti et lui représenter les besoins des peuples. Presque au même moment, un vent contraire à celui qui avait abattu jusqu'aux plus grands arbres les redressa, les rétablit dans leur situation naturelle, et la récolte fut abondante.

Il est rapporté encore dans le Chu-king que trois princes du sang, qui s'étaient emparés de la régence durant la minorité de Tching-vang, s'étant révoltés parce qu'on l'avait rendue à Tchéou-kong, l'empereur prit les armes pour les réduire, mais qu'auparavant il consulta le Chang-ti. Le Tien, dit-il, ne favorise les armes des princes que lorsqu'ils font la guerre par amour de la paix.

Le même esprit de religion anima le prince Kang-vang. Il semblait, dit le Chu-king, qu'il n'y avait point d'autre empereur à la Chine que le Chang-ti. La crainte du premier Etre suffisait pour contenir les peuples dans le devoir. Il régna tant de bonne foi sous le gouvernement de ce prince et sous celui de son père, à qui il succéda immédiatement, qu'ils n'avaient pas besoin d'intimider leurs sujets par la terreur des supplices ; la prison était la seule peine qu'on imposait aux coupables; on en ouvrait la porte dès le matin, les prisonniers en sortaient pour aller à leur travail, et ils y rentraient le soir d'eux-mêmes pour y passer la nuit.

Un seul texte du Chu-king fait connaître avec quels sentiments de confiance et de gratitude Tchao-vang avait coutume de s'adresser au Chang-ti. Réjouissez-vous, mon peuple, dit-il un jour aux laboureurs, vous n'êtes encore qu'à la fin du printemps et vous êtes sur le point de recueillir les fruits de l'automne ; nos champs nouvellement ensemencés sont déjà chargés de la plus riche moisson. Grâces soient rendues au Chang-ti, qui nous met sitôt en état de jouir de ses dons. C'est pourquoi je ne veux pas attendre jusqu'à la fin de l'automne pour me présenter à lui et le remercier d'une si prompte fertilité.

Meo-vang, son fils, imita ses prédécesseurs dès qu'il fut sur le trône. Et comme les peuples n'étaient plus retenus par la crainte de l'Etre suprême de même que sous les règnes de Tching-vang et de son fils, il se regarda comme ministre de la justice du Chang-ti, et il étala aux yeux de ses sujets les supplices dont leurs crimes devaient être punis. Il dit dans le Chu-king qu'il n'est que le ministre du Très-Haut, pour défendre l'innocence de l'oppression et pour empêcher que le fort ne dépouille le faible.

La religion conserva son culte extérieur sous les quatre empereurs suivants, qui furent Kong-vang, Ye-vang, Hia-vang et Y-vang, mais ces princes n'atteignirent pas au degré de vertu de leurs ancêtres ; semblables, dit le Chu-king, à ces arbres qui conservent encore un beau feuillage, mais qui, faute de culture, ne portent plus de fruits et commencent à dégénérer de leur espèce. Aussi devinrent-ils des objets de mépris et le sujet de mille chansons satiriques. L'un d'eux (c'est Hia-vang) avait tant de passion pour ses chevaux, que pour récompenser le chef de son écurie il l'éleva à la dignité de prince.

Li-vang, qui lui succéda, fut un prince détesté à cause de son orgueil et de sa tyrannie. Le silence du Chang-ti, dit le Chu-king, fut une énigme ; on eût dit qu'il était endormi, contre sa coutume ; tout prospérait à ce prince vicieux ; les peuples n'osaient souffler ; les censeurs mêmes de l'empire, obligés par le devoir de leur charge de lui donner les avis convenables, étaient les premiers à l'entretenir dans ses crimes par de lâches adulations. Quoi donc! s'écrie l'auteur du Chu-king, est-ce qu'il n'y a plus de justice au ciel ? L'impie jouira-t-il paisiblement du fruit de ses crimes ? Attendez, poursuit-il, et vous verrez bientôt que le Chang-ti ne suspend les efforts de son bras puissant que pour lancer de plus rudes coups.

En effet, les peuples se soulevèrent contre Li-vang ; ses parents et ses proches furent mis en pièces. Le tyran ne se déroba à leur fureur que par la fuite, en s'exilant lui-même. Son fils Suen-vang aurait éprouvé le même sort, si le fidèle Tchao-kong, colao de l'empire, n'avait substitué son propre fils à sa place, sous le faux nom de Suen-vang, et ne l'avait ainsi sacrifié pour conserver la vie de l'héritier du trône.

Sur quoi le Chu-king fait cette réflexion : On a beau s'envelopper de ténèbres, rien n'est caché au Chang-ti ; la nuit est pour lui aussi claire que le jour, il perce dans les réduits les plus secrets, où la malignité du cœur humain voudrait se dérober à la vue ; il est présent partout, et il porte sa lumière dans les détours les plus obscurs du labyrinthe impénétrable où l'on essayait de se cacher.

C'est à cette occasion qu'un vénérable vieillard âgé de quatre-vingt-quinze ans, nommé Oei-von-kong, fit une ode qu'il se faisait chanter tous les jours à la porte intérieure de son palais. En vain, dit-il, la force humaine prétend-elle établir un Etat si le Seigneur du ciel n'y met la main pour l'affermir. Il s'écroule à la première secousse ; c'est une eau qui, non loin de sa source, va se perdre et se tarir dans le premier sable de la plaine ; c'est une fleur qui s'épanouit le matin et qui se flétrit le soir. Tout un peuple se corrompt à l'exemple d'un méchant roi.

Suen-vang fut plus religieux que son père Li-vang. Cependant son règne fut traversé par des calamités publiques ; une année de sécheresse désola l'empire. Ce prince s'en plaint amèrement dans le Chu-king. A la vue de ces campagnes desséchées, dit-il, comment un cœur ne serait-il pas desséché de tristesse ? Si le Chang-ti, qui peut tout, ne daigne pas jeter un regard de compassion sur moi, tandis que je lui fais le grand sacrifice pour la pluie, hélas ! que deviendra mon pauvre peuple? Il faut qu'il périsse de faim. Ne vaudrait-il pas mieux que la colère du ciel tombât sur moi seul et que mon peuple fût soulagé?

Je ne pousserai pas plus loin cette énumération. Il suffit de voir, par ce que rapportent les livres classiques, que pendant plusieurs siècles consécutifs, c'est-à-dire durant plus de deux mille ans, la nation chinoise a connu, respecté et honoré par des sacrifices un Être suprême, souverain maître de l'univers, sous le nom de Chang-ti ou de Tien.

Si l'on compare ces anciens maîtres de la doctrine chinoise avec les anciens sages du paganisme, on trouvera une grande différence : ceux-ci semblaient ne prêcher la vertu que pour se donner, sur le reste du genre humain, une supériorité qu'ils n'avaient pas du côté de la fortune ; d'ailleurs ils dogmatisaient d'une manière fastueuse et pleine d'ostentation, et l'on s'apercevait qu'ils cherchaient moins à découvrir la vérité qu'à faire briller leur esprit, au lieu que les maîtres de la doctrine inculquée dans les Kings, ce sont des empeneurs, des premiers ministres, dont la vertu donnait un grand poids à leurs instructions, qui observaient les premiers les lois gênantes qu'ils imposaient, et qui débitaient leur morale sans user de détours et de subtilités, mais d'un air simple et naïf, d'une manière pratique et qui tendait à la réformation des mœurs par la voie la plus courte.

Il semble que ce serait faire injure à ces premiers Chinois, qui ont suivi la loi de nature, qu'ils avaient reçue de leurs pères, que de les taxer d'irréligion parce qu'ils n'avaient pas une connaissance aussi nette et aussi distincte de la Divinité qu'on l'a eue depuis dans le monde chrétien. Ne serait-ce pas trop exiger de ces anciens peuples que de prétendre qu'ils auraient dû être aussi instruits que nous le sommes, nous qui avons été éclairés des plus vives lumières, que Jésus-Christ, le vrai soleil de justice, est venu répandre sur la terre ?

Aussi est-il vrai de dire que quoique les livres classiques, et surtout le Chu-king, exhortent souvent à craindre le Tien, quoiqu'ils placent les âmes des hommes vertueux auprès du Chang-ti, on ne voit pas qu'ils aient parlé clairement des peines éternelles de l'autre vie ; de même, quoiqu'ils assurent que le premier Etre a produit toutes choses, on ne trouve point qu'ils s'expliquent assez clairement pour juger qu'ils aient entendu par là une vraie création, une production précédée du néant. Mais aussi il faut avouer que s'ils ont gardé sur cela le silence, ils ne l'ont pas niée, ils ne l'ont pas donnée comme impossible, ils n'ont pas avancé, comme ont fait certains philosophes grecs, que la matière dont les êtres corporels sont composés est éternelle.

On ne trouve pas non plus qu'ils aient parlé nettement sur l'état de l'âme, et il paraît qu'ils en avaient une idée peu exacte et peu conforme à la vérité. Néanmoins, on ne peut douter qu'ils ne crussent que les âmes subsistent lorsqu'elles cessent d'être unies au corps : certainement ils croyaient à de véritables apparitions, témoin celle que rapporte Confucius.

Ce philosophe racontait à ses disciples les plus familiers que, pendant plusieurs années, il avait vu très souvent en songe le célèbre Tchéou-kong, fils de Ven-vang, à qui l'empire était redevable de tant de belles instructions sur les mœurs et sur la doctrine. Et il est à remarquer que le savant Tchu-hi, si distingué sous la dynastie des Song, étant interrogé si Confucius voulait parler d'un songe ou d'une vraie apparition, répond sans hésiter qu'il s'agissait d'une vraie apparition. Cependant il y avait six cents ans que Tchéou-kong était mort lorsqu'il apparut à Confucius.

A cette occasion, je rapporterai deux autres faits à peu près de même nature dont parle l'histoire chinoise, qui ne sont pas moins extraordinaires.

On lit dans le Chu-king que l'empereur Kao-tsong ayant fait d'instantes prières au Tien pour obtenir un digne ministre d'Etat, qui réformât les mœurs de ses sujets, le Chang-ti lui apparut en songe et lui fit voir distinctement le portrait de celui qu'il lui donnait ; qu'aux traits marqués dans le songe il le fit chercher, et qu'on découvrit dans la foule du petit peuple cet homme destiné à être premier ministre, ou plutôt à être maître de l'empereur et de l'empire ; que Fou-yué (c'était son nom), tiré de l'obscurité et de la poussière, parla d'abord selon les maximes des anciens sages ; d'où il est aisé de juger que la doctrine qu'il enseignait était connue et répandue dans tous les états de la nation.

Des historiens postérieurs à Confucius ont recueilli une tradition constante sur la ruine du royaume de Tsao, arrivée à la troisième année de l'empereur King-vang. Un grand de la cour de ce prince vit en songe les ancêtres de cette famille, qui, après avoir gémi sur ce que leurs descendants dégénéraient si fort de leurs vertus, disaient entre eux : C'en est fait, notre race va perdre la couronne, et le pays Tsao ne sera plus un Etat particulier, comme il l'a été pendant l'espace de six cent trente-six ans. Un homme de tel nom assassinera le prince et causera ce renversement. Ce seigneur fut trop frappé de cette apparition pour la traiter de simple songe. N'ayant pu découvrir personne à la cour de Tsao qui portât le nom du traître désigné, il se contenta d'avertir le prince de se défier d'un tel homme s'il se présentait à ses yeux. Le prince profita du conseil ; mais, dans la suite, il négligea, il oublia peut-être un avis si important, et en effet il arriva qu'un homme de ce nom tua le dernier des rois de Tsao, et que ce pays fit ensuite partie du royaume de Song.

Il est à remarquer que si l'on trouve dans ces anciens livres des preuves de la connaissance que les premiers

Chinois ont eue de l'Etre suprême et du culte religieux qu'ils lui ont rendu pendant une longue suite de siècles, on n'y aperçoit aucun vestige d'un culte idolâtrique. Cela paraît moins surprenant lorsqu'on réfléchit que l'idolâtrie ne s'est répandue que lentement dans le monde ; que, selon Eusèbe, elle a pris naissance dans l'Assyrie, où il ne parut des idoles que longtemps après Bélus, qui les y a introduites ; que la Chine n'avait aucun commerce avec les autres nations ; qu'entre ce vaste empire et l'Assyrie se trouvent les Indes, qui rendaient encore la communication plus difficile. D'ailleurs, l'histoire chinoise n'aurait pas manqué d'en parler, comme elle a marqué le temps où l'idole Fo fut transportée à la Chine, plusieurs siècles après Confucius. Il est vrai que du temps même de ce philosophe, la magie et diverses erreurs avaient infecté plusieurs esprits. Il se peut faire même qu'avant lui il se trouvât parmi le peuple, et en quelques provinces, des idoles et un culte superstitieux ; mais c'est ce qui ne peut s'établir sur des preuves tirées de l'histoire, et il paraît que les savants attachés à la doctrine qu'ils avaient reçue par tradition de leurs pères n'y avaient aucune part. Ce qui a beaucoup contribué à maintenir en Chine le culte des premiers temps et à empêcher qu'il n'y fût tout à fait éteint, c'est que l'empire, parmi les tribunaux souverains, en a établi un presque dès son origine qui a une pleine autorité pour condamner et réprimer les superstitions, et qui s'appelle tribunal des rites.

Cette précaution de la politique chinoise eût été bonne

si l'esprit humain était moins borné et moins sujet à la séduction. Les plus fortes digues, n'étant que l'ouvrage des hommes, ne tiennent point contre de violentes inondations. On a vu ailleurs qu'en Chine des philosophes devenir idolâtres, contre leurs propres convictions, par la crainte d'un peuple amateur des idoles. L'ancienne doctrine des Chinois a toujours trouvé son appui dans le tribunal dont je viens de parler, et c'est à la faveur de ses arrêts qu'elle doit d'être restée la secte dominante.

Les missionnaires qui lisaient leurs arrêts ont remarqué que les mandarins qui composent ce tribunal et qui, en particulier, suivaient quelquefois certaines pratiques superstitieuses, lorsqu'ils étaient assemblés en corps pour en délibérer les condamnaient hautement. Ce peut bien être aussi par ce moyen que l'idée d'un premier et souverain Etre s'est conservée si longtemps en Chine telle qu'on la voit dans les livres classiques, et il est certain qu'elle n'a point été défigurée, comme chez les Grecs et les Latins, par les fictions de la poésie. On ne voit point en Chine pendant plusieurs siècles ce qu'on a vu chez des nations entières, qui, n'ayant de la Divinité qu'une idée grossière et imparfaite, en sont venues peu à peu jusqu'à honorer comme dieux des héros de leur pays.

Quelque vénération que la nation chinoise ait eue pour ses plus grands empereurs, toujours constante dans son ancien culte, elle ne l'a rendu qu'au premier Etre, et quoiqu'elle marquât son estime et son respect pour la mémoire des grands hommes qui se sont rendus recommandables par leur rang, par leurs vertus et par leurs services, elle aimait mieux se rappeler leur souvenir par des tablettes que par des statues ou par des figures ressemblantes. On s'est donc contenté d'une tablette où étaient leurs noms avec un court éloge, pour tenir là leur place, de même que quelquefois une semblable tablette tient, dans un lieu honorable, la place du magistrat qui a rempli à la satisfaction du peuple l'exercice de son emploi et qui passe à un autre gouvernement. Cependant les troubles qui arrivèrent dans l'empire, les guerres intestines qui le divisèrent, et la corruption des mœurs, qui devint presque générale, n'étaient que trop capables de faire entièrement oublier l'ancienne doctrine. Confucius la fit revivre en donnant un nouveau crédit aux anciens livres, surtout au Chu-king, qu'il proposa comme la véritable règle des mœurs. J'ai déjà parlé de l'estime que s'acquit ce philosophe, qu'on regarde encore à présent comme le docteur de l'empire, et pour les ouvrages duquel on conserve la plus profonde vénération. Cependant ce fut de son temps que s'éleva la secte des Taosée.

L'auteur de cette secte ne vint au monde qu'environ cinquante-deux ans avant Confucius. La doctrine superstitieuse que ce nouveau maître enseigna plut par sa nouveauté, et quelque extravagante qu'elle dût paraître aux esprits raisonnables, elle trouva de l'appui auprès de quelques empereurs, et un grand nombre de sectateurs qui la mirent en crédit.

## CHAPITRE XVIII.

### VESTIGES FRAPPANTS DES DOGMES CHRÉTIENS

DANS L'ANCIENNE LITTÉRATURE DES CHINOIS ET MÊME DANS LEURS HIÉROGLYPHES.

La communauté d'origine et de croyance entre le peuple hébreu et les Chinois va paraître dans le présent chapitre avec une saisissante vérité. Nous allons fournir non des ressemblances superficielles, vagues, mais des identités réelles et fondamentales.

Je commence par déclarer qu'en parlant du *Tien* et du *Chang-ti* des Chinois, le Ciel suprême, le souverain Seigneur, nous ne prétendons nullement justifier ces appellations qui ont été conservées à Rome, et nous déclarons ne rien dire ni penser que ce que Rome veut qu'on pense sur ce délicat sujet. Nous avons pour but de prouver que les Chinois ont été monothéistes et que leurs pensées sur ce sujet sont admirables, sans nous engager dans une question de mots.

Tout ce que nous avons dit et ce que nous allons ajouter démontre que la Chine adorait un Dieu incorporel, principe de tout, souverainement sage autant que tout-puissant.

Je cite les passages tirés des auteurs chinois réunis dans les *Vestiges* de M. Bonnetty, p. 56. Là on trouvera les textes originaux écrits en caractères chinois, et la source d'où on les a tirés (Chu-king).

*Le Ciel est régnant par lui-même, c'est lui qui envoie les calamités. La conduite constante du Ciel, c'est de rendre les hommes bons, d'accabler d'infortunes les hommes superbes.*

*Les commandements du Ciel ne peuvent errer.*

*Le Ciel n'a point d'affection particulière pour personne; il aime ceux qui le servent avec respect.*

*Le Ciel propose à l'esprit de l'imiter lui-même, comme étant son seul modèle.*

Tiré du Chu-king :

*O Ciel immense et très haut, tu es notre père-mère.*

*Les hommes peuvent se tromper, mais on ne peut tromper le Ciel. Redoute l'animadversion du Ciel et évite de vivre sans loi.*

*Le Ciel très haut est souverainement intelligent, il considère tous les pas et voit toutes les actions mauvaises.*

Tiré de Confucius :

*Je tromperais les hommes, dit-il, mais puis-je tromper de même le Ciel? Le Ciel me connaît bien, mais les hommes ne me connaissent pas ; celui qui offense le Ciel n'a plus personne auprès de qui il puisse se réfugier.*

*S'il y a en moi quelque vertu, quelque mérite, ces dons me viennent tout entiers du Ciel.*

Vous trouverez dans la même collection des témoignages aussi significatifs sur le vrai Dieu tel que nous l'adorons, dans le philosophe Mong-tsée, dans différents lettrés, et puis dans le langage du peuple.

Voici un cantique que tout le peuple chinois chante :

« Le Ciel a une intelligence, il se rappelle toute chose ; devant lui les bons sont les bons, et les méchants sont les méchants. Le Ciel a une bouche, il ne parle pas à notre manière ; il n'exprime pas sa joie par le rire, ni sa colère par les malédictions. *Il ne trompe pas les bons et il ne craint pas les méchants.* (*Nota.* Ces mots sont rayés dans le manuscrit.) Le Ciel a des yeux. Il voit parfaitement tout le monde. Pour lui la fausseté est fausseté, et la vérité, vérité. Le Ciel a des oreilles ; il entend très clair, dites ce que vous voudrez ; il ne méprise personne. »

Que les Chinois parlent du Chang-ti ou du Ciel suprême, on voit que tous les hommages s'adressent au même Dieu tout-puissant.

Mais nous passons à l'idée de trinité en Dieu, ce qui sera un peu plus piquant pour nos libres penseurs superficiels, qui s'imaginent connaitre l'antiquité, et ici le plus humilié doit être M. Renan.

Tiré du dictionnaire *Pin-tse-tsien* :

*La raison de l'unique, ou plutôt la suprême raison qui est une, comprend toutes choses en une, c'est pourquoi deux sont un et trois sont encore un. Si vous prétendez que les lettres sont formées de l'addition de plusieurs unités, dès lors la suprême raison, qui est très simple, aurait une figure, et les deux lettres* = ≡ *ne seraient plus de la première classe* (c'est-à-dire se rapportant aux choses spirituelles), *mais de la quatrième* (qui se rapporte aux choses matérielles). Hiu-tchin, *connaissant bien l'éternelle raison et le vrai sens de l'antiquité, est conservé dans son ouvrage. Pour moi, dans ce seul passage, j'ai connu avec certitude que l'Etre suprême est à la fois un et trine.*

Le dictionnaire Pin-tse-tsien dit dans le même sens : *Si l'unité roule dans un cercle qui représente le nombre céleste, on trouvera le nombre trois sur la circonférence du cercle. Donc, de toute éternité, l'unité renferme la trinité. On sait communément que trois sont trois, mais on ignore que trois sont un.*

Voilà donc des anciens caractères chinois qui, comme des médailles précieuses, réfléchissent l'adorable Trinité.

Le même livre contient des explications de signes dont le philosophe *Lao-tseu* tire ces conséquences remarquables :

Les processions divines commencent par la première personne.

La première, se considérant elle-même, engendre la deuxième.

*La première et la deuxième, s'aimant mutuellement, produisent la troisième. Ces trois personnes ont tout tiré du néant.*

Est-ce saint Augustin ou des Chinois qui ont dit ces vérités ?

Le docte Prémare prouve, par un lucide commentaire et par la valeur des caractères, qu'on ne peut leur donner aucun autre sens. (*Vestiges des principaux dogmes*, p. 89 et suiv.)

Lao-tseu et le Li-ki disent ce qui suit :

*Celui qui est en quelque sorte palpé, mais qui ne peut cependant être tenu, c'est* Ouei. *Au sujet de ces trois-ci, c'est en vain que vous interrogez vos sens, ils ne peuvent rien vous répondre. Cherchez-le avec la seule intelligence, et vous comprendrez que ces trois points joints ensemble ne font qu'un.* Suit toujours la traduction littérale du chinois.

Il continue : *Au-dessus il n'y a point de lumière ; au-dessous il n'y a point de ténèbres. Il subsiste éternellement, et il n'y a point de nom dont on puisse l'appeler* (tout comme chez les Hébreux on l'appelait : *Celui qui est*).

*Il n'a rien de commun avec les choses d'ici-bas, grossières et corporelles, que nous saisissons par les sens. C'est une figure sans figure et une image sans forme. Les ténèbres sont comme sa lumière. Si vous le considérez, vous ne voyez point son commencement. Si vous le suivez, vous ne voyez point sa fin. De ce qu'il était concluez ce qu'il est, et savoir à la fois qu'il est ancien et nouveau, c'est avoir du moins une légère connaissance de la sagesse.*

Le savant Li-yong disserte ainsi les Lao-tseu :

Les trois *Y, Hi, Ouei,* ne contiennent ni figure ni aucun nom. *C'est en vain que vous interrogez à leur sujet l'être et le non-être ; en vain vous consultez le parfait et l'imparfait; ils sont unis dans un chaos spirituel et ils s'appellent d'un nom emprunté :* UNITÉ. *L'unité n'est cependant pas l'unité par elle-même, mais elle est unité parce qu'elle est trinité. De même la trinité n'est pas trinité par elle-même, mais elle est trinité parce qu'elle est unité. Cette trinité est donc une unité trine... ; donc elles ne sont pas trois êtres, donc il n'y a pas une seule personne.*

Le grand disciple de saint Paul l'Aréopagite n'est pas plus explicite dans ses *Noms divins.*

Le livre *Li-ki* nous apprend que cette doctrine était pratique. Tous les *trois ans* on offrait un sacrifice à la grande unité, hors des murs de la ville, entre l'orient et le midi, et cette unité, on l'appelait *trine et un.*

Est-ce assez remarquable ? Lao-tseu a ces étonnantes paroles sur les processions divines :

*Les processions divines commencent par la première personne. La première, se considérant elle-même, engendre la deuxième. La première et la deuxième produisent la troisième ; ces trois personnes ont tout tiré du néant.*

Rapprochez cela du symbole de saint Athanase, et vous direz que la doctrine catholique et les croyances des premiers Chinois ont eu certainement un foyer commun.

Passons au souvenir de l'âge d'or et de la chute primitive en Chine.

Le morceau le plus curieux sur l'Eden, en dehors de

la Bible, est le suivant, de *Tant-tsé* (*Mémoires chinois*, t. 1ᵉʳ, p. 166) :

« Au milieu du sommet de la montagne est un jardin, où un doux zéphyr souffle sans cesse et agite les feuilles des beaux arbres *Tong* dont il est entouré. Ce jardin enchanté est placé auprès de la porte fermée du ciel. Les eaux qui l'arrosent sont la source jaune, qui est la plus élevée et la plus abondante : elle s'appelle la fontaine d'immortalité. Ceux qui en boivent ne meurent pas.

» Cette fontaine se divise en *quatre* fleuves : l'un coule entre l'orient et le midi ; l'autre, entre le midi et l'occident ; le troisième, entre l'occident et le nord ; le dernier, entre le nord et l'orient. Ces quatre fleuves sont les fontaines du Seigneur-Esprit. C'est par elles qu'il prépare des remèdes à tout et qu'il arrose toutes choses. Selon le *Shang-haï king*, on trouve dans ce jardin tout ce qu'on peut désirer. Il y a des arbres admirables, des sources merveilleuses. Il s'appelle le jardin caché et fermé, le jardin suspendu, le doux ouvrage des fleurs... La vie est sortie de là, c'est le chemin du ciel. Mais c'était au fruit d'un arbre qu'était attachée la conservation de la vie. »

La glose du livre cité l'appelle « l'arbre de la vie interminable. »

« Alors les pieds des voyageurs n'avaient pas encore tracé de chemin sur le flanc des montagnes, ni les barques des pêcheurs sillonné la surface des eaux. Tout croissait partout de soi-même, en tout lieu on était chez soi. Les animaux, assemblés en troupeaux, erraient çà et là dans la campagne ; les oiseaux volaient en troupes de tous côtés, et tous les fruits de la terre naissaient d'eux-mêmes. L'homme habitait au milieu des bêtes ; l'univers n'était qu'une famille ; on cultivait la vertu sans le secours de la science, et on vivait dans l'innocence sans éprouver les assauts de la concupiscence. »

Le même ouvrage chinois dit encore ailleurs (*Mémoires chinois*, page 107) :

« L'*Yn* et l'*Yang* (les deux choses opposées dans la nature de l'homme) étaient dans une harmonie parfaite. Les esprits ne nuisaient point, et toutes les saisons étaient réglées ; rien ne pouvait être funeste ni donner la mort. Quoique l'homme eût des connaissances, il n'avait pas occasion d'en faire usage ; cet état se nomme la grande unité. On faisait le bien naturellement et sans avoir besoin d'y penser.

» Mais le désir immodéré de la science a perdu le genre humain ; la gourmandise a perdu l'univers et a été la porte de tous les crimes. L'ancien proverbe dit : « Il ne faut pas écouter les paroles de la femme. » La glose ajoute que ces paroles indiquent que la perversion de la femme a été la première source et la racine de tous les maux. » (*Livres sacrés*, t. II, p. 236.)

« Après la dégradation de l'homme, dit Lopé, les animaux, les oiseaux, les insectes, les serpents, commencèrent à l'envi à lui faire la guerre. Après que l'homme eut acquis la science, toutes les créatures furent ses ennemies.

» En moins de trois ou cinq heures le ciel changea, et l'homme ne fut plus le même. »

« Les hommes qui habitent aujourd'hui la terre, disent les livres mongols anciens, descendent d'une race angélique qui mérita par sa révolte d'être chassée d'un lieu de perfection. Quoique la différence du premier état de ces exilés et de leur état actuel soit considérable, néanmoins on y remarque encore des restes nombreux de perfection qui rappellent la divinité de leur origine. Au commencement tout s'accomplissait au gré de leurs désirs, leurs visages rayonnaient de lumière, ils s'enlevaient dans les airs, et leurs enfants étaient aussi parfaits qu'eux-mêmes. Mais ce bienheureux état ne fut pas de longue durée, et bientôt nos premiers pères virent s'échapper par leur faute toutes ces félicités qui avaient embelli leur existence.

» A la surface du sol croissait en abondance la plante du *schimae*, blanche et douce comme le sucre ; son aspect séduisit un homme qui en mangea et en offrit à ses semblables, et tout fut consommé. Ils connurent qu'ils étaient nus ; une subite fermentation se fit sentir dans l'intérieur de leur corps et rendit nécessaires les organes sécrétoires, qu'elle produisit en effet. La faim gênante s'empara de leurs entrailles, et ils perdirent la puissance de s'élever dans les airs, et le nombre de leurs années fut réduit de moitié.

» Les hommes eurent recours à des vêtements pour voiler leur nudité. La plante schimae, cherchée avec un avide empressement, disparut bientôt de la surface du sol ; les hommes eurent alors recours à d'autres aliments moins agréables et plus péniblement procurés. D'ailleurs, chacun, poussé par une inquiète sollicitude, amassait des aliments pour les tenir en réserve. La richesse des uns, l'indigence des autres, amenèrent des actes de violence, des injustices, des perfidies, des abus de pouvoir, et l'inégalité des conditions, qu'on ne connaissait pas dans l'état d'innocence et de facile abondance.

» A mesure que la vertu se perdit, la durée de la vie alla en s'abrégeant : d'abord de moitié, ensuite des deux tiers, puis des trois quarts, puis des neuf dixièmes. »

Si on lisait les pages qui précèdent dans l'*Hexaméron* de saint Basile ou dans la *Cité de Dieu* de saint Augustin, on les trouverait en harmonie avec ce qu'ils ont écrit sur la chute de l'homme. Or, les Chinois et les Mongols, qui nous ont transmis ces choses, ne soupçonnaient seulement pas que Moïse et les Occidentaux avaient la même tradition ; c'est que toutes elles remontent au berceau du genre humain.

L'un des plus anciens livres de la Chine, le Chuking, nous donne l'élégie suivante sur la chute de l'homme :

« Je lève les yeux vers le ciel ; il paraît comme de bronze. Nos malheurs durent depuis longtemps, le monde est perdu, le crime se répand comme un poison fatal. Les filets du péché sont tendus de toutes parts, et l'on ne voit pas d'apparence de guérison. Nous avions d'heureux champs, la femme nous les a ravis ; tout nous était soumis, la femme nous a jetés dans l'esclavage.

» Le mari, plus sage, élève l'enceinte des murs, mais la femme, qui veut tout savoir, la renverse. La femme a eu trop de langue.... c'est une échelle par où sont descendus tous nos maux. Notre perte ne vient point du ciel, c'est la femme qui en est cause. Tous ceux qui n'écoutent pas les leçons de la sagesse deviennent semblables à cette malheureuse.

» Elle a perdu le genre humain : ce fut d'abord une erreur, puis un crime. Elle ne se connaît seulement pas. Qu'ai-je fait ? dit-elle. L'homme sage ne doit pas s'exposer au péril du commerce, ni la femme se mêler d'autre chose que de coudre et de filer.

» D'où vient que le ciel vous afflige? pourquoi les esprits célestes ne vous assistent-ils plus ? C'est que vous vous êtes livrés à celui que vous deviez fuir, et que vous m'avez quitté, moi, que vous deviez uniquement aimer. Il n'y a aucun vestige de gravité et de pudeur. L'homme s'est perdu et l'univers est sur le penchant de sa ruine. Le ciel jette ses filets : ils sont répandus partout. L'homme est perdu, voilà ce qui m'afflige...

» Ce ruisseau si profond a une source d'où il est sorti : ma douleur lui ressemble, elle est profonde et elle vient de bien loin. L'homme n'a plus ce qu'il possédait avant sa chute. Il a enveloppé tous ses enfants dans son malheur. O Ciel, vous pouvez seul y apporter un remède. Effacez la tache du père et sauvez la postérité. »

Ne dirait-on pas un morceau tombé de la plume d'un poète chrétien ?

La sculpture parle comme l'histoire écrite.

Un ancien monument de l'île de Java, présenté à la société asiatique de Londres, et publié par son journal en juin 1832, représente, on ne peut en douter, l'histoire de la chute de l'homme ou l'histoire de l'Adam et de l'Eve des Javanais : d'un côté de la pierre et au milieu on voit un arbre chargé de fruits et couvert d'oiseaux d'espèces diverses ; un serpent s'enroule autour de son tronc et s'élève jusque dans son feuillage. Une figure d'homme se tient debout d'un côté de cet arbre, et une figure de femme de l'autre ; toutes deux ont le corps couvert d'une draperie ; tout ce tableau est encadré par deux serpents dont les queues s'enlacent au centre du sommet. De l'autre côté de la pierre on voit trois arbres ; celui du milieu représente deux tiges qui s'enlacent au milieu du sommet. La pierre a deux pieds deux pouces anglais de largeur, et deux pieds dix pouces de hauteur.

Ce monument, d'une très grande importance par lui-même, en acquiert une nouvelle lorsqu'on le rapproche d'un second monument du même genre, découvert à l'autre extrémité de notre globe.

### LE SAUVEUR OU HOMME-DIEU.

Un grand nombre de livres chinois parlent du Saint qui sera le modèle et le réformateur de la vie morale des hommes.

Confucius en a parlé dans des termes admirables.

Tchouang-tsé parle de l'Homme-Ciel, comme nous disons l'Homme-Dieu, en disant : *Nous pouvons le définir ainsi : Il a, à la vérité, le visage et l'apparence d'un homme, mais il est le Ciel.* La glose ajoute: *Puisqu'il a la forme et la figure de l'homme, sans les passions de l'homme,* n'est-il pas le *Ciel-homme* ? (*Vestiges des principaux dogmes*, p. 140 et suiv.)

Le Saint est attendu (p. 200 et 201). On lit, dans un livre écrit six siècles avant Jésus-Christ, qu'il viendra, qu'il est attendu depuis trois mille ans, et avec quels sentiments, le philosophe Mong-tsé nous l'apprend, comme Confucius et les autres : *Les peuples l'attendent comme les herbes altérées désirent les nuées et l'arc céleste.* C'est le *Rorate cœli desuper* de notre liturgie.

Le Chu-king dit : *Attendons notre roi ; quand il sera venu, il nous délivrera de toutes nos peines ; lorsqu'il sera présent, il nous ressuscitera à une nouvelle vie.*

Le père Prémare discute ensuite sur la valeur réelle des caractères qui expriment ces idées. Je ne fais qu'effleurer ces citations si nombreuses et si caractéristiques pour peindre le vrai Messie. La prophétie de Jacob (*Gen.*, 26) a donc été bien et dûment accomplie : *Erit expectatio gentium* : Il sera l'attente des nations.

Lorsque les Chinois veulent exprimer l'idée de séparation, ils se servent d'un caractère antique qui signifie *tour*. On ne doutera pas que ce sens étrange ne se rapporte au fait de la tour de Babel, qui a été le signal de la grande séparation du genre humain, si on le rapproche de leur manière d'écrire *Navigation heureuse*, avec le caractère vaisseau, huit et bouche, qui rappelle les huit personnes ou bouches sauvées par le vaisseau de Noé.

Voici ce qu'Abel Rémusat remarque sur le passage du Chu-king relatif au déluge. *Cette description du déluge*, dit-il, *ne dit pas qu'il a été universel, mais le caractère dont on se sert le dit clairement.* Les gouttes de la clef de l'eau, caractère composé de trois gouttes accumulées et combinées avec les caractères des ouvrages publics des montagnes, des collines, semblent pour ainsi dire transporter sur le papier les inondations et les torrents qui couvraient les montagnes, surpassaient les collines et inondaient le ciel. (*Bible sans la Bible*, p. 225.)

Ainsi, tous les grands souvenirs de l'histoire primitive, depuis la chute d'Adam par la femme, l'attente d'un divin réparateur, jusqu'au déluge, se trouvent dans l'histoire chinoise, et reproduits dans les caractères comme dans d'antiques médailles.

### MORCEAUX DE HAUTE LITTÉRATURE.

#### TA-HIO OU LA GRANDE SCIENCE.

La vraie sagesse consiste à éclairer son esprit et à purifier son cœur, à aimer les hommes et à leur faire aimer la vertu, à franchir tout obstacle pour s'unir au souverain bien et ne s'attacher qu'à lui.

Heureux qui sait le terme où tend sa course ; le chemin qu'il doit suivre s'offre à ses yeux tout tracé, la perplexité et le doute s'envolent dès qu'il y entre, la paix et la tranquillité font naître mille fleurs sous ses pas, la vérité l'éclaire de ses plus brillants rayons, toutes les vertus entrent à la fois dans son âme, et, avec les vertus, la joie et les délices d'une pure félicité. Mais malheur à qui, prenant les branches pour la racine, les feuilles pour les fruits, confond l'essentiel avec l'accessoire, et ne distingue pas les moyens de la fin. Connaître l'ordre de ses devoirs et en apprécier l'importance est le commencement de la sagesse ! O sagesse, divine sagesse, tu l'avais appris à la haute antiquité. Un prince qui voulait conquérir tout l'empire à l'innocence et à la vérité s'appliquait d'abord à bien gouverner ses Etats. Il commençait par mettre le bon ordre dans sa maison ; son premier soin était de régler sa conduite ; pour régler sa conduite, il s'attachait avant tout à rectifier ses inclinations, il travaillait principalement à affermir ses résolutions ; pour affermir ses résolutions, il s'efforçait surtout de fixer ses pensées ; pour fixer ses pensées enfin, il remontait par le raisonnement jusqu'à la première origine et à la dernière fin de toutes les créatures et s'en formait une idée claire.

En effet, l'idée claire de l'origine et de la fin de toutes les créatures fixait ses pensées ; ses pensées étant fixées, elles affermissaient ses résolutions ; ses résolutions étant affermies, elles l'aidaient à rectifier ses inclinations ; ses inclinations étant rectifiées, elles le soutenaient pour régler sa conduite ; sa conduite étant réglée, il lui était aisé de mettre le bon ordre dans sa maison; le bon ordre régnant dans sa maison, il lui facilitait la bonne administration de ses Etats, et les Etats étant bien gouvernés, il donnait le ton à tout l'empire et il faisait fleurir la vertu.

Nulle différence à cet égard entre un empereur et le moindre de ses sujets; la vertu est la racine de tout bien; la cultiver est le premier devoir et la plus grave affaire de toute la vie. Si on la néglige, les désordres du cœur passent dans la conduite, et l'on ne bâtit que des ruines. Faire l'essentiel de l'accessoire et l'accessoire de l'essentiel, c'est le renversement de toute raison.

### TCHONG-YONG OU JUSTE MILIEU.

« Le Tien a gravé sa loi dans nos cœurs, la nature nous la révèle, les règles des mœurs sont fondées sur ses enseignements, la sagesse consiste à les connaître, la vertu, à les suivre.

» Règles des mœurs, règles immuables, elles ne seraient plus elles-mêmes si elles pouvaient changer. Aussi n'est-ce point ce qui tombe sous les sens qui attire l'attention du sage et lui cause ces craintes. Que de choses son œil n'a jamais vues ou son oreille entendues ! Elles n'en sont que plus sublimes ; c'est dans le sanctuaire de la conscience qu'il les étudie. Tandis que les passions assoupies et tranquilles courbent la tête sous le sceptre de la raison, toute l'âme est dans un calme profond, et ce calme se nomme *juste milieu*. Si leur réveil et leurs saillies ne l'entraînent pas au delà des bornes, ce nouvel état se nomme *harmonie*. Le juste milieu est comme la barre et le point d'appui de ce vaste univers. L'harmonie en est la grande règle, le vrai lien. De la perfection de tous deux découlent, comme de sa source, le repos du monde et la vie de tous les êtres.

» Confucius l'a dit : Le sage tient un juste milieu en toutes choses, l'insensé s'en éloigne. J'ajoute : Le sage s'y attache par choix, l'insensé s'en écarte par mépris.

» Oh ! que ce juste milieu est grand et sublime, dit encore Confucius, mais qu'il en est peu qui puissent s'y tenir longtemps ! Je m'en suis demandé la raison, et j'ai trouvé que les philosophes vont au delà et que les simples n'y arrivent pas. Ils ne le connaissent même ni les uns ni les autres ; les premiers, parce qu'ils mettent leur sagesse à voir plus loin ; les derniers, parce qu'ils n'ont pas le courage de s'en approcher. Voilà les hommes ; les aliments mêmes qu'ils ont tous les jours dans la bouche et dont ils se nourrissent, il est rare qu'ils sachent en connaître et en apprécier la saveur. Qu'il est triste et affligeant que la vérité voie si peu de monde venir à elle !

» Oh ! la sublime sagesse que celle de Chun ! Il aimait à demander des conseils, il examinait les superficiels, glissait sur les mauvais, louait les bons, et prenait un juste milieu entre les uns et les autres pour gouverner l'empire. C'est par là qu'il est devenu le modèle et l'admiration de tous les siècles.

» Qui ne se flatte pas d'être sage ? Tel qui s'en vante avec le plus d'assurance ne voit pas le piège qui est tendu devant lui, il y tombe et ne peut plus s'en tirer. Il en est de même de la vertu. J'y suis résolu, dit-on, je m'en tiendrai à un juste milieu ; un mois ne s'est pas encore écoulé qu'on en est déjà loin. Serait-ce faiblesse et impuissance dans l'homme ? Mais Hoeï était né ce que nous sommes, et il se soutint avec confiance dans un juste milieu. Une vertu acquise était à lui pour toujours, parce qu'il l'embrassait de toute son âme et s'attachait sans cesse à elle par des liens encore plus étroits.

» O vertu, divine vertu ! la providence du Tien (Dieu) nous pousse dans tes bras ; la raison nous y conduit. Heureux celui en qui tu habites, il frappe au but sans effort et perce jusqu'au vrai d'un seul regard. Son cœur est le sanctuaire de la paix, et ses penchants mêmes défendent son innocence. Il n'est donné qu'aux saints de parvenir à un état si sublime. Qui y aspire doit se décider pour le bien et s'attacher fortement à lui. Pour cela, qu'il s'applique à l'étude et s'instruise de ses devoirs avec soin ; qu'il fasse des recherches et examine les choses avec une grande attention ; qu'il médite sérieusement et ne laisse rien passer sans l'approfondir ; qu'il donne enfin du ressort à son âme et mette dans ses actions de la force, de la vigueur et du feu. Hélas ! combien il y en a qui s'arrêtent au milieu de leur course, parce que le succès se fait attendre. Mon étude, dit-on, me laisse toutes mes ignorances et tous mes doutes ; mes recherches n'étendent ni mes vues ni ma pénétration ; mes réflexions ne dissipent aucun nuage et ne font jaillir aucun rayon de lumière ; mes efforts même échouent contre ma faiblesse et succombent sous le poids de mon inconstance. N'importe, gardez-vous de votre découragement. Ce que d'autres ont pu dès la première tentative, vous le pourrez à la centième ; ce qu'ils ont fait à la centième, vous le ferez à la millième. La règle est sûre : qui la suit verra ses ténèbres se changer en lumière et sa faiblesse en force et en courage.

» Soit en effet que l'impulsion seule de la nature entraîne l'homme dans la carrière de la perfection, soit que ce soit la philosophie qui y conduise ses pas, la pratique assidue de la vertu étend ses connaissances, et ses connaissances à leur tour lui facilitent la pratique de la vertu.

» L'homme parfait est le seul dans l'univers qui déploie toute son âme, en épuise les ressources et l'embellisse de toutes les connaissances et de toutes les vertus que peut embrasser la sphère de sa nature. Mais dès là même il a une facilité infinie pour conduire les autres hommes à la perfection. Plus il y travaille avec succès, plus sa bienfaisance et sa sagesse réussissent à faire entrer dans la fin de leur création les êtres innombrables dont il est environné. Le ciel même et la terre en reçoivent des secours pour la production, l'augmentation et la conservation des biens qu'ils prodiguent à l'homme, et il en vient jusqu'à être en quelque sorte leur aide et leur coopérateur. Quelle distance de ce haut degré de gloire jusqu'à la faiblesse de celui qui commence à faire des efforts pour redresser son âme et en effacer les taches. Quoiqu'il ne marche que pas à pas, il avance cependant dans la carrière et arrive enfin à la perfection. Alors sa vertu devient sensible par degrés, jette de l'éclat, répand au loin ses rayons, attire les regards, touche les cœurs, les arrache au vice et les enfante à l'innocence et à la vertu. Changement merveilleux, qui est la gloire de l'homme parfait et ne peut être opéré que par lui. Les regards pénétrants de l'homme parfait percent les ténèbres de l'avenir et en découvrent d'avance les secrets. Quand une famille s'approche du trône par ses vertus, et qu'une autre est prête à en descendre en punition de ses crimes, il en est instruit par des signes avant-coureurs, des récompenses et des châtiments du Ciel, et il en trouve en lui-même un pressentiment secret. Bien plus, associé en quelque sorte aux desseins de l'Eternel et confident de ses secrets, il prévoit les gens de bien que l'Eternel prépare à la terre, et les méchants qu'il laisse se multiplier pour être les instruments de ses vengeances.

» La vraie vertu consiste sans doute à se perfectionner soi-même, et la souveraine sagesse à être sage pour soi. Mais comme la perfection lie entre eux tous les êtres par l'unité de leur origine et de leur fin, et qu'ils sortent de l'ordre de leur existence dès qu'ils s'en écartent, le sage met également sa gloire à y tendre sans cesse par de nouveaux efforts et à y conduire les autres. En travaillant sans relâche à se perfectionner, il ne concentre pas tellement ses soins en lui-même qu'il ne les étende à tous ceux qui sont à portée de son zèle. Conclusion :

travailler à sa perfection est la première loi de l'amour, et s'occuper de celle des autres la première leçon de la sagesse. L'homme les trouve l'une et l'autre dans son cœur, écrites de la main de la nature, et il ne marche dans le vrai sentier de la vertu qu'autant que son âme, occupée tout entière de ce double objet, n'est pas moins attentive à prodiguer ses soins aux autres qu'à les replier sur elle-même. Mais c'est aux circonstances et aux temps à commander les entreprises de son zèle et à en diriger les efforts.

» Il n'y a ni vide ni repos dans la vie de l'homme parfait. L'action est le soutien et l'aliment de sa vertu, et sa vertu toujours en haleine va se couronnant sans cesse de nouveaux rayons, rayons brillants dont la chaleur et la lumière se propagent avec rapidité, s'étendent en tous lieux et acquièrent à chaque instant une nouvelle force. De là son crédit, son autorité et sa réputation; crédit qui le met en état d'entreprendre les plus grandes choses; autorité qui aplanit tous les obstacles ; réputation qui soutient, consacre et perpétue ses succès. Que sais-je ? sa bienfaisance est aussi magnifique et aussi inépuisable que la fécondité de la terre ; sa sagesse égale en élévation et en pureté les plus hautes sphères des cieux, et toutes ses œuvres, marquées au sceau de l'éternité, soutiendront le poids de sa durée infinie et en recevront sans cesse une nouvelle gloire.

» Ajoutons : toutes ces merveilles coulent comme de source. L'homme parfait ne s'est pas encore montré, et déjà il attire tous les regards. Il semble ne se donner aucun mouvement, et il produit une révolution générale dans les mœurs publiques ; il paraît comme entraîné par le cours des événements, et il exécute les plus vastes projets ; un mot dira tout : ses œuvres sont comme celles de la nature, plus elles sont simples, plus elles sont sublimes et inexplicables. Ciel, ô terre, que de profondeur et de force, que de sagesse et de lumière, que de variété et de constance dans votre conduite et dans vos voies ! Hélas ! si je porte ma vue sur un seul point de l'empire, je me perds dans son élévation et sa hauteur ; que serait-ce si je promenais mes regards sur ces voûtes immenses d'où le soleil, la lune, les planètes et les étoiles nous dispensent la lumière et envoient leurs rayons jusqu'aux dernières sphères qui forment la vaste enceinte de l'univers ? La profondeur de la terre que je foule aux pieds confond mes idées et mon calcul ; que serait-ce si, parcourant en esprit les montagnes, les plaines, les fleuves et les mers, je voulais mesurer leur étendue, me demander compte de leur artifice, suivre les détours des liens qui les unissent et connaitre les peuples innombrables d'animaux, d'insectes, de poissons et de monstres qui les habitent ! Les campagnes que je vois tous les jours sont couvertes d'arbres, de plantes et de fleurs que l'homme n'a jamais comptées. Les entrailles même de la terre, les abîmes de la mer, renferment mille trésors qu'il ignore et lui cachent d'innombrables merveilles. Aussi le poète s'écrie avec ravissement : O Dieu (ô Tien), c'est toi seul qui fais les destinées de l'univers. Tes voies sont impénétrables et ton action sans travail ni repos. Comme s'il voulait nous faire entendre que c'est en cela qu'il est le Tien. O Ouen-ouang, continue-t-il, ta vertu en fut l'image, jusqu'où n'étendit-elle pas ses rayons ? Mais que leur lumière était douce et pure ! C'est-à-dire que ce grand prince ne parvint à un si haut degré de vertu que parce que sa conduite extérieure devenait de jour en jour plus unie, et son application intérieure plus profonde et plus continuelle.

» Oh ! que les voies du Saint sont sublimes ! Sa vertu embrassera l'univers, vivifiera tout, animera tout et s'élèvera jusqu'au Tien. Quelle vaste carrière va s'ouvrir pour nous ; que de lois et d'obligations nouvelles ; que d'augustes cérémonies et de solennités ! Mais comment les garder s'il n'en donnait d'abord l'exemple ? Sa venue seule peut en préparer, en faciliter l'accomplissement. De là ce mot de tous les siècles : Les sentiers de la perfection ne seront fréquentés que lorsque le Saint par excellence les aura consacrés par la trace de ses pas. »

Cette invocation au Saint, qu'on trouve souvent répétée, était une prière au Messie futur, que nous verrons avoir été l'objet des espérances dans l'école de Confucius pour une restauration morale.

### PREUVES QUE L'HISTOIRE CHINOISE NOUS CONDUIT A L'ORIGINE DU MONDE.

Quels sont les signes auxquels nous reconnaissons que la civilisation chinoise n'a pas commencé par l'ignorance absolue, comme le veulent certains penseurs de notre temps ? En voici une preuve manifeste. Il y a deux parties dans la civilisation, les lois morales, les croyances directrices des actes, et la civilisation extérieure ou matérielle, qui se traduit par les arts et métiers. Pour cette dernière partie, en Chine comme dans tout l'univers, les arts et métiers sentaient l'enfance. On connaissait le nom des principaux inventeurs dans tous les genres. Lisez le très intéressant livre de M. Goguet sur ce sujet, et vous resterez convaincu qu'en Chine, comme partout ailleurs, on est au berceau du genre humain, et néanmoins la philosophie morale, la règle de conduite, la loi du sacrifice au Dieu unique, le droit naturel, tout cela était connu et pratiqué avec une telle perfection, que dans les siècles suivants les moralistes invoquaient l'autorité, la sainteté, les solides vertus des premiers patriarches, en Chine comme à Jérusalem.

Au reste, si vous invoquez la philosophie, je ne crois pas qu'il y ait une opinion plus ridicule que celle qui consiste à dire que Dieu a placé sur la terre un homme et une femme sans parole, sans instinct, sans notions d'aucun genre ; car, on ne peut le nier, l'homme est dépourvu d'instinct ; il a la raison latente, mais où est l'excitateur ? Si personne ne lui parle, il restera muet. L'homme parle, donc Dieu l'a créé parlant. Les faits historiques le prouvent. La parole est l'organe social pour l'homme; la parole est aussi ancienne que l'homme. Sans elle il ne peut conserver sa vie. Replions-nous sur nous-même. A quelle époque remontent nos souvenirs ? A l'âge de trois ou quatre ans, parce que c'est alors seulement que nous avons su attacher une idée à nos paroles. Sans parole nous n'avons pas d'idées, et nous ne pouvons nous souvenir que des idées que nous avons parlées. L'homme qui s'éteint est celui qui cesse de parler. Ses connaissances disparaissent avec la parole. Or, nous ne parlons jamais si on ne nous fait parler. Par nature, l'homme est indifférent à toute langue, mais il lui en faut une dans laquelle ses idées s'incarnent pour ainsi dire.

L'homme ne peut donc apprendre par lui-même à parler, et il est naturellement sans instinct, au contraire des animaux, qui manquent de parole et de raison, mais qui ont l'instinct pour perpétuer l'individu et l'espèce.

L'homme, étant né pour la société, ne peut vivre que par la société. Sa raison resterait endormie si elle n'était éveillée et excitée dans son oreille par la parole extérieure, qui est le flambeau qui excite et allume son intelligence.

Si Dieu n'avait pas parlé à l'homme primitif, il l'eût condamné à mort en naissant; il l'a donc créé parlant.

L'histoire du sourd-muet confirme toute cette argumentation.

L'histoire naturelle, comme l'histoire générale, confirme donc l'histoire biblique.

C'est à quatre générations avant Yao que les Chinois placent les principales inventions des arts et métiers. Je vais en donner la nomenclature. (*Description de l'empire chinois*, t. I, p. 277.)

Hoang-ti, après avoir considéré attentivement les plumes du faisan et les différentes couleurs des oiseaux et des fleurs, trouva le secret de la teinture.

Il fit faire divers instruments utiles au public : des machines à piler le riz, des fourneaux de cuisine, des chaudières, etc. Il fit faire des essais sur les différentes manières d'accommoder le riz.

Il fit construire des ponts sur les rivières, des cercueils pour les morts. Il enseigna à fabriquer des arcs et des flèches, des instruments à vent, des flûtes, des fifres, des trompettes, des tambours, des barques avec leurs rames, des chariots.

Auparavant, les hommes s'abritaient sous des tentes et des anfractuosités de rochers ; il fut le premier qui donna des modèles de maison, et il se fit un palais où il sacrifiait au Seigneur du ciel. Il inventa la monnaie pour rendre les échanges plus faciles.

Donc, en Chine comme chez les Hébreux, dans ces premiers temps, les arts et les procédés de travail étaient dans leur enfance, tandis que la science morale avait son caractère de perfection, parce qu'elle a une origine divine.

## CHAPITRE XIX.

### RAISON DE LA DURÉE DE L'EMPIRE CHINOIS.

LA SAGESSE ET LA PROFONDE MORALITÉ DES MAXIMES DU GOUVERNEMENT. DÉCLARATIONS DES EMPEREURS.

C'est selon les principes renfermés dans ces livres si anciens et si respectés, dont je viens de donner le précis, que se gouverne l'empire de la Chine, et qu'on y voit régner ce bel ordre qui maintient toutes les parties de l'Etat et qui en assure la tranquillité.

On demandera peut-être si ce gouvernement ne s'est pas enfin affaibli, et si dans une si longue suite de siècles, sous tant de différents règnes et parmi les révolutions qui y sont arrivées, on ne s'est pas relâché de la sagesse et de la sévérité de ces maximes. C'est ce que nous apprendrons des Chinois mêmes, en parcourant les diverses dynasties dans le recueil qui a été fait par les ordres et sous les yeux du feu empereur Cang-hi, dont je donne la traduction faite avec beaucoup de soin par le P. Hervieu, ancien missionnaire dans cet empire. Ce recueil est considérable ; je n'en donne que des extraits.

Il contient : 1° les édits, les ordonnances, les déclarations et les instructions de différents empereurs envoyés aux rois ou aux princes tributaires, soit sur le bon ou sur le mauvais gouvernement et sur le soin de se procurer pour ministres des gens de mérite, soit pour recommander aux peuples le respect filial et l'application à l'agriculture, et aux magistrats le désintéressement et l'amour des peuples, soit contre le luxe et les abus qui commençaient à s'introduire, etc. ; 2° des discours des plus habiles ministres, tantôt au sujet des calamités publiques et des moyens de soulager les peuples et de fournir à leurs besoins, tantôt sur l'art et la difficulté de régner, sur la guerre, sur l'avancement des lettres, sur les qualités propres d'un ministre, ou bien contre les sectes qui corrompaient l'ancienne doctrine, et surtout contre la secte de l'idole Foé, sur la fausseté des augures et contre ceux qui les faisaient valoir, etc. A la fin de presque toutes ces pièces, on lit de courtes réflexions qu'a faites le feu empereur Canghi, et qu'il a écrites du pinceau rouge, c'est-à-dire de sa propre main. J'y joindrai des extraits d'une compilation faite sous la dynastie des Ming, qui a précédé immédiatement la dynastie régnante, où l'on traite des devoirs des souverains, des ministres d'Etat, des généraux d'armée et du choix qu'on en doit faire, de la politique, des princes héritiers, des remontrances faites aux empereurs par leurs ministres, du bon gouvernement des filles des empereurs, de ceux qui abusent de la faveur du prince, avec différents discours des ministres les plus distingués sur divers sujets concernant le bien de l'Etat.

J'ajouterai un autre extrait d'un livre chinois, intitulé *les Femmes illustres,* où l'on verra que sous différents règnes les dames de cet empire se sont conduites et ont gouverné leur famille selon ces mêmes maximes.

Cette espèce de tradition fera aisément connaître que les principes fondamentaux du gouvernement chinois, établis par les premiers législateurs, se sont toujours maintenus par une observation constante, et qu'ainsi il n'est pas surprenant qu'un Etat si vaste et si étendu ait subsisté depuis tant de siècles et subsiste encore dans tout son éclat.

A l'occasion d'une éclipse de soleil du temps de Han, l'empereur Ven-ti fit publier la déclaration suivante.

J'ai toujours ouï dire que le Tien donne aux peuples qu'il produit des princes pour les nourrir et les gouverner. Quand ces princes, maîtres des autres hommes, sont sans vertu et gouvernent mal, Tien, pour les faire rentrer en leur devoir, leur envoie des disgrâces ou les en menace.

Il y a, cette onzième lune, une éclipse de soleil. Quel avertissement n'est-ce pas pour moi ! D'un côté, je considère que sur ma faible personne roule le soin de soutenir ma maison, de maintenir dans le devoir peuples, officiers, princes et rois, enfin de rendre heureux tout l'empire. De l'autre, je fais attention que, chargé d'un grand poids, je n'ai que deux ou trois personnes qui m'aident à le soutenir ; je sens mon insuffisance. En haut, des astres perdent la lumière ; en bas, mes sujets sont dans l'indigence. Je reconnais en tout cela mon peu de vertu.

Aussitôt que cette déclaration sera publiée, qu'on examine dans tout l'empire, avec toute l'attention possible, quelles sont mes fautes, afin de m'en avertir. Qu'on cherche et qu'on me présente pour cet emploi les personnes qui ont le plus de lumières, de droiture et de fermeté. De mon côté, je recommande à tous ceux qui sont en charge de s'appliquer plus que jamais à bien remplir leurs devoirs, et surtout à retrancher au profit du peuple toute dépense inutile. Je veux en donner l'exemple, et ne pouvant laisser mes frontières entièrement dépourvues de troupes, je donne ordre qu'on n'y en laisse que ce qui est nécessaire.

Sur cette déclaration, l'empereur dit : « Nous lisons dans le Chu-king : Tout invisible qu'il est, il est proche. Il n'est donc point de temps où il soit permis de se relâcher dans le service du Chang-ti, mais à l'occasion des éclipses de soleil, qui sont comme des avis de Tien, on redouble son attention et son respect. »

Une glose dit : C'est ici la première fois que nos empereurs, à l'occasion des calamités publiques ou des phénomènes extraordinaires, aient demandé qu'on les avertisse de leurs fautes. Depuis cette déclaration de Ven-ti, il s'en est fait beaucoup de semblables.

Autre déclaration du même empereur Ven-ti, portant abrogation d'une loi qui défendait de critiquer la forme du gouvernement.

Du temps de nos anciens empereurs, on exposait à la cour, d'un côté, une bannière où chacun pouvait écrire et proposer librement le bien qu'il jugeait qu'on devait faire, de l'autre côté, une planche où chacun pouvait marquer les défauts du gouvernement et ce qu'il y trouvait à redire. C'était pour faciliter les remontrances et se procurer de bons avis. Aujourd'hui, parmi nos lois, j'en trouve une qui fait un crime de parler mal du gouvernement. C'est le moyen non seulement de nous priver des lumières que nous pouvons recevoir des sages qui sont éloignés, mais encore de fermer la bouche aux officiers de notre cour. Comment donc désormais le prince sera-t-il instruit de ses fautes et de ses défauts ? Cette loi est encore sujette à un autre inconvénient. Sous prétexte que les peuples ont fait des protestations publiques et solennelles de fidélité, de soumission et de respect à l'égard du prince, si quelqu'un paraît se démentir en la moindre chose, on l'accuse de rébellion. Les discours les plus indifférents passent chez les magistrats, quand il leur plaît, pour des murmures séditieux contre le gouvernement. Ainsi le peuple simple et sans lumière se trouve, sans y penser, atteint d'un crime capital. Non, je ne le puis souffrir ; que cette loi soit abrogée.

Sur cette déclaration, l'empereur Cang-hi dit : « Tsin-chi-hoang avait fait bien des lois semblables ; Kaotfou, le fondateur de la dynastie Han, en abrogea quantité ; celle dont il s'agit ici ne fut abrogée que sous Ven-ti, c'est avoir trop attendu. »

Autre déclaration du même empereur Ven-ti, à l'occasion des prières et des supplications que faisaient faire pour lui plusieurs officiers, d'ailleurs assez négligents dans l'exercice de leurs charges.

Voici la quatorzième année de mon règne. Plus il y a de temps que je gouverne l'empire, plus je sens mon peu de capacité, et j'en ai une extrême confusion. Quoique je n'aie point manqué jusqu'ici à m'acquitter chaque année des cérémonies réglées tant à l'égard du Chang-ti qu'à l'égard de mes ancêtres, je sais que nos anciens et sages rois n'avaient dans ces cérémonies aucune vue d'intérêt, et qu'ils n'y demandaient point ce qu'on appelle félicité. Ils étaient si éloignés de tout propre intérêt, qu'ils laissaient là leurs plus proches parents pour élever un homme qui ne leur était rien, s'ils lui trouvaient une sagesse singulière et une éminente vertu, et préféraient les sages conseils d'autrui à leurs plus naturelles inclinations. Rien de plus sage et de plus beau que le désintéressement de ces grands princes.

Aujourd'hui j'apprends que plusieurs de mes officiers font faire à l'envi des prières pour demander du bonheur, et ce bonheur, ils le demandent pour ma personne, non pour mes peuples ; c'est ce que je ne puis goûter. Si j'approuvais que ces officiers, peu attentifs à leur devoir et peu zélés pour le bien des peuples, s'occupassent ainsi uniquement du bonheur personnel d'un prince aussi peu vertueux que je le suis, ce serait en moi un défaut de plus, et un défaut considérable. J'ordonne donc que mes officiers, sans tant s'empresser de faire pour moi ces supplications d'appareil, donnent toute l'application possible à se bien acquitter de leur emploi.

Sur cette déclaration, l'empereur Cang-hi dit : « C'est la vertu et non la matière qui rend l'offrande agréable. Quand on s'applique tout de bon à la vertu, les dons de Tien viennent d'eux-mêmes. Prétendre que les officiers de l'empire, en faisant réciter seulement des formules de prières, attirent du bonheur sur la personne du prince, cela se peut-il ? Ven-ti certainement avait raison de blâmer un pareil abus. »

Tching-te-fiéou, fameux lettré de la dynastie Song, dit sur cette même déclaration : « S'il y avait quelque chose de défectueux dans l'Etat, Ven-ti se l'attribuait à lui seul. A l'égard du bonheur, il n'en voulait point qui ne lui fût commun avec son peuple : en cela vrai imitateur et digne successeur de nos anciens princes. »

Déclaration de l'empereur King-ti, successeur de Ven-ti, portant ordre d'avoir de la compassion dans les jugements criminels.

Il faut des lois et des châtiments pour prévenir ou arrêter les désordres ; mais aussi doit-on faire attention que ceux qu'on a fait mourir, on ne peut les ressusciter. Or, il arrive quelquefois que de méchants juges sacrifient un innocent à leur passion ou à celle d'autrui et font trafic de la vie des hommes. Il arrive même que d'autres, désintéressés en apparence, cherchent dans le fond à acquérir de la réputation aux dépens d'autrui, donnent les beaux noms de vigilance, d'équité, à la plus violente chicane et à la plus outrée sévérité, et font périr ainsi bien des gens, même des officiers de distinction. C'est pour moi un grand sujet de tristesse, d'inquiétude et de compassion. Mais comme d'ailleurs les supplices sont nécessaires, qu'il faut des lois qui les déterminent, voici ce que je crois devoir ordonner pour remédier en partie à l'abus qu'on en peut faire. Quand, suivant la lettre de la loi prise dans sa rigueur, quelqu'un est jugé coupable de mort, si le public cependant, pour des circonstances particulières, paraît n'y point acquiescer, il faut y avoir égard et mitiger la sentence. L'empereur Cang-hi dit : « Cette déclaration est très bien conçue. King-ti paraît un prince décisif et intelligent, mais sa clémence et sa bonté s'y font encore plus sentir. »

Autre déclaration du même empereur King-ti pour recommander aux peuples l'agriculture, aux magistrats la vigilance et le désintéressement.

A quoi bon toutes ces sculptures et ces autres vains ornements qui deviennent si fréquents ? Non seulement ils ne sont pas nécessaires, mais, occupant beaucoup d'hommes, ils nuisent à l'agriculture. A quoi bon aussi tant de broderies et d'autres colifichets qui amusent aujourd'hui les femmes, autrefois bien plus utilement occupées aux étoffes et aux habits d'usage ? Les hommes laissant l'agriculture pour d'autres arts, les campagnes deviennent incultes, et les femmes laissant pour des bagatelles les étoffes nécessaires, on manque de quoi s'habiller dans les familles. Or, que des gens à qui le vivre et le vêtir manquent n'aient pas de mauvaises inspirations, c'est assurément une chose assez rare. Je laboure la terre moi-même chaque année, et l'impératrice nourrit des vers à soie. C'est du travail de nos mains que nous fournissons en partie aux cérémonies ordinaires à l'égard de nos ancêtres. Nous nous faisons un devoir d'en user ainsi, pour donner l'exemple à nos sujets, pour les animer à l'agriculture et procurer l'abondance dans tout l'empire. C'est dans cette même vue que je refuse les présents, que je supprime les charges moins nécessaires, et que je me retranche sur le reste autant qu'il est possible, pour diminuer à proportion les subsides. Non, je n'ai rien plus à cœur que de voir fleurir l'agriculture. Si une fois elle fleurissait, elle serait suivie de l'abondance, et l'on aurait de quoi faire des réserves pour les temps de stérilité. On ne craindrait plus tant ces famines, pendant lesquelles on voit le plus fort enlever au faible le peu qu'il a, et des troupes de brigands ravir le nécessaire à de pauvres familles. Si l'agriculture fleurissait, on ne verrait plus tant de jeunes gens mourir de misère ou de mort violente en la fleur de l'âge, et chacun aurait du moins de quoi couler doucement ses jours jusqu'à une extrême vieillesse. Bien loin que nous en soyons là, voici une année de stérilité bien fâcheuse qui nous attire cette calamité. Ne me suis-je point laissé surprendre à l'artifice et à l'hypocrisie dans la distribution des emplois ? Les magistrats ne sont-ils pas négligents à rendre la justice? Les officiers des tribunaux, sous prétexte de recueillir mes droits, n'oppriment-ils point le peuple ? Enfin, n'y en a-t-il point qui foulent aux pieds les lois les plus essentielles et qui, chargés d'exterminer les voleurs, partagent secrètement leurs rapines ? Nous enjoignons expressément à tous les principaux officiers de nos provinces de veiller plus que jamais sur chacun de leurs subalternes, et de déférer à nos ministres ceux qu'ils auront trouvés coupables. Nous ordonnons à cet effet que notre présente déclaration soit publiée dans tout l'empire et qu'on soit instruit de nos intentions.

Sur cette pièce l'empereur Cang-hi dit : « Cette déclaration va droit à l'essentiel, il n'y a pas de parole qui ne porte. Ce qu'il y a sur le compte des subalternes marque un prince qui n'ignorait rien des plus secrètes misères des peuples. »

Déclaration de l'empereur Vou-ti par laquelle il recommande qu'on lui donne des lumières pour bien gouverner, qu'on l'instruise sur certains points, et qu'on lui parle avec liberté.

Elevé par un bonheur singulier sur le trône de mes ancêtres pour le transmettre à ma postérité, chargé du gouvernement de ce grand empire pour en augmenter la splendeur, plein de reconnaissance pour l'honneur qu'on m'a fait, je sens aussi toute la pesanteur du fardeau dont on m'a chargé. Depuis mon avènement à la couronne, je m'applique jour et nuit, sans me donner un moment de relâche. Malgré cela, j'ai sujet de craindre qu'il n'échappe bien des choses à ma vigilance et que je ne fasse bien des fautes. C'est pourquoi j'ai recommandé chez tous les tchi-chéou et dans tout l'empire qu'on cherchât des gens capables de m'instruire et de m'aider dans le grand art de gouverner.

De Tong-tchong-chu à l'empereur Vou-ti.

Votre Majesté, dans sa déclaration, a la bonté de demander qu'on lui donne des lumières sur ce qui s'appelle l'ordre de Tien (Ciel), et sur la nature et les affections de l'homme. C'est de quoi je me reconnais peu capable. Tout ce que je puis faire pour vous obéir, c'est de vous dire qu'après un sérieux examen des événements passés, et particulièrement de ceux dont le Tchun-tfiou nous instruit, rien ne me paraît plus capable d'inspirer aux princes une crainte filiale et respectueuse que la manière dont Tien a coutume d'en user avec les hommes. Quand une dynastie commence à s'écarter des voies droites de la sagesse et de la vertu, Tien commence ordinairement par lui envoyer quelque disgrâce pour la redresser. Si le prince qui règne ne rentre point en lui-même, Tien emploie des prodiges et des phénomènes effrayants pour lui inspirer une juste crainte. Si tout cela est sans effet et que le prince n'en profite point, sa perte n'est pas éloignée.

Par cette conduite de Tien, on voit assez que son cœur est plein de bonté pour les princes, et qu'il ne veut que les corriger. En effet, l'intention de Tien est de les aider et de les soutenir ; il ne les abandonne point que leurs désordres ne soient venus à de grandes extrémités. Le point essentiel pour un prince est donc qu'il fasse lui-même ses efforts, premièrement, pour s'instruire et devenir plus éclairé sur ses devoirs ; en second lieu, pour s'en acquitter en effet et par là croître chaque jour en mérite et en vertu. C'est ainsi et non autrement qu'on peut parvenir à un véritable changement et en espérer les heureuses suites. Ne vous relâchez ni jour ni nuit, dit le Chu-king, faites effort. Tout cela ne veut-il pas dire qu'il faut en effet se faire violence ?

La dynastie Tchéou était pitoyablement déchue sous les règnes de Yéou-vang et de Li-vang. Vint un prince qui, se rappelant sans cesse le souvenir de ses vertueux ancêtres et s'animant par leur exemple à soutenir la gloire de l'empire qu'il avait reçu de leurs mains, s'efforça de remédier aux abus déjà introduits et de corriger tout ce qu'il aperçut de défectueux. Chang-tien le reconnut et lui fournit de bons ministres. Moyennant cela il réussit, et l'on vit revivre sous lui le bon gouvernement des premiers Tchéou. Ce fut le sujet des poésies du temps. Dans les règnes qui le suivent, on rappela toujours avec éloge la mémoire de celui-là, et encore aujourd'hui elle est célèbre.

Tel est l'effet ordinaire d'un sincère attachement pour la vertu et de cette application continuelle que le Chu-king recommande. Ce que cet empereur obtint par là, un autre peut l'obtenir par la même voie ; car, quoique l'honneur suive ordinairement la vertu, cependant, à proprement parler, ce n'est point la vertu qui fait valoir l'homme, dit Confucius, c'est l'homme, au contraire, qui peut faire valoir la vertu. La paix ou le trouble des Etats, leur décadence ou leur gloire, dépend des princes. Quand quelques-uns d'eux perdent leurs empires, ces événements ne sont point l'effet d'un ordre de Tien qui leur ait ôté le pouvoir de se maintenir, il faut attribuer certaine disgrâce à leur imprudence et à leurs désordres. Je sais ce qu'on dit, et il est vrai que la fondation d'une monarchie est une chose au-dessus des forces de l'homme ; que c'est un présent de Tien et le plus grand qu'il fasse à un mortel que le consentement des peuples à s'attacher à un seul homme, à en faire leur père-mère, et les prodiges heureux qui souvent surviennent sont comme les reçus de l'ordre de Tien en sa faveur. Mais, outre que cela même est en quelque façon une suite de la vertu, qui, comme dit Confucius, ne demeure pas longtemps seule, outre cela, dis-je, on ne parle ainsi que quand il s'agit de fonder une dynastie.

Après avoir fait un contraste des bons princes Yao et Chun, de leur gouvernement et de leurs vertus, avec les mauvais princes Kié et Tchéou et les funestes suites de leurs vices, Tong-tchong-chu conclut par ces mots : « Tant il est vrai que les mœurs des peuples dépendent de ceux qui les gouvernent, comme l'argile sur le tour dépend du potier qui la façonne, et comme le métal dans le creuset dépend du fondeur qui le jette en tel moule qu'il veut. »

# CHAPITRE XX.

## CONSIDÉRATIONS GÉNÉRALES SUR LA CHINE.

La première chose qui frappe l'esprit du savant qui a fait une étude sérieuse de l'antiquité, c'est la comparaison entre la durée de l'empire chinois et la durée de tous les autres empires qui ont fait une grande figure dans le monde. Celui-ci prend naissance peu après la dispersion des peuples dans la plaine de Sennaar, et même ce que l'on aperçoit au delà de son histoire certaine a encore son intérêt. On y aperçoit certains règnes, dont le premier anneau est Hoang-ti, qui sont placés comme dans un demi-jour ; selon plusieurs hommes sérieux, ce sont des réminiscences de l'histoire antédiluvienne. Or, le fleuve de l'histoire chinoise, qui a une source si élevée, coule toujours avec la même abondance et la même majesté. Quand on songe que c'est le tiers du genre humain qui donne ce spectacle unique, on se demande naturellement si la Providence n'a pas voulu en son temps donner un enseignement aux autres branches du genre humain dispersées dans le reste de l'univers. Cette longue vie, cette vieillesse encore verte, cette fécondité de générations, cette persévérance dans la forme du gouvernement monarchique, ont une signification. Cherchons-la, commençons par une comparaison.

L'Egypte, qui paraît la plus autorisée à reculer son origine, n'a rien de comparable, pour la certitude de son histoire, à ce que nous offre la Chine. Sur les bords du Nil, nous déchiffrons péniblement et avec des tâtonnements bien incertains, sur des lambeaux de documents interrompus, contradictoires souvent, pour former la chaîne chronologique, et encore ne remonte-t-on ainsi, avec quelque clarté, que jusqu'au temps de Moïse. Plus loin, il n'y a plus que des conjectures. Il en est ainsi chez les Assyriens et chez les Babyloniens. Chez les Mèdes, les Perses, les Grecs et les Romains, le nuage des incertitudes descend encore plus bas. Parmi ces diverses nations, l'Egypte seule a eu, à de petites exceptions près, une série de rois indigènes. Mais cet état de choses n'a duré que jusqu'à Cambyse. Du temps des Grecs et des Romains, la nation se transforme et enfin disparaît sous la domination romaine. D'un autre côté, les empires si puissants d'Assyrie et de Babylone ont brillé d'un vif éclat, mais dans un espace de temps encore plus restreint. Que dirons-nous de la Grèce? Elle éclipse toutes les autres nations par une supériorité inimitable dans les arts et la littérature. Le bruit de sa renommée semble braver tous les siècles, et cependant la durée de ce triomphe a été éphémère. Athènes n'a eu que son siècle de Miltiade et de Périclès. La faiblesse de caractère de cette si intéressante nation lui préparait des maîtres dans les Macédoniens et les Romains, moins polis, mais plus énergiques et plus tenaces dans leurs projets. Avant Solon, cette république n'était pas constituée, et encore elle a eu à souffrir les Pisistratides. Depuis la mort de Pisistrate jusqu'aux trente tyrans il n'y a qu'un siècle. Hélas! c'est toute la durée de la belle et spirituelle Athènes vivant de sa liberté, et encore comment a-t-elle usé de cette liberté ?

Combien comptez-vous, dans cette époque de splendeur, de grands hommes et de sages qui ont échappé à l'exil ou à la mort, depuis Miltiade jusqu'à Socrate ? Athènes avait produit plus d'hommes de génie que toute la Grèce ensemble, et, à l'exception de Périclès et de quelques autres, tous furent emprisonnés ou expatriés. On a beau vanter l'esprit d'Athènes, elle n'avait pas ces qualités sérieuses, cette prévoyance qui sait consolider un Etat et lui assurer une longue et forte existence.

Sur quoi pouvait reposer la sécurité de l'avenir dans cette république, quelque féconde qu'elle fût en hommes de haute capacité, lorsqu'elle était si puérilement jalouse de tout ce qui se distinguait de la foule ? Les talents naturels, la richesse et même les services rendus devenaient des crimes aux yeux de ce peuple léger et changeant.

On peut appeler un chef-d'œuvre d'habileté la réunion des moyens employés par le sénat de Rome pour arriver à la monarchie universelle. Or, l'empire romain n'est parvenu à son dernier développement que pour montrer les vices et les causes de décadence qui devaient le ruiner.

Si jamais empire devait être impérissable, c'était certainement celui-là.

La décadence de Rome eut les mêmes causes qui ruinèrent la Grèce. Je crois, dit Montesquieu, que la secte d'Epicure, qui s'introduisit à Rome vers la fin de la république, contribua beaucoup à gâter le cœur et l'esprit des Romains. Les Grecs en avaient été infatués avant eux, aussi avaient-ils été plus tôt corrompus.

Je donne à méditer un mot de Polybe, qui vivait cependant peu de temps auparavant, c'est-à-dire du temps de Scipion. Il dit que de son temps le serment ne pouvait donner de confiance dans la parole d'un Grec, tandis qu'un Romain en était pour ainsi dire enchaîné. Or, le serment, c'est la religion ; tout est là. Dans les sanglantes orgies de Sylla et par l'étalage effronté de la corruption qu'on y pratiqua, la loi du serment fut brisée. Tant que les mœurs furent pures, à Rome comme en Grèce, on y trouva l'amour de la patrie, de l'obéissance et du respect pour l'autorité. Bossuet et Montesquieu ajoutent une autre cause :

« Malgré la grandeur du nom romain, dit l'évêque de
» Meaux, malgré la politique profonde et toutes les
» belles institutions de cette fameuse république, elle
» portait dans son sein la cause de sa ruine dans la
» jalousie perpétuelle contre le sénat, des plébéiens
» contre les patriciens. »

Dans une république sans foi et sans religion, tout le

monde veut être patricien, chacun veut jouir de tout, et il n'y a pas de quoi assouvir tous les appétits. Les frustrés sont des révoltés en permanence : plus on leur a promis, moins on leur peut donner, et plus aussi ils sont furieux. C'est ainsi que finissent tous les empires et toutes les républiques.

Comment se fait-il que l'empire chinois seul, lui qui a commencé des premiers, se trouve encore debout et peut se promettre une longue vie? On a dit que les grands empires sont plus difficiles à gouverner que les petits : de si grandes machines à diriger dépassent la taille de l'homme. Mais la Chine dément cette maxime. L'empire romain, dans son plus grand développement, ne l'a pas surpassée. Comparez Cang-hi avec les Antonins, et vous verrez que le Chinois ne perd rien à la comparaison. Mais ce qui est une exception à Rome est une chose durable à Pékin. D'autre part, les Grecs et les Romains ont eu des modèles à imiter ; ils ont consulté la législation de leurs devanciers, les républiques idéales de leurs philosophes. Mais en Chine on trouve les maximes du gouvernement en pratique dès l'origine. Cette législation est des plus simples, c'est le droit naturel mieux connu qu'ailleurs, parce qu'il est la règle du gouvernement dans tous les âges. Il est enseigné dans les livres sacrés avec une sobriété et une dignité d'expressions qui supposent que cette société n'a pas eu d'enfance, puisque le précepte et l'exemple se trouvent réunis dans ces livres vénérables, qui remontent au berceau de la monarchie.

En matière de morale, de maximes politiques, ils ne se vantent pas d'innover. Pour les principes fondamentaux, ils sont jaloux de suivre la doctrine des fondateurs de la monarchie ; ils ont compris que les principes du droit naturel sont immuables.

Le mot *droit nouveau*, qui blesse l'oreille d'un chrétien comme d'un philosophe, serait un mot barbare en Chine. Nous trouvons donc le secret de la durée de l'empire chinois dans trois respects : le respect pour la divinité, le respect pour l'autorité, et le respect pour les principes fondamentaux de la morale.

Les rouages de leur gouvernement sont des plus simples, beaucoup moins compliqués qu'ailleurs, et fonctionnent avec plus de facilité et de précision. Ce sont les mandarins qui se partagent l'autorité du chef de l'Etat, chacun dans son ressort. Chaque mandarin a une province sous ses ordres et en répond ; il commande à des mandarins inférieurs, de deuxième et de troisième ordre. Tout relève de leur tribunal, et chaque affaire grave est soumise à un appel ou à un contrôle de la cour suprême. Ces fonctions ne sont pas des sinécures. La responsabilité du mandarin est fort lourde et très délicate. Ses fautes sont sévèrement expiées. Les mandarins de premier ordre sont souvent obligés de répondre inopinément à des *missi dominici* qui contrôlent, au nom de l'empereur, tout ce qui se passe dans l'empire. Si Charlemagne avait pu connaître la Chine, on aurait dit qu'il l'avait copiée en cet endroit.

Le mandarinat n'est pas une classe de citoyens, il n'a

de par la loi ni ancêtres ni postérité privilégiée. S'il tombe, tout tombe avec lui dans le peuple, et il est oublié. Comme le mandarin doit son titre à son mérite, à son talent éprouvé dans une série d'examens et dans des fonctions exercées avec sagesse, il est inamovible tant qu'il est irréprochable. Nulle part la considération du bien public n'a eu tant d'empire.

On peut dire que l'esclavage n'existe pas en Chine, tant les esclaves sont peu nombreux et respectés. Quelle différence avec Lacédémone et Rome! La législation chinoise ne reconnaît pour origine de l'esclavage que le malheur de naître de parents condamnés, et, selon une expression heureusement consacrée, la liberté de ces enfants est dans les mains de la loi. Les particuliers ne doivent les considérer que comme des domestiques ordinaires. Les prisonniers de guerre sont traités de même. Ils sont généralement regardés comme les enfants de la maison. La loi a été obligée d'intervenir pour que les dispositions testamentaires en faveur des esclaves ne fussent pas préjudiciables aux enfants de la maison. Enfin, un trait caractéristique, c'est que bien des esclaves refusent la liberté qu'on leur offre. Voilà qui est sans réplique. Que nous sommes loin des républiques païennes et des philosophes païens qui les justifiaient! Quelle cruauté en Grèce et à Rome! On devrait se demander de quel côté est la vraie civilisation.

En Grèce et à Rome, je n'entends parler que de liberté et d'indépendance, et je ne rencontre que des ilotes en bas, traités comme un bétail, et en haut l'ostracisme comme récompense des services rendus. En Chine, il y a une monarchie absolue, mais entourée de magistrats consultants, choisis par la loi et au concours. Je ne vois ni noblesse héréditaire ni esclavage proprement dit. Chez les païens, l'âme est attristée d'une suite de révolutions, de guerres civiles et de guerres d'extermination à l'étranger, et en Chine, une série incomparable de princes sages, humains, occupés du bonheur de leurs sujets. Sans doute les passions y ont eu quelquefois leurs écarts terribles et prolongés, mais l'habitude de l'obéissance, la persuasion où l'on est qu'un pouvoir central fort est seul capable de mettre fin aux malheurs épouvantables de l'anarchie, ont toujours ramené le peuple à la soumission pour ses empereurs. Nulle part la majesté souveraine n'a été plus généralement respectée, et aucun peuple n'a joui d'une plus grande somme de liberté sous une forme de gouvernement que les Occidentaux se mettent à juger maintenant incompatible avec la liberté. Mais, plus sensés que nous, les Chinois ont compris que la plus redoutable tyrannie est celle de la multitude sans frein et sans principes. Les exemples qu'ils en ont eus leur ont profité.

Le trait caractéristique des Chinois est le calme, le sang-froid et le bon sens pratique. Nous les voyons en ce moment en contact avec les autres races en Amérique, et, tout inférieurs qu'ils sont en vivacité d'esprit, ils les surpassent en qualités pratiques ; leur patience et leur courage dans l'accomplissement du devoir sont quotidiens et inépuisables.

Plus sérieux que brillant, le caractère des Chinois se réfléchit sur la forme extérieure de leur civilisation. Cela est sensible dans les beaux-arts et la littérature comparés à ceux des autres peuples. L'imagination du Chinois ne va guère au delà de l'utile, et il s'en contente. Il ne lui est jamais venu dans la pensée de créer des monuments gigantesques et admirables par la forme, pour se faire un nom dans la postérité. C'est là un genre de vanité qui n'est pas dans sa nature. Là il y a moins de gloire, mais plus de jouissance. La grande muraille n'a eu pour motif que de prévenir les surprises des Tartares.

Mais on ne peut disconvenir que les Chinois n'aient eu de l'habileté dans les grands travaux d'utilité publique. Leurs voies de communication par terre et par eau sont dans un état digne d'un grand peuple ; la création de leurs canaux remonte à une grande antiquité. Si vous considérez l'ensemble de leurs arts et métiers, vous verrez qu'ils n'ont rien à envier aux autres peuples, et ils les ont devancés par la rapidité de leurs inventions sur plusieurs points importants. Ils ont su de bonne heure jeter des ponts solides sur leurs fleuves et multiplier à l'infini leurs petits bâtiments de transport sur les rivières et les lacs, afin de faire rapidement l'échange de leurs produits méridionaux contre ceux du nord, car il y a une grande variété de produits dans cet immense royaume. Cet échange de produits chez un même peuple ne l'a pas mis dans la nécessité de rechercher un commerce extérieur.

Avec cela vous ne verrez rien de grandiose dans l'architecture de leurs palais. Ils sont entourés de jardins immenses au sein de la capitale. On peut y trouver de vraies et utiles jouissances dans la distribution des eaux et des ombrages. Leur luxe s'est plutôt porté sur leur ameublement. Rien n'est simple comme leurs maisons, qui n'ont que des rez-de-chaussée. Monter des escaliers, c'est pour le Chinois une perte de temps et des fatigues inutiles. On nous a cité un fait qui aide à saisir le vrai naturel du Chinois. Un Américain a eu à son service un domestique de cette nation pendant deux ans. Rien n'était plus correct ni plus irréprochable que ce service. Ce bon serviteur a quitté son maître, qui a fait des efforts inutiles pour le garder. Or, pendant tout ce temps, l'Américain n'a pu distinguer de quel sexe était la personne qui lui avait été si utile.

Le Chinois sait dissimuler ses sentiments dans une mesure qui étonne en Europe. Quand on le blesse, il le sent vivement, et s'il peut se venger immédiatement, il le fera ; mais s'il ne le peut, il continuera ses rapports bienveillants avec l'offensant, et il dissimulera des années s'il le faut, pour prendre sa revanche à propos. Je dis ceci seulement pour montrer que le Chinois est maître de ses sentiments, car il est bienveillant par nature.

Le cérémonial des rapports sociaux, qui est une affaire importante dans ce pays, oblige tout le monde à être respectueux envers son semblable. Ce cérémonial, qui paraît exagéré aux Européens, repose dans la réalité sur un sentiment exquis de bienveillance mutuelle. On dirait par ce côté une société qui a vieilli dans le christianisme.

Ceci m'avertit que je touche à la raison profonde de la solidité de l'empire chinois ; c'est que ce pays a été engagé tard, et moins que les anciens peuples, dans les erreurs et les mystères corrompus du paganisme. On s'en est convaincu dans le tableau que j'ai présenté au lecteur de la suite de la religion en Chine, des croyances traditionnelles. La loi s'est toujours promulguée au nom du Dieu du ciel. Là on n'a jamais rougi du droit divin : on sait que sans le droit divin tout droit disparaît sur la terre, et la conscience n'a plus ni ressort ni appui.

Si le bouddhisme a introduit l'idolâtrie dans ces contrées à une époque assez récente, il faut remarquer que jamais le paganisme n'a pu devenir la religion de la cour, des grands corps de l'Etat ; à peine avons-nous vu deux ou trois empereurs entachés de cette humiliante contagion. Le bouddhisme, encore aujourd'hui, aux yeux des lettrés, des savants, des corps dirigeants et de la cour, n'est officiellement qu'une *hérésie tolérée*.

Quoique le peuple, la partie la moins éclairée de la nation, participe d'une façon déplorable à ce monstrueux bouddhisme, on doit dire qu'il reste encore attaché au grand principe de la morale des Kings et des sages du pays.

Nous avons une preuve manifeste que le bouddhisme n'est qu'une hérésie tolérée : c'est que le sacrifice solennel que l'empereur offre au Chang-ti à son avènement ne s'offre nullement dans une pagode de bonzes ni devant aucune idole, mais dans un lieu élevé, devant les œuvres du Créateur, comme au temps des patriarches.

Nous trouverions sans doute dans ce culte officiel, dans cette simplicité primitive, qui se sont toujours maintenus, la raison du peu de développement de la grande et belle architecture religieuse ; nous trouverions aussi que l'idolâtrie bouddhique n'est pas le culte national officiel. L'architecture religieuse est celle qui partout a le mieux inspiré les artistes.

Une nouvelle preuve que le peuple reste encore, par certains côtés essentiels, attaché à la vieille doctrine, conservatrice et monothéiste dans son origine, c'est ce respect profond pour les parents, pour les vieillards, pour l'autorité, pour l'empereur ; c'est l'autorité du père dans la famille et les soins dont il y est entouré dans ses années de caducité. Ce sentiment est si vrai et si persévérant encore aujourd'hui, que chaque famille a sa salle des ancêtres, où les bustes des ancêtres sont réunis comme dans un oratoire ; c'est le lieu le plus vénérable de la maison ; les familles peu riches ont au moins la table des ancêtres, c'est-à-dire la série de tous les ascendants, et même cette vénération est excessive, puisque les missionnaires sont obligés de la ramener dans les limites où disparaît la superstition. Que répondent à cela les écrivains qui nous disent que les Chinois ne reconnaissent pas l'immortalité de l'âme ? Qu'ils nous disent pourquoi les ouvriers qui meurent en Californie tiennent si fortement à être inhumés à côté de leurs aïeux, et regarderaient comme un crime de laisser leur dépouille mortelle sur une terre étrangère. Ils invoquent l'âme de leurs aïeux. Et on les prendrait pour des matérialistes !

Une grave question se présente ici. La plupart des écrivains contemporains qui se sont occupés de la Chine nous ont présenté ses habitants comme entièrement corrompus et possédant des mœurs irrémédiablement dépravées. Plusieurs chapitres de cet écrit pourraient déjà modifier ce jugement par trop sévère. Nous ne donnerons notre avis qu'après avoir multiplié nos renseignements et les avoir puisés à toutes les sources.

Il faut distinguer les temps pour juger la Chine dans ses doctrines et ses qualités morales. La première phase de son existence commence à Yao, et se continue jusqu'à l'ère chrétienne et même quelques siècles après ; c'est l'époque la plus honorable pour ce pays, parce qu'il est resté étranger à l'invasion de l'idolâtrie. Comme nous l'avons dit, on était alors sous le régime du droit naturel, si clairement et si noblement commenté par Confucius quatre siècles avant Jésus-Christ. Ce n'est pas que la Chine n'ait été sujette à plusieurs révolutions, surtout dans les derniers âges de son histoire ancienne, et elles n'avaient eu pour cause que des compétitions au souverain pouvoir. Mais la morale publique n'en avait pas été notablement affectée. Elle restait au moins intacte dans son principe, et si le christianisme dans sa pureté avait été prêché alors en Chine, il est indubitable qu'aujourd'hui ce serait la chrétienté la plus florissante dans l'Eglise universelle. Aucun peuple n'était mieux préparé pour recevoir la bonne nouvelle, et si les missionnaires nestoriens du vɪɪɪe siècle, qui ont pénétré en Chine, ont pu y établir une Eglise déjà si nombreuse, tout hérétiques qu'ils étaient et destitués du secours qu'ils auraient pu recevoir de la papauté, vous pouvez juger ce qu'auraient pu faire des envoyés directs de saint Thomas, dans le cas où l'Eglise qu'il avait fondée dans les Indes aurait eu plus de durée.

Il est à remarquer qu'à toutes les époques le christianisme a eu bon accueil auprès du peuple chinois, lorsque le gouvernement n'y a pas mis obstacle par de fausses raisons d'Etat.

La seconde phase de l'histoire chinoise date à peu près de l'époque de Constantin, où la funeste erreur du bouddhisme a pris une grande extension parmi le peuple illettré. Avec les idées ridicules de la métempsycose, il a accueilli mille pratiques extravagantes, qui la plupart ne sont imaginées que pour satisfaire la cupidité des bonzes. Il faut avouer cependant que, tout erroné qu'il est, le bouddhisme n'a pas les mêmes principes de dissolution que l'ancien paganisme de l'Asie occidentale.

Mais quelle différence entre la Chine d'autrefois, qui n'adorait que le Dieu unique et tout-puissant, et cette autre Chine des temps modernes, où l'on voit plusieurs millions d'âmes à genoux devant des idoles. Autrefois, à peine y avait-il dans ce pays quelques points noirs de superstitions ; mais, depuis, une grande partie de la population est infectée de cette abjecte maladie, qui, de sa nature, doit avoir pour effet de relâcher les liens de la morale publique. Mais ce serait une injustice de mettre la Chine actuelle au niveau de la Grèce et de Rome païennes dans leur période de décrépitude. Aucun auteur, selon nous, n'est plus complet ni plus impartial en cette matière que du Halde, dans ses quatre volumes in-folio. J'y renvoie ceux qui veulent connaître à fond l'état moral et intellectuel de la Chine.

Il faut se défier des voyageurs en Chine, qui n'ont vu que superficiellement, au pas de course, et qui n'y ont pas séjourné ni comparé les classes. La classe des agriculteurs est la plus digne, c'est celle que les voyageurs ne connaissent pas. Si un Chinois ne faisait que passer quelques mois dans les faubourgs de Paris, de Londres et de Berlin, quelle idée emporterait-il de notre moralité et de notre littérature ?

Sur une matière si grave, qui intéresse l'honneur d'une grande nation, je tiens à m'appuyer sur les autorités les plus compétentes en Europe, je veux dire l'opinion reçue dans les communautés qui fournissent des apôtres et des martyrs à la Chine. J'ai eu l'honneur d'adresser une consultation au vénérable supérieur des missions étrangères, qui a eu l'extrême obligeance de me faire répondre par M. Pernot. J'en ai reçu une note rédigée par un missionnaire qui a passé dix ans de sa vie dans cet extrême orient. Le lecteur comprendra aisément qu'elle est d'un homme qui a vu la profondeur de la plaie et d'un médecin des âmes qui a fait des efforts pour la guérir. La voici :

« Paris, 25 janvier 1879.

» Que la corruption du peuple chinois soit grande, personne, je pense, n'oserait le nier. Quel que soit le degré de civilisation d'un peuple païen, il lui manquera toujours cette délicatesse de conscience qui fait craindre le péché secret, cette garde du cœur imposée au peuple par les lois chrétiennes, et enfin l'instruction sur les motifs de se contenir et les mauvais effets de l'incontinence. Aussi, malgré la sévérité des lois civiles, qui punissent de mort le viol, l'adultère, l'inceste, et même la fornication si les parents de la victime l'exigent, on peut dire que les désordres en matière de mœurs sont grands en Chine, surtout dans les villes et les cantons où se tiennent les foires et les marchés. Néanmoins, pour ce qui concerne la moralité du peuple agriculteur, on ne peut nier qu'il existe chez les Chinois plus de moralité que chez beaucoup d'autres peuples païens.

» D'abord, les mariages sont très bien réglés. Dès qu'un père remarque sa fille ou son fils en âge d'être mariés, il redouble de vigilance et s'empresse de les marier.

» Dans la famille, les femmes sont séparées des hommes, et même, pour les jeunes filles avant leur mariage, on ne les présente qu'aux plus proches parents, et on les tient cachées à tous les hommes étrangers et surtout aux jeunes gens. Aussi le scandale des filles trouvées enceintes avant le mariage est si rare qu'on peut dire qu'il n'existe pas.

» Je sais bien que cette retenue n'est pas une preuve

de moralité, cependant, pour ce que je sais par expérience, je puis dire qu'avec cette précaution les désordres sont rares.

» Dans la famille, pour peu que l'on soit aisé, les époux ont toujours une chambre à part, et j'ai vu diviser une chambre en quatre pour pouvoir en donner une à chaque couple de la famille qui entrait. D'ailleurs, règle générale, un couple a toujours sa chambre à part, et les enfants n'y sont plus généralement admis après l'âge de cinq à six ans. Si ces précautions et ces règles de famille n'empêchent pas tous les désordres, il est certain qu'elles les diminuent de beaucoup et donnent à ce peuple agriculteur une moralité qu'on ne trouve pas chez tous les chrétiens.

» Il faut cependant remarquer et reconnaître que, mis dans l'occasion de pécher, ils pèchent plus facilement que les chrétiens même ordinaires, parce qu'ils sont moins instruits et que le respect humain, le devoir de faire plaisir aux amis de la famille, qu'ils placent avant tout, les amènent souvent à faire ce qu'ils condamnent dans leur for intérieur. Mais ces peuples, devenus chrétiens, sont autrement forts dans leurs convictions et leur moralité, et nous avons souvent des exemples de vertu vraiment héroïques.

» Voilà l'impression que je garde sur la moralité des Chinois après dix ans de ministère chez eux, et dans des parties de l'empire réputées corrompues.

» Quant aux relations des missionnaires avec le gouvernement chinois, on peut dire que depuis le traité franco-chinois elles sont bonnes. La liberté religieuse est accordée par le traité ; mais il n'en est pas moins vrai que le gouvernement voit les conversions avec peine, et que ses agents font souvent tout leur possible pour exciter des persécutions locales, surtout dans les stations récemment fondées. Le missionnaire muni d'un passeport peut voyager ouvertement, et même demander justice des vexations qu'il peut souffrir de la part du menu peuple. Les chrétiens peuvent avoir des oratoires et des écoles à volonté, ils sont complètement libres pour le choix du local et des instituteurs. »

Voilà des lignes précieuses, tracées par une main aussi délicate qu'expérimentée.

On le sent, voilà les vrais voyageurs en Chine qui ont le droit de nous renseigner.

Remarquons en passant le dernier trait : *la liberté complète du choix des instituteurs.* Ce sont les Chinois qui donnent des leçons de tolérance aux faux libéraux de France. Quelle différence cependant : les Chinois respectent la religion de la minorité, parce qu'ils n'ont pas de reproche à faire à ce culte, et les républicains, se targuant de libéralisme, proscrivent les institutions chrétiennes de la religion de la majorité. De quel côté sont les barbares ?

Le lecteur sait maintenant à quoi s'en tenir sur la moralité des Chinois, et il voit, par les faits contemporains, que ce que nous avons dit de la dignité de l'ancien culte n'est pas encore démenti par ce qui existe aujourd'hui, en dépit des superstitions plus récentes.

NOUVELLE PREUVE DE LA MORALITÉ DES CHINOIS.

LA FÉCONDITÉ.

Le rédacteur des *Mémoires chinois* cherche les raisons du progrès de la population en Chine, il la trouve dans les causes suivantes, qui vont à notre sujet.

« Voici comment on pense en Chine sur la vraie cause
» de la population. Si on nous demande quelle est la
» raison de la prodigieuse population de la Chine, nous
» dirons que les moyens apparents qui semblent de-
» voir y contribuer davantage sont : 1° La piété filiale
» de toute cette grande nation et les droits de parenté,
» qui font qu'un fils est la plus riche propriété de son
» père et la plus sûre ; 2° la honte attachée à mourir
» sans postérité ; 3° les mœurs générales, qui font du
» mariage des enfants la plus grande affaire des pères et
» mères ; 4° les honneurs que le gouvernement dé-
» cerne aux veuves qui ne convolent pas à de secondes
» noces ; 5° les adoptions fréquentes, qui soulagent les
» familles et en perpétuent la branche ; 6° le retour des
» biens à la souche par l'exhérédation des filles ; 7° la
» solitude des femmes, qui les rend plus complaisantes
» pour leurs époux, épargne à leur grossesse bien des
» périls et les occupe du soin de leurs enfants ; 8° le
» mariage des soldats ; 9° l'immutabilité des impôts,
» qui, toujours attachés aux terres, ne tombent jamais
» qu'indirectement sur le marchand et l'artisan ; 10° le
» petit nombre des marins et des voyageurs ; 11° le

» grand nombre de ceux qui ne sont chez eux que par
» intervalle ; 12° la profonde paix dont jouit l'empire ;
» 13° la facilité des versements d'une province dans
» l'autre, selon que l'abondance ou la disette y règne ;
» 14° la vie frugale et laborieuse même des grands ;
» 15° l'absence du préjugé de mésalliance ; 16° la poli-
» tique ancienne d'attacher la noblesse aux emplois et
» aux talents, ce qui empêche qu'elle ne soit hérédi-
» taire et distingue les hommes sans distinguer les
» familles ; 17° la décence des mœurs publiques et
» l'ignorance des scandales de la galanterie. »

Parmi beaucoup d'erreurs, Montesquieu a fait sur ce sujet une belle réflexion qui trouve sa place ici :

« Il suit de tout ceci que la continence publique est naturellement jointe à la propagation de l'espèce. » (*Esprit des lois*, t. XIII, ch. II.)

Dans le mouvement de la vie sociale, les actions les plus diverses se correspondent pour arriver à un résultat général. Je vais fournir une preuve de la force morale du caractère chinois, prise dans les deux plus grands changements arrivés dans sa vie politique. Je veux parler des deux révolutions qui ont porté au pouvoir la dynastie mongole au XIII° siècle, et la dynastie tartare au XVII°.

Koubilaï le Mongol, fils de Gengis-khan, était un grand prince, bien différent du conquérant de l'Occident, le ravageur des royaumes, Gengis. La Chine attirait les regards et les préférences de Koubilaï. A mesure que ce grand conquérant s'emparait d'une province chinoise, il se mettait en rapport avec les sages et les hommes instruits de cette province, et, dans ses communications avec eux, il comprenait la supériorité de la civilisation chinoise, il admirait la sagesse des lois, le caractère paternel du gouvernement, la cause de la durée de cette société, la régularité des mœurs, le vrai savoir des lettrés; il se faisait ainsi son éducation. Aussi, étant parvenu à la conquête définitive de toute la Chine, son premier acte fut de continuer le pouvoir des mandarins dans tout l'empire, et il se trouva par le fait que ce n'étaient pas les Mongols qui avaient vaincu les Chinois, mais les Chinois qui avaient subjugué les Mongols par la dignité de leur caractère et l'ascendant de leurs vertus.

Ce qui est si frappant pour l'avènement des Mongols ne l'est pas moins au xviie siècle à l'avènement de la dynastie des Tartares du nord, qui ont fondé la dynastie xxiie. L'oncle du premier empereur et Chang-hi, le deuxième empereur, ont été des hommes de génie et d'un bon sens pratique qui en faisait des sages d'une haute valeur ; ils ont imité Koubilaï, plein d'admiration pour les institutions chinoises, la docilité, l'obéissance du peuple et l'ordre moral traditionnel dans cette grande nation. Ils ont tout respecté, et les grands parmi les Tartares ont été les plus fidèles observateurs des lois. Pour les lecteurs français, il est aussi facile de connaître l'histoire de Chang-hi que celle de Louis XIV, son contemporain. On peut voir que c'était un grand prince, qui s'intéressait vivement non-seulement à l'ordre matériel de son Etat, mais surtout à l'ordre moral, et on peut dire que sous son règne la Chine était heureuse, calme et digne dans ses mœurs. La cour de Pékin n'avait pas les scandales de celle de Versailles. Au reste, il faut bien savoir que les Mongols et les Tartares étaient sincèrement monothéistes, et qu'à ce point de vue il y avait une affinité de plus entre les deux peuples.

Voici un autre monument qui révèle par un côté bien inattendu le caractère de douceur dans les mœurs chinoises. C'est le début d'un traité sur l'art de la guerre par Séma. C'était un général d'une grande réputation : on l'appelle en Chine le général par excellence. Son ouvrage jouit de la plus haute estime : il a laissé une mémoire vénérée. Voici ce beau morceau, qui met dans la bouche d'un soldat chinois une admirable leçon d'humanité que l'on croirait dictée par Turenne. (*Mémoires chinois*, t. VII, p. 230.)

« Les anciens sages, les premiers législateurs, regar-
» dèrent l'humanité comme le principe universel qui
» devait faire agir les hommes. Ils fondèrent sur la
» justice l'art sublime du gouvernement ; ils établirent
» l'ordre pour diriger la justice ; ils donnèrent des
» règles de prudence pour fixer l'ordre ; ils consacrèrent
» la droiture pour servir de mesure à tout. Pour rani-
» mer l'humanité qui s'éteignait et la justice dont on
» violait les immuables lois.....

» Ils furent contraints d'établir l'autorité pour ven-
» ger la justice violée, et ils firent la guerre. On peut
» donc faire la guerre, on peut combattre, on peut en-
» vahir des villes, des provinces et des royaumes. Vu

» l'état présent des hommes, il n'y a plus de doute à
» former à cet égard. Mais avant d'en venir à ces ex-
» trémités, il faut être bien assuré qu'on a l'humanité
» pour principe, la justice pour objet, la droiture pour
» règle.

» On ne doit se déterminer à attenter à la vie de quel-
» ques hommes que pour conserver la vie d'un plus
» grand nombre ; on ne doit vouloir troubler le repos
» de quelques particuliers que pour assurer la tranquil-
» lité publique. On ne doit nuire à certains individus que
» pour faire du bien à l'espèce.

» Il résulte de là que la nécessité seule doit nous
» mettre les armes à la main. Or, si on ne fait la guerre
» que par nécessité et avec les conditions que je viens
» d'indiquer, on aimera ceux mêmes contre qui l'on
» combat, on saura s'arrêter au milieu des plus brillantes
» conquêtes, on sacrifiera la valeur à la vertu, on ou-
» bliera ses propres intérêts pour rendre aux peuples
» tant vainqueurs que vaincus leur première tranquillité
» et le repos dont ils jouissaient auparavant. »

Voilà le vrai droit naturel et international, ce sont des sentiments qui sentent comme le souffle de la charité évangélique. Ce nous est une preuve de plus que la vraie doctrine a été donnée au premier homme, et que l'état sauvage et polythéiste est un état dégénéré. Vous trouverez quelquefois dans Platon et Cicéron des pages aussi brillantes dans les hautes spéculations, mais jamais sur le terrain pratique. Les plus beaux génies parmi ces philosophes n'ont eu du respect pour l'humanité qu'en excluant d'immenses catégories. En dehors de la civilisation chrétienne, il nous fallait la révélation de la civilisation chinoise pour nous ramener à la conception morale, élevée et universelle d'Abraham.

D'après les faits que nous avons déjà rassemblés, on peut voir que ce ne sont pas là des principes vagues et purement spéculatifs ; qu'on me permette d'en fournir des preuves d'un nouveau genre.

L'histoire chinoise nous fournit cent exemples du respect et du profond dévouement des empereurs pour leurs peuples. Un nombre très considérable de monarques de ce pays, dont la conduite laissait à désirer, ont fini par reconnaître qu'ils ne remplissaient pas dignement leur charge, et, chose aussi inouïe qu'admirable, ils ont fait l'aveu de leurs fautes d'une manière qui faisait une profonde et salutaire impression sur les populations. Comme spécimen, je cite quelques passages de la confession de Te-tsong, parlant aux grands de l'empire et à son peuple.

« Un prince n'a pas de meilleurs moyens de bien
» gouverner, de faire régner la vertu dans son empire,
» qu'une bonté sincère pour ses sujets, un généreux ou-
» bli de soi-même en leur faveur, un soin continuel de
» corriger ses défauts, de réparer les fautes qui lui
» échappent et de tendre à la perfection.

» En repassant avec douleur les premières années de
» mon règne, je vois que je dois m'attribuer les troubles
» qui ont fatigué mon peuple. Il est temps de réparer
» le mal commis, en exposant sans déguisement les

» tristes effets de ma mauvaise conduite, en témoignant
» un désir sincère de travailler au bien public.

» Elevé par des femmes, dans l'intérieur du palais,
» jusqu'à une jeunesse assez avancée, je me suis res-
» senti d'une éducation si peu propre à former un
» prince. J'ai pris possession d'un empire paisible, et je
» n'ai pas su prévenir ce qui pouvait le troubler. Peu
» instruit des peines des laboureurs, peu attentif à ce
» que souffrent les gens de guerre, je n'ai su faire sentir
» ni aux uns ni aux autres les effets de ma bonté. Je
» leur ai laissé le droit de douter de ma tendresse et
» leur ai donné le sujet de me payer d'indifférence.

» J'ai entrepris des guerres inutiles. Ce n'étaient que
» marches de troupes et de convois. J'ai augmenté les
» droits ordinaires.

» Cependant, au-dessus de moi, Dieu me donnait, en
» me châtiant, de fréquents avis ; je n'ai pas su en pro-
» fiter. Au-dessous de moi, les hommes éclataient en
» murmures ; je n'ai pas su en être informé, jusqu'à ce
» qu'un sujet rebelle se soit mis en révolte et soit allé
» jusqu'à insulter la sépulture de mes ancêtres. J'ai
» ressenti ces choses d'autant plus vivement que j'y
» avais moi-même donné occasion. Le rebelle a été
» vaincu et pris, mais il s'agit maintenant de remédier
» aux maux que j'ai causés à mon peuple, et c'est pour
» commencer à le faire que je publie la présente décla-
» ration. »

Voilà le début de cette étonnante pièce, qui, à tant d'égards, est un si curieux monument.

Les rois de l'Occident croiraient manquer à leur dignité s'ils faisaient de pareils aveux dans les mêmes circonstances. Cette franchise a cependant produit un effet tout contraire, et voici pourquoi : c'est que ces humbles aveux avaient l'accent vrai de l'affection envers le peuple.

Autre sujet d'étonnement. Souvent les monarques se sont décidés à une vie plus digne d'un prince, sur les remontrances courageusement motivées d'un colao ou premier ministre. Des remontrances, si méritées qu'elles soient, ne resteraient pas impunies si on les adressait à un chef républicain.

Or, voici sur quel ton le ministre Lou-thee parla précisément à l'empereur dont nous venons de parler.

Le colao commença par lui signaler deux de ses ministres, Lou-ki et Te-tsong, comme la cause des troubles. Mais l'empereur prenant modestement la défense de ses ministres : Que dites-vous-là ? répondit-il, vous n'avez donc pas le courage de m'attribuer les malheurs présents ? Le colao se retira, mais deux jours après il revint avec un mémoire écrit, où il lui exposait les vraies causes des troubles et des révoltes. On lit à la fin de ce mémoire : Pour ramener l'ordre voici le secret : Point de rigueur et beaucoup de vertus ; préférer le sentiment général à vos vues particulières ; suivre la raison et non vos inclinations ; éloigner les flatteurs ; employer les gens d'un vrai zèle plutôt que les beaux parleurs. Voilà la grande route ; il est aisé de la reconnaître.

Ces remontrances eurent un plein succès,

Voilà des empereurs qui grandissent dans l'opinion et conquièrent l'affection de leurs sujets, parce qu'on les voit s'humilier devant le souverain maître des rois. Ne devons-nous pas nous attendre à un résultat tout contraire dans un pays où les premiers honneurs sont offerts aux athées et aux matérialistes ?

Je prie le lecteur de se souvenir de l'heureuse influence que les bons princes, et ils sont en grand nombre, ont eue sur cette vaste monarchie, et de remarquer quel effet déplorable ont eu sur la nation les mœurs perverties des grands et de la cour à certaines époques.

Les moments de prospérité et de grandeur ont toujours correspondu à des époques où les bons princes étaient secondés par des magistrats dévoués par vertu au bien public. Nous avons même été témoins, dans certains temps, d'une chose fort remarquable, c'est que la paix publique, fondée sur la pratique habituelle des grands devoirs sociaux, était à peine troublée par le passage d'un ou deux princes défectueux.

En réunissant toutes les considérations qui précèdent, on voit que de tous les empires qui ont occupé une grande place dans l'univers, aucun ne confirme plus clairement la loi fondamentale de la philosophie de l'histoire proclamée par le génie de saint Augustin : *Justitia elevat gentem, miseros autem facit populos peccatum*. Qu'on me pardonne de répéter cette maxime, elle exprime la vérité fondamentale la plus méconnue de notre siècle.

C'est lorsque la morale et la doctrine des Kings

étaient le plus respectées, lorsque la cour et les magistrats en donnaient l'exemple, lorsque les doctrines traditionnelles étaient en honneur, que vous trouvez les peuples soumis et heureux, les enfants et les sujets obéissants, et l'autorité respectée.

Quoique la Chine ne soit plus à la hauteur des vertus morales des premiers siècles, il faut lui rendre cette justice, qu'elle nous offre encore le spectacle de règnes glorieux et dignes de son âge d'or.

Tandis que Louis XIV était en Occident le monarque le plus admiré, il y avait en Chine un monarque peut-être aussi distingué que lui, sans avoir eu ses humiliations avant de descendre dans la tombe. Il s'appelait Kang-hi. Voici ce qu'en dit du Halde, qui n'est que l'écho de la voix publique sur ce grand empereur :

« La Chine jouissait d'une profonde paix et elle en était redevable à la sagesse et aux lumières supérieures de l'empereur. L'application infatigable de ce grand prince à toutes les affaires de son Etat, son équité et sa pénétration dans le choix des sujets propres à remplir les premières charges, sa frugalité et son éloignement de tout luxe pour sa personne, joints à sa prodigalité et à sa magnificence dans les dépenses de l'Etat, sa tendresse pour ses peuples et sa promptitude à les secourir, sa fermeté à maintenir les lois dans leur vigueur et à les faire observer, sa vigilance continuelle à l'égard des vice-rois et des gouverneurs, et l'empire absolu qu'il avait acquis sur lui-même, tout cela entretenait la plus parfaite subordination dans tous les membres de ce vaste empire. »

Pourrait-on faire du monarque français qui a donné son nom à son siècle un éloge aussi satisfaisant et aussi complet ?

Mais je continue à citer du Halde, t. I, p. 547-548.

« Tout occupé qu'était ce prince du gouvernement de son empire, il trouva encore le loisir de s'appliquer aux sciences, pour lesquelles il avait un goût et un génie particuliers. Il ne se contenta pas de la littérature chinoise, dans laquelle il était très versé, il voulut encore s'instruire des sciences cultivées en Europe : la géométrie, l'algèbre, la physique, l'astronomie, la médecine et l'anatomie. Les pères Gerbillon, Bouvet, Thomas, furent occupés pendant plusieurs années à composer leurs leçons en langue tartare, et à les lui expliquer deux fois par jour, soit à Pékin, soit dans sa maison de plaisance. Et même le père Gerbillon le suivit dans ses voyages en Tartarie. Il avait une haute indépendance d'esprit, et il savait fort bien sentir les points essentiels où nous, Européens, nous étions supérieurs aux Chinois. Il en donna une preuve éclatante en nommant chefs du bureau des mathématiques nos missionnaires catholiques, malgré l'opinion de capacité que se déféraient les Chinois. »

Ajoutez à ceci que la Chine actuelle continue à nous étudier, malgré sa répugnance à faire alliance avec les étrangers.

Un voyageur, qui traite durement les Chinois, nous fait connaître cependant qu'ils ont appris l'usage des torpilles, l'existence de l'usine Krupp... Ils apprennent l'art de fabriquer d'excellentes armes, de bâtir des arsenaux. La Chine enfin serait aujourd'hui à l'abri d'un coup de main, et pour forcer ce gouvernement à remplir ses engagements, il faudrait des moyens si sérieux et si coûteux qu'on y regarderait à deux fois avant de hasarder une déclaration de guerre.

Pendant longtemps la police des côtes était faite par des marins étrangers. Aujourd'hui la Chine a des canonnières et entend faire seule cet ouvrage. Son dictionnaire s'est enrichi de signes nouveaux pour désigner des idées inconnues auparavant.

Ici M. de Rochechouart donne comme une idée *nouvelle* celle du droit des gens. Nous avons fourni des preuves qui attestent que le droit des gens et le droit naturel ont été de tout temps connus et d'autant mieux pratiqués qu'on remonte plus haut dans la chronologie chinoise.

Il me semble que M. de Rochechouart s'est un peu mépris sur la valeur intellectuelle de cette nation.

Dans certains moments où le gros de la nation trouvait insupportable une dynastie ou un souverain, on a vu qu'ils étaient très habiles à former des sociétés secrètes, où des centaines de mille individus étaient enrôlés sans que l'autorité pût saisir la trame de la conjuration : ces révolutions ont été quelquefois désastreuses, mais aussi d'autres fois elles ont favorisé le bien général. Ce que nous appelons la politique n'est nullement une chose nouvelle pour eux.

Notre auteur va trop loin, pensons-nous, quand il dit

que nous avons en Europe un progrès indéfini devant nous, et que les Chinois, peuple épuisé, ne peuvent que descendre. Si s'agiter, faire des révolutions, saper les vieux et respectables principes de la morale générale, tolérer avec indifférence les attaques contre Dieu et son culte, enfin faire du droit nouveau, si cela est du vrai progrès, j'accorde que nous l'emportons sur la Chine, car les Chinois sont moins ardents que nous pour renverser les institutions anciennes avant d'avoir pensé à ce qui doit les remplacer.

Il y a ici une double erreur. De même que chez nous, malgré les apparences contraires, les révolutionnaires ne sont pas la majorité effective et intelligente, de même aussi ils sont loin de représenter le progrès. Le résultat le plus clair aujourd'hui en France est que l'on fait du despotisme au nom de la liberté, que l'on fausse le droit des électeurs par le cynisme des invalidations, qu'on se dit respecter la libre pensée et le droit d'avoir sa religion par la suppression des écoles dites cléricales et des universités qui ont les succès les plus indiscutables, soit pour la valeur des études, soit pour former la jeunesse à la pureté des mœurs, à l'élévation et à la distinction des sentiments. Est-ce que le progrès doit consister à entraîner l'homme à vivre sans Dieu et sans morale, à descendre d'un vil animal, à n'avoir aucune espérance pour la vie future, si vertueux que l'on ait été avec ses concitoyens ? S'il en est ainsi, dites que le cannibalisme est le dernier terme du progrès, et nous mangerons nos semblables jusqu'au dernier couple, car la force prime le droit, et le droit, ce n'est rien ; ce serait une loi sans législateur.

Si on laisse faire nos gouvernants, il ne faudra pas beaucoup de temps pour que la France descende au-dessous du niveau de la civilisation chinoise.

M. de Rochechouart est certainement un écrivain honnête et éclairé. Il lui est cependant échappé une réflexion dont il n'a pas soupçonné la gravité, la voici. Il compare aux Chinois les peuples européens et dit : « Les races occidentales, sujettes à des changements continuels, renouvellent sans cesse leur sève civilisatrice et sont dans une voie progressive... » Alors tout changement serait un progrès, même le changement du bien en mal. Ridicule phraséologie ! Mais elle est pire que ridicule : c'est l'oubli complet des principes vitaux de la société.

## CONCLUSION.

Il n'y a guère plus d'un siècle que nous connaissons la Chine, et il n'y a encore qu'un petit nombre d'Européens qui aient des idées justes sur ce grand pays. On doit dire que ce sont les pères jésuites qui ont été les Christophe Colomb de ce monde nouveau, et c'est encore à eux et aux autres missionnaires qu'il faut s'adresser pour avoir des connaissances exactes et approfondies.

Nous venons de faire passer sous les yeux du lecteur un choix varié de documents les plus authentiques et pris à toutes les sources. Je puis dire que j'ai laissé la parole aux faits, il est temps maintenant de tirer des conséquences que le lecteur a pressenties. Il est temps de recueillir les enseignements qui ressortent de cette étude. La Chine est assez vénérable par son antiquité, assez éclairée par sa littérature et ses usages, assez positive par son histoire, assez sérieuse par la gravité de son caractère, pour être consultée dans les jugements qu'elle porte sur la plupart des questions dont la solution nette importe le plus au genre humain.

Première conséquence. — Les Chinois ont été le peuple de l'antiquité qui a tenu ses archives historiques avec le plus de soin. Tout y est suivi et bien ordonné. Il n'y a pas de lacunes, de contradictions ni d'exagération, rien qui sente la fable ou la poésie vaporeuse.

En dehors du peuple hébreu, on n'en trouve aucun autre qui ait échappé aux rêveries du polythéisme, qui jettent un nuage si épais sur l'histoire primitive des autres peuples. Ici, tout est clair, naturel, raisonnable, éprouvé par une saine critique. Comme chez les enfants de Jacob, les monuments écrits les plus anciens sont les plus parfaits pour la forme comme pour le caractère laconique et mesuré du récit.

Deuxième conséquence. — Si vous confrontez l'état primitif de la Chine avec ce que dit la Bible de l'état primitif du genre humain dans les temps qui ont suivi le déluge, vous remarquez avec satisfaction une harmonie parfaite entre ce qui se passe alors dans l'Asie occidentale et à l'autre extrémité de ce vaste continent.

Yao, Chun et Yu ont les sentiments, le langage et la sublime simplicité d'Abraham, d'Isaac et de Jacob. Ici et là les mœurs indiquent le berceau du genre humain, une haute dignité de caractère, un sentiment religieux profond, une grande bonté, un dévouement sincère pour son semblable. On ne voit, on ne sent rien qui soit le résultat d'une civilisation déjà vieille; on sent au contraire, par les arts, les sciences, les tâtonnements sur l'écriture, par les premiers hiéroglyphes, qu'on touche au commencement du monde. Une seule chose apparaît magistralement organisée et complète, c'est la morale et les droits hautement reconnus de la divinité, du souverain maître du monde. Honneur à la Chine, qui, mieux que les nations si vantées de l'Asie occidentale, nous a conservé pures ces premières et vénérables traditions qui viennent ajouter de brillants rayons à la gloire qui entoure les livres saints. En Chine, comme chez les enfants d'Héber, on arrive à une grande longévité. Chun a vécu cent dix ans ; Yao, cent vingt. Les règnes précédents, sans être fixés par des dates, passent pour avoir été fort longs. Les Chinois ont connu la déchéance de l'Eden ; ils ont les souvenirs de l'Eden, la séduction de la femme par le serpent, le déluge, et tout cet ensemble de traditions que nous signalent, avec de nouveaux documents, les *Vestiges* de M. Bonnetty.

Troisième conséquence. — La Chine nous fournit un argument tout-puissant et décisif par l'histoire du monothéisme primitif tel que l'affirme la Bible, tel aussi qu'il ressort même du polythéisme sérieusement étudié. Le polythéisme porte jusque dans ses erreurs des indices qui font allusion au vrai Dieu unique. Les vieux papyrus nous le révèlent ; certains emblèmes en conservent l'idée à Babylone ; dans les mystères grecs, l'hiérophante le proclamait. Les philosophes essayaient timidement d'y ramener les populations. Mais c'est la gloire de la Chine de nous montrer cette grande vérité dans toute sa majesté. Les Kings parlent du Dieu très haut avec un accent et une élévation de langage qui étonne et qui émeut.

L'Académie française a offert un fauteuil à un philosophe romancier, parce qu'il a fait de gros volumes pour prouver que les Hébreux seuls avaient été monothéistes par instinct, parce que pour eux c'était une spécialité de nature.

Il n'est pas possible de porter plus loin l'audace du faux en histoire.

Il est faux que les enfants de Jacob aient eu un penchant prononcé pour le monothéisme. Ce sont les Israélites, au contraire, qui se sont rendus coupables du plus grand crime d'idolâtrie qui ait jamais été commis. C'est sous les feux du Sinaï, après les marques les plus touchantes de la protection divine, que le peuple entier, par une folie inconcevable, offre tous les ornements précieux dans chaque famille pour fondre un veau d'or, et il se prosterne devant ce hideux objet.

Mais M. Renan a lu l'histoire juive ; il sait les infidélités continuelles si souvent châtiées par des captivités et d'autres fléaux ; il a lu les prophètes qui ont humilié Juda avec tant d'énergie. Y a-t-il un ombrage dans les hauts lieux, disait l'un d'eux, sous lequel vous n'ayez pas consommé la fornication de votre idolâtrie ?

Dans la réalité, le peuple juif a été le peuple le plus furieusement incliné vers le culte des faux dieux. L'ouvrage de M. Renan est donc la plus grosse méprise historique du siècle.

Il n'a pas même nommé les Chinois, qui lui donnent un si cruel démenti ; il n'a pas soupçonné que les Mongols et tous les Tartares étaient dans les mêmes idées monothéistes, excepté ceux du Thibet, qui, monothéistes pendant toute l'époque antique, ont succombé depuis sous le bouddhisme. La vérité est qu'aux yeux du vrai savant le dogme de l'unité de Dieu a brillé dans tout l'univers, et que l'idolâtrie, comme la barbarie sur d'autres points, est un état secondaire ; c'est la civilisation qui apparaît au début, et c'est notre quatrième conséquence.

Quels sont les signes auxquels nous reconnaissons que la civilisation chinoise n'a pas commencé par l'ignorance absolue, comme le veulent certains penseurs superficiels de notre temps ? Pour être exact, il faut distinguer les deux faces de la civilisation, qui sont aussi différentes que l'âme l'est du corps. Je veux dire la civilisation morale et la civilisation matérielle.

La première consiste dans la connaissance du droit naturel, des lois morales qui régissent les actions, qui font connaître l'origine et la fin de l'humanité, la distinction du bien et du mal, nos devoirs envers le père commun de tous les êtres et nos devoirs envers nos semblables. Voilà le fond même de la civilisation. Il y a ensuite son vêtement extérieur, l'ensemble des moyens qui rendent la vie commode, c'est-à-dire les arts et métiers. Ils ne sont pas la civilisation proprement dite, mais ordinairement un signe de sa prospérité et de la régularité de sa marche.

Or, l'homme dans le plein exercice de ses facultés peut inventer les arts et métiers ; mais il n'est ni de sa force ni de sa compétence d'inventer la loi morale, qui règle ses rapports immuables avec Dieu et ses semblables. La démonstration est fort simple. La loi morale a deux termes : Dieu et l'homme. Pour créer une loi, il faut un législateur. Qui sera ce législateur ? Est-ce l'homme ou la divinité ? Poser la question, c'est la résoudre.

Approfondissez cette question, et vous verrez qu'il est impossible de supposer une société en fonctions sans ces notions préalables. Il est absurde de supposer que Dieu a lancé sur la terre des créatures raisonnables sans leur promulguer sa loi morale. Lui seul pouvait la promulguer. L'homme, enfant nouveau venu, n'aurait pas même l'idée de cette loi, bien loin de pouvoir la formuler. On ne conçoit cette loi que comme un héritage traditionnel. Supposer que l'homme ait pu rester un jour sans connaître cette loi, c'est une injure faite à la Providence divine. Aussi parcourez les plus vieux monuments historiques de tous les peuples, vous verrez partout la lumière du droit naturel associée aux dogmes religieux et briller dans les origines, même chez les sauvages, où la civilisation matérielle est dans un état de dégénérescence et de pauvreté.

Le jeune animal sauve sa vie, l'enfant au berceau meurt sans sa mère. Il n'y a d'adultes que dans une société formée ; l'enfant seul est condamné à mort : le premier homme ne peut donc naître que de Dieu.

Il n'y a qu'une seule classe d'hommes assez égarés dans leurs pensées pour nier la vérité ; ce sont les matérialistes et les athées. Or, l'athéisme et le matérialisme ne sont pas une doctrine : tout ce que nous voyons est pour l'athée le produit fortuit du hasard, et toute loi et tout droit sont un non-sens. Il y a la loi fatale du plus fort, ou l'écrasement par la tyrannie.

L'histoire de la Chine nous explique bien clairement l'origine naturelle de ces deux sortes de civilisations, qui nous ont conduit à ces considérations, la civilisation morale et la civilisation matérielle. On peut dire qu'ici la démonstration a une grande force et justifie d'une manière étonnante les principes que nous exposons, car, tandis que nous assistons à la naissance des arts et métiers et que nous les voyons se développer avec les siècles, il en est tout autrement de la civilisation morale, qui est d'autant plus pure et nettement formulée que nous remontons plus haut vers la première origine de la société.

Tout ce qu'il y a de plus primitif, c'est la doctrine morale des Kings, qui sont en même temps un traité de religion, des devoirs religieux, et un cours de législation morale. Bien plus, ces livres antiques et vénérables nous montrent ce principe en action dans tous les premiers chefs de ce peuple jusqu'à Yao et Hoang-ti : alors la physionomie extérieure de la société avait un air de pauvreté ; mais qu'elle était riche en vertus, en dévouement et même en génie ! C'était la vraie supériorité, car chez ce peuple le capital moral est à sa plus haute puissance. Que sont les richesses purement financières en comparaison, si celles-ci ne faisaient que couvrir une corruption profonde et des passions indisciplinées ?

Enfin notre conclusion capitale est celle-ci : que la

Chine donne raison par l'histoire aux données fondamentales de la Bible, qui est la vraie charte du genre, charte qui contient tous les titres de sa noblesse et de ses espérances. Elle leur donne raison par sa chronologie, qui n'est pour ainsi dire que son duplicata, par ses limites ; elle leur donne raison par ses mœurs et coutumes patriarcales au début, par la morale presque évangélique de ses livres sacrés et par certains souvenirs spéciaux qui ne sont que des réminiscences de croyances qui remontent à l'âge de Noé.

# PIÈCE JUSTIFICATIVE.

### LA CHINE COMME FORCE MILITAIRE.

La note suivante devait entrer dans le corps de l'ouvrage et elle a été oubliée; mais elle ne peut être omise, car elle donne des notions positives sur un point essentiel indiqué dans la préface, sur ce qu'est et ce que peut devenir la puissance militaire des Chinois.

Ce que nous allons dire est tiré de la *Revue scientifique* du 2 août 1879.

Nous ne croyons pas nous tromper, dit cette Revue, n° 5, page 103, en disant que ce siècle si fécond en surprises donnera au monde le spectacle de la renaissance de la puissance militaire de la Chine, et de l'entrée de l'empire du Milieu sur le théâtre politique, où les grandes puissances jouent leurs rôles dans le grand drame dont l'évolution de l'humanité est le sujet. Tout en restant puissance asiatique, la Chine tend à devenir un des plus importants facteurs du problème oriental, de la solution duquel dépendent la prospérité et la paix de l'univers. La voilà en contact avec les deux grands Etats rivaux qui se disputent la suprématie de l'Asie, et dans le duel d'influence où sont engagées l'Angleterre et la Russie, son intervention menace de peser bientôt d'un poids tel, qu'il faudra absolument compter avec elle lorsqu'on traitera non seulement des affaires de l'extrême Orient, mais encore de celles qui touchent de près à l'équilibre des nations européennes.

En ce moment même (en 1879), des négociations sont engagées entre le cabinet de Saint-Pétersbourg et une ambassade chinoise pour la restitution de la vallée de l'Ili et de sa capitale Kouldja, dont, à la suite de l'insurrection doungane, la Russie s'était emparée en 1871. Il paraît que l'ambassade chinoise a de sérieuses chances de succès, et qu'il se pourrait bien cette fois, et par extraordinaire, que l'aigle bicéphale cédât au fanatisme du dragon une acquisition sérieuse et par la fertilité du sol et par la situation stratégique. Cette revendication a été amenée par un événement important arrivé dans ces dernières années et sur lequel nous croyons intéressant de nous étendre. Nous voulons parler de la reprise du Turkestan oriental par les Chinois.

Cette dernière contrée appartenait bien plus géographiquement à la Chine qu'au Turkestan proprement dit. Entourée de trois côtés par d'énormes chaînes de montagnes, elle s'ouvre à l'est vers les vastes steppes déserts du Gobi et de la Mongolie....

On a donné divers noms à ce pays : on l'a appelé Petite-Boukharie, Kachgarie, Turkestan oriental. Ethnographiquement, c'est le sang turc et mongol qui domine dans cette population, qui ne manque pas d'énergie.

Les événements qui se précipitèrent depuis l'automne de 1876 portent avec eux un enseignement. Ce sont eux qui nous révèlent les progrès considérables faits par la Chine depuis plusieurs années et son élévation à l'état de grande puissance militaire. M. Boulger nous les présente avec une clarté et une précision vraiment dignes de louanges, car il a dû en dégager la signification de récits trop souvent obscurs, et pour y porter la lumière il fallait un sens critique très fin et une connaissance très sûre des choses de l'Orient. Prenons-le pour guide et suivons rapidement les péripéties dont le Turkestan oriental a été récemment le théâtre.

Le gouvernement chinois possède une qualité qui est en même temps une force : il n'oublie rien et il sait attendre ; pour lui le temps est un facteur secondaire, ou, pour mieux dire, sa grande antiquité et la longue persistance de sa politique séculaire et toujours nationale, malgré les changements de dynasties, font que les périodes qui, à nos yeux, semblent considérables, sont en réalité plus courtes aux siens. C'est ainsi que lorsqu'il eut paré au plus pressé, lorsqu'il eut réduit la grande révolte des Taï-pings et vaincu les rebelles musulmans du Yun-Nan, il estima que l'heure était venue de rétablir son autorité sur les dépendances occidentales de l'empire du Milieu. Les circonstances étaient d'ailleurs on ne peut plus favorables : le Fils du Ciel disposait d'une armée fortement organisée, rompue aux fatigues, aguerrie, animée d'un esprit vraiment militaire, fière de ses succès et pourvue des armes européennes les plus perfectionnées, dont elle connaissait parfaitement le maniement ; les généraux victorieux du sultan de Ta-li-fou avaient fait leurs preuves comme stratégistes et tacticiens, ils avaient la confiance et l'amour du soldat. De quoi s'agissait-il ? De transporter l'armée du Yun-nan dans le Kan-sou. La distance est grande, mais la Chine est sillonnée de bonnes voies de communication terrestres et fluviales. Le ravitaillement est facile dans une contrée si fertile et si peuplée ; ce ne fut donc qu'une affaire de temps et de soin que d'amener les troupes à Lang-ché-fou, capitale du Kan-sou, en traversant le Ssét-chouen et le Chen-si. Elles y furent vraisemblablement concentrées à la fin de 1874 et placées sous le commandement supérieur du vice-roi Tso-tsoun-tang, qui de son côté préparait depuis longtemps la future campagne en Doungarie et en Kachgarie. Pendant dix-huit mois, on accumula dans les arsenaux et les magasins de Lang-tché-fou fusils à tir rapide (en une seule fois, 10,000 carabines Berdan y furent versées), canons Krupp et Armstrong, munitions, provisions de toute sorte ; pendant dix-huit mois, on dirigea sur cette ville force recrues qui furent incorporées dans les cadres formés par les vétérans de la guerre de Yun-nan. Enfin, l'avant-garde fut envoyée dans le désert de Gobi, qu'il s'agissait de traverser, et chargée d'y tracer une route, d'y construire des postes d'étape, voire même d'y défricher des champs et d'y planter du grain pour le ravitaillement des colonnes expéditionnaires. Chose remarquable, le secret le plus profond fut admirablement gardé sur ces préparatifs, et quand l'armée chinoise parut sous les murs d'Ouroumtsi, la stupéfaction fut grande chez les Dounganes.

On était alors à la fin d'août 1876 ; bien que plusieurs chefs dounganes et quelques officiers de Yakoub-beg fussent dans cette ville, elle ne résista pas longtemps. Les Chinois, qui se souvenaient du massacre dont leurs compatriotes avaient été victimes quand l'insurrection avait éclaté en 1862, se montrèrent impitoyables : la garnison tout entière fut passée par les armes. Quelques jours plus tard, le 2 septembre 1876, Tso-tsoun-tang mettait le siège devant Manas, où tout ce qui restait de défenseurs à la cause doungane s'était réfugié. La résistance fut opiniâtre, héroïque même : plusieurs assauts furent repoussés, et Manas subit un bombardement de deux mois. A la fin cependant les défenseurs de cette ville se virent à bout de ressources ; les travaux d'approche des Chinois, conduits suivant les règles de l'art, rendaient la situation tout à fait désespérée. Le commandant doungane, Hai-Yen, offrit donc de capituler, et le général en chef chinois se montra d'abord disposé à accepter des conditions convenables. En conséquence, le 6 novembre, les hommes en état de porter les armes, officiers et chefs en tête, sortirent de la ville et s'avancèrent vers le camp des assiégeants. Alors se produisit un fait sur lequel la lumière n'a pu être faite : tout à coup les infortunés Dounganes se virent attaqués de toutes parts, écrasés sous les feux croisés de l'artillerie et de la mousqueterie : ceux qui échappèrent à cette boucherie furent livrés aux bourreaux ; en un mot tout homme valide dans la ville et dans les environs fut massacré. M. Boulger, qui a une certaine inclination pour les Chinois, est porté à voir dans ce carnage atroce le résultat d'un malentendu : il dit que les Chinois, à la vue de ce corps d'hommes armés qui marchaient vers eux, crurent à une sortie des assiégés. Nous ne voulons pas nous prononcer sur ce fait abominable ; mais ce massacre qui, pour une génération, a émasculé le peuple doungave, fait trop bien les affaires du gouvernement chinois pour que nous doutions un peu de sa bonne foi en cette affaire, d'autant plus que sa mansuétude à l'égard des vaincus a toujours été plus que contestable. Bref, la chute de Manas remettait la Doungarie tout entière sous le sceptre du Fils du Ciel, puisque Kouldja et la vallée de l'Ili étaient occupées depuis 1871 par les Russes. Tso-tsoun-tang n'avait donc plus d'autre objectif à atteindre que la reconquête du Sou-le, c'est-à-dire de la principauté sur laquelle régnait l'émir Mohamed-Yakoub-Khan. Il y avait quatre ans, en effet, que celui-ci, ayant envoyé à Abd-ul-Aziz une ambassade, avait reçu le titre d'émir ou « prince » du sultan de Turquie, successeur légitime pour les Sunnites des khalifes, commandeurs des croyants. Mais cette distinction ne devait pas lui faire éviter sa destinée.

L'hiver de 1876 à 1877, tout en arrêtant les opérations militaires des Chinois, ne mit pas obstacle aux préparatifs des futurs belligérants. Dès le mois de mars 1877, Yakoub dirigea toutes ses troupes disponibles sur Tourfan, à l'extrémité nord-est de ses Etats, dont il songea à en faire le boulevard. Il s'y fortifia avec 3,500 Djiguites, 5,000 Sarbases et 20 canons, d'ancien modèle pour la plupart : comme il craignait une attaque dirigée d'Ouroumtsi à travers les Thian-Chan, il établit dans le fort qui gardait la passe de Devan 900 Djiguites armés de 2 canons, dont un se chargeant par la culasse : le second fils de l'émir, Hacc-Kouli-beg, commandait à Toksoun la réserve composée de 4,000 Djiguites et de 2,000 Sarbases avec 5 canons ; enfin tout à fait en arrière, à Korla, 1,500 hommes furent d'abord campés, puis dirigés plus tard sur le gros de l'armée. Yakoub disposait donc d'une armée de 17,000 hommes. Deux officiers russes, MM. Kouropatkine et Prjévalsky, qui visitèrent séparément l'émir de Kachgar à cette époque (printemps de 1877), s'accordèrent à augurer tristement de l'avenir pour le prince musulman, et à signaler la désaffection profonde de la population pour lui : dans l'armée, les désertions étaient nombreuses, même avant les premiers revers.

Les Chinois n'étaient pas demeurés non plus inactifs, ils avaient établi un vaste camp retranché à Gou-tchen, à l'est d'Ouroumtsi, où ils s'étaient fait expédier du centre de l'empire force munitions et renforts. M. Boulger évalue à 50,000 hommes l'armée de Gou-tchen, placée sous les ordres immédiats de Tso-tsoun-tang, et à 10,000 une colonne concentrée à Hamil, à l'extrémité méridionale des monts Célestes, et commandée par Tchang-Yao, un des meilleurs généraux de la campagne du Yun-nan, en tout 60,000 hommes admirablement armés, bien conduits, bien encadrés, opposés aux 17,000 soldats indécis de Yakoub-beg.

Celui-ci eut le tort de ne pas faire attention à la présence de Tchang-Yao à Hamil ; tous ses soins furent appliqués à se défendre de l'attaque du gros de l'armée chinoise contre le fort de Devantchi ou de la passe de Devan. Aussi quand, après avoir résisté à l'avant-garde de Tso-tsoun-tang, on apprit à Turfan l'arrivée d'une autre armée chinoise de ce côté-là des montagnes, la panique se répandit dans l'armée kachgarienne et les désertions prirent des proportions formidables.

L'émir se montra dans ces circonstances aussi brave et aussi énergique qu'au début de sa carrière militaire, à Ak-Mesdjid par exemple ; il sortit de Tourfan et marcha hardiment contre Tchang-Yao, mais il fut défait et contraint à battre en retraite sur Toksoun, à 40 milles à l'ouest de Tourfan ; vaincu une deuxième fois, il se retira à Karachar, où il comptait réunir de nouvelles forces pour s'opposer à l'invasion chinoise ; mais les pertes qu'il avait faites tant par la désertion que par la main de l'ennemi le forcèrent à rétrograder davantage ; il s'arrêta à Korla.

Pendant ce temps, c'est-à-dire en avril 1877, les Chinois avaient poussé jusqu'à Toksoun, où ils avaient fait halte et d'où ils ne sortirent qu'à la fin d'août. Nous ne savons pas les causes de ce retard dans la marche en avant des vainqueurs ; mais ce qu'il y a de positif, c'est qu'il leur fut éminemment profitable ; car, tandis qu'ils se renforçaient chaque jour et qu'ils se reposaient, un événement considérable portait le désordre et la ruine parmi leurs adversaires. Le 1ᵉʳ mai 1877, Mohamed-Yakoub-Khan, Badaoulet et Atthalik-Ghazi, émir de Kachgar, Yarkand, Khotan et autres lieux, mourait subitement à Korla.

Au commencement de l'été 1877, Yakoub-beg était mort et, en face de l'invasion chinoise, deux prétendants allaient se disputer le triste trône d'un Etat déjà condamné.

Les deux rivaux ne tardèrent pas à en venir aux mains. Beg-Kouli-beg s'avança hardiment vers les provinces du nord-est et rencontra Hakim-Khan près d'Aksou. Au dire d'un pèlerin kachgarien qui, se rendant à la Mecque, passa par Pechawar en 1878, la bataille dura deux jours (26 et 27 juillet 1877), et Hakim-Khan fut complètement battu. Son armée ayant été presque entièrement détruite, il s'enfuit sur le territoire russe, où il parvint à se réfugier avec un millier de barbares. Pendant ce temps Sadik-beg, le vieux chef kirghise, était descendu des hauteurs du Pamir et avait fondu sur Kachgar, dont il pillait les faubourgs, lorsque Beg-Kouli-beg revint victorieux. Les Kirghises ne l'attendirent point et se hâtèrent de regagner le Kisil-Yart. Toutefois, le nouvel émir n'avait pu rétablir son autorité sur Koutcha, et il apprit à peû près en même temps le soulèvement du district de Sar-i-kol et l'insurrection de Khotan, qui, dégarnie de troupes, avait chassé son gouverneur kachgarien et nommé un chef provisoire dévoué au gouvernement chinois. Aussi Beg-Kouli-beg s'empressa-t-il de faire sa paix avec Sadik-beg et de prendre ses Kirghises à sa solde. Au reste, il était temps qu'il se mît sérieusement en défense, car les Chinois avaient repris leur marche en avant.

Tso-tsoun-tang commandait le corps d'opération au nord des Thian-Chan, dont le quartier général était à Manas. Au sud de ces montagnes, Kin-Choun, le vainqueur de Manas, et Tchang-Yao étaient à la tête du 2⁰ corps, dont la base se trouvait à Tourfan. Le 25 août 1877, un brigadier général chinois du nom de Tang-jen-ho et l'avant-garde partirent de Toksoun et s'avancèrent jusqu'à Agha-boula, où ils furent rejoints le 7 septembre par 1,500 hommes d'infanterie sous les généraux Toung-fou-siang et Tchang-sioun. A Kou-weï, eut lieu, le 2 octobre, la concentration de toute l'armée du sud, au nombre de 15,000 hommes. Déjà, le 24 septembre, un corps de cavaliers kachgariens avait été mis en déroute par Tang-jen-ho. La marche sur Korla fut retardée par l'inondation de la rivière Kaïdou, entre Karachar et cette ville, inondation causée par l'armée de l'émir ; mais les Chinois, obliquant au nord et improvisant des travaux d'art, eurent bien vite raison de cet obstacle, et le 7 octobre ils arrivaient sous les murs de Karachar, inondée et abandonnée de ses habitants.

La rapidité et la précision avec lesquelles Kin-Choun conduisit la campagne au sud du Thian-chan, dans la Kachgarie orientale, font vraiment de lui un général de premier ordre. Le 7 octobre, il entrait à Karachar où il installait une colonie de Mongols ; le 9, il marchait sur Korla, son armée divisée en deux colonnes ; le même jour, il livrait combat à un gros de cavaliers musulmans et le mettait en fuite. Le 10 octobre, Kin-Choun pénétrait dans Korla, déserte ; l'armée chinoise se trouva un instant dans un grand embarras ; le convoi de vivres n'arrivant pas, elle pouvait craindre de mourir de faim ou d'être forcée de rétrograder. Son général estima pourtant que Korla avait été trop vite abandonnée pour que ses habitants aient pu enlever toutes leurs provisions. Des recherches faites avec le soin qui caractérise les Chinois donnèrent raison à Kin-Choun, car on en découvrit bien vite une quantité énorme. Pendant que le soldat se reposait et se refaisait, on publiait un édit invitant la population musulmane paisible à rentrer sans crainte dans ses foyers et promettant de ne molester personne pour les faits antérieurs à la guerre actuelle. Cet appel fut entendu, un grand nombre de paysans et de citadins rentrèrent chez eux. Du reste, dans toute cette campagne, les Chinois suivirent une conduite uniforme ; autant ils se montrèrent impitoyables pour les hommes pris les armes à la main, autant ils firent preuve de douceur pour la population pacifique.

Bientôt Kin-Choun apprit que le chef ennemi (les relations chinoises l'appellent Bayen-Hou ; est-ce Beg-kouli-beg ou un de ses généraux doungans qu'elles veulent désigner ainsi ? on ne peut savoir) s'efforçait de dévaster toutes les récoltes entre Korla et Koutcha et de rabattre tous les habitants de cette région sur cette dernière ville. A marches forcées, faites même de nuit, les Chinois s'avancèrent dans cette direction et atteignirent, le 17 octobre, un village appelé Tsedayar, où ils apprirent que Bayen-Hou était à Bougour, emmenant toute la population du pays. Kin-Choun, à la tête de sa cavalerie, poussa résolument en avant et trouva bientôt Bougour en flammes ; mais à quelque distance au delà il ne tarda pas à se heurter à l'arrière-garde kachgarienne ; celle-ci chargea bravement les Chinois, mais elle ne réussit pas à les ébranler et fut elle-même rompue par eux et mise en fuite. Le lendemain, les deux armées se trouvèrent en présence : Kin-Choun, s'étant aperçu à l'aide de longues-vues que, parmi les Kachgariens, le nombre des combattants n'était pas disproportionné avec celui de ses hommes, n'hésita pas donner le signal de l'attaque, ordonnant d'épargner les paysans inoffensifs que Bayen-Hou emmenait avec lui. Les troupes de ce dernier s'isolèrent d'ailleurs tout de suite des non-combattants, les abandonnant ainsi aux attaques des Chinois ; mais ceux-ci ne leur firent aucun mal et poussèrent droit aux soldats de Bayen-Hou. L'action s'engagea près du village d'Arpa-Taï et fut très chaude, mais la supériorité d'armement et de discipline des Chinois leur donna bien vite l'avantage, et les Kachgariens furent contraints de se retirer sur Koutcha, après avoir essuyé de grandes pertes.

Avant de poursuivre sa marche, Kin-Choun renvoya tous les paysans musulmans dans leurs villages et s'avança rapidement sur Koutcha. Heureusement que des renforts lui arrivaient continuellement, car il s'agissait cette fois d'emporter une grande ville. A son arrivée sous ses murs, il trouva la bataille engagée entre les habitants de Koutcha, qui ne voulaient pas l'abandonner, et l'armée kachgarienne, qui s'efforçait de la leur faire déserter. L'apparition des Chinois mit fin à la lutte, et les Kachgariens, sortant de Koutcha, se préparèrent à livrer combat ; ils débutèrent par une charge de cinq à six mille cavaliers que l'infanterie chinoise eut de la peine à repousser ; mais l'artillerie de Kin-Choun, composée de pièces à longue portée et manœuvrées avec précision et justesse, ne tarda pas à faire de grands ravages dans les rangs musulmans ; aussi quand, sous la protection de son feu, l'infanterie chinoise attaqua les Kachgariens et quand la cavalerie eut chargé à son tour et au bon moment, l'armée de Bayen-Hou se dispersa et s'enfuit dans la plus grande confusion.

Dès le 22 octobre Kin-Choun reprit sa marche sur Aksou et ne s'arrêta plus qu'à Baï, point de jonction de la route de Koutcha à Aksou et de celle de cette ville à Kouldja par le défilé de Mouzart. Là il fut rejoint par Chang-Yao et l'arrière-garde. Bientôt après arriva Tso-tsoun-tang avec l'armée de Thian-Chan-Pe-Lou, laquelle, au dire d'un marchand russe qui l'avait vue à Manas, montait au moins à 28,000 hommes. Le commandant en chef n'avait, croyait-on, que deux voies pour traverser les monts Célestes, la route de Mouzart, qui, aboutissant à Kouldja occupée par les Russes, n'appartenait plus à la Chine, et celle de Devan, qui, débouchant sur Tourfan, rejetait l'armée bien loin du théâtre des opérations ; mais Tso-tsoun-tang s'était tenu au courant des explorations du colonel russe Prjévalski, au printemps de cette même année 1877, et il avait su que cet officier avec quelques cosaques était passé du bassin de l'Ili dans celui du Tarim par des défilés formés soit par le Tekes, soit par le Grand-Yulduz, tous deux affluents de l'Ili. Le général chinois eut l'excellente inspiration de profiter de ces données, et, au moyen d'une de ces passes, il amena son armée dans le Thian-Chan-Nan-Lou et rejoignit à Baï ses lieutenants Kin-Choun et Tchang-Yao. C'est ainsi que les Chinois en force considérable apparurent devant Aksou.

Le gouverneur de cette place fut effrayé à ce point qu'il l'abandonna à la première attaque et s'enfuit ; mais arrêté peu après par un officier de Beg-Kouli-beg, il fut passé par les armes. Tso-tsountang n'en possédait pas moins le boulevard oriental de la Kachgarie et ne tarda pas à s'emparer d'Ouch-Tourfan, qu'il occupa sans coup férir. Le 17 décembre 1877, il était aux portes de Kachgar. Déjà cette ville avait presque échappé à l'autorité du fils de Yakoub. Un officier chinois devenu musulman (probablement le taï-dalaï, qui avait autrefois livré Yang-i-Chahr à Yakoub-beg), à la nouvelle du retour des Chinois victorieux, espérant sans doute se faire pardonner sa trahison, s'était saisi de la citadelle de Kachgar et s'y était enfermé en attendant ses compatriotes. Beg-Kouli-beg avait été forcé d'attaquer Yang-i-Chahr de vive force, l'avait reprise et venait de la détruire quand il apprit la venue de l'armée chinoise. La plupart des renseignements qui sont parvenus en Europe sur ces événements s'accordent à nous montrer le jeune émir, aidé du Kirghise Sadik-beg, livrant une bataille acharnée à Tso-tsoun-tang sous les murs de sa capitale ; mais, battu complètement, il dut chercher son salut dans la fuite et parvint, en compagnie de Sadik-beg blessé, à gagner le territoire russe d'où il fut conduit à Tachkend.

L'autorité du Fils du Ciel était enfin rétablie dans le Sou-le, qui est demeuré depuis lors sous l'administration directe de Tso-tsoun-tang. Une révolte a été réprimée aisément à Khotan. Hakim-Khan-Torah, rentrant dans le Turkestan oriental, a vainement essayé de ressaisir le pouvoir et de chasser les Chinois bouddhistes ; force est restée au représentant de l'empereur de Pékin. La Kachgarie a du reste promptement ressenti les bienfaits d'une administration régulière. Dès l'installation des fonctionnaires chinois, un service d'assistance pour les victimes de la guerre a été organisé ; des grains pour les semailles ont été distribués à tous ceux dont les récoltes avaient été détruites. Les routes ont été réparées, les bacs rétablis. Un système de relais de poste a été institué pour la transmission de la correspondance et pour la commodité des voyageurs et des commerçants Bref, le pays tout entier a été mis en état de jouir bientôt d'une tranquillité et d'acquérir une prospérité que ses chefs musulmans ont été incapables de lui donner.

Nous ne suivrons pas M. Boulger dans les considérations que lui inspirent ces faits si intéressants et si peu connus, qu'il a su extraire de données de sources diverses, russes, indiennes et chinoises, avec un art et une clarté tout à fait remarquables. Depuis la publication de son livre, il en a fait paraître un autre consacré entièrement à ces études de haute politique, et dont nous parlerons peut-être un autre jour. Ce que nous voulons surtout indiquer à la fin de ce travail, c'est ce fait de l'entrée de la Chine, par le côté militaire, dans l'orbite de notre mouvement industriel et scientifique occidental.

Les généraux et les hommes d'Etat chinois ont compris la valeur de nos découvertes et de nos investigations : ils nous ont pris, pour réduire les rebelles musulmans, non seulement nos armes perfectionnées, mais nos méthodes stratégiques ; ils ont fait traduire, lu et étudié les œuvres des tacticiens européens les plus récents ; ils ont profité des reconnaissances géographiques d'un officier d'état-major russe. Tout cela est le symptôme d'un grand mouvement intellectuel, et quand on songe que le jour peut venir où toutes les conquêtes de notre civilisation seraient mises à profit par un Etat qui dispose de plusieurs centaines de millions d'âmes, on ne laisse pas de réfléchir sérieusement sur l'effet que peut produire l'entrée en action du facteur chinois dans les problèmes politiques et sociaux de l'avenir.

Si le lecteur rapproche ces faits de tout ce que la présente étude nous révèle sur la Chine, il en tirera la conséquence que la Chine est appelée à jouer prochainement un rôle considérable dans le monde. Il serait donc de l'intérêt de la France de ménager de bonnes et sérieuses relations avec ce pays, soit au point de vue commercial, soit au point de vue politique.

Les événements qui se sont succédé depuis le siècle dernier nous feront comprendre la sagesse et la prévoyance de la politique de Louis XIV et de Napoléon I$^{er}$. Louis XIV envoyait des ambassadeurs à la cour de Cang-hi, il donnait aux missionnaires jésuites le titre de ses mathématiciens pour les faire agréer à la cour de Pékin, il favorisait les missions pour obtenir par les prêtres éminents qui les dirigeaient la connaissance intime du pays et donner de la France une idée digne de notre civilisation, pour établir des relations qui devaient avoir des conséquences utiles pour l'avenir. Napoléon I$^{er}$ avait les mêmes pensées en contribuant à l'établissement du séminaire des missions étrangères.

Allez donc demander à nos gouvernants quels services peuvent rendre à notre pays les jésuites et les autres religieux missionnaires. Ils sont occupés à crocheter les portes de leurs habitations en violant le droit naturel de propriété, et condamnent à l'ostracisme ceux qui seraient nos plus utiles et nos plus économiques ambassadeurs dans l'extrême Orient. Il viendra un temps où l'on se demandera ce qu'était devenu le bon sens sur notre terre de France à la fin du XIX$^e$ siècle.

# TABLE DES MATIÈRES.

| | |
|---|---|
| Avant-propos | v |
| Chapitre Ier. — Chronologie | 1 |
| Chapitre II. — Géographie | 171 |
| Chapitre III. — Population | 184 |
| Chapitre IV. — Les finances | 188 |
| Chapitre V. — Police | 195 |
| Chapitre VI — Agriculture | 204 |
| Chapitre VII. — Vêtements, costumes des deux sexes | 237 |
| Chapitre VIII. — Du génie et du caractère des Chinois | 246 |
| Chapitre IX. — Bâtiments et ameublements | 261 |
| Chapitre X. — Langue chinoise | 264 |
| Chapitre XI. — Commerce | 275 |
| Chapitre XII. — L'invasion chinoise et le socialisme aux Etats-Unis | 285 |
| Chapitre XIII. — L'autorité | 295 |
| Chapitre XIV. — Education des enfants | 317 |
| Chapitre XV. — Religion des Chinois | 326 |
| Chapitre XVI. — Moralité des Chinois | 349 |
| Chapitre XVII. — Du culte des anciens Chinois | 377 |
| Chapitre XVIII. — Vestiges frappants des dogmes chrétiens dans l'ancienne littérature des Chinois et même dans leurs hiéroglyphes | 409 |
| Chapitre XIX. — Raison de la durée de l'empire chinois | 435 |
| Chapitre XX. — Considérations générales sur la Chine | 448 |
| Conclusion | 480 |
| Pièce justificative. — La Chine comme force militaire | 489 |

BESANÇON, IMPRIMERIE DE J. JACQUIN.

OUVRAGES DU MÊME AUTEUR.

## LA BIBLE SANS LA BIBLE

2 vol. in-8°, 15 fr.

Chez Bloud et Barral, rue Cassette, Paris.

## ACCORD DE LA BIBLE ET DE LA GÉOLOGIE

1 fort vol. in-8° avec figures, 5 fr.

Chez J. Jacquin, imprimeur à Besançon,

*Et chez l'auteur, à Traves (Haute-Saône).*

www.ingramcontent.com/pod-product-compliance
Lightning Source LLC
Chambersburg PA
CBHW051138230426
43670CB00007B/860